DAS LEXIKON
DER KULTFILME

DAS LEXIKON DER KULTFILME

Von Rudi Steiner
Mitarbeit F.-B. Habel

LEXIKON IMPRINT VERLAG

Vorwort des Autors

Wenn ich Freunden oder Bekannten erzählt habe, daß ich gerade an einem Kultfilm-Lexikon schreibe, tauchte fast immer eine Frage auf: »Was sind für dich eigentlich Kultfilme?« Ich gab erst einmal keine Antwort, weil ich unvoreingenommen wissen wollte, welche Filme ihnen denn dabei so ganz spontan einfallen würden? Zu meiner Freude mußte ich feststellen, daß alle Streifen, die genannt wurden, bereits in meiner Stichwortliste enthalten waren. Die meisten Filme wurden sogar mehrmals vorgeschlagen. Dies bestätigte mich nicht nur in meiner Arbeit, sondern mir wurde dabei auch immer bewußter, daß die Antwort auf die Frage zunächst einmal ganz simpel ist: Kultfilme sind die Filme, an die man als erstes denkt, wenn man danach gefragt wird.

Sobald man sich aber vor Augen hält, daß mein Freundeskreis in der Regel aus Leuten in meinem Alter und aus meinem Kulturkreis besteht und darüber hinaus in etwa meine Interessen hat, dann stellt sich unweigerlich die Frage, ob unsere Filme nach der eben erstellten Definition in einer anderen Umgebung überhaupt noch als Kultfilme bestehen könnten? Ja und Nein! Natürlich ist der Begriff »Kultfilm« auch subjektiv. »Easy Rider« zählt in erster Linie Motorradfreaks zu seiner Anhängerschaft. »Vom Winde verweht« begeistert die Nachkriegsgeneration mehr als die heutige Jugend. »2001: Odyssee im Weltraum« ist vor allem ein Film für Science-Fiction-Fans. »Die Legende von Paul und Paula« ist in Ostdeutschland bekannter als im Westen. Und »Die 120 Tage von Sodom« ist wegen seiner grausamen und abstoßenden Szenen bestimmt nicht jedermanns Sache. Dennoch ist diesen Filmen eines gemeinsam: Sie haben ein bestimmtes Zielpublikum nachhaltig fasziniert, bewegt, schockiert oder auf eine andere Weise dessen Gefühle extrem aufgewühlt. Dadurch erwecken sie ein Aufsehen, das sie auch über ihre ursprüngliche Anhängerschaft hinaus bekannt gemacht hat.

Häufig aber ist es auch den Darstellern zu verdanken, daß ein Film unvergeßlich wird. Bei »Casablanca« beispielsweise denkt man in erster Linie nicht an die Flüchtlingsgeschichte, sondern an Humphrey Bogart in der Rolle des zynischen Rick. Sätze wie »Schau mir in die Augen, Kleines« wird man wohl nie mehr aus unserem Sprachgebrauch streichen können.

Vielen Kultfilmen gelang es, das Interesse auf sich zu ziehen, weil sie ihr Publikum mit etwas Neuem, noch nie Dagewesenem konfrontiert haben. Man denke nur an »Harold und Maude«. Hier wird die ungewöhnliche Liebesbeziehung zwischen einem 20jährigen Jungen und einer 79 Jahre alten Dame erzählt. Oder an Hitchcock, der durch die ausführliche und differenzierte Charakterisierung eines mordenden Psychopathen in »Psycho«, das Genre »Psychothriller« erst wirklich ins Leben gerufen hat. In »Die Spur des Falken« wurde filmisch erstmals der Begriff des »Anti-Helden« etabliert und »King Kong und die weiße Frau« verblüffte 1933 die Zuschauer mit einer bahnbrechenden Tricktechnik. Es gab aber auch Filme, die nicht nur neue Perspektiven eröffneten, sondern gleichzeitig an den etablierten Normen rüttelten. So provozierte der Film »Der letzte Tango in Paris« bei seiner Erstaufführung durch extrem obsessive Sexszenen Italien so sehr, daß sogar die Staatsanwaltschaft mit einer einstweiligen Verfügung weitere Aufführungen des Films verhinderte. »Das Wiegenlied vom Totschlag« ist heute noch umstritten, weil darin erstmals grausame Details einer Schlacht zwischen der US-Armee und den Indianern dargestellt wurden. Und das Thema »Inzest« gehörte nach Ansicht vieler nicht in Roman Polanskis »Chinatown«.

Aber das wesentliche Erkennungsmerkmal eines Kultfilms ist seine Überzeugungskraft. Gelingt es ihm, sein Thema, seine Geschichte, seine Vision so zu vermitteln, daß es uns im Kinosessel hin- und herreißt, daß wir uns mit den Protagonisten freuen oder mit ihnen leiden, daß wir ein »Feeling« dafür bekommen, was auf der Leinwand eigentlich passiert... Solche Erlebnisse vergißt man nie.

In meinem Lexikon habe ich diese Filme zusammengetragen. Jede Besprechung besteht aus drei Teilen. Durch die Nacherzählung der Handlung möchte ich dem Leser den »Kultfilm« vorstellen bzw. nochmals ins Gedächtnis rufen. Danach will ich einen Eindruck davon vermitteln, was diesen Film ausmacht, was er uns sagen will, welche Besonderheiten er hat, unter welchen Umständen er entstanden ist usw. Schließlich soll eine Filmographie über alle wichtigen Daten, die den Film betreffen, wie Originaltitel, Schauspieler, Regisseur usw. Auskunft geben. Da aber die Qualität und der Erfolg eines Films von den verschiedensten Faktoren bestimmt wird, schicke ich den Besprechungen eine Einführung voraus, die anstrebt, dem Leser erst einmal mit dieser komplizierten und überaus spannenden Materie vertraut zu machen. Hier behandle ich wichtige Elemente, die in ihrer Gesamtheit das »Kunstwerk Kultfilm« ausmachen.

Abschließend möchte ich mich noch bei dem Autor und Filmwissenschaftler F.-B. Habel bedanken, der dieses Lexikon mit Werken aus Rußland und der DDR ergänzt hat.

Ich wünsche Ihnen beim Lesen viel Vergnügen!

Rudi Steiner

Einführung

An der Herstellung eines Films sind viele Spezialisten und Künstler aus unterschiedlichen Bereichen beteiligt. Grundlage ist das Drehbuch, das entweder eine bereits vorhandene Handlung (Roman, Kurzgeschichte, Erzählung) filmisch umsetzt oder als Originaldrehbuch komplett aus der Feder der Drehbuchautoren stammt. Darin enthalten sind sämtliche Szenen des Films, ihre Bedeutung für die Handlung und ihre zeitliche Einordnung. Darüber hinaus wichtige Aktionen, die Dialoge der Darsteller und die Schauplätze des Films. Vom Regisseur (manchmal in Teamarbeit mit dem Kameramann) wird es dann zum Regiebuch ergänzt. Dafür werden für die einzelnen Szenen entweder schriftlich oder durch Zeichnungen (Storyboard) alle Kameraeinstellungen festgelegt. In der Regel gibt es zwischen acht und zwölf Einstellungen pro Filmminute. Zusätzlich bestimmt der Regisseur im Vorfeld mit Hilfe seines Assistenten die Darsteller (Casting) und das Team und legt zusammen mit dem Produzenten den Drehplan, der die Drehorte (Sets), den zeitlichen Rahmen für die einzelnen Szenen, den technischen und personellen Bedarf sowie die Ausstattung enthält, fest. Hierbei kommt es meist zu einem Kompromiß zwischen den finanziellen Möglichkeiten (Produktion) und den künstlerischen Erfordernissen (Drehbuch, Regie). Die Aufnahmeleitung sorgt im Vorfeld für die erforderliche Infrastruktur wie Stromanschluß, Verpflegung (Catering) und Anfahrt.

Während Fernsehreportagen, Shows und Seifenopern schon lange mit professionellen Videosystemen (Betacam-SP, Betacam-Digital) gedreht werden, verwendet man bei Spiel- und Fernsehfilmen noch das bewährte Filmmaterial. Kleinere Produktionen werden manchmal im 16mm Format gedreht, große Produktionen aber immer auf 35 bzw. 70mm. Das ist zwar wesentlich teurer als die elektronische Bearbeitung, dafür aber ist die Qualität dementsprechend besser. Filmaufnahmen erfassen ihre Motive wesentlich differenzierter, d.h. die Licht- und Farbkontraste gehen fließender ineinander über und erzeugen dadurch wesentlich mehr Stimmung und Atmosphäre.

Am Set ist für die filmische Umsetzung der Kameramann verantwortlich. Ihm unterstehen die Beleuchter, die ihm bei der Lichtsetzung unterstützen, und mindestens zwei Assistenten. Einer ist für das belichtete Material zuständig, und der andere geht ihm bei der Schärfenregulierung zur Hand, damit dieser sich auf die Kamerabewegungen im einzelnen konzentrieren kann.

Der Regisseur arbeitet am Set in erster Linie mit den Darstellern. Mit ihnen zusammen haucht er der Geschichte Leben ein. Daneben ist der

Kameramann sein Ansprechpartner, um die Spielhandlung mit dessen Arbeit künstlerisch zu verbinden. Doch auch Tricktechniker, Requisiteure, Tontechniker und Maskenbildner gehören zu seinem näheren Umfeld.

Schon während der Drehtage wird das bereits belichtete Filmmaterial zu einem Kopierwerk gebracht und dort entwickelt. So kann der Regisseur das Material noch am selben Abend oder in den darauffolgenden Tagen sichten, um eventuell mißlungene Einstellungen nachzudrehen.

Nachdem die »letzte Klappe« gefallen ist, macht man sich daran, einen Schnittplan zu erstellen. Zusammen mit einem Cutter verbindet der Regisseur die verschiedenen Einstellungen zu einem fertigen Film. Danach werden einzelne Abschnitte nachsynchronisiert bzw. mit Geräuschen und Musik untermalt. Jetzt kann sich eine Verleihfirma bemühen, den Film an Lichtspielhäuser zu vermieten und ein großes Publikum zu akquirieren.

Nach diesem langen und aufwendigen Weg ist aber immer noch nicht die Qualität des Films garantiert, und von über hunderttausend Produktionen gelingt es gerade einmal einer, Kultstatus zu erreichen. Was genau also verbirgt sich hinter dem Phänomen »Kultfilm«? Welche Kriterien im einzelnen, bestimmen über Begeisterung oder Gleichgültigkeit beim Publikum?

I. DER INHALT DES FILMS

1. Das Thema

Das Thema ist zentraler Bestandteil eines jeden Films und darf keinesfalls mit der Handlung verwechselt werden. »Kultfilme« haben meist universelle Themen, die die Grundlage für unsere persönlichen Belange, Träume, Wünsche und Ängste bilden. Sie sprechen unsere geheimsten Sehnsüchte an. So stellt dieses Lexikon eine Reihe von Filmen vor, bei denen es um die Entfaltung der persönlichen Freiheit geht. Obwohl »Easy Rider«, wie auch »Einer flog übers Kuckucksnest« und »Der Club der toten Dichter« ganz unterschiedliche Geschichten erzählen, haben doch alle drei Filme ein und dasselbe Thema: Der Versuch von Individuen, sich von der Machtausübung und den Zwängen ihrer Umgebung zu lösen. »Freiheit«, wen spricht dieses Thema nicht an? Jeder Mensch steckt in Systemen und Abhängigkeiten, und oft wünscht man sich, aus all dem ausbrechen zu können. Hier erkennen wir also mehr oder weniger unbewußt, daß wir mit dem Anliegen der Protagonisten verbunden sind. Andere universelle Themen, die häufig in erfolgreichen Filmen vorkommen, sind: Veränderung bzw. Bewältigung einer Lebensphase (z.B.: »Das Schweigen der Lämmer«), Liebe und Akzeptanz (z.B.: »Jenseits von Eden«), die Sucht nach Macht und Anerkennung (z.B.: »Citizen Kane«), Rache (z.B. »Der schwarze Falke«) usw.

2. Die Figuren

Kultfilme packen ihre Zuschauer, machen sie betroffen, gerührt und beeindruckt. Dieser Prozeß kann aber nur erfolgen, wenn wir uns mit den Filmfiguren identifizieren. Sie müssen also Charakterzüge und Eigenschaften haben, die uns ansprechen, gegebenenfalls an uns erinnern oder Wünsche und Träume wecken. Wenn wir James Bond dabei begleiten, wie er die Welt rettet und gleichzeitig wunderschöne Frauen mit seinem Charme verführt, dann fühlen wir uns gut. Für zwei Stunden sind wir zu Gast in seinem Heldenhimmel und nehmen seinen Platz ein. Es gibt aber auch tragische Figuren (wie beispielsweise McMurphy aus »Einer flog übers Kuckucksnest«). Während der Film läuft, zittern wir mit ihm. Wir hoffen, daß es ihm gelingen möge, das diktatorische System der Irrenanstalt zu sprengen, und als er daran scheitert, sind wir verzweifelt und schockiert.

Ein weiterer entscheidender Punkt, ob eine Identifikation gelingt oder nicht, ist aber auch noch das Ziel der Protagonisten. Wenn Agentin Starling sich in »Das Schweigen der Lämmer« aufmacht, um einen psychopathischen Serienmörder zu fangen und dabei auch noch dessen Gefangene befreit, dann werden wir hellwach.

Doch auf dem Weg zu diesem Ziel tun sich Hindernisse und Konflikte auf, die die Filmfigur überwinden muß. Auch deren Ausarbeitung ist für die Qualität eines Films wesentlich. In »Titanic« beispielsweise können Jack und Kate ihre Liebe anfangs nicht ausleben, weil Kates Verlobter und auch ihre Mutter dies verhindern. Kate selber steht in dem Konflikt, ob sie sich für den geliebten Jack (er symbolisiert Freiheit) und damit gegen ihren Verlobten, gegen ihre Mutter und gegen die ganze feine Gesellschaft entscheiden soll oder nicht. Daß Kate sich schließlich zu Jack durchringt, erleichtert uns nicht nur ungemein, sondern läßt uns noch intensiver mit Kate fühlen.

3. Die Handlung

In »Chinatown« entwickelt die Geschichte immer neue Wendungen, stehen wir immer vor neuen Überraschungen. Eine gute Handlung gestaltet sich abwechslungsreich und zieht viele dramaturgische Register. Spannung und Intensität entstehen dadurch, daß uns die Geschichte in ihren Bann zieht. Dazu muß sie intelligent angelegt sein. Absoluter Kult beispielsweise ist die verschachtelte Anordnung der Handlung in »Pulp Fiction«. Drei Geschichten sind ineinander verknüpft, und alle drei kreisen um den schwarzen Gangsterboß Wallace. Der Film erhält dadurch eine Frische und eine Lebendigkeit, die seinesgleichen lange suchen läßt. Oder man denke an die geschickt konstruierte Handlung in »Die Spur des Falken«. Alle Figuren wollen diesen Falken haben, sie bekämpfen sich, intrigieren gegeneinander, und am Schluß des Films stellt sich heraus, daß es sich um eine Fälschung handelt. Im Verlauf des Films »Einer flog übers Kuckucksnest« verwandelt sich die komische Ausgangssituation immer mehr in Tragik. In manchen Momenten wissen wir nicht mehr, ob wir lachen oder weinen sollen.

4. Originalität

Viele Filme faszinieren gerade wegen ihrer Einmaligkeit. »Die Rocky Horror Picture Show« handelt von einem jungen, unbeholfenen Paar, daß in einem Gruselschloß einer Horde außerirdischer Transvestiten und Freaks in die Hände fällt. Gegen Ende entpuppt sich das Schloß als Raumschiff und hebt vom Boden ab. In »Pulp Fiction« unterhalten sich zwei Killer über europäische McDonalds-Filialen, und in »Das Schweigen der Lämmer« entwickelt sich eine aufregende Beziehung zwischen einer unerfahrenen FBI-Schülerin und einem menschenfressenden Serienmörder. Kultfilme besitzen immer Originalität, sonst würden sie sich nicht von dem breiten Angebot abheben.

II. DIE UMSETZUNG

Häufig ist gerade das »Wie« sehr entscheidend über das Wohl und Wehe einer Produktion: Wie wurde der Film umgesetzt? Wie erreicht uns der Stoff letztendlich? Wie glaubhaft sind die Hauptdarsteller? Wie homogen arbeiten die einzelnen Bestandteile des Films zusammen?

1. Besetzung und Darstellung

Es gibt Schauspieler, die in unserer Gunst von vornherein so etwas wie »Kultstatus« genießen. Man denke nur an James Dean, dessen drei Filme unvergeßlich sind. Marlon Brando, Humphrey Bogart oder Robert de Niro wirkten in mehreren Kultfilmen mit und waren zugleich auch Initialzündung dieser Filme. Nicht nur ihre eigenwillige Darstellung, sondern auch ihre charismatische Erscheinung hypnotisieren uns und lassen uns nicht mehr los. Wenn John Belushi und Dan Aykroyd in »Blues Brothers« – der eine dick und klein, der andere groß und dünn – in ihren schwarzen Anzügen, ihren schwarzen Hüten und ihren Sonnenbrillen sich mit Brachialgewalt durch die Hindernisse schlagen, die sich ihnen in den Weg stellen, dann können wir nicht anders, als vor ihrer unmöglichen Erscheinung zu kapitulieren. Anders ist es bei Robert De Niro, der uns gerade durch sein kompromißloses und visionäres Spiel die Ängste, die Enttäuschung und die langsam aufkochende Wut des Amokläufers Travis in »Taxi Driver« derart nahe bringt, daß wir vor unseren eigenen Abgründen zurückschrecken.

2. Schauplatz, Kamera und Beleuchtung

Einzigartige Atmosphäre und Stimmung intensivieren das Filmerlebnis kolossal. Hierfür ist neben der Filmkulisse in erster Linie die Kameraführung und die Beleuchtung von Bedeutung. Die wilden und verworrenen Landschaftsaufnahmen des Vietcongs in »Apocalypse Now« lassen uns die wahnsinnigen Grausamkeiten erahnen, die Captain Willard am Ende der Bootsfahrt erwarten. Die wacklige Kameraführung in »Außer Atem« bringen uns die seelische Verfassung des Protagonisten nahe, und die farbenfrohen Aufnahmen einer amerikanischen Vorstadt in »Blue Velvet« sind zu idyllisch, als das sich dahinter nicht doch etwas Fürchterliches verbergen könnte. Es gibt Regisseure wie Brian de Palma, die extrem viel Aufmerksamkeit der Ausleuchtung ihrer Filme schenken. So besitzt in »Dressed to Kill« jeder Schauplatz einen eigenwilligen »Lichtcharakter«. Ganz anders ist es in Francis Ford Coppolas »Der Pate«, wo sich ein roter Faden durch die Beleuchtungsdramaturgie zieht. Die häufig gezeigten Innenräume des Domizils der Corleones sind düster und lassen selbst die komfortable Einrichtung unangenehm und schmuddelig erscheinen. Von draußen blendet gleißendes Licht in die Räume. Wir können uns keinen besseren Ort vorstellen, wo die Fäden der verbrecherischen Macht gezogen und todbringende Entscheidungen getroffen werden.

3. Unvergeßliche Dialoge, unsterbliche Momente

Kultfilme haben meist eine oder mehrere Szenen, die sich in unser Gedächtnis eingraben. Zum einen liegt es an dem, was die Schauspieler sagen und tun, zum anderen daran, wie sie es sagen und tun. Diese Momente sind meistens ein Resümee oder eine Konsequenz, die sich aus dem bisherigen Verlauf des Films ergibt. In »Casablanca« ist wohl die stärkste Szene die Trennung von Rick und Ilsa am Flughafen. Ilsa, die Frau des Widerstandskämpfers Viktor Laszlo, hat sich für ihre frühere Liebe Richard entschieden. Jetzt gilt es nur noch ihren Mann sicher aus dem Land zu bringen. Dies ist nur mit zwei namenlosen Ausreisevisa möglich, die beide im Besitz von Richard sind. Doch Richard weiß, daß es angesichts der Turbulenzen keine Zukunft für ihn und Ilsa gibt, außer sie würden Victor verraten. Doch dazu ist Richard zu sehr Mensch und Patriot. Also hat er für sich entschieden, auf die Liebe zu verzichten:

Rick: »Und die Namen (auf den Visa) lauten; Mr. und Mrs. Laszlo.«
Ilsa: »Aber..., warum mein Name Richard?«
Rick: «...weil du mit der Maschine fliegen wirst.«
Ilsa: »Ich verstehe nicht... und was ist mit dir?«
Rick: »Ich bleibe hier bei Renault, bis die Maschine in der Luft ist.«
Ilsa: »Nein Richard, nein! Was ist mit dir? Gestern abend hast du gesagt...«
Rick: »Gestern abend haben wir eine ganze Menge gesagt. Du hast gesagt, ich muß für uns beide denken. Das habe ich getan und bin zu dem Schluß gekommen, daß du in das Flugzeug steigst ... mit Victor, denn du gehörst zu ihm.«
Ilsa: »Oh nein, Richard, nein.«
Rick: »Du mußt jetzt auf mich hören. Hast du eine Ahnung was dir bevorsteht, wenn du hier bleibst? Es ist so gut wie sicher, daß wir beide in einem Konzentrationslager enden, hab ich recht, Louis?«
Louis: »Ich fürchte, Major Strasser wird darauf bestehen.«

Ilsa: »Das sagst du nur damit ich gehe...«
Rick: »Nein ich sage es, weil es wahr ist! Im Grunde wissen wir beide genau, daß du zu Viktor gehörst. Du bist ein Teil seiner Arbeit, du gibst ihm Kraft weiter zu machen. Wenn du jetzt nicht mit ihm gehst, wirst du es bereuen, vielleicht nicht heute, vielleicht nicht morgen, aber bald und dann bis an dein Lebensende.«
Ilsa: »Und... was wird aus uns?«
Rick: »Uns bleibt immer Paris. Wir hatten es nicht bis zu dem Moment, als du nach Casablanca kamst. Wir haben es gestern abend zurückgewonnen.«
Ilsa: »Da habe ich dir gesagt, ich werde dich nie wieder verlassen.«
Rick: Das wirst du auch nicht! Aber ich habe auch etwas zu erledigen und wo ich hingehe, da kannst Du mir nicht helfen. Ich passe nicht in eine noble Rolle! Aber zu der Erkenntnis, daß die Probleme dreier Menschen auf dieser verrückten Welt ohne Belang sind, gehört nicht viel. Eines Tages wirst du das verstehen. (Ilsa weint, Rick faßt sie zärtlich am Kinn) Nein nein nein, ich seh' Dir in die Augen, Kleines.«

Diese Szene in »Casablanca« ist sowohl vom Dialog her, wie auch durch die darstellerische Interpretation einer der wirkungsvollsten Momente der Filmgeschichte. Wir erleben intensiv mit, wie die Welt von Ilsa für einen kurzen Augenblick zusammenbricht. Aber wir verstehen auch Ricks schmerzliche Entscheidung. Würde er sich für die Liebe entschieden haben, dann wäre er sich selbst untreu geworden. Es wäre ein Verrat an der Aufrichtigkeit gewesen. Im Grunde weiß dies Ilsa auch, aber sie ist zu emotional, um der Versuchung zu widerstehen. Sie senkt den Kopf und weint. Erst die aufbauenden Worte von Rick geben ihr wieder Perspektive. Doch all das könnte sich nicht wirklich entfalten, wenn wir nicht die ganze Geschichte des Films wüßten. Aber wir wissen, daß Rick und Ilsa damals in Paris sehr glücklich waren. Wir wissen auch, daß Ilsa Rick damals versetzt hatte, um ihren totgeglaubten Mann zu pflegen. Und wir wissen, in welch schwieriger Situation die beiden stecken, da sie sich einerseits lieben, andererseits aber die gegenwärtige Lage es ihnen nicht erlaubt, zueinander zu finden – es sei denn, sie würden sich selbst aufgeben und ihre Beziehung mit der Auslieferung von Laszlo an die deutschen Behörden bezahlen. Doch früher oder später könnten sie sich dafür nicht mehr »in die Augen schauen«. Deswegen treffen sie die schmerzliche, aber einzig aufrechte Entscheidung, nämlich sich zu trennen. Ein schicksalsträchtiger Moment, der uns spätestens dann eine Gänsehaut über den Rücken jagt, wenn Rick Ilsas Kinn in seine Hand nimmt, ihren Kopf leicht hochhebt und zu ihr sagt: »Schau mir in die Augen, Kleines.«

Solche emotionalen Schlüsselszenen, die alle Fäden des Films zusammenführen, kommen in vielen Kultfilmen vor. Hier ist dann der ganze Einsatz der Beteiligten erforderlich, um diesen Szenen die volle Intensität, Überzeugung und Anziehung zu verleihen. Gelingt dies nicht, wird aus einem potentiellen Kultfilm nichtssagende Durchschnittsware.

4. Homogenität

Ein Film lebt von seinen Kontrasten, von wiederkehrenden Motiven und von der Glaubwürdigkeit seiner Aussagen. So gut wie alle Filme, die dieses Lexikon behandelt, entsprechen diesen Vorgaben. Darüber hinaus müssen Inhalt und Umsetzung sich nicht nur ergänzen, sondern auch miteinander harmonieren. Diese Angleichung ist Aufgabe des Regisseurs. Er muß die verschiedenen Teilbereiche des Films wie Drehbuch, Darstellung, Kamera, Beleuchtung, Kulisse, Kostüme, Schnitt, Musik zu einem Ganzen verschmelzen. Viele Kultfilme haben ihre Aufmerksamkeit nur deswegen erhalten, weil die erzählte Geschichte von allen Seiten unterstützt wird.

5. Schnitt

Ein Film besteht in der Regel aus über tausend Kameraeinstellungen, die alle gedreht werden müssen. Diese werden beim Schnitt so wirkungsvoll wie möglich aneinander montiert. Meist wird am Schneidetisch darüber entschieden, ob die starken Momente wirken oder verpuffen. Hierfür ist sowohl beim Regisseur als auch beim Cutter immenses Fingerspitzengefühl und Gespür für »Timing« erforderlich. Nur so können Gags oder Emotionen zum Zuschauer gelangen. Ein gutes Beispiel dafür bietet Billy Wilder. Die Filme des Komödienspezialisten wären keineswegs so lustig, wenn die Bilder anders angeordnet wären, und die gagreichen Momente wären nicht mehr dieselben, wenn beispielsweise auf eine Handlung oder auf den Auftritt einer neuen Person zu früh oder zu spät umgeschnitten würde.

Manche Regisseure setzen neben einem perfekten Timing auch auf eine genau ausgetüftelte Schnittgeschwindigkeit. Dadurch wirken sie entscheidend auf die Art und Weise ein, wie der Zuschauer den Film aufnimmt. Andrej Tarkowskij beispielsweise setzt bewußt auf sehr lange Einstellungen. Er läßt uns Zeit seine Bilder auf uns wirken zu lassen, er hetzt uns nicht, wir können während seiner Filme all das verarbeiten, was wir sehen. Hitchcock hingegen hat in »Psycho« beim Mord unter der Dusche mehr als 70 Einstellungen in knapp 50 Sekunden hintereinander geschnitten. Soviel Bildinformation sprengt unsere Sehgewohnheiten schockartig. Unsere Wahrnehmung ist eindeutig überfordert. Aber nicht anders geht es einer jungen Frau, die nichtsahnend unter der Dusche steht und auf die dann urplötzlich mit einem Messer eingestochen wird.

6. *Musik*
Filme wie »Doktor Schiwago«, »Spiel mir das Lied vom Tod« oder »Hair« werden unweigerlich mit ihrer Musik in Verbindung gebracht. Wenn wir an diese Werke denken, dann sieht unser inneres Auge nicht nur Omar Sharif und Charles Bronson, sondern unser inneres Ohr hört auch die bewegenden Klänge und musikalischen Themen, die diese Helden begleiten. Geniale Filmmusik zeichnet sich dadurch aus, daß sie die Emotionen und Stimmungen, von denen der Film erzählt, unterstützt.

III. MEILENSTEINE UND WEGBEREITER

Die Frühgeschichte des Films spielte sich im Varieté und auf dem Jahrmarkt ab. Doch um die Jahrhundertwende entwickelte sich die Branche zu einer eigenständigen Kunst. Aus den bislang nur sehr kurzen Filmchen wurden abendfüllende Spielfilme. Es war die Stummfilm-Ära, die große Filmemacher wie Charly Chaplin, Buster Keaton, R.W. Murnau und Sergej M. Eisenstein hervorbrachte. Da der Tonfilm noch nicht erfunden war, wurden Dialoge eingeblendet. Häufig wurden die Filme bei der Aufführung live von einem Piano begleitet. Damals waren die Bewegungen in den Filmen etwas ruckartiger, da nur 15 Bilder in einer Sekunde abgespielt wurden. Heute werden 24 bzw. 25 Bilder verwendet. Und wenn wir heutzutage einen der damaligen Filme im Fernsehen sehen, wird er nicht in 15 Bildern/Sekunde, sondern in unserer Geschwindigkeit ausgestrahlt. Nur deshalb bewegen sich die Darsteller so schnell, und nicht, wie häufig angenommen, weil dies damals so aufgenommen wurde. Jedenfalls, wer sich in den 20er Jahren Chaplin- oder Keatonfilme ansah, bekam sie zwar holprig, aber in normaler Geschwindigkeit zu sehen.

Ab 1928 begann die Tonfilmzeit. Jetzt konnte man Wirklichkeit noch komplexer abbilden. Stand während der Stummfilmzeit häufig noch die Faszination an der bewegten Ablichtung und der Klamauk im Vordergrund, so entwickelte sich nach und nach die Idee, Gestaltungs- und

Darstellungsformen auszuprobieren, um dem Zuschauer mit den verschiedensten Themen und Genres zu konfrontieren. Auch der »Authentizitätsanspruch« des Publikums wuchs. Was nicht heißen soll, daß das Publikum jetzt nur noch Dokumentarfilme sehen wollte, sondern daß die Filme schon überzeugend ausgestattet und umgesetzt sein mußten. Es entstanden wahre Juwelen. »Der große Diktator« von Charly Chaplin prophezeite nicht nur die schreckliche Entwicklung in Deutschland und Europa unter der NS-Diktatur, sondern er war auch ein Meilenstein in der Filmgeschichte. Hier wurden völlig neuartige Stilmittel verwendet (z.B. Diktator Hynkel gibt nur unverständliche Laute von sich. Es geht in einer Diktatur also nur um Rhetorik und starke Worte, aber nicht um Inhalte) und erstmals erlebte man eine wirklich kritische Satire, die der Welt vor Augen führte, wie sehr sie sich von einem einzigen Mann blenden ließ.

Immer wieder sollten nun Filme folgen, die neue Wege bestritten, um die Möglichkeiten der filmischen Darstellung zu bereichern. John Huston schuf mit »Die Spur des Falken« im Film erstmals den klassischen Anti-Helden, der falsch, betrügerisch und egoistisch ist. Er war der Wegbereiter der sogenannten »Schwarzen Serie«.

Aber schon damals (wie auch heute noch) wetteiferten die Filme auch bezüglich der besten Technik und Tricks und der höchsten Produktionskosten. Für nicht allzu lange Zeit triumphierten Filme wie »King Kong und die weiße Frau«, »Vom Winde verweht« usw., bis wieder ein neuer Film neue Rekorde setzte.

In Europa entwickelte sich derweil eine neue Generation unter den Filmemachern. Mit »Außer Atem« gelang Truffaut ein Meisterwerk, daß den Beginn einer neuen Ära im französischen Film markierte, der »Nouvelle Vague«. Zwar gab es kritische Stimmen, die die Filme beispielsweise als Werk von kriminellen Straßenkindern beschimpfte, dennoch konnte man ihre neue Sichtweise nicht leugnen. Hier war alles erlaubt, aber es mußte ehrlich sein und sich nicht in den Mantel bürgerlicher Sentimentalität und verklärter Wirklichkeitsabbildung pressen lassen. Daß die Kamera zur Seite schwenkt und zufällig vorbeikommende Passanten filmt, war ebenso möglich wie das Drehen ohne Stativ und ohne Licht. Es ging schließlich um die Wahrhaftigkeit und um die Revolution, nicht um das Einhalten starrer Formen. Godard hatte die Auflage bekommen, einen Film enorm zu kürzen. Dies schien ihm nur möglich, wenn er auch innerhalb von Einstellungen Kürzungen vornahm. Dadurch zerstörte er Zusammenhänge, und das Bild sprang. Heute ist dieses Stilmittel unter dem Begriff »Jump Cut« besonders in der Werbung weit verbreitet. Dies ist ein Beispiel von mehreren, teilweise unfreiwilligen Veränderungen, die Godard in seinen Filmen vornahm und die heute zum festen Regelbestand der Film- und Werbeindustrie gehören.

In Amerika schuf währenddessen der Regisseur Elian Kazan eine neuartige Psychologie der Darstellung. Seine Figuren zeichnete er als konfliktbeladen, ohnmächtig gegenüber gesellschaftlicher Unterdrückung und ewig auf der Suche nach der Liebe. In James Dean, Marlon Brando und anderen fand er Darsteller, die durch unruhiges, zerrissenes und aggressives Spiel dieses ständige innere Hadern mit sich selbst dem Publikum nahebrachten. Hitchcock dagegen befaßte sich vor allem mit der Wirkung auf das Publikum. Seine Thriller schockierten und transportierten die Ängste der Protagonisten und die beklemmenden Situationen, in denen sie steckten, erschreckend nahe an die Kinosessel. Heute gängige Begriffe wie »Suspence« (siehe »Vertigo«) oder »McMuffin« (siehe »Psycho«) sind Kreationen von Alfred Hitchcock. Im Komödienbereich war der Regisseur Billy Wilder führend. Er inszenierte eine Komödie nach der anderen, und jede war auf ihre Weise unglaublich witzig. Sein präzises Gespür für den richtigen Zeitpunkt einer Pointe räumte dem Begriff »Timing« auch bei den anderen Filmemachern endlich die Aufmerksamkeit ein, die er verdiente.

Der markante Film in den 70er und frühen 80er Jahren ging mit »Taxi Driver«, »Apokalypse Now« usw. noch einen Schritt weiter. Hier waren die Protagonisten ambivalenter denn je. Sie kämpften mit sich selbst, wollten gut sein, und waren dann doch böse. Sie wurden Opfer ihrer eigenen Abgründe, und sie wurden auch Opfer einer Wegwerfgesellschaft.

Der heutige Film bedient sich aus diesem breiten Fundus, und immer wieder gelingt es ihm auch, daraus etwas Beeindruckendes zu basteln.

IV. MOTIVATION

Es gibt Filmemacher, die fanatische Visionäre sind oder waren, und die während ihrer Schaffenszeit gleich mehrere Kultfilme drehten. Dies war auch ihrem radikalen Schaffenswillen und ihrem genialen Gespür dafür zu verdanken, was uns im Innersten anspricht und bewegt. Francis Ford Coppola, Roman Polanski, Stanley Kubrik (gestorben am 7.3.1999) oder Martin Scorsese sind Regisseure, die sich wie Besessene an die Arbeit machen, ihr Team bis in die Knochen quälen und aussaugen, um letztendlich – nach langem Bangen und Zittern, das Scheitern des Projektes stets vor Augen – ein neues Meisterwerk geschaffen zu haben. So etwas kann man nicht lernen. Diese Regisseure wurden dafür geboren, um solche Filme zu machen. Nie gehen ihnen die Ideen aus, um ihren Stoff treffsicher zu transportieren.

Aber es ist nicht nur ihr Fanatismus, sondern auch ihre Überzeugungskraft, das Team zu motivieren und es zu Höchstleistungen anzuspornen. In vielen Fällen ist es der immense Streß, den diese Perfektionisten verursachen, der zu diesen übermenschlichen Leistungen anspornt. Aber sie sind auch auf das Gespür von Produzenten angewiesen, die Budgets erhöhen und Drehzeiten verlängern, damit nicht viel Herzblut letzthin verschwendet wird. Meist wurde es den nachsichtigen Geldgebern dann dadurch gedankt, daß ein solcher Film um ein Vielfaches von dem einspielte, was eine abgebrochene, notdürftig zusammengebastelte Produktion eingenommen hätte.

Natürlich ist nicht jeder Kultfilm unter solch extremen Bedingungen entstanden, doch eines ist klar, Zauberstöcke gibt es nur im Märchen.

VI. FALSCHSPIELER

Manche Regisseure legen es darauf an, so etwas wie Kultfilme zu drehen. Da sie aber weder das Format noch die Fähigkeiten dazu haben, mußten sie andere Methoden finden, um die Aufmerksamkeit auf sich zu ziehen. So war es gerade Ende der 60er und während der 70er Jahre »In« sexuelle Tabus zu brechen. Diese Filme gerieten dann auch umgehend in die öffentliche Schußlinie, was ihnen ein neugieriges Publikum garantierte. »Caligula« von Tinto Brass empörte Ende der Siebziger ganz Italien. Hier wurde ein Film in die Kinos gebracht, der Tabus brechen sollte, aber allenfalls die Grenzen des guten Geschmacks durchbrach. Hier fliegen die Köpfe, Gefangenen werden die Gedärme herausgeschnitten und Sklaven onanieren in Schälchen, damit die Frau eines Soldatenführers sich darin baden kann. Der einzige Sinn, der dahintersteckte war, das Publikum mit Perversionen zu überfrachten und sich durch Schlagzeilen die Vermarktungskosten zu sparen.

Ein weiteres Beispiel ist »Angriff der Killertomaten«. Hier wurde offensichtlich ein äußerst schlechter Film gedreht. Der Verleih machte ihn kurzerhand zum »schlechtesten Film aller Zeiten«, und prompt fand er eine große Fangemeinde. Es gibt viele solche Beispiele, aber in der Regel haben sie alle keinen Bestand, denn der Geschmack des Publikums irrt – auf einen längeren Zeitrahmen hin betrachtet – nur äußerst selten!

Rudi Steiner

A

Abgeschminkt

Frenzys künstlerische Ader ist ausgepowert. Das meint zumindest ihr Verleger, dem die wöchentlichen Episoden von Frenzys Comic: »Rubi – Die Moskitofrau« nicht mehr sexy und positiv erscheinen. Frenzys Freundin Maischa dagegen scheint im Leben genau das Feeling drauf zu haben, daß für so eine leichte Comiclektüre gefragt ist: Die Suche nach der großen Liebe, Gefühlschaos und Tagesträumereien.
Was ist also naheliegender, als sich an die jüngere Freundin zu halten, um dem verdorrten Comic wieder Leben und Frische einzuhauchen. Kurzerhand begleitet die abgestumpfte Frenzy ihre erlebnissüchtige Freundin Maischa in das Münchener Nachtleben. Flugs verknallt sich Maischa dann in den gutaussehenden Frauenschwarm Rene. Doch nicht alles was glänzt, ist letztlich Gold. Nach schlaflosen Nächten und endlosen Schwärmereien muß Maischa erkennen, daß Rene im Grunde nur ein schnöseliger, egoistischer Waschlappen ist, der ihren Phantasien so ganz und gar nicht entspricht.

Dagegen entpuppt sich sein Freund Mark, den Frenzy ursprünglich nur ablenken wollte, um Maischa die Bahn frei zu halten, als richtiger Amor. Frenzy ist nicht wiederzuerkennen. Sie sitzt tagelang vor dem Telefon, und ihre Langeweile weicht einer heillosen Gefühlsodyssee. Die Liebesgeister bei Frenzy sind wieder erwacht, und dadurch wird auch ihre Comicserie endlich lebendig, spannend und erotisch – sehr zur Freude ihres Verlegers.

Noch nie war in Deutschland ein Übungsfilm einer Filmhochschule so erfolgreich. Die Studentin der Münchner Hochschule für Film und Fernsehen (HFF) Katja von Garnier traf das damalige Lebensgefühl junger Frauen mitten ins Herz. Ihr Film dreht sich um Beruf, Selbstfindung und Liebe. In einer lockeren Komödie findet Maischa beispielsweise heraus, daß Äußerlichkeiten bei Männern oft nicht das zu halten vermögen, was sie versprechen. Frenzy dagegen geht es genau umgekehrt. Im Beruf entdeckt sie dann auch noch, welch treibende Kraft die

Liebe sein kann. Am Schluß des Films haben wir es mit zwei Frauen zu tun, die viel mehr im Leben stehen und viel über sich und die Welt, in der sie leben, gelernt haben.

Aber auch die genaue Beobachtung der Figuren und ihrer Alltagssorgen machte den Film zum Erfolg. In einer Szene sitzt Frenzy stundenlang vor dem Telefon. Als ihre Flamme Mark nicht anruft, kommt ihr die Befürchtung, daß das Telefon defekt sein könnte. Erst überprüft sie, ob die Leitung tatsächlich eingesteckt ist, und schließlich bittet sie Maischa, sie zurückzurufen, weil sie vermutet, daß die Klingel kaputt sein könnte. So stark kreisen ihre Gedanken und Befürchtungen um Mark.

»Abgeschminkt« schließt direkt an seine Vorläufer »Allein unter Frauen« von Sönke Wortmann und »Männer« von Doris Dörrie an. Auch in diesen Komödien standen Beziehungsverwicklungen, so wie sie nur in dem aufgeklärten und emanzipierten Deutschland entstehen können, im Vordergrund. Dadurch hatten diese Filme so etwas wie ein nationales Eigenleben, daß durch die amerikanische Filmindustrie nicht aufgefangen wurde. Die »neue deutsche Komödie« war plötzlich in aller Munde und hoffnungsvoll blickte man auf die »Billy Wilders aus dem eigenen Lande«. Doch im Gegensatz zu den Werken des großen österreichisch-amerikanischen Meisters, der ja über mehrere Generationen hinweg immer wieder große Komödien schuf, verblaßten die deutschen Filmemacher bald. Von der Anmut und Leichtigkeit dieser deutschen

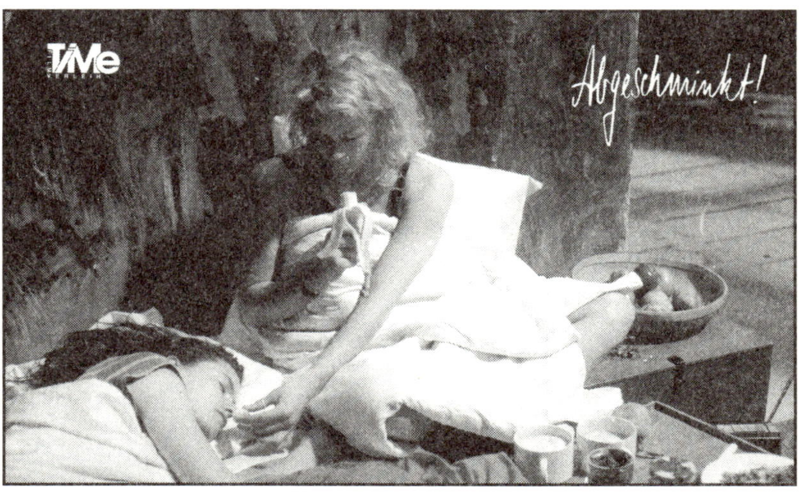

Abgeschminkt

Erfolgswelle war in den nachfolgenden Filmen immer weniger zu spüren.

Abgeschminkt (BRD 1992), Original-Titel: Abgeschminkt, R: Katja von Garnier, B: Katja von Garnier, K: Torsten Breuer, M: Peter Wenke, Tillmann Höhn, P: Ewa Karlström, D: Katja Riemann, Nina Kronjäger, Gedeon Burkhard, Max Tidorf, Daniela Lunkewitz, Peter Sattmann, F, 55 Min.

Absolutely Fabulous

Edina Monsoon und Patsy Stone leben in einer eigenartigen, untrennbaren Symbiose, fast wie in einer Ehe, was sie natürlich nie wahrhaben wollen. Patsy zu Edina: »Brühe mir niemals eine Tasse Tee auf!« Sie verkörpern eine Mischung aus Rock'n'Roll, Flower-Power-Bewegung, Glamour der Siebziger, Punk und Hedonismus der Achtziger.

Edina will alles, aber nichts dafür tun, sie hat Angst vorm Alter (sie ist 40), leidet unter ihrer Körperfülle, will ständig alles verändern, aber alles soll bleiben wie es war. Dabei sollen ihr alle Arten von esoterischem und okkultischen Mitteln helfen. Sie rennt immer allem nach, was angesagt ist, trägt jeden Fummel, Hauptsache, er ist grellbunt und besitzt das richtige Label (ArmaniVersaceLaCroixundsoweiter). Sie ist reich, hat eine PR-Agentur, versinkt ständig in Aktionismus, ohne etwas zu bewegen. Ihre Lieblingsbeschäftigung ist Einkaufen.

Patsy ist eine klassische Hochsteckfrisur-Blondine. Ihr Alter ist nicht bestimmbar, aber sie ist gut konserviert, da sie sich nur flüssig von Hochprozentigem ernährt. Deshalb liegt ihre Wohnung auch direkt über einer Weinhandlung, aber diese steht meist leer, da Patsy ohnehin meist mit Edina unterwegs ist. Ihre Lieblingsbeschäftigungen sind trinken, shoppen, Drogen und Männer.

Die dritte Hauptperson der TV-Serie ist Edinas Tochter Saffron. Diese bildet den Gegenpol, ist genau das Gegenteil ihrer Mutter und verabscheut all das, was ihre Mutter verkörpert. Sie will ein normales, geregeltes, häusliches Leben. Immer wieder muß sie ihre betrunkene Mutter ins Bett bringen, deren Pannen ausbügeln, immer wieder wird sie in peinliche Situationen gebracht. Letztlich übernimmt sie die maßregelnde Mutterrolle, was ihr ganz recht ist. Saffron und Patsy hassen sich, Edina steht dazwischen. So entsteht eine zusätzliche Spannung und Dynamik.

Die Fernsehserie »Absolutely Fabulous« entstand Anfang der Neunziger Jahre. Sie ist die Antwort auf Margaret Thatcher und dem vorherrschenden Law-and-Order-Konservatismus. All diese Werte werden über Bord gekippt, dabei ist der Umgang mit Drogen, Homosexualität, Sex und Alkohol Normalität. Zugleich ist sie eine Art sarkastische

Abrechnung mit den Alt-68ern und all dem Innerlichkeits-Kult. Die Zeit der Visionen ist vorbei. Edinas Fazit: »Genießt diese Welt, sie ist vielleicht nie wieder so schön.«

Das Faszinierende und Schillernde der Serie liegt in den Dialogen, die voll boshaften, ironischen, sarkastischen, hintergründigen und geistvollen Anspielungen sind. Abs-Fab-Fans können sie auswendig. »Absolutely Fabulous« ist absoluter Kult in Großbritannien und den USA, durch die Videokassetten und Ausstrahlungen in Premiere und TM3 mit von Thomas Herrmanns glänzend übersetzten Dialogen wird sie auch in Deutschland immer beliebter.

GB 1994/95; Buch: Jennifer Saunders, Idee: Jennifer Saunders & Dawn French; Produzent: Saunders & French für die BBC London; Kamera: John Vincent; Musik: Simon Print, Titelsong »This Wheel's on Fire« von Julie Driscoll & Adrian Edmondson; Darsteller: Jennifer Saunders, Joanna Lumley, Julia Sawalha, Jane Horrocks, Jane Whitfield, Kevin Allen, Mossie Smith, Kathy Burke u.a.

African Queen

Afrika: Ein Eingeborenendorf auf einer freien Fläche zwischen dem Dschungel und dem Fluß. Die Nonne Rose arbeitet dort als Missionarin. In einer Kapelle stimmt sie mit ihrem Bruder und ihrer schwarzen Gemeinde eine Hymne an, die Kraft und gegenseitige Unterstützung spenden soll in diesen bedrohlichen Tagen. Denn der Feind, die Hitlerdeutschen, ist nicht mehr weit.

Kurz darauf ist es soweit. Die Deutschen richten ein Massaker an, dem neben zahlreichen Eingeborenen auch Roses Bruder zum Opfer fällt. Daraufhin heuert die verzweifelte Nonne bei Allnut an, dem trunksüchtigen, exzentrischen Besitzer der Afrika Queen. Der hilft ihr dann auch, ihren Bruder zu begraben. Während er aber vor den Deutschen fliehen möchte, will Rose das Nazischiff Louisa in die Luft jagen. Deswegen ist ihr Verhältnis anfangs sehr unterkühlt.

Doch im Laufe der Schiffahrt kommen sie sich näher. Als es in einer Nacht zu regnen beginnt und Allnut, um nicht naß zu werden, vorsichtig zu Rose unter die Persenning schlüpft, wacht Rose auf und denkt das Schlimmste von ihm. Doch dann blitzt und donnert es. Jetzt versteht Rose die Situation und schämt sich für ihr Verhalten. Zärtlich legt sie über den zusammengekauerten Allnut, der unbequem liegt, um sie bloß nicht zu berühren, eine Ecke ihres Teppichs. Dann betrachtet sie den schlafenden Mann, und für einen Moment weicht die Strenge aus ihrem Gesicht.

Am nächsten Tag dann begreift Allnut, wie ernst es Rose damit ist, das Nazischiff zu torpedieren. Er beschimpft sie und wird dabei persönlich. Daraufhin redet Rose nur noch das Allernötigste mit ihm. Erst als dieser ihrem Vorhaben zustimmt, wird sie wieder freundlicher. Sie verliert sogar ihre jungfräuliche Unnahbarkeit und wird aufgeschlossener und liebevoller. Roses Verwandlung steckt auch Allnut an. Er verliert mehr und mehr seine trostlose Haltung allen Dingen gegenüber und verzichtet sogar auf den Alkohol. Gemeinsam gelingt es ihnen auch, gefährliche Stromschnellen zu überwinden. Dies feiern sie ausgiebig. Als Allnut vor Freude über die gemeinsame Leistung Rose küßt, schweigen beide peinlich berührt. Doch dem Triumph folgt eine schwerwiegende Niederlage. Die African Queen bleibt an einer seichten Stelle des Flusses im Schlamm stecken. Jetzt scheint alles vorbei: Sie geraten in deutsche Gefangenschaft. Zuvor zünden sie noch den Sprengstoff, doch die Explosion bleibt aus. Die Deutschen beschließen, die beiden zu hängen. Im Angesicht des Todes entdecken sie ihre Liebe zueinander. Als letzten Wunsch vor ihrer Hinrichtung fordern sie ihre Trauung. Schließlich gibt der Kapitän der Louisa nach und verheiratet sie. Und just in dem Moment, wo die Heirat vollzogen ist, bäumt sich das Deck auf, es gibt eine Druckwelle und eine erschreckende Detonation... Die beiden finden sich im Wasser wieder. Sie haben es geschafft. Die Sprengladung auf der African Queen hat sich doch noch entzündet und die Louisa mit in die Versenkung gerissen.

Die Dreharbeiten waren das reinste Chaos. Regisseur John Huston hatte in Afrika alles andere im Sinn, als sich an die Arbeit zu machen. Lieber jagte er Elefanten, stellte Frauen nach und legte sich mit Rassisten an. Die über dreißigköpfige Crew war den Launen und Tücken des exzentrischen Regisseurs vollkommen ausgeliefert. Clint Eastwood verfilmte mit »Weißer Jäger, Schwarzes Herz« Jahrzehnte später das gleichnamige Buch von Peter Viertel, der darin den »Chaosdreh« und Hustons Verfassung beschrieb. Trotzdem, ähnlich wie auch bei → »Casablanca« war vielleicht genau diese nervenaufreibende und angespannte Grundstimmung ausschlaggebend für das unsterbliche Charisma des Films. Gerade in extremen Streßsituationen können die Leistungen einer Filmcrew über sich selbst hinauswachsen.

Mit »Africa Queen« ist wohl einer der gelungensten Abenteuer- und Liebesfilme entstanden. Neben der Konstellation Trinker-Nonne, die für die damalige Zeit etwas Neues und Mutiges war (zumal die beiden sich schließlich ineinander verlieben), war es vor allem die radikale Entschlossenheit der Protagonisten, ihr aussichtsloses Ziel (Das Nazi-Schiff Louisa in die Luft zu jagen) zu erreichen. »Wenn du etwas wirklich willst, dann bekommst du es auch«, ist eine alte Weisheit, und der Film bestätigt sie. Roses Hartnäckigkeit und Bereitschaft zur Selbstaufopferung springt im Laufe des Films auch auf den Trinker Allnut über, und gemeinsam gelingt ihnen das Unmögliche.

USA 1951, ; Originaltitel: »The African Queen«; Produktionsfirma: Horizon/Romolus für U.A; Regie: John Huston; Drehbuch: James Agee, John Huston, Kamera: Jack Cardiff; Darsteller: Humphrey Bogart, Katharine Hepburn, Robert Morley; Oscar 1952 für Hauptdarsteller (H. Bogart)

Angriff der Killertomaten

Den Tomaten reicht es, endgültig haben sie die Schnauze voll. Sie wollen nicht mehr von Menschen zu Saucen und Suppen verarbeitet, zerschnitten und verspeist werden. Sie starten den ultimativen Gegenangriff. Sie mutieren zu riesengroßen Ungeheuern und greifen die Menschheit an. Niemand ist mehr vor ihnen sicher. Sie jagen Kinder und Omis, greifen Hausfrauen im Supermarkt an und schlagen sogar den CIA in die Flucht. Ihre Armee vermehrt sich ins Unermeßliche, und die Menschheit scheint geschlagen zu sein. Doch in dieser scheinbar ausweglosen Situation stellt sich ein mutiger Mensch der Invasion entgegen: ein Werbestratege! Er entwickelt eine wirksame Gegenwehr, indem er aus den roten Biestern kurzerhand Ketchup macht.

Dieser Film gilt als schlechtester Film aller Zeiten – und genau deswegen hat er Kultstatus. Es ist müßig, mehr darüber zu schreiben, aber für Masochisten und Fans von abgedrehten Storys ist er durchaus zu empfehlen.

Angriff der Killerautomaten (USA 1977, Original-Titel: Attack of the Killertomatoes, R: John de Bello, B: Costa Dillon, Steve Peace, John de Bello, K: John K. Culley, M: Gordon Goodwin, Paul Sundfor, P: Nai Entertainment/Steve Peace, John de Bello, D: David Miller, George Wilson, Sharon Taylor, Jack Riley, F: 87 Min.

Apokalypse Now

In Captain Willards Kopf spucken noch immer die Bilder seines letzten Einsatzes herum, da wird er schon aus seinem dreckigen Hotelzimmer geholt und mit einem neuen Auftrag bedacht. Es ist eine illegale Aktion. Er soll den wahnsinnig gewordenen Oberst Kurtz, der sämtliche Befehle mißachtet und sich im Dschungel von den Eingeborenen wie ein Gott behandeln läßt, liquidieren. Mit vier Mann macht er sich auf, um diese zweifelhafte Aufgabe zu erfüllen. In einem Patrouillenboot fahren sie einen Fluß entlang, auf dem zahlreiche amerikanische und vietnamesische Leichen schwimmen. Sie stoßen auf ein Fernseh-Team, das gestellte Beiträge über Mut und Heldentaten von amerikanischen Soldaten dreht. Bald darauf haben sie eine weitere skurrile Begegnung. Sie stoßen auf den affektierten Colonel Kilgore, der mal so eben ein ganzes Dorf bombardieren läßt, um ungestört surfen zu können. Während des Angriffs legt er, weil es auch so gut dazu paßt, kurzerhand die Musik aus Wagners Walkürenritt auf. Immer absurder wird die Reise Willards durch den Vietcong. Doch schließlich trifft er auf Oberst Kurtz. Als er dem Mann gegenübersteht, den er ermorden soll, werden seine sowieso schon vorhandenen Zweifel zur Qual. Warum soll er einen Mann töten, der sich aus einem ungerechten Krieg zurückgezogen hat, den ein ungerechter Krieg wahnsinnig gemacht hat? Doch der Auftrag muß ausgeführt werden und während die Einheimischen in der Nacht am Lagerfeuer einen Ochsen schlachten, überwindet Willard seine Bedenken, dringt mit einer Machete zu Kurtz vor und metzelt ihn nieder.

Wieder ein Werk des Regiefanatikers Francis Ford Coppola. Schon bei → »Der Pate« hat er mit seinem Team das Mögliche gesprengt, und auch bei »Apokalypse Now« haben wir es mit einem Antikriegsfilm von einer noch nie dagewesenen Dimension zu tun. Was wir hier sehen, ist kein Film mehr, es ist ein Trip durch kaputte Kriegsseelen, die sich nur noch im Delirium am Leben halten. »Apokalypse Now« ist eine Odyssee durch eine moderne Hölle, der Film entlarvt skrupellos die widerlichen und für Außenstehende unvorstellbaren Abgründe und Perversionen, die der Krieg freilegt. Coppolas Extremfilm zeigt uns den Durchschnittsamerikaner, der im Krieg zur wahnsinnigen und machtbesessenen Mördermaschine wird. Sei es Oberst Kurtz, der die Köpfe seiner Feinde aufspießt, oder sei es ein irrer Offizier, der ein ganzes Dorf mit Hubschraubern, aus deren Lautsprechern Wagners Walkürenritt dröhnt, niedermachen läßt – nur weil er mit seinen Jungs an einem bestimmten Küstenabschnitt surfen will. In diesen Sequenzen wird klar, daß der Krieg immer die kranke und perverse Seite des Menschen zu Tage treten läßt.

»Apokalypse Now« ist ein Film über einen Captain, der glaubt mit seiner Mission, den durchgedrehten und barbarischen Oberst Kurtz zu liquidieren, etwas bewirken zu können, der aber dann an der Feststellung scheitert, daß er den Falschen bekämpft. Nicht der Oberst ist das Übel, sondern der Krieg selbst. Um diese Vision zu verwirklichen, verpfändete Coppola sein gesamtes Privatvermögen, daß er durch den Erfolg seiner vorherigen Filme (vor allem »Der Pate« und »Der Pate 2«) erwirtschaftet hatte. Die Kosten stiegen von geplanten 11 Millionen auf über 30 Millionen Dollar. Die über ein Jahr andauernden Dreharbeiten auf den Philippinen wurden für die gesamte Mannschaft zu einer unmenschlichen Belastung. Der Hauptdarsteller Martin Sheen erlitt zwei Herzinfarkte und sprang dem Tod gerade noch einmal von der

Schippe. Trotzdem blieb er dabei und machte weiter. Mehrmals mußten Sets neu aufgebaut werden, weil sie von Taifunen zerstört wurden. Der Lohn waren mehrere Oskarnominierungen und die Goldene Palme, die sich der Film mit der deutschen Produktion »Die Blechtrommel« teilen mußte.

USA 1979; Originaltitel: »Apocalypse Now«; Produktionsfirma: Omni Zoetrope; Regie: Francis Ford Coppola, Drehbuch: John Milius, Francis Ford Coppola, Michael Herr, nach einem Roman von Joseph Conrad; Musik: Carmine Coppola, Francis Ford Coppola, The Doors; Kamera: Vittotio Storaro; Darsteller: Martin Sheen, Marlon Brando, Robert Duvall, Dennis Hopper, Frederick Forrest, Albert Hall, Sam Bottoms, Larry Fishburne, Harrison Ford; Goldene Palme Filmfestspiele Cannes 1979 für Film, Oscars 1980 für Kamera und Ton; 140 Min.

Außer Atem

Michel Poiccard ist ein Autodieb. Als er in einem gestohlenen Wagen von einem Polizisten verfolgt wird, erschießt er ihn. Die schreckliche Tat läßt er aber nicht an sich heran. Er überspielt sie, indem er sich noch mehr als vorher mit seinen Kinovorbildern, wie beispielsweise Humphrey Bogart, zu identifizieren versucht.

Er sucht seine Urlaubsbekanntschaft, die amerikanische Journalistin Patricia, in Paris auf. Sie will er erobern und zwar mit allen Registern seiner amerikanischen Filmidole. Daß Patricia sich nicht sicher ist und ihre Zukunft auch nicht aufs Spiel setzen möchte, fordert ihn noch mehr heraus. Geradezu euphorisch steigert sich sein Verlangen nach Patricia – nicht zuletzt, um damit seine nahezu ausweglose Situation zu ignorieren. Doch die Polizei schläft nicht. Während anfangs noch nach einem unbekannten Täter gesucht wurde, konzentriert sich jetzt die Fahndung konkret auf Michel.

Patricia findet mehr und mehr Gefallen an dem spannenden und leidenschaftlichen Leben, daß ihr Michel zu bieten scheint. Sie läßt sich von ihm zu einer gemeinsamen Zukunft überreden. Doch als es ernst wird und sie merkt, daß die augenscheinliche Romantik auch Gefahr und Unsicherheit in sich birgt, daß sie ihre Pläne für ihr Leben aufgeben muß, verrät sie ihn an die Polizei. Doch anstatt zu fliehen, tritt Michel der Polizei entgegen. Er will kein Feigling sein und die Sache – wie es auch in den amerikanischen Filmen der Fall ist – mit Stolz zu Ende bringen. Bevor er von den Polizisten gestellt wird, provoziert er einen Schußwechsel und damit seinen Tod.

Nouvelle Vague – eine Bewegung im französischen Film, die mit dem konventionellen Filmemachen brach. Ihre Hauptvertreter waren Jean Luc Godard und Francois Truffaut. Den Beginn markierte »Außer

Atem«, an dessen Entstehung beide mitwirkten. Der Film wurde mit Handkamera und ohne Stativ gedreht. Mit den wackligen Bildern wollten die Filmemacher näher an die Wirklichkeit heran und zugleich das zerrissene Innere ihres Helden unterstreichen. Tatsächlich entstand dadurch ein dokumentarischer Eindruck, der die Glaubwürdigkeit der Geschichte wesentlich verstärkt. Auch Schnittgesetze, die ja den Bildwechsel für den Zuschauer unmerklich machen sollen, wurden einfach nicht beachtet. Die Schnitte in dem Film sind hart und nehmen meist keine formalen Rücksichten. Darüber hinaus wurde auf Kunstlicht verzichtet. Ein Film also, der sich nicht von Regeln und formal-ästhetischen Gesichtspunkten beirren läßt, sondern der einfach nur seine Geschichte erzählt. Die Hand hinter der Kamera und die Person hinter dem Schneidetisch tun genau dasselbe. Wenn der Held aufgeregt ist, dann wackelt die Kamera, und wenn die Situation gerade konfus ist, dann ist es der Schnitt auch. Inhalt und Form sind stark miteinander verquickt. Der Film gestaltet sich dadurch schonungslos, intensiv und anarchistisch.

»Alles oder Nichts« ist das zentrale Thema von Michel. Entweder der Tod oder die Frau seiner Träume und die Freiheit. Michel hat sich durch seine Tat selbst in die Ecke gedrängt, und was wir im Film erleben, ist das letzte Aufbäumen eines Menschen, der eigentlich schon tot ist. Also ist »Nichts« die Antwort, obwohl wir immer wieder versucht sind, zu ihm zu halten, weil uns sein Wesen, seine Träume und sein eiserner Kampf um Patricia rühren. Aber die Tragik dieser Beziehung liegt in der Luft, selbst dann, wenn die beiden Liebenden sich sehr nahe sind. Es ist ein Film über das Verstandenwerden und über das Mißverstehen. Patricia will Journalistin werden, Michel fordert die bedingungslose Liebe. Er fragt nicht nach dem »Wenn und Aber«. Die Tatsache, daß die beiden unterschiedlichen Charaktere sich gegenseitig nie wirklich verstehen, wird zusätzlich dadurch unterstrichen, daß Michel am Schluß des Films sterbend zu Patricia sagt: »Das kotzt mich an«. Daraufhin Patricia: »Was ist das, ankotzen?« Die Amerikanerin versteht die »französische« Umgangssprache nicht, aber dieser scheinbar oberflächliche Dialog ist zusätzlich noch eine gelungene Metapher für das Grundproblem von Michel und Patricia. Beide hatten noch nie eine wirkliche, gemeinsame Basis für ihre Beziehung, weil sie aus gegensätzlichen Welten stammen, unterschiedliche Ziele haben und die Dinge ganz und gar verschieden betrachten.

»Außer Atem« wurde in den USA 1983 von Jim Mc Bride unter dem Titel »Atemlos« neu verfilmt. Viele Kritiker bezeichnen den Film als mißratenes Remake. Aber es gibt auch Stimmen, die dem Film eine gewisse Überzeugungskraft nicht absprechen. Sie vertreten die Ansicht, daß »Atemlos« eine gelungene Übertragung der Geschichte auf das Amerika der 80er Jahre ist. Die Psychologie jedenfalls und die Aufarbeitung der Charaktere, sowie die Erzählweise der Geschichte ist in dem Remake handwerklich solide und treffsicher gestaltet.

Frankreich 1959, Produktionsfirma: Beauregard, Originaltitel: »A Bout de Souffle«; Regie: Jean-Luc Godard; Drehbuch: Jean-Luc Godard, nach einer Idee von Francois Truffaut; Musik: Martial Solal, Wolfgang Amadeus Mozart; Kamera: Raoul Coutard; Darsteller: Jean-Paul Belmondo, Jean Seberg, Henri-Jacques Huet, Claude Mansard, Van Doude, Daniel Boulanger, Jean-Pierre Melville, Michel Favre, Jean Lue Godard; Preis Filmfestspiele Berlin 1960 für Regie; SW: 90 Min.

B

Bahnhof für zwei

Der Pianist Platon Rjabin aus Moskau ist stellvertretend für seine Frau, eine bekannte Fernsehsprecherin, die einen tödlichen Autounfall verschuldete, in einem sibirischen Gefangenenlager inhaftiert und erinnert sich dort an eine Romanze mit Vera, einer resoluten Serviererin im Bahnhofsrestaurant einer Provinzstadt. Bei einem unfreiwilligen Bahnhofsaufenthalt geraten beide dermaßen in Streit, daß Platon darüber glatt die Weiterfahrt versäumt. Im Verlauf von zwei höchst ereignisreichen Tagen und Nächten finden beide zueinander. Doch dann muß er wieder ins Lager. Als ihm der Besuch seiner Frau angekündigt wird, steht statt dessen die verloren geglaubte Geliebte vor ihm.

Eldar Rjasanow und sein Drehbuchautor Emil Braginski schufen eine romantische Tragikomödie, die voller Charme und Zärtlichkeit eine nicht alltägliche Liebesgeschichte erzählt. Nicht zuletzt die liebevolle, ironische Einbeziehung von Absurditäten im sowjetischen Alltag, wie in der Eingangsszene, als der Gefangenenchor das Lied vom Glöckchen singt, machen den Reiz des Films aus. Ljudmilla Gurtschenko brilliert in der Rolle einer nicht mehr jungen Frau, die ihre Einsamkeit hinter schnoddriger Kratzbürstigkeit versteckt. Sie offenbart eine große Skala von Gefühlen und Leidenschaften.

UdSSR, 1983, Originaltitel: Woksal dla dwoich, Produktionsfirma: Mosfilm, Regie: Eldar Rjasanow, Buch: Emil Braginski, Eldar Rjasanow, Kamera: Wadim Alissow, Musik: Andrej Petrow, Darsteller: Ljudmila Gurtschenko (Vera), Oleg Basilaschwili (Plato Rjabinin), Nikita Michalkow (Andrej), Nonna Mordjukowa (Onkel Mischa), Michail Kononow (Milizionär Nikolasch), Eldar Rjasanow

Ben Hur

Man schreibt das Jahr Null unserer Zeitrechnung. In Judäa hat der römische Kaiser Augustus zur Volkszählung aufgerufen. Die Lebensgeschichte des Prinzen Judah Ben Hur beginnt parallel zu der von Jesu. Weil Ben Hur in der Stadt Jerusalem beim römischen Statthalter in

Ungnade fällt, wird er vor ein Gericht gestellt, als Sklave verkauft, seine geliebte Mutter und Schwester verschwinden im Kerker der römischen Machthaber. Als Ben Hur im Zug der Sklaven unter sengender Sonne dürstet, beugt sich zu ihm hilfreich ein Mensch und reicht ihm eine Schale mit kühlem Wasser. Dieser Mensch ist Jesus und diese Szene wiederholt sich umgekehrt, als der Nazarener am Ende seines Lebens durch Jerusalems Gassen unter der Last des Kreuzes zusammenbricht. Niemand anderes als Ben Hur reicht ihm in diesem Moment Wasser und erkennt gleichzeitig den hilfreichen Mensch aus der Stunde seiner eigenen Not.

Doch bis zu dieser Begegnung, bis zur Erkenntnis, das Ben Hurs Schicksal auf wunderbare Weise mit dem des Mannes von Golgatha verknüpft ist, erzählt der Film das Schicksal Ben Hurs, der vom reichen Juden zum Galeerensträfling wird und schließlich als Adoptivsohn eines römischen Adeligen die Chance sieht, sich an Messala, dem Freund und späteren Feind zu rächen. Alles läuft auf einen Machtkampf zu, dem eigentlichen Höhepunkt des Films, dem Wagenrennen in Roms Arena zwischen Ben Hur und Messala. In einem atemberaubenden Duell kämpfen Ben Hur und Messala verbissen um Leben und Tod. Ben Hur verläßt als Sieger die Arena und folgt später der Bitte des schwerverwundeten Messala, mit diesem zu sprechen. Messala gesteht sterbend, daß Ben Hurs Mutter und Schwester noch leben.

Ben Hurs Verlobte, die ebenfalls vom Leben der beiden weiß, zählt inzwischen zu den Nachfolgerinnen Jesu, verkündet dessen Botschaft der Liebe und versorgt heimlich Ben Hurs Mutter und Schwester, die in den Höhlen der Leprakranken hausen. Ben Hur findet beide, und als auf Golgatha der Mann am Kreuz stirbt, während sich über Jerusalem der Himmel verfinstert, geschieht das Wunder: Mutter und Tochter werden vom Aussatz geheilt.

Für die damaligen Verhältnisse war der Aufwand, der für den Film betrieben wurde, bahnbrechend. Die Massenszenen wurden mit über 50.000 Statisten gedreht, über 360 Sprechrollen wurden vergeben und die Kosten für die angefertigten Kostüme und Requisiten überstiegen die Millionengrenze. Die kamera- und tricktechnische Umsetzung der Seeschlacht und des Wagenrennens war fulminant. Noch nie zuvor waren solche spektakulären Szenen so realistisch auf der Leinwand zu sehen gewesen. 16,2 Millionen Dollar kostete das Mammutprojekt. Eine Summe, die heute zwar kaum mehr beeindruckt, die aber für die damalige Zeit ungewöhnlich hoch war.

Schon einmal wurde der Roman von Lewis Wallace verfilmt. 1924 bis 1926 entstand eine sechs Millionen Dollar teure Stummfilmproduktion von »Ben Hur«. Auch diese Verfilmung war bahnbrechend, denn es gab während der ganzen Stummfilmära nicht einen Film, der nur annähernd an dieses Budget herankam. Das Wagenrennen und andere aufwendige Szenen wurden 1959 schon mit Kränen und Dollys gefilmt. In der Stummfilmzeit hingegen montierte man die Kameras an Autos und wurde so auch der Flexibilität gerecht, die ungewöhnliche Szenen erfordern.

Die Neuverfilmung von »Ben Hur« von 1959 war fast vierzig Jahre Rekordhalter unter den Oscarprämierten Filmen. Erst 1998 gelang es James Cameron mit → »Titanic«, das damalige Ergebnis zu erreichen. Beide Filme sind mit jeweils elf Oscars ausgezeichnet worden.

1.) USA 1924-26, Originaltitel: »Ben Hur«, Produktionsfirma: MGM; Regie: Fred Niblo, Ferdinand P. Earle; Drehbuch: Bess Meredyth, Carey Wilson, June Mathis; Kamera: Renè Guissart, Karl Struss, Percy Hilburn, Clyde de Vinna, E. Burton Steene, George Meehan, Paul Eagler; Musik: David Mendoza, William Axt, Miklos Rozsa, Darsteller Roman Novarro, Francis X. Bushan, Frank Currier, May McAvoy, Claire McDowell; teils SW: 151 Min.

2.) Ben Hur (USA 1959) Originaltitel: »Ben Hur«, P: MGM (Sam Zimbalist), Regie: William Wyler, Drehbuch: Karl Tunberg, dem Roman von Lewis Wallace; K: Robert Surtees; Musik: Miklos Rozsa; Darsteller: Charlton Heston, Stephan Boyd, Jack Hawkins, Haya Harareet, Hugh Griffith; Oscars 1960 für Film, Regie; Darsteller: Charlton Heston, Hugh Griffith; 213 Min.

Ben Hur

Blade Runner

Das Los Angeles des Jahres 2019 ist überbevölkert und dreckig. Die Menschen werden in Flugkörpern durch die Luft befördert. Sie hausen in himmelhohen Wolkenkratzern und werden von allen Seiten mit Werbung bombardiert. Die Umwelt ist so geschädigt, daß es nie richtig Tag wird. Aus diesen Gründen versucht die Regierung, die Menschen auf andere Planeten zu bringen, deren Vegetation noch in Ordnung ist. Sogenannte Replikanten, künstlich geschaffene Menschen, sollen diese Planeten für die Bevölkerung bewohnbar machen. Bei auftretenden Problemen greifen sogenannte »Blade Runner« ein. Kommt es gar zu schwerwiegenden Fehlfunktionen der Replikanten, sind sie aufgefordert, diese zu eliminieren. Ex-Blade Runner Deckard wird von seinem früheren Chef gebeten, nochmals einen äußerst delikaten Auftrag auszuführen. Wegen eines Konstruktionsfehlers sind mehrere hochwertige und kampferprobte Replikanten von ihrem Auftrag abgewichen und haben mehrere Menschen getötet und ein Raumschiff gekapert. Um sich ein genaues Bild über seine Gegner zu machen, läßt Deckard sich von dem Replikantenexperten Tyrell beraten. Er lernt dort auch die »künstliche« Sekretärin Rachael kennen. Aber er entdeckt auch im »zwischenmenschlichen Umgang« mit ihr, daß Replikanten nicht nur Maschinen sind. Auch sie haben Gefühle.

Bald hat Deckard die erste der »flüchtigen Maschinen« ausfindig gemacht und eliminiert. Beim Kampf mit dem zweiten Androiden kommt ihm Rachael zur Hilfe. Sie rettet Deckards Leben und tötet einen Angehörigen ihrer eigenen Spezies. Es gilt nun, die beiden anderen Replikanten ausfindig zu machen. Zum einen Roy, den intelligenten und eisenharten Anführer der Gruppe, und zum anderen die Sexbombe Pris, die für das Amüsement von Offizieren konstruiert wurde. Roy hat inzwischen Tyrell in seiner Gewalt. Er will von ihm wissen, wie er ein menschliches Leben führen kann. Tyrell erklärt ihm, daß dies nicht möglich sei. Er müsse, wie jeder andere Replikant, nach vier Jahren sterben. Ihre künstlichen Gene seien so konstruiert worden, um die Menschen vor ihnen zu schützen. Roy tötet Tyrell daraufhin. Man merkt aber, daß dies aus einer verzweifelten und ohnmächtigen Wut heraus geschieht. Roy hat also wie alle anderen Replikanten ein Bewußtsein, obwohl dies von den Konstrukteuren immer geleugnet wurde. Deswegen stürzt ihn auch die Erkenntnis, daß seine Lebenszeit im Begriff ist abzulaufen, in eine tiefe Depression. Als er dann in sein Versteck zurückkehrt, hat Deckard es bereits ausfindig gemacht und seine Partnerin Pris getötet. Voller Zorn ist Roy nun bereit, mit all seinen

Fähigkeiten und seiner Kraft Deckard zu jagen und zu töten. Er verfolgt ihn durch das labyrinthartige Versteck.

Der »Blade Runner« war bisher Jäger und Killer von Androiden. Jetzt ist er der Gejagte. Jetzt spürt er am eigenen Leib, was er den vermeintlich emotionslosen Replikanten angetan hat. Doch als Roy Deckard so in die Enge getrieben hat, daß dieser in die Tiefe stürzt, rettet der Android ihm in letzter Sekunde das Leben. Denn Roy weiß, was es heißt, sterben zu müssen. Seine vier Jahre sind abgelaufen. In seinen letzten Worten bestätigt er nochmals, was er mit seiner Tat sowieso schon bewiesen hat. Nämlich, daß er zwar eine Maschine ist, aber auch – was die Menschen nicht wahrhaben wollen – ein Bewußtsein hat und sehr wohl fühlen kann: »Ich habe Dinge gesehen, die ihr Menschen niemals glauben würdet. Gigantische Schiffe, die vor der Schulter des Orions draußen brannten. Und ich habe C-Beams gesehen, glitzernd im Dunkel, nahe dem Thannhäuser-Tor. All diese Momente werden verloren sein, in der Zeit, so wie Tränen im Regen.«

Man mag die Ausstattung und den großen Aufwand schätzen. Man mag Einfälle schätzen, zum Beispiel daß autoähnliche Körper zwischen den Wolkenkratzern fliegen oder daß in Fabriken Androiden produziert werden. Aber »Blade Runner« ist kein gewöhnlicher Science-Fiction, der mit Tricktechnik und Effekten sein Publikum begeistern will. »Blade Runner« ist ein Film über traurige und kaputte Menschen, die darunter leiden, daß frühere Generationen die Vegetation der Erde zerstört haben. Sie leben in schmuddeligen Behausungen, weil ihre Seelen nur Dunkelheit und Kunstlicht kennen. Nichts an »Blade Runner« ist schön oder anmutig. Die Stadt ist bis an die Schmerzgrenze laut und überbevölkert, an jeder Ecke konfrontieren riesige Videoleinwände die höchst unterschiedlichen Bewohner mit klirrenden Werbebotschaften. Auch die Vielzahl neuer, technischer Errungenschaften können nicht über die menschliche Verarmung der Stadt hinwegtäuschen. Insofern ist »Blade Runner« eher eine philosophisch-psychologische Auseinandersetzung mit der Zukunft. Der Film, der den Roman von Philip Dick »Träumen Roboter von elektrischen Schafen?« als Vorlage hatte, geht schließlich noch weiter. Er geht der Frage nach, wie weit die technische Entwicklung noch gehen darf, und wann sich die ersten ethischen Bedenken melden sollten?

Die Menschen des Los Angeles 2019 sind der Auffassung, daß die von ihnen konstruierten und gebauten Androiden nur Maschinen sind und deshalb keine Gefühle haben können. Doch umso ähnlicher die Maschinen uns Menschen werden, desto lebendiger werden sie. Die Replikanten unterscheiden sich von den Menschen kaum. Sie sehen aus wie sie, sie bewegen sich wie sie und sie sprechen wie sie. Aber sie werden nicht behandelt wie Menschen. Sie müssen Frondienste leisten, und der Sicherheit wegen werden sie nach vier Jahren automatisch eliminiert. Sie sind also die modernen Sklaven, die Untermenschen der Neuzeit. Und jetzt ahnt Deckard plötzlich, daß all das, was man ihm über die Maschinen gesagt hat, womöglich nicht stimmt. Er verliebt sich sogar in eine Replikantin. Nach dem Showdown weiß er dann mit Bestimmtheit, daß Roy und auch andere Androiden sehr wohl Bewußtsein und Empfindungen haben. Ihm wird klar, daß es leidende und traurige Geschöpfe sind, weil sie eine kurze Lebensdauer haben und weil sie von den Menschen nur als Maschinen angesehen werden. Da der Film an diesem Punkt endet, erfahren wir nicht mehr, ob Deckard daran verzweifelt, daß er nicht, wie er glaubte, Maschinen zerstörte, sondern hochwertiges Leben tötete. Sicher aber wird er eines tun: er wird seine Waffe in den Schrank legen und niemals wieder einen Androiden töten.

Das Thema von »Blade Runner« ist also die Auseinandersetzung mit der Frage: Wann ist der Punkt erreicht, wo man eine Existenz achten muß? Diese Frage beschäftigt uns schon seit jeher. Das Hitlerreich unterteilte die Menschen in Arier und Nichtarier, die Südstaatler hielten »Neger« als Sklaven und redeten sich ein, daß diese eben nicht so denken und fühlen können, wie »Weiße«. In »Blade Runner« sind es die Replikanten, die von Menschen aus eigener Bequemlichkeit heraus

Blade Runner – in der Gewalt von Roy (Rutger Hauer)

ausgebeutet werden. Die Verantwortung für ihr Verhalten umgehen sie dadurch, daß sie die Empfindungsfähigkeit der Androiden leugnen.

Ein weiterer Grund, warum der Film seine Zuschauer dermaßen packte, ist die Darstellung des Roy von Rutger Hauer. Er wirkt perfekt und glatt, wie eine geniale Kampf- und Denkmaschine. Deswegen ist er uns unsympathisch. Zugleich erfahren wir, daß er mehrere Menschen getötet hat. Wir sind also von Anfang an auf der Seite von Deckard, mit dessen menschlichen Eigenschaften wir uns identifizieren können. Doch je mehr wir in diese fremde Welt eindringen, je mehr wir verstehen, daß Roy eigentlich nur überleben will, desto mehr bezweifeln wir unsere Parteinahme. Im Grunde geht es uns wie Deckard, denn am Ende des Films bereuen wir unseren Irrtum. Wir können Roys Handlungen verstehen, selbst seine Morde können wir nachvollziehen, und die abschreckende Maschine ist uns plötzlich vertraut. Als Roy dann stirbt, leiden wir mit ihm.

USA 1982; Originaltitel: »Blade Runner«, Regie: Ridley Scott, Drehbuch: Hampton Fancher, David Peoples; L.V. Philip; K. Dick; Kamera: Jordan Cronenweth; Spezialeffekte: Douglas Trumbull, Matthew Yuricich, David Dryer; Musik: Vangelis; Darsteller: Harrison Ford, Rutger Hauer, Sean Young, Edward James Olmos, M. Emmet Walsh, Daryl Hannah, William Sanderson, Brion James, Joe Turkel, Joanna Cassidy; 117 Min.

Der blaue Engel

Der ältliche, verknöcherte Gymnasiallehrer Professor Rath, wird von seinen Schülern nur als Professor Unrat verspottet, bis er die Tänzerin Lola-Lola kennenlernt. Der Lehrer, der seinen Schülern überall auflauert, um sie bei »Verbotenem« zu ertappen, folgt ihnen bis in die Spelunke »Zum blauen Engel«, verheddert sich aber dort mit seinen Gefühlen in der schicksalhaften Begegnung mit Lola, mit bürgerlichem Namen Fräulein Rosa Fröhlich. In dem für ihn verwirrend-erotischen Dunstkreis des Etablissements hört Unrat die »fesche Lola«, läßt sich einlullen von dem Song »Ich bin von Kopf bis Fuß auf Liebe eingestellt, ja das ist meine Welt und sonst gar nichts«.

Je mehr Unrat in Lolas Bann gerät, desto mehr werden seine Werte und Prinzipien wie »einflußreiche Kirche, handfester Säbel, strikter Gehorsam und starre Sitten« untergraben, ja vollkommen ins Gegenteil verkehrt. Unrat heiratet Rosa Fröhlich und verliert seine bürgerliche Stellung. In einem späteren Prozeß muß Unrat gegen drei seiner Schüler aussagen, hier bricht sein bis dato unterdrückter Haß gegen die bürgerliche Gesellschaft aus. Immer mehr aber gerät er so in den Stru-

Der blaue Engel

del der »Unmoral«, treibt nun selbst die »Unsitte« mit eben der Akribie, mit der er einst die »Sitte« vertrat, voran.

In den 30ern sprengte dieser Film alles Vorstellbare. In einer Zeit, in der in Deutschland eigentlich nur konservative Filme entstanden, engagierte der exzentrische Regisseur Josef von Sternberg die Revuesängerin Marlene Dietrich. Die UFA-Studiobosse und auch der Hauptdarsteller Emil Jannings protestierten gegen die Entscheidung Sternheims. Dennoch konnten sie sich nicht gegen ihn durchsetzen. Doch gerade wegen der verruchten und auf viele ordinär wirkenden Dietrich wurde der Film ein unvergesslicher Erfolg. Die Geschichte des Schriftstellers Heinrich Mann wäre völlig untergegangen, wenn – wie von dem Produzenten Erich Pommer vorgeschlagen – biedere Schauspielerinnen wie Brigitte Helm oder Trude Hesterberg die Rolle der Lola gespielt hätten. Durch Marlene Dietrich und ihrem wilden Sexappeal erhielt die Heinrich-Mann-Geschichte von einem Studienrat, der sich leidenschaftlich in eine Nachtclub-Sängerin verliebt und schließlich daran zerbricht, erst ihre Glaubwürdigkeit. Und in der Tat ist »Der blaue Engel« einer der ganz wenigen deutschen Filme der 30er Jahre, der einen dramatischen Konflikt glaubhaft schildert. Das war neben Marlene Dietrich vor allem Sternheim zu verdanken, der den Mut hatte, ein Beziehungsdrama nicht – wie damals üblich – durch falsche Moral und oberflächliche Andeutungen zu verfälschen.

Der Blaue Engel (Deutschland 1930), Original-Titel: Der Blaue Engel, R: Josef von Sternberg, B: Robert Liebmann, Carl Zuckmayer, Karl Vollmöller, nach dem Roman Professor Unrat von Heinrich Mann, K: Günther Rütau, Hans Schneeberger, M: Friedrich Holländer, P: Erich Pommer/UFA, D: Emil Jannings, Marlene Dietrich, Kurt Gerron, Rosa Valetti, Hans Albers, Reinhold Bernt, Eduard von Winterstein, s/w 108 Min.

Blow up

Thomas ist ein Workaholic. Gerade hat er eine Fotoserie über Obdachlose abgeschlossen. Außerdem handelt der Fotograf mit Requisiten und denkt über Grundstückskäufe nach. Ihn stört es auch nicht weiter, daß seine Frau ihn betrügt. Dafür ist er viel zu beschäftigt. In einem Park knipst er heimlich ein Liebespaar. Kurz darauf trifft er die Frau wieder. Sie möchte den Film haben, doch Thomas gibt ihr einen anderen Film. Beim Entwickeln der Bilder bemerkt er eine auffällige Stelle. Als er diese mehrmals vergrößert, glaubt er eine Leiche zu sehen. Er geht noch mal zu der Stelle zurück und stößt tatsächlich auf einen Toten. Wieder in sein Atelier zurückgekehrt, bemerkt er, daß man ihm die Negative und die Vergrößerungen gestohlen hat. Thomas ist ratlos.

Auch seine Umgebung interessiert sich nicht für die Geschichte. Als Thomas am nächsten Morgen nochmals in den Park geht, ist der Tote weg. War es nur Einbildung oder wurde ein Verbrechen vertuscht? Was soll's? Thomas interessiert die Geschichte nicht weiter. Als er dann an einem Tennisplatz vorbeikommt, sieht er darauf Spieler, die ohne Ball und Schläger spielen.

Der Film vermischt Realität und Halluzination. Ist die Leiche nur ein Phantasieprodukt des schizophrenen und drogengeschädigten Gehirns von Thomas? Oder ist Thomas und sein Umfeld so teilnahmslos, daß sie sich durch nichts aus ihrer Lethargie reissen lassen? Was ist Wirklichkeit? Ist es das, was wir sehen, oder ist es das, was die Fotografie festhält? Michelangelo Antonioni zeichnet in »Blow up« ein Porträt der englischen Beat-Generation der 60er. Es ist eine Gesellschaft von jungen Menschen, die kein Interesse an ihrer Umgebung haben, die sich lieber auf Parties zukoksen und einem vermeintlichen Künstlerimage hinterherjagen. Sie sind voller innerer Leere.

Damit traf der Regisseur die damalige »Young People«-Generation im Kern. Sie nahm ihm aber die unterschwellige Kritik nicht krumm. Im Gegenteil, gerade die Beat-Generation machte »Blow up« zu ihrem Kultfilm. 1967 erhielt Michelangelo Antonioni für dieses Werk die »Goldene Palme« von Cannes.

Blow up (Großbritannien 1966), Original-Titel: Blow up, R: Michelangelo Antonioni, B: Michelangelo Antonioni, Tonino Guerra, nach einer Kurzgeschichte von Julio Cortazar, K: Carlo di Palma, M: Herbert Hancock, P: Carlo Ponti, D: Vanessa Redgrave, David Hemmings, Sarah Miles, Veruschka Gräfin Lehndorf, F: 111 Min.

Blues Brothers

Jake Blues wird aus dem Gefängnis entlassen. Man händigt ihm sein Hab und Gut aus, daß er bei seiner Verhaftung abgeben mußte: eine kaputte Digitaluhr, ein benutztes und ein unbenutztes Präservativ. Dann macht er drei Kreuze auf das Entlassungsformular und steigt in den Wagen seines Bruders Elwood. Der große Schlanke und der kleine Dicke sind wieder vereint. Sie tragen auch die gleichen schwarzen Hüte, die gleichen dunklen Brillen und die gleichen Anzüge. Als die beiden affencoolen Typen erfahren, daß das Waisenhaus, in dem sie aufgewachsen sind, die Steuern nicht mehr bezahlen kann und es daher geschlossen werden soll, beschließen die beiden Chaoten die Wiedervereinigung ihrer alten Band. Mit dem Erlös der Auftritte wollen sie dem Heim unter die Arme greifen.

Doch erst einmal müssen die alten Bandmitglieder gefunden werden. Auf der Suche nach ihnen legen die beiden Brüder sich wegen ihrer

Tölpelhaftigkeit mit der gesamten Polizei von Chicago an, mit einer Countryband und mit einer Truppe von Neo-Nazis. Obendrein versucht die verbitterte Ex-Freundin die beiden bei jeder Gelegenheit ins Jenseits zu befördern. Trotzdem gelingt es ihnen, einen Auftritt für die Band in der City-Hall zu organisieren. Dort versammeln sich auch ihre Verfolger, die in dem Gewimmel nur auf eine Gelegenheit warten, um Jake & Elwood den Garaus zu machen. Doch denen gelingt die Flucht durch einen Abwasserkanal. Vorher aber schließen sie einen Plattenvertrag ab und nehmen 10.000 Dollar als Anzahlung entgegen. Doch die beiden werden schon von Jakes früherer Braut erwartet, die mit einem Maschinengewehr auf sie feuert. Jetzt hat Jake die Nase endgültig voll. Er faselt ihr einigen Blödsinn vor und prompt ist die Ex wieder Feuer und Flamme. Sie läßt sie passieren. Mit dem Wagen geht's dann weiter Richtung Finanzamt, um die Schulden des Heims zu begleichen. Bevor sie sich umsehen, sind auch ihre Verfolger wieder in ganzen Hundertschaften hinter ihnen her. Im Finanzamt werden die beiden Draufgänger dann in einer gigantischen Aktion von der nationalen Armee, der Feuerwehr, der Polizei, der Air Force usw. gestellt. Doch vorher können sie das Geld noch übergeben und retten damit das Waisenhaus.

»Blues Brothers« ist absolut abgedreht, ausgeflippt, spacig, eben Kult!!! Und Feuerwerk pur. Dafür wurden in diesem Chaoswerk knapp 80 Stuntmen verbraten, ganze Einkaufszentren aufgemischt und über hundert Autos zu Schrott gefahren. Aber Kult ist der Film auch wegen der Musik und der anarchischen Einstellung der beiden Protagonisten. Die Blues & Soul Fans gingen und gehen heute noch schier kaputt, wenn sie in dem Film die Musik von Aretha Franklin, Ray Charles, Cab Calloway und James Brown hören. Noch heute gilt es unter Bluesfans als Todsünde, den Soundtrack von »Blues Brothers« nicht zu besitzen.

Blues Brothers (USA 1979), Original-Titel: The Blues Brothers, R: John Landis, B: Dan Aykroyd, John Landis, K: Stephen M. Katz, M: Ira Newborn, P: Robert K. Weiss für Universal, D: John Belushi, Dan Aykroyd, Carrie Fisher, James Brown, Cab Calloway, F: 130 Min.

Blue Velvet

Wolkenloser Himmel. Rote Rosen stellen sich dem leichten Wind entgegen. Eine ruhige, gemütliche Kleinstadt strahlt uns an, und wir hören diese schöne und traurige Lied aus den Fünfzigern, das von dem Schmerz und den wunderschönen Erinnerungen einer vergangenen Liebe erzählt: »Blue Velvet«. Blauer Samt, so geschmeidig, so frisch, so betörend. Ein Feuerwehrauto fährt durchs Bild. Der Feuerwehrmann winkt uns zu und alles ist farbenfroh und friedlich. Ein älterer Mann sprengt mit einem Gartenschlauch den Rasen, kümmert sich um sein beschauliches Zuhause. Alles ist perfekt. Nichts Störendes weit und breit, nur Frieden und Glück, nur Harmonie und Ruhe.

Urplötzlich verzerrt der ältere Mann sein Gesicht, er fällt zu Boden. Sein Hund schnappt nach dem Wasserstrahl aus dem Gartenschlauch, ein Baby tapst sich neugierig heran. Der Mann rührt sich nicht mehr. Ein fremdartiges Summen, und die Kamera rast über eine Wiese, ganz dicht an den nassen Grasbüscheln, die wild und übergroß gegen die Leinwand schmettern. Die Kamera nähert sich Ameisen, Käfern und Insekten. Sie krabbeln auf etwas Fleischigem. Jeffrey läuft über eine Wiese und findet eben dieses Fleischige. Es ist ein menschliches Ohr, daß die Tierchen zerfressen. Mit dem Ohr geht er zum Sheriff, der ihm verspricht, sich darum zu kümmern. Von dessen Tochter Sandy erfährt Jeffrey dann, daß ihr Vater das Ohr in Verbindung mit einer Nachtclubsängerin namens Dorothy bringt. Gemeinsam beschließen sie, der Sache auf den Grund zu gehen.

Jeffrey dringt in Dorothys Wohnung ein. Dort taucht sie aber wider Erwarten auf. Jeffrey hört ein Telefongespräch mit, das Dorothy mit einem gewissen Frank führt. Daraus schließt er, daß Frank ihren Mann und ihren Sohn entführt haben muß und sie nun erpreßt. Das Ohr muß wohl zu ihrem Mann gehören. Dann wird er von ihr entdeckt. Er versucht sich damit herauszureden, daß er sie in einer intimen Situation beobachten wollte. Daraufhin zwingt Dorothy ihn mit einem Messer, sich auszuziehen. Dann liebkost sie ihn, zwingt ihn aber, sie nicht anzusehen. Als er sie anfassen möchte, brüllt sie ihn an. Dann klopft es mehrmals. Sie versteckt Jeffrey im Kleiderschrank und läßt den ungeduldigen Besucher rein. Es ist Frank und er fällt gleich über sie her. Er nennt sie dabei »Mom«. Als sie ihn versehentlich anblickt, reagiert Frank noch schlimmer als Dorothy zuvor bei Jeffrey. Er schlägt ihr mit der Faust ins Gesicht. Anschließend versinkt er mit seinem Kopf zwischen ihren Beinen. Dabei wechselt Frank zwischen kindlichen Tönen und vulgären Beschimpfungen. Er drückt sie brutal auf den Boden. Aus einer Sauerstoffmaske für Asthmatiker holt er in Momenten äußerster Erregung tief Luft. Dann verschwindet er. Jeffrey kommt aus dem Schrank und versucht sie zu trösten. Als sie sich ihm in ihrer Verzweiflung und Verwirrung hingeben will, zieht er sich an und geht.

Am nächsten Tag geht Jeffrey wieder zu Dorothy. Auf eine eigenartige Weise fühlt er sich zu ihr hingezogen. Auch Dorothy sucht in ihrer Hoffnungslosigkeit Halt bei ihm. Aber sie will auch, daß er sie schlägt. Schließlich überschreitet Jeffrey die Grenze und prügelt auf sie ein.

Beim Verlassen der Wohnung trifft er auf Frank, der ihn und Dorothy zu einer »Vergnügungstour« zwingt. Sie besuchen ein billiges Bordell. Dort treffen sie auf eine Horde von skurrilen Typen, die Dorothys Familie gefangen halten. Kurz darf sie ihren Sohn sehen. Dann geht's weiter. Auf einem abgelegenen Feld halten sie erneut. Als Frank sich an Dorothy vergeht, fordert ihn Jeffrey auf, seine Finger von ihr zu nehmen. Aber Frank läßt Widerspruch nicht gelten. Er zerrt Jeffrey aus dem Wagen und sieht ihn wie im Trance an. Dann beschmiert er seine Lippen dick mit Lippenstift und drückt diese fest auf Jeffreys Mund. Dabei tönt der romantische, schnulzige Song »In Dreams« von Roy Orbison aus dem Autoradio. Eine der mitgekommenen Huren steigt auf das Autodach und tanzt nach der Musik, während Frank Jeffrey brutal zusammenschlägt.

Am nächsten Tag geht Jeffrey zum Sheriff und erzählt ihm von der Entführung und der Erpressung. Am Abend geht er mit Sandy, der Tochter des Sheriffs, aus. Sie verbringen einen schönen Abend miteinander und gestehen sich, daß sie einander lieben. Auf dem Nachhauseweg werden sie von einem Wagen verfolgt. Jeffrey befürchtet, daß es Frank ist. Er fährt zu sich nach Hause, weil er dort zu dem Gewehr seines Vaters greifen könnte. Doch der Verfolger entpuppt sich als der eifersüchtige Exfreund von Sandy. Er fordert Jeffrey heraus, sich mit ihm zu schlagen. Dann entdeckt er eine nackte Frau in Jeffreys Garten. Hämisch fragt er: »Ist das deine Mutter?« Jeffrey erkennt Dorothy. Nackt und mit Striemen am Körper steht sie vor ihm. Zusammen mit Sandy bringt er Dorothy zu Sandys Vater, dem Sheriff. An der Art, wie Dorothy sich an Jeffrey klammert, erkennt Sandy, daß die beiden miteinander geschlafen haben. Das verletzt sie sehr, doch als Jeffrey sie um Verzeihung bittet, vergibt sie ihm schließlich. Dorothy wurde ins Krankenhaus gebracht und Jeffrey beschließt, nochmals in die Wohnung von Dorothy zu gehen, um neue Hinweise zu finden. Dort entdeckt er zwei mißhandelte Leichen. Die von Dorothys Mann und die von Franks Kumpel. Dann wird er von Frank überrascht. Mit dem Revolver, den er einer Leiche entwendet, tötet Jeffrey ihn. Nun ist in dem verschlafenen Städtchen wieder alles beim Alten. Die Beschaulichkeit ist zurückgekehrt. Ein Rotkehlchen fliegt im Garten umher. Jeffrey und Sandy blicken aus dem Fenster. Dorothy spielt mit ihrem kleinen Sohn. Vielleicht war ja alles nur ein böser Traum?

Sandy zu Jeffrey: »Ich hab was geträumt. In derselben Nacht, wo wir uns das erste Mal getroffen haben. Ich hab geträumt von unserer Welt. Aber in dieser Welt war es dunkel, weil es keine Rotkehlchen gab. Die Rotkehlchen waren das Sinnbild für Liebe. Und eine ziemlich lange Zeit war da nichts anderes als diese Dunkelheit. Und plötzlich... Auf einmal dann kamen Tausende von Rotkehlchen plötzlich angeflogen, und auf ihren Flügeln brachten sie dieses blendende Licht der Liebe mit. Und es schien so, als ob diese Liebe das einzige sei, was wirklich wichtig ist in dieser Welt. Und so war es! Ich glaube, das heißt, erst wenn die Rotkehlchen kommen, wird alles gut.«

Und genau das ist das Thema von »Blue Velvet«: Einen dunklen Lebensabschnitt überwinden, um danach wieder ans Licht zu kommen. Der Film ist eine Odyssee durch die Phantasien eines pubertierenden Knaben bzw. ein »Eindringen ins Unterbewußtsein«, wie es der Regisseur David Lynch bezeichnet. Hier wird Verbotenes erprobt, werden sexuelle Träume und Voyeurismus ausgelebt und zugleich bestraft. Das Ganze geschieht in einer Mischung aus Zaghaftigkeit und Dringlichkeit. Angst und Lust wechseln einander ab, genauso wie in der Pubertät eines Jungen, der seinen Körper entdeckt. Gelingt es ihm, die Dun-

Blue Velvet

kelheit zu überwinden, dann »kommen die Rotkehlchen wieder« und er ist ein Mann. Aber der Film erzählt auch von pervertierten Sehnsüchten wie Vergewaltigung und Sadismus als eine geheimnisvolle Welt, in die sich der Held verstrickt. In der Tat scheint Frank die dunklen Seiten von Jeffreys eigener Seele zu verkörpern. Diese müssen überwunden werden, damit die Fähigkeit zur Liebe in einem jungen Menschen erwachen kann.

Aber damit ist der Facettenreichtum des Films noch längst nicht ausgeschöpft. Der Film handelt auch von einem vermeintlich sauberen, wunderschönen Fleckchen Erde, das dem Klischee einer Postkartenidylle entspricht. Aber blickt man tiefer, durchdringt man die Grenzen (im Film fährt die Kamera in den Gehörgang des abgeschnittenen Ohrs), wird man mit dem wahren Gesicht dieser Stadt konfrontiert. Unter der friedlichen Oberfläche herrschen Gewalt, Vergewaltigung und Sadismus. Die zwei Gesichter der Stadt können hier auch als Metapher verstanden werden für das Bewußtsein und das Unterbewußtsein der Menschen, für öffentliches Verhalten und tatsächliches Sein.

Lynch erreicht seine Wirkung durch den Kontrast heller und leuchtender Farben zu dunklen, schmuddeligen Plätzen. Aber nicht nur visuell, sondern auch akustisch stöbert er in den Abgründen seiner Protagonisten herum. In allen Filmen von Lynch ist immer wieder ein Stampfen und Pochen wie von Maschinen und Fabriken zu hören. Damit werden die Perversionen der menschlichen Seele dargestellt und bei Extremsituationen, in denen Mord und Gewalt drohen, verzerrt er diese Geräusche bis zur Unerträglichkeit. Ein sehr wirkungsvoller Effekt, der in Lynchs Filmen immer wiederkehrt, ist der Kontrast. Brutalste und widerwärtigste Szenen werden häufig von romantischer und kitschiger Musik begleitet. In Blue Velvet ist es das Lied »In Dreams«, daß das Gemüt des Zuschauers zum Schwelgen einlädt, während Frank Jeffrey brutal niederschlägt. Auch Sex und Gewalt werden in »Blue Velvet« immer wieder gegenüber gestellt. Lynch zeigt damit auf, wie verwandt die beiden vermeintlich unterschiedlichen Dinge doch sein können. Es bedarf nur einer Grenzüberschreitung, um sexuelle Stimulanz aus dem Tod oder der Angst von anderen Menschen zu ziehen.

Zunächst wurden Lynchs Qualitäten von den Kritikern verkannt. Erst für den darauffolgenden Film »Wild at Hard« erhielt Lynch mit der »Goldenen Palme« von Cannes seinen ersten großen Preis.

USA, Originaltitel: »Blue Velvet«; Regie: David Lynch; Drehbuch: D. Lynch; Kamera: Frederick Elmes, Joe Dunton; Darsteller: Kyle MacLachlan, Isabella Rossellini, Dennis Hopper, Laura Dern, Hope Lange

Blutige Erdbeeren

Simon James, ein politisch nicht engagierter Außenseiter und Sonderling, lernt bei einer studentischen Protestversammlung an der Columbia University Linda kennen, eine Kommilitonin, die ihr Herz an die Lehren Marcuses und das Vorbild Che Guevaras gehängt hat. Linda gehört zu der großen Gruppe von Studenten, die sich für gleiche Rechte schwarzer Bürger einsetzt, eine Bewegung, die mit dem Protest gegen Amerikas Vietnam-Krieg einherging. Durch Linda wird Simon in die Auseinandersetzungen an der Uni tiefer hineingezogen. Er vernachlässigt das Training in seinem Ruderclub, halb dem Mädchen, halb der Sache zugetan. Erst der brutale Übergriff der Nationalgarde auf die protestierenden Studenten bewirkt die Aufgabe seiner unpolitischen Haltung.

Der den Übergang vom privaten zum politischen Engagement geschickt nachzeichnende Film zeigt zwar nur Symptome und nicht die Ursachen der amerikanischen Universitätsunruhen vom Mai 1968 auf, erzählt seine Geschichte aber gut und wirksam. Besonders der geschickte Einsatz damals aktueller Musiktitel, u.a. von Crosby, Stills Nash & Young, »Circle Game« mit Buffy Saint-Marie als Leitmotiv und Lennons »Give Peace a Chance« im Finale, unterstützen die Handlung, die von passivem Pazifismus zu einer aktiven Haltung des Helden führt.

Auf dem Filmfestival in Cannes wurde »Blutige Erdbeeren« 1970 mit einem Sonderpreis ausgezeichnet.

USA, 1969, Originaltitel: The Strawberry Statement, Produktionsfirma: MGM, Regie: Stuart Hagmann, Buch: Israel Horovitz, nach einem Roman von James Simon Kunen, Kamera: Ralph Woolsey, Michael D. Margulies, Musik: Ian Freebairn-Smith, Darsteller: Bruce Davison (Simon), Kim Darby (Linda), Bud Cort (Elliot), Danny Goldman (Charlie), Murray MacLeod (George)

Bonnie und Clyde

Bonnie und Clyde sind ein junges, in den Südstaaten von Amerika lebendes Pärchen, das sich – zunächst wohl, um der spießigen Bürgerlichkeit zu entfliehen – mit kleinen »Gaunereien« die Zeit vertreibt. Daß beim ersten größeren Coup, einem Bankraub, ein Polizist ums Leben kommt, war vielleicht nicht eingeplant, das Morden entspringt wohl eher der Panik, denn der Lust am Töten. Doch ist einmal die Hemmschwelle »Mord« überschritten, steigern sich die beiden »Aussteiger« von Bankraub zu Bankraub in einen Rausch von krimineller Lust und werfen bald alle Skrupel über Bord, bis es schließlich für sie und ihre Anhänger, die sie inzwischen um sich geschart haben, kein Zurück mehr ins normale Leben gibt.

Blutige Erdbeeren

Wenn Bonnie und Clyde nach ihren Banküberfällen in ihren Autos durch die weite Landschaft fahren, so zeigen sie auch auf diesen wilden, ungezügelten Fahrten ihr »Hinauswollen«, den Willen auszubrechen, ihre ruhelose Suche nach Freiheit. Clyde muß auch seine Befriedigung, die ihm im noch unbeholfenen Sex mit Bonnie einfach nicht gelingen will, anderswo suchen, muß – wie auch seine Gefährtin – die Lust hemmungslos im Verbotenen ausleben. Nach jedem Bankraub, jedem Überfall versuchen die beiden Protagonisten übereinander herzufallen, sich am anderen zu berauschen – doch im Bett will es einfach nicht klappen.

Als schließlich ein »Verräter« die entscheidende Falle für Bonnie und Clyde stellt, kommt dieser indirekt aus deren eigenen Reihen, er ist der Vater eines der Gefolgsmänner von Bonnie und Clyde. Als das Pärchen dem ehrenwert-bürgerlichen Mann bei einer Autopanne auf der Landstraße helfen will, ahnen sie nicht, daß ihnen die Polizei schon auflauert, um sie endlich nach einer langen Jagd unschädlich machen zu können. Doch bevor die Schlußszene dem Grauen ein ebenso grauenvolles Ende setzt, haben Bonnie und Clyde in einem Rausch der Sinne endlich die langersehnte sexuelle Befriedigung gefunden.

Der Film trägt Grundzüge einer wahren Begebenheit. Bonnie Parker und Clyde Barrow überfielen in den Jahren 1933 und 1934 mit ihrer Bande Banken und töteten Polizisten. Nachdem sie bei einer Schießerei mit der Polizei starben, wurden sie zu Volkshelden. Man verglich das Outlaw-Pärchen mit Robin Hood und sagte ihm nach, daß es sich für die Armen einsetzte und die Reichen bekämpfte. Außerdem war der Haß der Bevölkerung auf die Banken während der Depressionsjahre sehr groß, da diese mit Krediten und Geldern aufgrund der schlechten Wirtschaftslage sehr spärlich umgingen. Deswegen verklärte man Bonnie und Clyde zu einem Mythos. Die Menschen sahen in ihnen Kämpfer für den kleinen Mann, für Gerechtigkeit und gegen die Allmacht der Banken und Geldhaie. Doch in Wahrheit war dem ganz und gar nicht so. Im Gegenteil: Das finstere Gangsterpaar war nur auf den eigenen Vorteil bedacht. Es führte einen regelrechten Raubzug durch den Südwesten Amerikas, dem viele Menschen zum Opfer fielen. Da sie einfach nicht geschnappt werden konnten, fühlten sie sich unbesiegbar und wurden immer dreister. So erschoß Bonnie beim Vorbeifahren aus purer Lust einen Verkehrspolizisten.

Doch diese Fakten interessierten Regisseur Arthur Penn nicht. Er wollte aus dem Outlaw-Pärchen Volkshelden machen. Er interessierte sich für die Legende. So ist es nicht weiter verwunderlich, daß Penn das Gangsterpärchen sympathisch, humorvoll und charmant zeichnete.

Sieht man aber von der verfälschten Wahrheit ab, so hat man einen wirklich guten Film vor sich. Penn setzte für das amerikanische Kino neue Maßstäbe, indem er Stilmittel wie Zeitraffer und Zeitlupe von der französischen »Nouvelle Vague« übernahm. Wie → »Außer Atem« und (bedingt) »Fahrstuhl zum Schafott« bewegte der Film sein Publikum durch unerwartete Stimmungswechsel von Fröhlichkeit und Humor hin zu schockierenden und frustrierenden Momenten. Bonnie und Clyde haben übrigens schon öfter als Filmstoff herhalten müssen, wenn auch nicht so direkt wie in diesem Film. So drehte Fritz Lang 1937 den Film »Gehetzt«, der an das Gangsterpärchen erinnert. »Gefährliche Leidenschaft« (1949) von Joseph H. Lewis und »Sie leben bei Nacht« (1950) von Nicholas Ray weisen ebenfalls unübersehbare Parallelen auf. Für die beste Kamera (Burnett Guffey) und für die beste Nebendarstellerin (Estelle Parsons) erhielt der formal wirklich hervorragende Film zwei Oscars.

Bonnie und Clyde (USA 1967), Original-Titel: Bonni and Clyde, R: Arthur Penn, B: David Newmann, Robert Benton K. Burnett Guffey, M: Charles Strouse, P: Waren Beatty für Tatira-Hiller/Warner Bros, D: Warren Beatty, Faye Dunaway, Michael J: Pollard, Gene Hackman, Estelle Parsons, Gene Wilder, F: 111 Min.

Die Brücke

Im April 1945, als das Hitlerreich schon fast von den Alliierten in die Knie gezwungen war, versucht die deutsche Wehrmacht noch verzweifelt, Widerstand zu leisten. Letzte Kräfte werden mobilisiert, auch Kinder werden eingezogen. Darunter sieben 15jährige Jungs aus einer deutschen Kleinstadt. Von klein auf wurden sie durch die Nazipropaganda manipuliert, und auch jetzt glauben sie noch immer an die Aufrichtigkeit und Unschlagbarkeit des Deutschen Reichs. Sie sind stolz darauf, endlich Dienst an der Heimat leisten zu dürfen und freuen sich auf das Abenteuer »Krieg«. Sie fühlen sich wie »richtige Männer«. Ein älterer Offizier gibt ihnen den Befehl, eine strategisch unwichtige Brücke zu verteidigen, eher mit der Absicht, sie aus der Schußlinie zu nehmen.

Als ihr Unteroffizier »stiften geht« und von der deutschen Militärpolizei erschossen wird, ist die unerfahrene Truppe auf sich gestellt. Sie beschießen einen amerikanischen Tiefflieger. Dabei kommt einer der Jungs ums Leben. Haß, Angst und Verzweiflung macht sich bei der restlichen Gruppe breit. Von diesen Gefühlen getrieben, stellen sie sich dem vorrückenden Feind entgegen. Als einer der amerikanischen Soldaten erkennt, daß seine Gegner Kinder sind, will er sie unblutig zum Aufgeben bringen. »Kindergarten go home«, ruft er ihnen zu. Doch die

Die Brücke

irritierten Jungs eröffnen das Feuer auf ihn. Daraufhin schießen die Amerikaner zurück. Es kommt zu einem erbitterten Kampf. Nur ein einziger Junge überlebt. Jetzt erst wird ihm der sinnlose Tod seiner Kameraden und somit das schreckliche Ausmaß der Geschichte bewußt.

Eigentlich war Bernhard Wicki bis dahin Schauspieler. Doch in »Die Brücke« bewies er, daß er auch ein ausgezeichneter Regisseur ist. Mit dieser Produktion gelang es dem deutschen Film, erstmals für den Oscar in der Kategorie »Bester ausländischer Film« nominiert zu werden. Während in Deutschland Filme wie → »Casablanca« in verfälschter Synchronisation liefen, um zu verbergen, daß im Ausland immer noch etliche Ressentiments gegenüber Deutschland herrschten, zeigte Wicki gnadenlos auf, wie kaltblütig das Hitlerregime seine Kriegs- und Propagandamaschinerie fütterte. Und er zeigte, daß politische Erziehung, wie sie im Dritten Reich eingesetzt wurde, schon bei Kindern Schlimmes anrichten kann. Dazu Wicki: »Mit dem Film wollte ich zeigen, wieso diese Jungens, die Kinder waren, Kinder wie tausend andere auch, dazu kamen ... zu den schlimmsten Grausamkeiten fähig zu sein.« Für damalige Verhältnisse ein mutiger Film, der aber auch aufzeigt, daß ein Mensch nicht von Grund auf schlecht und grausam sein kann. Es kommt immer darauf an, mit welchen Werten und in welchem Geist er aufwächst und erzogen wird.

Auch heute noch gilt der Film als einer der besten und wirkungsvollsten deutschen Auseinandersetzungen mit dem zweiten Weltkrieg.

Die Brücke (BRD 1959), Original-Titel: Die Brücke, R: Bernhard Wicki, B: Michael Mansfeld, Karl-Wilhelm Vivier, Bernhard Wicki, nach dem Roman von Manfred Gregor, K: Horst Fehlhaber, M: Hans-Martin Majewski, P: Hermann Schwerin, Jochen Severin/Fono-Film, D: Volker Bohnet, Fritz Wepper, Michael Hinz, Frank Glaubrecht, Karl Michael Balzer, Volker Lechtenbrink, Günther Hoffmann, Cordula Trantow, Günter Pfitzmann, Siegfried Schürenberg, s/w 105 Min.

Die Brücke am Kwai

In der Gefangenschaft der Japaner, die im zweiten Weltkrieg gegen die Alliierten kämpften, befindet sich die britische Truppeneinheit des Offiziers Nicholson. Ihn fordern die Japaner auf, eine gewaltige Brücke über den Fluß Kwai zu bauen. Doch Nicholson weigert sich, wird dafür in Haft genommen, kommt allerdings nach einem Monat auf Befehl des japanischen Oberst Salto frei. Inzwischen haben die Japaner selbst mit dem für sie strategisch wichtigen Bauwerk begonnen. Nicholson kritisiert, während er sich über den Fortschritt der Arbeiten informiert, nicht ohne sein Triumphgefühl offen zu zeigen, die beachtlichen Mängel am Bau. Aus Eitelkeit übernimmt er dann die Fertigstellung der

Brücke und demonstriert damit den Japanern die britische Überlegenheit.

Doch schon während der Bauarbeiten bereiteten alliierte Truppen die Sprengung der Brücke vor, verlegten in Nacht- und Nebelaktionen Kabel und warten ihrerseits auf den Tag der Einweihung, um endlich zuschlagen zu können. Als Nicholson die für die Sprengung verlegten Kabel entdeckt, ist er zunächst gewillt, die drohende Katastrophe zu verhindern. Doch in der fieberhaften Hektik erkennt er, daß er damit nur den Gegner stärken würde, ja sogar zum Kollaborateur würde. Deshalb entscheidet er nach seinem Gewissen und gegen den Feind Japan, ja sogar gegen sein eigenes Leben, denn er löst die Sprengung der Brücke letztendlich selbst aus.

Der Film entstand nach der gleichnamigen Romanvorlage von Pierre Boulle, der unter einem Pseudonym auch das Drehbuch schrieb. Der Film enthält zwar einige brutale Szenen, die die Grausamkeit des Krieges veranschaulichen, dennoch ist »Die Brücke am Kwai« keineswegs von der Intention ein Antikriegsfilm, wie beispielsweise → »Apokalypse Now« oder → »Die Brücke«. Die psychologische Grausamkeit des Krieges wird nur sehr dürftig angeschnitten. Dagegen werden die Attraktivität der militärischen Rituale und pflichtbewußte Vaterlandstreue immer wieder in ein angenehmes Licht gerückt. Häufig kann man sich des Eindrucks nicht erwehren – vorausgesetzt, man denkt sich die Uniformen weg –, daß man sich in einem Abenteuerfilm befindet. Und wenn der Film am Ende zu der Aussage kommt, daß die Demütigung durch die Kriegsgefangenschaft einen Menschen in blinde Raserei versetzen kann, und uns vor Augen geführt wird, wie fatal es für die ganze Truppe sein kann, wenn im Krieg jemand die Kontrolle über sich verliert, so ändert dies nichts an der patriotischen Einstellung des Films im allgemeinen. In letzter Konsequenz erhält der Krieg dadurch seine Rechtfertigung.

Trotzdem oder gerade deshalb war der Film ein riesiger Erfolg, und unsere Großväter und Väter erinnern sich auch noch heute an ihn. Wahrscheinlich war es noch nicht an der Zeit, einen erfolgreichen Film zu drehen, der sich intensiver und ernsthaft mit dem Thema Krieg auseinandersetzt. Es war noch die Zeit der Angepaßtheit, von den »späten Sechzigern« war man noch zehn Jahre entfernt. Wenn man also einen Publikumsmagneten drehen wollte, so mußte der auch alles in allem bequem zu verdauen sein. So bietet der Film seinen Zuschauern einerseits die Möglichkeit am Abenteuer Krieg teilzunehmen, und liefert ihnen aber gleichzeitig ein Alibi. Denn man kann ja auf den Ausgang des Films verweisen und sagen: »Das war kein schöner Schluß. Aber Krieg ist ja auch etwas Schreckliches.«

Die Hauptfigur des Films ist die Brücke. Da diese am Schluß des Films gesprengt wird, und da es obendrein keine vergleichbare Brücke in Ceylon gab, mußte für den Film eine gebaut werden. Mit der Hilfe von über tausend Einheimischen und zahlreichen Elefanten entstand schließlich eine der größten Filmkulissen überhaupt. Die Brücke war 135 Meter lang und fast 40 Meter hoch. Damit war sie und ist auch heute noch die größte Brücke, die Ceylon je gesehen hat. »Die Brücke am Kwai« wurde mit sieben Oscars ausgezeichnet. Die Jury sah wohl mehr den riesigen Aufwand hinter der Produktion und ließ sich von dem spektakulären und monumentalen Erscheinungsbild des Films blenden.

England 1957; Originaltitel: »The Bridge on the River Kwai«, Produktionsfirma: Horizon, (Sam Spiegel); Regie: David Lean; Drehbuch: Pierre Boulle, Michael Wilson, Carl Foreman, Kamera: Peter Newbrook, Jack Hildyard; Musik: Malcolm Arnold, Darsteller: Alec Guinness, William Holden, Jack Hawkins, Sessue Hayakawa, James Donald, Geoffrey Horne, Andre Morell; 170 Min.

C

Casablanca

Nordafrika während des 2. Weltkrieges. Seit Frankreich von den Nazis okkupiert worden ist, sitzt eine Vielzahl von Flüchtlingen in Casablanca, der Hauptstadt von Französisch-Marokko, fest. Nur wer ein Visa hat, kann ausreisen. Die anderen vertreiben sich die Zeit in Cafés, Bars und Spielkasinos. Einer dieser Orte ist »Rick's Café Americain«. Rick Blaine, der Eigentümer des Etablissements, ist ein erklärter Egoist, der für »niemanden den Kopf hinhält«. Um sich Ärger mit den Behörden vom Leib zu halten, läßt er den örtlichen Polizeipräfekten Renault beim Glücksspiel regelmäßig gewinnen. Ihm ist es wichtig, daß sein Laden läuft. Die politischen Verhältnisse und die vielen Einzelschicksale in diesen schwierigen Tagen scheinen ihn nicht zu interessieren. Nur zu seinem schwarzen Pianisten Sam unterhält er eine tiefere Beziehung. Vor einiger Zeit ist er mit ihm zusammen aus Frankreich hierher gekommen.

Als Polizeipräfekt Renault eines Abends den SS-Major Strasser mit in »Rick's Café Americain« bringt, läßt Rick allerdings durchblicken, daß die Nazis ihm nicht sonderlich sympathisch sind. Strasser will den berühmten Widerstandskämpfer Victor Laszlo in Casablanca dingfest machen. Um die französische Loyalität gegenüber Deutschland unter Beweis zu stellen, möchte Renault einen Mörder zweier NS-Offiziere im Americain vor Strassers Augen festnehmen lassen. Als dieser jedoch fliehen will, wird er kurzerhand von der französischen Polizei erschossen. Vorher aber steckt er Rick noch zwei Visa zu, die er den beiden Offizieren abgenommen hatte.

Kurze Zeit später trifft auch Laszlo mit seiner Frau Ilsa im Americain ein. Strasser und Renault machen dem Ehepaar unmißverständlich klar, daß Laszlo kein Ausreisevisum bekommen wird. Als Ilsa Sam entdeckt, den sie von früher zu kennen scheint, bittet sie ihn, »As Time goes by« zu spielen. Rick hört das Lied und will gerade Sam zur Rechenschaft ziehen: »Ich hab Dir doch gesagt, daß Du das nie wieder spielen sollst.« Dann sieht er Ilsa und an der Spannung, die zwischen den beiden entsteht, merkt man, daß sie sich kennen. In der Nacht besucht Ilsa Rick im Americain. Rick kauert betrunken vor einer Flasche Whiskey und zerfließt in Selbstmitleid. Er erinnert sich an die schöne Zeit, die er mit Ilsa erlebt hat, und er erinnert sich an den Moment, als er mit Ilsa aus Paris fliehen wollte. Er wartete im Regen auf sie, doch sie kam nicht. Sie ließ ihn im Stich. Ilsa versucht Rick zu erklären, daß sie mit ihm die Beziehung begonnen hatte, weil sie annahm, daß Laszlo tot sei. Doch dann erfuhr sie von Freunden, daß er noch lebt und sie braucht. Trotz ihrer Liebe zu Rick konnte sie ihren damals schwer verwundeten Mann nicht zurücklassen. Dennoch kann Rick ihr nicht verzeihen, zu zynisch und unversöhnlich ist er durch dieses Erlebnis geworden. Selbst seine damaligen Ideale (auch er war ein von den Nazis gesuchter Freiheitskämpfer) hat er aufgrund dieser Enttäuschung aufgegeben.

Als Laszlo und Ilsa langsam kapieren, daß sie keine Visa bekommen werden, und zudem Polizeipräfekt Renault durchblicken läßt, daß die beiden auch in Casablanca nicht sicher sind, versuchen sie vergeblich auf dem Schwarzmarkt an Ausreisepapiere zu gelangen. Nur die zwei gestohlenen Visa könnten ihnen helfen. Sie bekommen den Hinweis, daß sie vermutlich Rick zugesteckt wurden. Ilsa geht erneut zu Rick und bittet ihn um die Visa. Doch Rick will sie ihr nicht geben. Daraufhin zieht sie eine Pistole. Rick fordert sie auf, ihn zu erschießen. Als Ilsa dazu nicht fähig ist, merken beide, daß sie mehr füreinander empfinden, als sie sich eingestehen wollen. Ilsa will jetzt bei Rick bleiben. Vorher aber wollen beide Laszlo mit Hilfe der Visa zur Flucht verhelfen. Doch Rick ändert am Flughafen seine Meinung. Er will, daß Ilsa mit Laszlo fliegt: »Im Grunde wissen wir beide ganz genau, daß du zu Victor gehörst. Du bist ein Teil seiner Arbeit, ein Teil dessen, was ihn weiterkämpfen läßt.« Er erschießt dafür sogar Strasser, der die Flucht im letzten Augenblick verhindern will. Dann hebt die Maschine ab, mit Ilsa und Laszlo an Bord. Polizeipräfekt Renault, der Zeuge von der Erschießung Strassers war, zeigt unvermutete Größe. Er sorgt dafür, daß Rick nicht verdächtigt wird und lenkt seine Kollegen auf eine falsche Spur. Renault und Rick beschließen, Casablanca gemeinsam zu verlassen: Der Beginn einer wunderbaren Freundschaft.

Wer kennt sie nicht, die weltbekannten Zitate: »Schau mir in die Augen, Kleines«, »Spiel's noch einmal, Sam«, »Einen Penny für deine Gedanken« oder »Ich halte für niemanden den Kopf hin«. Allesamt stammen sie aus Casablanca, einem der bewegendsten Filme überhaupt. Noch heute ist dieser Film Kult für jeden, der nur ein Quentchen Gefühl in sich trägt. Er erzählt eine tiefe Liebesgeschichte, geprägt von Haß, Sehnsucht, Hoffnung, Verzweiflung und Opferbereitschaft. Und er ist

Casablanca –
Ingrid Bergmann und Humphrey Bogart in der Rolle ihres Lebens

eine spannende Flüchtlingsgeschichte, der sich mit den Wirren der 40er Jahre auseinandersetzt, in denen die Flüchtlinge aus Europa scharenweise nach Amerika drängten. In erster Linie aber ist es das Gespann Bogart/Bergmann, das die Faszination des Films ausmacht. Den beiden Stars gelang es vortrefflich, die Zerrissenheit und Hilflosigkeit ihrer Figuren herauszuarbeiten. Eigentlich sind Ilse und Rick füreinander bestimmt, aber Moral und politische Umstände fordern erneut die Trennung der Liebenden. Der Schmerz und die Tragik, die eine solche Situation in sich birgt, wird im Spiel der beiden Darsteller spürbar. Ausgezeichnet umgesetzt ist auch Bogarts Wandlung vom zynischen Trinker, der »für niemanden den Kopf hinhält«, zum engagierten Patrioten, der seine Liebe für höhere Ziele opfert. Dadurch kann er auch endlich die Vergangenheit vergessen, die er mit nach Casablanca gebracht hat. Damals hat ihn Ilse so verletzt, daß er den Glauben an die Welt verloren hat. Jetzt hat er seine Überzeugungen und Ideale wieder.

Das Drehbuch zu Casablanca entstand während der Dreharbeiten. In der Nacht schrieben die Autoren Howard Koch, Julius Epstein und Phillip Epstein die Szenen, die am nächsten Tag gedreht wurden. Als Vorlage diente ihnen das Theaterstück von Murray Burnett und Joan

Alison mit dem Titel »Everybody comes to Rick's«. Dabei entstand auch zwischen dem Team und den Schauspielern eine dermaßen angespannte Situation, welche die Produktion beinahe zum Platzen gebracht hätte. Im Nachhinein aber muß man feststellen, daß wahrscheinlich gerade deswegen »Casablanca« so ein intensiver und spannungsgeladener Film geworden ist.

Bis der Film 1952 in die deutschen Kinos kam, vergingen neun Jahre. In dieser Synchronfassung waren aber alle Anspielungen auf das Naziregime umsynchronisiert oder herausgeschnitten worden. Der Film wurde unter enormen Qualitätsverlust in eine banale Spionagegeschichte verfremdet. Vermutlich scheute man sich davor, dem Publikum die Konfrontation mit der nationalsozialistischen Vergangenheit so ungeschminkt zuzumuten. 1975 strahlte die ARD erstmals eine Fassung von »Casablanca« aus, die sich am Original orientierte.

USA 1942; Originaltitel: »Casablanca«; Produktionsfirma: Warner Brothers/First; Regie: Michael Curtiz; Drehbuch: Julius J. und Philip G. Epstein, Hovard Koch; Video: Murray Burnett/Joan Alison; Musik: Max Steiner, Kamera: Athur Edeson; Darsteller: Humphrey Bogart, Ingrid Bergman, Paul Henreid, Claude Rains, Conrad Veidt, Sidney Greenstreet, Peter Lorre, Dooley Wilson, Szöke Szakall, Madeleine Le

Casablanca –
Erst 1975 unverfälscht im deutschen Fernsehen ausgestrahlt

Beau, Joy Page, John Qualen, Leonid Kinsky, Helmut Dantine, Curt Bois, Marcel Dalio, Corine Mura, Ludwig Stössel, Ilka Grüning, Charles de la Torre, Frank Puglia, Dan Seymour, Norma Varden, Torben Meyer, Gregory Gay; Oscars 1944 für Film, Regie und adaptiertes Drehbuch. SW 102 Min.

Chinatown

Der Privatdetektiv Jack Gittes bekommt von Evelin Mulwray den Auftrag, ihren Mann, den Leiter der Wasserwerke von Los Angeles, zu beschatten. Sie vermutet, daß er sie betrügt. Tatsächlich beobachtet Gittes Mr. Mulwray dabei, wie er sich mit einer jungen Frau trifft. Eines der Fotos, die Gittes dabei schießt, findet er zu seiner Überraschung in der Zeitung wieder.

Daraufhin erscheint in seinem Büro eine andere Frau, die ebenfalls behauptet, Evelin Mulwray zu sein. Da sie ihn niemals beauftragt hat, ihrem Mann hinterher zu spionieren, will sie ihn nun vor Gericht zur Verantwortung ziehen. Der irritierte Jack will durch Mr. Mulwray Klarheit in die Situation bringen und seinen Ruf retten, trifft ihn aber nicht in seinem Büro an. Von Evelin Mulwray erfährt er, daß Mr. Mulwray sich um diese Zeit häufig am Oak Pass die Beine vertritt. Doch als Jake dort ankommt, platzt er mitten in eine Polizeiuntersuchung. Mulwray ist tot im Staubecken gefunden worden. Jack kennt den mit den Ermittlungen betrauten Lieutenant Escobar aus früheren Zeiten, wo er noch Polizeibeamter in Chinatown war. Als er hört, daß ein Alkoholiker in einem Flußbett am Oak Pass ertrunken ist, obwohl es wegen der Dürreperiode längst ausgetrocknet ist, recherchiert Jack in diese Richtung und ertrinkt dabei beinahe selbst, weil dort gerade Wasser in das Flußbett abgelassen wird. Danach wird er von zwei dunklen Gestalten gestellt, die ihm raten, seine Nase nicht überall hineinzustecken. Sie unterstreichen ihre Drohung damit, daß sie Jakes Nasenflügel mit einem Messer aufschlitzen.

Am nächsten Tag beichtet Ida Sessions Jake am Telefon, daß sie sich damals als Evelyn Mulwray ausgegeben hatte, aber mit dem Mord an Mulwray nichts zu tun hat. Sie gibt ihm noch den Tip, in den Todesanzeigen nach einem bestimmten Namen zu suchen. Jake ist nun fest entschlossen, den Fall aufzuklären, zumal er auch nicht verstehen kann, warum Wasser in die Wüste gelassen wird, während halb Los Angeles wegen der Dürreperiode am Verdursten ist. Auch Evelyn beauftragt Jake, den Mörder ihres Mannes zu finden. Dabei erfährt er, daß Mulwray zusammen mit Evelins Vater, Noah Cross, die Wasserversorgung von Los Angeles aufgebaut hat, die beiden sich aber wegen unterschiedlichen Auffassungen über die Bewältigung der Dürreperiode zerstritten haben. Als Jake Noah Cross aufsucht, wird er auch von diesem angeheuert. Er soll das Mädchen finden, mit der Mulwray zusammen war.

Zusammen mit Evelyn entdeckt Jake, daß die Besitzer der Grundstücke am Oak Pass Senioren sind, die gar nichts von ihrem Besitz wissen. Zurück in Evelyns Villa verarztet sie Jakes Nase mit Jod. Dabei kommen die beiden sich näher und landen schließlich im Bett. Am nächsten Morgen bricht Evelyn in aller Frühe auf. Jake verfolgt sie bis zu einem Haus, indem sich auch das Mädchen befindet, daß Jake mit Mulwray gesehen hat. Es sieht so aus, als ob die junge Frau dort gefangen gehalten wird. Daraufhin dringt Jake in das Haus ein, weil er jetzt Evelyn verdächtigt, ihren Mann umgebracht zu haben. Doch diese leugnet und behauptet, daß das Mädchen ihre Schwester sei.

Als Jake zu Ida Sessions fährt, ist diese ermordet worden. Sein ehemaliger Kollege Escobar ist ermittelnder Lieutenant in dem Fall. Er verdächtigt Jake der Tat, doch für einen Haftbefehl reicht es nicht aus. Jake fährt wieder zu Evelyn und bemerkt, daß diese für längere Zeit verreisen möchte. Daraufhin ruft er die Polizei. Bevor sie eintrifft, sagt Evelyn Jake in einer dramatischen Szene, daß das Mädchen sowohl ihre Schwester, als auch ihre Tochter sei und daß sie ihre Schwester/Tochter vor den sexuellen Übergriffen ihres gemeinsamen Vaters beschützen möchte. Jake glaubt ihr und will den beiden dabei helfen, nach Mexiko zu fliehen.

Dann bestellt er Noah Cross zum Haus der Mulwrays. Dieser gibt aufgrund Jakes Hartnäckigkeit zu, daß Mulwray seinen Plänen, die Wasserversorgung von Los Angeles auf Kosten der Bevölkerung zu reformieren, im Weg stand. Den Mord leugnet Cross zwar, aber Jake weiß genau, daß er lügt. Dann zwingt er Jake mit einer Pistole dazu, ihn zu seiner Tochter zu bringen. Als Jake mit Cross in Chinatown eintrifft, wo Jake sich mit Evelyn und ihrer Schwester/Tochter verabredet hat, ist dort bereits die Polizei anwesend. Vergeblich versucht Jake, Lieutenant Escobar zu erklären, daß Noah Cross der Mörder ist. Aus Angst vor weiterem Inzest zieht Evelyn eine Pistole und verletzt damit ihren Vater leicht. Dann flieht sie mit ihrer Schwester/Tochter. Die Polizisten schießen auf den Wagen und treffen dabei Evelyn am Kopf. Sie ist sofort tot. Die Schwester/Tochter schreit vor Schreck, und Cross nimmt sie tröstend in den Arm. Nur Jake kennt die ganze Grausamkeit der Geschichte, nämlich daß nach dem sinnlosen und ungerechten Tod von Evelyn die Schwester/Tochter jetzt ganz und gar dem sexuellen Mißbrauch des Vaters ausgeliefert ist. Doch niemand wird ihm glauben. Voller Ohnmacht und Resignation verläßt Jake den Schauplatz.

Film Noir in den 70ern. Und tatsächlich könnte Chinatown beinahe auch in den 40ern gedreht worden sein. Damals allerdings war die Thematisierung von Inzest und Kindesmißbrauch noch tabu. Was aber neben der herausragenden Aufmachung die unvergessene Qualität des Films ausmacht, ist vor allem die Definition des »Chinatown-Gefühls«. Wer kennt das Gefühl nicht, eine Sache zu kennen und im nächsten Moment festzustellen, daß sie doch ganz anders ist. Wir alle standen schon mal im wahrscheinlich kleinerem Ausmaß vor der Situation, ob wir unserem Lebenspartner weiter trauen können oder einem Freund, vielleicht einem Arbeitskollegen... Wir alle kennen die Frage: Ist es nun so oder total entgegengesetzt, hab ich es mit einem Lügner und Täuscher zu tun, oder bilde ich mir das nur ein. Es passiert etwas, und plötzlich sehen wir alles in einem ganz anderen Licht, und dann passiert wieder etwas und wir müssen erneut umdenken... Wirklich schlimm wird es dann, wenn wir diese inzwischen so komplizierte Sache endlich durchschauen und sie nicht artikulieren können und ihr damit ohnmächtig ausgeliefert sind. Und genau diese Gefühle durchlebt Jake Gittes. Er rutscht in eine Geschichte hinein, die anfänglich ganz simpel wirkt. Als er merkt, daß alles nicht ganz so harmlos ist, steigert er sich mehr und mehr hinein. Er ist ständig im Unklaren darüber, wem er trauen kann und wem nicht, und die Geschichte nimmt immer neue Wendungen.

Die subjektive Erzählweise des Films zwingt den Zuschauer radikal dazu, sich mit Gittes zu identifizieren. Also nimmt er auch immer fanatischer an der Wahrheitssuche teil, wird wie Gittes von einer Spur zur anderen gelenkt und ständig vor den Kopf gestoßen. Am Ende des Films dann, als Gittes endlich die Zusammenhänge kennt, kann er sie niemandem mitteilen, weil sie nicht beweisbar und zu kompliziert sind, und sie ihm deshalb auch niemand glauben würde. Scheinbar (in dem Film wird es nur angedeutet) hatte Gittes schon einmal so ein Erlebnis, und auch dieses spielte sich in Chinatown ab. Damals hatte er deswegen seinen Dienst bei der Polizei gekündigt. Daß er als Privatdetektiv (womöglich hat er den damaligen Vorfall noch nicht oder gerade erst überwunden) noch einmal in eine solche Situation gerät, gestaltet das Ende von »Chinatown« umso zynischer. Trotz seines Titels spielt der Film nicht im Chinesenviertel von Los Angeles. Dennoch ist er richtig gewählt. Er ist eine Metapher für die verworrene Geschichte, die Gittes durchlebt. In den Vereinigten Staaten hat das Chinesenviertel von Los Angeles den Ruf, daß dort Verbrechen vertuscht werden und daß aufgrund des Zusammenhalts der Chinesen wahre Sachverhalte nicht ans Licht kommen. Für Außenstehende, sprich: Amerikaner von europäischer Herkunft, ist das Viertel ein unergründbares Geheimnis mit unerklärlichen Vorfällen und die chinesische Mentalität ein Rätsel.

Herausragend an »Chinatown« ist neben der dramaturgischen Perfektion, sowohl die authentische 40er Jahre Ausstattung als auch die grellen Außenaufnahmen, die durch düstere Innenaufnahmen kontrastiert werden. »Chinatown« wurde 1974 fertiggestellt, im selben Jahr, in dem Coppola → »Der Pate 2« herausbrachte. In der Oscarverleihung traten daher zwei herausragende Filme gegeneinander an. »Chinatown« verlor das Rennen und konnte nur einen Oscar für sich gewinnen. Der ging an Robert Towne, der mit seinem genialen Drehbuch die Grundlage für das Meisterwerk schuf.

USA 1974; Originaltitel: »Chinatown«; Regie: Roman Polanski; Drehbuch: Robert Towne; Kamera: Joan A. Alonzo; Darsteller: Jack Nicholson, Faye Dunaway, John Huston; Oscar 1975 für Drehbuch

Citizen Kane

»Rosebud«. Das ist das letzte Wort des machtbesessenen und steinreichen Verlegers Charles Foster Kane, bevor er stirbt. In seiner Hand hält er ein Kinderspielzeug: eine kleine Wasserkugel mit einer Landschaft darin, in der es – wenn man sie kräftig schüttelt – schneit.

Ein Reporter namens Thompson macht sich auf, Kanes Leben zu durchforsten und den Sinn und Hintergrund des Wortes »Rosebud« zu ergründen. Durch die Aufzeichnungen von Thatcher, der während Kanes Kindheit und Jugend sein Vermögen verwaltete, erfährt Thompson, daß Kane gegen seinen Willen damals zu Thatcher ziehen mußte, weil seine einfachen Eltern ihm nach der Erbschaft einer Goldmine eine standesgemäße Erziehung ermöglichen wollten. Bernstein, Kanes früherer Geschäftspartner, erzählt Thompson, daß er mit Kane und einem weiteren Partner namens Leland eine Zeitung gründete. Sie wollten sie dazu benutzen, um Korruption und Verbrechen aufzudecken. Doch kaum war die Zeitung aufgebaut, verschwand Kane. Als Bernstein ihn wiedertrifft, ist Kane mit Emily, der Nichte des amerikanischen Präsidenten, verheiratet. Doch weder er noch Leland können ihm erklären, was das Wort »Rosbud« bedeutet.

Doch Leland berichtet Thompson vom Scheitern der Ehe mit Emily und Kanes Affäre mit Susan. Als Kane für das Amt des Gouverneurs kandidiert, verliert er wegen Susan nicht nur die Wahlen, sondern auch Emily. Kane heiratet nach der Scheidung Susan und läßt für die untalentierte Sängerin ein Opernhaus errichten. Noch am Premierenabend zerstreitet er sich mit Leland, bevor er in einem Zeitungsartikel seine Frau Susan als unfähige und untalentierte Sängerin bezeichnet.

Susan erzählt Thompson, wie sehr sie unter Kane's Diktat litt. Er wollte sie zur Liebe zwingen, statt einfach nur Liebe zu geben. Aber Kane war zur Liebe unfähig. Nachdem Susan ihre Gesangskarriere beendete, zogen die beiden nach Florida, wo Kane ein riesengroßes Schloß mit kostbarsten Gemälden und Antiquitäten erbauen ließ. Doch Susan erstickt fast daran, weil Kane sie wie einen Besitz behandelt und sich nicht wirklich um sie kümmert. Deswegen verläßt sie ihn schließlich, und Kane demoliert in hysterischer Ohnmacht ihr Zimmer.

Thompson will seine Recherche im Schloß von Kane abschließen. Dort erfährt er von dessen Diener, daß Kane schon einmal das Wort »Rosebud« in sich hineingemurmelt hatte, und zwar nachdem Susan ihn verlassen hatte. Auch da hielt er die kleine Glaskugel, in der es schneit, wenn man sie schüttelt, in seiner Hand. Thompson ist mit dem Ergebnis seiner Arbeit nicht sonderlich zufrieden, weil er weder die Bedeutung von »Rosbud«, noch genügend über Kane erfahren hat. Thompson geht und ein Schlitten wird in den offenen Kamin geworfen. Der Name der Firma, die den Schlitten hergestellt hat, ist zu lesen, bevor der Schlitten von den Flammen aufgefressen wird. Der Name der Firma lautet: »Rosebud«.

»Citizen Kane« hält sich am längsten auf der Liste der besten Filme aller Zeiten. Das erste Werk des 26jährigen Orson Welles, der auch die Hauptrolle spielte, entfachte damals wahre Begeisterungsstürme. In der Tat entstand mit »Citizen Kane« ein Meisterwerk, das nachhaltig ganze Generationen von Filmemachern beeinflußte. Auch Filmsprache und dramaturgische Hilfsmittel zur Filmgestaltung wurden durch den Film um wesentliche Bestandteile erweitert. Um die Dominanz und Impulsivität des Machtmenschen Kane zu unterstreichen, arbeitet Welles sehr häufig bei der Betrachtung von Kane mit dem stilistischen Mittel der Froschperspektive. Das heißt, die Kamera beleuchtet die Einstellung von unten, ist also schräg nach oben gerichtet. Diese Perspektive läßt das abgebildete Objekt stark und mächtig erscheinen. Auch brilliert der Film durch die extrem tiefenscharfe Ablichtung. Durch viele Experimente gelang es Kameramann Gregg Toland und Orson Welles, sowohl Vordergrund als auch Hintergrund (selbst bei einer Distanz von mehreren hundert Metern) gleich scharf erscheinen zu lassen. Diese aus der Stummfilmzeit stammende Technik focussiert nicht einen bestimmten Gegenstand und läßt beispielsweise den verschwommenen Hintergrund außen vor. Der Zuschauer ist gezwungen, sich mit dem ganzen Bild auseinanderzusetzen. Nicht mehr mit den Schärfeschwerpunkten, sondern lediglich durch Bildeinteilung und das Größenverhältnis können so Bildschwerpunkte gesetzt werden. Deswegen glänzt »Citizen Kane«

Citizen Kane – Orson Welles packendes Erstlingswerk

auch so mit seiner kreativen und einmaligen Perspektivenauswahl, weil nur so Gewichtungen in den Einstellungen gesetzt werden konnten.

Eine weitere Errungenschaft des Films war sein Umgang mit der Zeit. Weil die Geschichte aus mehreren Perspektiven erzählt wird und so das Rechercheergebnis von Thompson darstellt, konnte Welles mit dem chronologischen Aufbau ziemlich frei verfahren. Dies erlaubte ihm, sich auf inhaltliche Aspekte besser zu konzentrieren. Außerdem konnte er die Figur Kane so differenzierter betrachten. Jeder Erzähler hat eine andere Sichtweise auf Kane, jeder kennt ihn anders, aus einer anderen Zeit oder gar in einer anderen Rolle. Dieser rückblickende Aufbau des Films ermöglicht, sowohl die Chronologie von Kanes Leben als auch die Komplexität dieser Figur wirkungsvoller zu durchleuchten. Durch Montagen, in denen in kurzen Szenen mehrere Jahre dargestellt werden (Beispiel: in wenigen Minuten sieht man in einer Szenenfolge am Frühstückstisch, wie Kanes erste Ehe zerfällt), oder andersherum lange Szenen in Echtzeit gezeigt werden, setzt der Film Schwerpunkte und beweist ein exzellentes Gespür für Timing.

Mit diesen und anderen Mitteln gelingt es Welles, uns eine Figur Kane zu zeigen, die besessen ist von dem Verlangen, einer Welt Liebe und Geborgenheit abringen zu müssen, weil ihm dies damals als Kind ver-

Citizen Kane – Orson Welles ist Hauptdarsteller und Regisseur

sagt wurde. Kane wird uns abgerundet und in all seinen Facetten präsentiert. Wir erleben einen Machtmenschen, der seine Umgebung zur Liebe zwingen will, indem er ihr vorführt, wie mächtig, stark und reich er ist. Auf diese Art ist aber das Scheitern schon vorprogrammiert, und am Totenbett muß er erkennen, daß Susan recht hatte, als sie sagte: »Du liebst mich nicht. Du willst, daß ich dich liebe. Natürlich! Ich bin Charles Foster Kane. Was du auch haben willst, ein Wink, und es gehört dir. Aber du mußt mich lieben.« Trotz seines Schloßes, seines Zeitungsimperiums und seiner ganzen Macht stirbt er als einsamer und ungeliebter Mensch.

Leider wurde der Film nicht gleich ganz richtig erkannt. Bei der Oscarverleihung erhielt er nur einen Oscar für das beste Drehbuch.

USA 1941; Originaltitel: »Citizen Kane«; Produktionsfirma: RKO Orson Welles; Regie: Orson Welles; Drehbuch: Herman J. Mankiewicz, Orson Welles; Kamera: Gregg Toland; Musik: Bernard Herrmann; Darsteller: Orson Welles, Everett Sloane, Agnes Moorehead, Dorothy Comingore, Ray Collins, William Alland, Ruth Warrick, George Coulouris, Erskine Sanford, Harry Shannon, Philipp Van Zandt, Paul Stewart, Fortunio Bonanova, Georgia Backus, Buddy Swan, Sonny Bupp, Joseph Cotten; Oscar 1942 für Original-Drehbuch; SW 119 Min.

Der Club der toten Dichter

In einem strengen, auf seine Tradition bedachten College in Neu-England tritt John Keating seinen Dienst an. Er selbst war Zögling dieses Colleges, doch im Gegensatz zu seinen Kollegen und Vorgesetzten sucht Keating nach neuen Werten in der Erziehung der jungen Menschen Anfang der fünfziger Jahre. Je mehr er das Vertrauen der Collegeschüler gewinnt, um so mehr verliert er dieses aber bei Kollegen und Vorgesetzten, für die noch immer die Devise »Tradition, Ehre, Disziplin, Vortrefflichkeit« gilt. Mit seinen unorthodoxen Methoden, seinem Einfühlungsvermögen und seiner Fähigkeit, die Probleme der Schüler wahrzunehmen, befähigt er die jungen Menschen, auf ihre eigene Urteilsfähigkeit zu vertrauen.

Die Schüler gründen den »Club der toten Dichter« und treffen sich heimlich an verbotenen Orten, um ihren Idealen nachzueifern. Einer der Mitschüler aber möchte nichts lieber, als in Shakespeares Sommernachtstraum den Puck spielen. Dem entgegen steht das Verbot des Vaters, der die Neigungen seines Sohnes nicht billigt. Als dieser sich – wohl motiviert durch Keating – dem widersetzt, kommt es zur Katastrophe. Der Schüler nimmt sich das Leben. Gleichzeitig droht die Schulleitung mit Disziplinarverfahren gegen die Schüler und gegen Keating. Hier wird die Solidarität und die vielgepriesene »Ehre« auf eine harte Probe gestellt. Keating muß schließlich die Schule verlassen. In der letzten Szene aber stehen alle Schüler von ihren Bänken auf, steigen auf die Tische und rufen »Teacher mein Teacher« und zeigen so dem geliebten Lehrer, daß sie von ihm für ihr Leben gelernt haben.

Peter Weirs »Der Club der toten Dichter« besitzt interessante Parallelen zu einem anderen Film-Klassiker: zu Milos Formans → »Einer flog übers Kuckucksnest«. Obwohl die beiden Filme in ganz unterschiedlichen Milieus spielen, sind sie sich doch auffällig ähnlich. Ihr Ambiente ist unterschiedlich: einerseits die Wohlhabenden im Neu-England der Fünfziger, andererseits eine ungeliebte Randgruppe im schmutzigen Amerika der Siebziger. In dem einen Film stehen psychisch kranke Menschen im Mittelpunkt, im anderen die Schüler eines Elite-Colleges. Aber beide Filme handeln vom Kampf des Individuums gegen ein System. Beide Helden scheitern daran. Beiden gelingt es auch, ihren Geist und ihre Freiheitsgedanken in den Köpfen der Schüler/Patienten zu etablieren. Auch der Aufbau der beiden Tragikomödien ist identisch. Zuerst werden die Helden von der Gemeinschaft aufgenommen, dann entdeckt die Schlüsselfigur des Systems (Schuldirektor/Schwester Ratched), die anarchistische Gesinnung des Protagonisten. Eine Szene kommt in diesem Zusammenhang in beiden Filmen vor: Der Direktor wie auch Schwester Ratched sehen vom Fenster aus Keating bzw. McMurphy zu, wie sie im Hof ihre nonkonformen Ideen unter die Schützlinge streuen. Beide wirken dabei nachdenklich und beide wissen, daß sie die Macht haben, dies einzustellen. Aber sie lassen sich Zeit, noch haben sie alles unter Kontrolle. Hochoben, vom Fenster aus können sie in aller Ruhe abwarten, und wenn es gefährlich wird, dann wissen sie schon, was zu tun ist. In beiden Filmen wecken die Helden bei den anderen unterdrückte Bedürfnisse. Beide Male beginnt dann ein Tauziehen zwischen Protagonisten und Institution. Der Held will seinen »Schützlingen« helfen, diese Bedürfnisse zu artikulieren und auszuleben. Das System aber will dies verhindern. In beiden Filmen scheitert der Entfaltungsversuch, weil das System dies mit harten Reaktionen vereitelt. Sowohl Billy, der gerade den Mut entwickelt, seine Sexualität zuzulassen, als auch der Schüler, der seine Liebe zur Schauspielerei entdeckt, können die Bestrafung nicht ertragen und begehen Selbstmord. Es ist sehr interessant, sich diese Gemeinsamkeiten der beiden Filme vor Augen zu führen. Noch nie wiesen zwei derart erfolgreiche Filme soviel Parallelen zueinander auf. Wenn man beide gesehen hat, dann weiß man vermutlich auch, wie sehr sie sich in ihrer Aussage gegenseitig unterstützen.

In »Der Club der toten Dichter« ist die Vorgehensweise von Keating, seine Schüler auf dem Weg der Selbstfindung zu unterstützen, äußerst interessant. Während der Begrüßungsrede des Rektors empfindet ihn der Zuschauer als einen unter den vielen braven Zuhörern. Nichts liegt ferner als Keatings Konformität mit dem System anzuzweifeln. Etwas irritierend wirkt aber dann Keatings erste Unterrichtsstunde doch. Er kommt ins Klassenzimmer, aber anstatt die Schüler aus ihrer unbequemen Begrüßungshaltung zu entlassen, verläßt er pfeifend den Raum. Später dann findet seine erste Stunde nicht etwa im Klassenzimmer statt, sondern im Korridor. Er zeigt ihnen ein hundert Jahre altes Bild, das dort ausgestellt ist. Es ist das Abschlußbild von den Schülern, die nach der Gründung des Colleges die ersten waren, die hier unterrichtet wurden. Keating macht seinen Schülern unmißverständlich klar, daß all die Jungs, die sie auf dem Bild sehen, bereits tot sind. Damit konfrontiert er seine Schützlinge mit ihrer eigenen Vergänglichkeit und macht ihnen gleichzeitig bewußt, wie wichtig es ist, seine Lebenszeit auch zu nutzen. Carpe diem – »Nutze den Tag« ist seine erste Botschaft.

Die letzten Zweifel, es mit einem ganz ungewöhnlichem Lehrer zu tun zu haben, nimmt Keating seinen Schülern, als er sie auffordert, die Einführung aus ihren Englischbüchern zu reißen, da deren Verfasser eine völlig falsche Einstellung zur Literatur hat. Durch plastische Gesten wie diese macht Keating bald deutlich, daß er diese Institution ablehnt und den Schülern die Kraft und den Mut wünscht, sich von diesen Werten zu lösen. Aber Keating weiß auch, daß er bei einem offenen Kampf

Club der toten Dichter

unweigerlich den Kürzeren ziehen würde. Deshalb hält er sich seinen Kollegen gegenüber bedeckt, wobei nie wirklich klar wird, ob dies jetzt aus einer gewissen Scheu vor der Auseinandersetzung heraus geschieht, die aus seiner eigenen Collegezeit herrührt oder ob es schlicht und einfach nur kluge Diplomatie ist. Der Reiz in der Figur Keating liegt darin, daß ihr immer wieder etwas Neues einfällt, um den Schülern und damit auch den Zuschauern vor Augen zu führen, wie gewinnbringend es ist, wenn man sich selbst und seine Bedürfnisse radikal erschließt, statt sich von einem System unterdrücken zu lassen. Was er damit genau meint, teilt er durch sehr anschauliche Übungen seinen Schützlingen mit. Beispielsweise läßt er die Schüler erst im Gleichschritt im Hof marschieren und fordert sie anschließend auf, genau so zu gehen, wie sie es selbst möchten. Es ist wichtig, lehrt er ihnen doch, ihren eigenen Gleichschritt zu finden.

Der Film knüpft an die Erlebnisse des Drehbuchautors Tom Schulman an, der mit diesem Film seine eigene Internatszeit verarbeitete. Dem australischen Regisseur Peter Weir gelang mit diesem Film der Durchbruch in Amerika. Seither dreht er nur noch in den Staaten. Er zählt dort zu den interessantesten und fähigsten Filmemachern. Mit »Der einzige Zeuge« und »Falling Down« gelangen dem Visionär noch zwei weitere Meisterwerke.

USA 1988; Originaltitel: »Dead Poets Society«, Produktionsfirma: Touchstone, Silverscreen Partners IV, Steven Haft Prod., Witt-Thomas Prod., (Steven Haft, Paul Junger Witt, Tony Thomas); Regie: Peter Weir; Drehbuch: Tom Schulman; Kamera: John Seale; Musik: Maurice Jarre; Darsteller: Robin Williams, Robert Sean, Ethan Hawke, Johs Charles, Gale Hansen; 128 Min.

D

Der Mann mit der Todeskralle

Der Gangsterboß Han hat eine abgelegene Insel als Drogen- und Mädchenhandelszentrale ausgebaut. Getarnt ist die festungsartige Anlage als Karateschule. Han ist selbst ein Kampfkunstmeister und ehemaliger Shaolin-Mönch; im Kampf hat er eine Hand verloren, die er durch eine eiserne Kralle ersetzt. Er schreibt alle drei Jahre einen Wettkampf aus: Nach dem K.O.-Prinzip soll aus allen Ländern und Martial-Arts-Schulen der Welt der beste Kämpfer ermittelt werden.

Der britische Geheimdienst nutzt diese Gelegenheit, um einen Agenten auf die Insel zu schleusen. Sie werben den chinesischen Jet-Kune-Do-Meister Lee (das ist natürlich Bruce Lee) an. Der kennt Han von früher und hat noch eine alte Rechnung zu begleichen.

Das Turnier auf der Insel beginnt. Die Rest ist schnell erzählt: Lee tötet Han's Leibwächter im Wettkampf und schleicht sich des Nachts in die Katakomben, wo das Rauschgift und die Mädchen sind. Er wird entdeckt, schlägt eine halbe Armee zusammen, wobei er verschiedene Waffen vorführt. Dennoch wird er gefangengenommen und muß nun im Turnier um sein Leben kämpfen. Er findet Helfer, diese befreien die Gefangenen.

In einem heute schon legendären Showdown besiegt er Han in dessen Spiegelkabinett. Als die Polizei mit Hubschraubern über der Insel erscheint, haben Lee und seine Helfer bereits alles unter Kontrolle.

»Enter the Dragon« war der letzte Film, den Bruce Lee vollständig drehte. Während der Dreharbeiten an seinem nächsten Film »Game of Death« starb er, an bis heute noch nicht voll geklärten Ursachen. Natürlich kamen nach seinem Tod noch einige weitere Bruce-Lee-Filme auf den Markt, aber sie waren Ergebnisse einer radikalen Leichenfledderei, zusammengestückelt mit Einsprengseln aus altem Filmmaterial.

Die Idee eines Wettkampfes der besten Kampfkunstmeister gegeneinander wurde danach in ungezählten Martial-Arts-Filmen immer wieder aufgegriffen, später kam noch hinzu, daß um die Befreiung einer, meist weißen, Frau gekämpft werden mußte, oder der Gute mußte sich erst zum Endkampf gegen den Bösen durch viele Gegner hindurchprügeln, um diesen dann endlich zur Strecke zu bringen.

So funktionierten z.B. auch Filme mit Jean Claude van Damme, aber sie blieben am Ende nur Kopien des Originals. Sie haben nicht dessen Glaubwürdigkeit der Kampfszenen und den Charme des Unvollkommenen. Es gibt natürlich eine ganze Reihe von mittlerweile zu Kultfilmen aufgestiegenen Martial-Arts-Filmen, so die Filme des Kung-Fu-Clowns Jackie Chan, die Filme mit dem charmanten Jet-Li (der neue Star am Kung-Fu-Himmel) oder mit dem Japaner Tomisaburo Wakayama, der den japanischen Schwertmeister Kozure Okami spielt. Aber Bruce Lee war der Erste, er ist mittlerweile Legende. Natürlich gab es auch vor ihm schon Kung-Fu-Filme mit guten Darstellern, aber er hat den Sprung aus Hongkong über die USA in die ganze Welt geschafft und wurde so der Wegbereiter eines ganzen Filmgenres.

»Der Mann mit der Todeskralle« (USA 1973); Originaltitel: »Enter the dragon«; Regie: Robert Clouse; Produzenten: Fred Weintraub, Paul Heller, Raymand Chow; Kamera: Gilbert Hubbs; Drehbuch: Michael Allin; Choreographie der Kampfszenen: Bruce Lee; Musik: Lalo Schifrin; Darsteller: Bruce Lee, Shih Kien, John Saxon, Ahna Capri, Bob Wall; 94 Min.

Dr. Mabuse, der Spieler

Der Psychoanalytiker Dr. Mabuse ist ein Spieler mit Menschenleben und mit Macht. In den zwanziger Jahren tritt der Superverbrecher in dreizehn verschiedenen Masken auf. Er setzt seine hypnotischen Fähigkeiten für die Vergrößerung seines Reichtums und die Erweiterung seiner Macht ein. So zwingt er aus der Ferne seine ehemalige Geliebte zum Selbstmord. »Es gibt keine Liebe – es gibt nur Begehren. Es gibt kein Glück – es gibt nur den Willen zur Macht« lautet sein Bekenntnis. Schmuggel, Falschmünzerei, Falschspiel, Erpressung, Mord, Raub, Börsenschwindel, internationale Spionage – das ist die Palette von Verbrechen, denen sich Mabuse schuldig macht, bis ihm Staatsanwalt v. Wenk das Handwerk legt. Doch Mabuse kann nicht zur Rechenschaft gezogen werden. Er ist wahnsinnig geworden.

Fritz Langs zweiteiliger Stummfilm ist nicht nur die Adaptioneiner melodramatischen Kriminalgeschichte, sondern auch ein präzises Dokument seiner Zeit. In Anlehnung an die aufkommende Stilrichtung der Neuen Sachlichkeit werden die Lebenshaltung, Vergnügungssucht und Dekadenz von Großbürgertum und Kleinadel attackiert. Lang charakterisierte die Atmosphäre später so: »Die Zeit nach dem Ersten Weltkrieg war für Deutschland eine Zeit der tiefsten Verzweiflung, der

Dr. Mabuse – Klassiker von Fritz Lang

Hysterie, des Zynismus, des ungezügelten Lasters. Entsetzliche Armut war neben ganz großem und neuem Reichtum.« Unter welchen Bedingungen kann eine Gesellschaft zwischen Chaos und Tyrannei einem »Übermenschen« verfallen? Diese Fragestellung sollte ihre wahre Aktualität wenige Jahre später gewinnen. Der Regisseur meinte jedoch Vorahnungen: »Man hat mir oft unterstellt, daß Dr. Mabuse der Prototyp des Diktators war, daß ich Hitler vorausgesehen habe. Das stimmt nicht. Für mich war Dr. Mabuse ein Übermensch, irgendwie der Nietzsche-Übermensch, im schlechten Sinne gesehen."

Der Film wurde wegweisend, ein internationaler Erfolg und auch in der Tonfilmära nochmals gestartet.

Lang drehte nach den Motiven des Romans von Norbert Jacques 1932/33 einen Tonfilm mit dem Titel »Das Testament des Dr. Mabuse«. Mabuse, der als Wahnsinniger in einer Heilanstalt lebt, verbreitet mit Hilfe des von ihm hypnotisierten Arztes Professor Baum Schrecken in der Welt. »Die Menschheit muß in einen Abgrund von Terror gestürzt werden«, befiehlt er. Nach Mabuses Tod wird Baum, der sich für seine Reinkarnation hält, von Kommissar Lohmann (der schon aus Fritz Langs erstem Tonfilm »M« bekannt war) entlarvt. Aber auch hier kann die Justiz nichts bewirken. Baum hat den Verstand verloren.

Der suggestiv inszenierte Thriller, dessen experimentelle Tongestaltung hervorzuheben ist, wurde vielfach als Gleichnis für den aufkommenden Faschismus interpretiert. Die Premiere wurde 1933 verboten. Der Film wurde 1934 in Österreich uraufgeführt und kam erst 1951 nach Deutschland. – Im Zuge der Mabuse-Welle anfang der sechziger Jahre drehte Werner Klingler ein Remake des Streifens, das sich filmkünstlerisch in keiner Weise mit dem Original messen kann.

Nach Jahrzehnten erfolgreichen Schaffens in Hollywood kehrte der Emigrant Fritz Lang Ende der fünfziger Jahre für einige Arbeiten nach Deutschland zurück. In der Bundesrepublik entstand »Die 1000 Augen des Dr. Mabuse«, der geschickt an das Motiv vom allgegenwärtigen Superverbrecher anknüpfte. Er kontrolliert ein Luxushotel, indem er durch geheime »Fernsehaugen« in jedes Zimmer blicken und die Gäste manipulieren kann. Es gibt einen amerikanischen Multimillionär und ein fingiertes Mordkomplott, einen getarnten Agenten und den spürsicheren Kriminalkommissar. Mit diesen Zutaten lag Fritz Langs letzter Film auf der Sensationsebene all jener Krimis, die zur selben Zeit produziert wurden. Wies er auch nicht die filmischen Qualitäten seiner alten »Mabuse«-Erfolge auf, blieb doch ein unterhaltsam-reizvolles Spiel mit doppelbödigen Perspektiven, Trugbildern und falschem Schein, das über dem Durchschnitt lag, übrig.

Wenn sich auch Lang nach diesem Film aus dem aktuellen Filmgeschäft weitgehend zurückzog, nutzte Produzent Artur Brauner die Chance, das erfolgreiche Sujet weiter zu vermarkten. Er verpflichtete Langs neuen Mabuse-Darsteller Wolfgang Preiss und drehte mit ihm vier weitere Streifen um die Schreckenstaten des nach Weltherrschaft strebenden Verbrechers. Heraus kamen triviale, oft unlogische Krimis voller Grusel- und Schockeffekte.

Auch die Hommage an Langs Mabuse-Filme, die Claude Chabrol 1989 drehte, litt unter einer konfusen Handlung um den Inhaber eines Medienkonzerns – ein verschenkter Ansatzpunkt für eine neue Betrachtungsweise des alten Themas.

Dr. Mabuse, der Spieler, 1. Teil: Der große Spieler – ein Bild der Zeit, 2. Teil: Inferno – Ein Spiel um Menschen unserer Zeit, Deutschland, 1921 / 22, Produktionsfirma: Uco, Regie: Fritz Lang, Buch: Fritz Lang, Thea von Harbou, nach dem gleichnamigen Roman von Norbert Jacques, Kamera: Carl Hoffmann, Musik: Konrad Elfers (Nachbearbeitung), Darsteller: Rudolf Klein-Rogge (Dr. Mabuse), Alfred Abel (Graf Told), Bernhard Goetzke (Staatsanwalt von Wenk), Aud Egede Nissen (Cara Carozza, die Tänzerin), Gertrude Welcker (Gräfin Dusy Told), Paul Richter (Hull), Robert Forster-Larrinaga (Spoerri), Hans Adalbert Schlettow (Georg), Georg John, Karl Huszar-Puffy, Grete Berger, Julius Falkenstein, Lydia Potechina, Anita Berber, Adele Sandrock, Max Adalbert, 127 und 92 min

Das Testament des Dr. Mabuse, Deutschland, 1932, Produktionsfirma: Nerofilm, Regie: Fritz Lang, Buch: Thea von Harbou, nach einem Roman von Norbert Jacques, Kamera: Fritz Arno Wagner, Karl Vash, Musik: Hans Erdmann, Darsteller: Rudolf Klein-Rogge (Dr. Mabuse), Oscar Beregi (Professor Baum), Theodor Loos (Dr. Kramm), Otto Wernicke (Kriminalkommissar Lohmann), Gustav Diessl (Kent), Wera Liessem (Lilli), Karl Meixner (Hofmeister), Camilla Spira (Juwelen-Anna), Theo Lingen (Karetzky), Paul Henckels (Litograph), Claus Pohl, Rudolf Schündler, Georg John, Ludwig Stössel, Gerhard Bienert, Heinrich Gretler, Franz Stein, 122 min.

Die 1000 Augen des Dr. Mabuse, BRD / Italien / Frankreich, 1960, Originaltitel: Il diabolico Dr. Mabuse / Le diabolique Docteur Mabuse, Produktionsfirma: CCC-Filmkunst/Cei-Incom/Critérion, Regie: Fritz Lang, Buch: Fritz Lang, Heinz Oskar Wuttig, nach der Romanfigur von Norbert Jacques, Kamera: Karl Loeb, Musik: Bert Grund, Darsteller: Dawn Addams (Marion Menil), Peter van Eyck (Travers), Wolfgang Preiss (Jordan, Cornelius), Werner Peters (Mistelzweig), Gert Fröbe (Kommissar Kras), Reinhard Kolldehoff (Klumpfuß), Howard Vernon (Nr. 12), Rolf Möbius, Bruno W. Pantel, Albert Bessler, Wolfgang Völz, Egon Vogel, Erna Haffner, 104 min.

Im Stahlnetz des Dr. Mabuse, BRD / Frankreich / Italien, 1961, Originaltitel: F.B.I. contro Dr. Mabuse / Le retour du Docteur Mabuse, Produktionsfirma: CCC/Critérion/SPA Cinematografica, Regie: Harald Reinl, Buch: Ladislas Fodor, Marc Behm, nach Figuren eines Romans von Norbert Jacques, Kamera: Karl Loeb, Musik:

Peter Sandloff, Darsteller: Gert Fröbe (Inspektor Lohmann), Lex Barker (Joe Como), Daliah Lavi (Maria Sabrehm), Werner Peters (Sandro), Wolfgang Preiss (Dr. Mabuse), Fausto Tozzi (Zuchthausdirektor), Rudolf Fernau (Pfarrer Brietenstein), 88 min.

Die unsichtbaren Krallen des Dr. Mabuse, BRD 1961, Produktionsfirma: CCC, Artur Brauner, Regie: Harald Reinl, Buch: Ladislas Fodor, nach einer Idee von Artur Brauner und einer Figur von Norbert Jacques, Kamera: Ernst W. Kalinke, Musik: Peter Sandloff, Darsteller: Lex Barker (Joe Como), Karin Dor (Liane Martin), Siegfried Lowitz (Kommissar Brahm), Wolfgang Preiss (Primarius Krone), Werner Peters (Clown Bobo/Droste), Walo Lüönd (Kriminalbeamter Hase), 89 min.

Das Testament des Dr. Mabuse (1962), BRD 1962, Produktionsfirma: CCC Filmkunst Artur Brauner, Regie: Werner Klingler, Buch: Ladislas Fodor, Robert A. Stemmle, nach einem Drehbuch von Thea von Harbou und einer Figur von Norbert Jacques, Kamera: Albert Benitz, Musik: Raimund Rosenberger, Darsteller: Gert Fröbe (Kommissar Lohmann), Senta Berger (Nelly), Walter Rilla (Prof. Polland), Helmut Schmid (Johnny Briggs), Charles Regnier (Mortimer), Leon Askin (Flocke), Wolfgang Preiss (Dr. Mabuse), 88 min.

Scotland Yard jagt Dr. Mabuse, BR Deutschland, 1963, Produktionsfirma: CCC, Artur Brauner, Regie: Paul May, Buch: Ladislas Fodor, nach dem Roman »The Device« von Bryan Edgar Wallace, Kamera: Nenad Jovicic, Musik: Rolf Wilhelm, Darsteller: Peter van Eyck (Bill Tern), Sabine Bethmann (Nancy Masterson), Dieter Borsche (Cockstone), Werner Peters (Inspektor Vulpius), Agnes Windeck (Gwendolin Tern) und Wolfgang Preiss, 90 min.

Dr. M, BR Deutschland / Frankreich / Italien, 1989, Produktionsfirma: NEF/ZDF /Telefilm/La Sept/Ellepi/Cléa, Regie: Claude Chabrol, Buch: Sollange Mitchell, Thomas Bauermeister, Claude Chabrol, frei nach dem Roman »Mabuse, der Spieler« von Norbert Jacques, Kamera: Jean Rabier, Musik: Paul Hindemith, Mekong Delta, Darsteller: Alan Bates (Marsfeldt), Jennifer Beals (Sonja Vogler), Jan Niklas (Hartmann), Hanns Zischler (Moser), Benoît Régent (Stieglitz), William Berger (Penck), Alexander Radszun (Engler) und Wolfgang Preiss, 116 min.

Django

1.) »Django«:

Eine mexikanische Kleinstadt nahe der US-Grenze. Dort taucht ein finsterer, undurchsichtiger Fremder auf. Er nennt sich Django und er zieht einen Sarg hinter sich her. In seiner Begleitung das Mädchen Maria. In dem Städtchen bekriegen sich seit längerem zwei Banden: Die »Roten Kapuzenmänner« von Major Jackson und die Rebellen von General Rodriguez. Als Major Jackson in der Stadt auftaucht, stellt sich heraus, daß in Djangos Sarg ein Maschinengewehr ist. Mit diesem richtet er unter ihnen ein Blutbad an. Der Fremde scheint General Rodriguez helfen zu wollen. Zumindest sieht es so aus, als ob die beiden sich verstehen. Django will ihm Maschinengewehre gegen Gold liefern. Das Gold muß aber erst noch dem Major abgenommen werden. Dabei kommt es zu einem Gemetzel. Als Django das Gold behalten möchte, prügeln die Männer von General Rodriguez ihn halb tot und zerquetschen seine Hände, damit er nie wieder schießen kann. Sein Mädchen Maria töten sie. Dann lassen sie den Krüppel in der Wüste liegen. Inzwischen hat sich der Major und seine Bande wieder aufgerappelt. In einem Hinterhalt metzeln sie den General samt seiner gesamten Truppe erbarmungslos nieder. Django hat sich währenddessen in den Salon der Stadt geschleppt. Dort besiegt er, obwohl er mit seinen Händen keinen Revolver mehr halten kann, den Major und seine Bande.

2.) »Django, der Rächer«:
In diesem Film ist Django der Sheriff in einer texanischen Stadt. Gemeinsam mit seinem Bruder will er sich an Delgado, dem Mörder seines Vaters rächen.

3.) »Django's Rückkehr«:
Django verläßt das Kloster, indem er mehrere Jahre gelebt hat. Von einer früheren Geliebten erfährt er, daß er eine Tochter hat. Diese wurde von dem Sklavenhändler Orlowsky entführt. Als Django versucht, seine Tochter zurückzubekommen, zwingt ihn der Sklavenhändler, in einer Silbermine zu arbeiten. Als er von dort entkommen kann, kehrt er als Leichenbestatter zurück. In seinem Wagen hat er – wie soll's anders sein – ein Maschinengewehr.

Alle drei soeben beschriebenen Filme sind mit Franco Nero in der Hauptrolle. Insgesamt gibt es mehr als dreißig Django-Filme. Beispielsweise »Django und die Bande der Gehängten« mit Terence Hill in der Titelrolle. Viele dieser Western erhielten aber zumeist durch den deutschen Verleih diese Titel, da Djangofilme sich damals gut verkaufen ließen. So wurden zahlreiche italienische Western dementsprechend umsynchronisiert, um ihre neuen Titel wenigstens mit viel Phantasie zu rechtfertigen. Der Regisseur Sergio Corbucci äußerte sich über seine Motivation zu seinem Film »Django« wie folgt: »Der italienische Western verdankt viel dem japanischen Film. Zwei oder drei unserer wichtigsten Arbeiten, so auch ›Django‹, stehen unter dem direkten Einfluß von → ›Die sieben Samurai‹. Mit ›Django‹ ist es mir gelungen, dem Italo-Western neue Seiten abzugewinnen und eine Welle in Bewegung zu setzen. Das Originelle daran: Der Held hat viel Sinn für Humor. Er bewegt sich in einem Westen aus Schmutz und Regen und schleift einen Sarg hinter sich her. Diese Vorstellung allein fand ich damals schon zum Totlachen.« Ob man sich allerdings über einen Film totlachen kann, in dem ganze Hundertschaften mit einem Maschinengewehr abgeknallt werden, ist mehr als fragwürdig.

Tatsächlich greift der Film → »Für eine Handvoll Dollar« von Sergio Leone die Idee auf, daß eine neutrale Person an der Feindschaft von zwei Parteien profitieren will, indem sie sie gegeneinander ausspielt. Doch stehen bei Leone's Film die Schlauheit und die Taktik des Helden im Vordergrund. Bei »Django« kann man sich des Gefühls nicht erwehren, daß es dem Regisseur mehr um das Gemetzel und um die unappetitlichen Grausamkeiten ging. Allenfalls beweist er eine gewisse Verspieltheit in seinem Umgang mit der Titelfigur: Die tiefsinnigen Blicke, der Sarg, das Schweigen und das Scheitern, indem er von seinen Gegnern gedemütigt und fast totgeschlagen wird. Wie Phönix aus der Asche steigt er dann aber zum Schluß doch empor und siegt. Es gibt Kritiken, die Django als politischen Film bezeichnen. Rechts gegen Links usw. Major Jackson sei rechts, General Rodriguez links. Erst will Django dem General helfen, als er aber merkt, daß dieser nur das Gold will, entschließt er sich, mit dem ganzen Gesindel aufzuräumen. Das mag sich ganz gut anhören, steht aber in keiner Relation zu dem Film. Der politische Gedanke des Films ist nicht mehr als allenfalls eine fragwürdige Rechtfertigung für das Gemetzel.

»Django«: Italien/Spanien 1966; Originaltitel: »Django«, Produktionsfirma: B.R.C. Tecisa, (Manolo Bolognini); Regie: Sergio Corbucci; Drehbuch: Sergio Corbucci, Franco Rossetti, Josè G. Maesso, Piero Vivarelli, Kamera: Enzo Barboni; Musik: Luis Enriquez Bacalov; Darsteller: Franco Nero, Josè Bodalo, Loredana Alvarez, Eduardo Fajardo; 88 Min.

Dressed to Kill

Kate Miller kommt mit ihrem Leben nicht klar. Deswegen ist sie Patientin von dem bekannten Psychiater Dr. Elliott. Sie verliert sich in sexuellen Tagträumen, durch die sie sich von ihrem trostlosen Eheleben ablenkt. In einer Ausstellung begegnet sie dann einem interessanten Mann, der sie verführt. Ihre Phantasien werden Realität. Sie verbringt in seiner Wohnung eine Nacht mit ihm. Als sie sich am nächsten Morgen aus der Wohnung schleicht, wird ihr im Aufzug von einer unheimlich und künstlich wirkenden Blondine die Kehle durchgeschnitten. Liz, eine Prostituierte, beobachtet die Tat. Als sie schließlich noch verdächtigt wird, beschließt sie zusammen mit dem Sohn von Kate, nach dem wahren Mörder zu suchen. Bald vermuten sie, daß der Mörder wahrscheinlich ein Patient von Dr. Elliott ist. Als Liz in seine Praxis einbricht, um eventuelle Hinweise zu entdecken, trifft sie auf die Blondine. Diese entpuppt sich als Dr. Elliott, der durch die ständige Auseinandersetzung mit den sexuellen Problemen seiner Patienten wahnsinnig geworden ist. Als er schließlich Liz angreift, tötet sie ihn aus Notwehr.

Brian de Palma, der Regisseur von »Dressed to Kill«, gilt als Enkel Hitchcocks. Kein anderer versteht es so gekonnt Hitchcocks Spezialgebiete wie den Suspense, die Überraschung, die wirkungsvollen Schockeffekte und das subtile Grauen (»Psycho«, »Der unsichtbare Dritte« und »Vertigo«) für seine Filme zu nutzen. Die dadurch entstandenen Szenen wirken weder nachgestellt noch abgekupfert, sondern sind eine eigenständige und in sich stimmige Hommage an den Altmeister. In »Dressed to Kill« zitiert Brian de Palma in erster Linie »Psycho«. Der Killer verkleidet sich als Transvestit. In »Psycho« tötet Norman Bates ebenfalls in Frauenkleidern. Kate Miller wird wie Marion Crane in Hitchcocks Film als Hauptfigur vorgestellt und wie diese auch nach dem ersten Drittel des Films ermordet. Dadurch wird der Zuschauer allein und orientierungslos zurückgelassen. Auch der grausame Mord unter der Dusche fehlt in Brian de Palmas Meisterwerk nicht. Doch anders als bei Hitchcock findet dieser nicht real statt, sondern nur als krankhafter Höhepunkt von sexuellen und masochistischen Phantasien (vielleicht auch als Vorahnung) der Protagonistin. Bevor aber die Szene als Traumsequenz entlarvt wird, sieht der Zuschauer seine Erwartungshaltung erfüllt, denn er denkt, daß er es wieder mit einem Hitchcock-Zitat zu tun hat. Für den Betrachter ist die Verwirrung dann perfekt, wenn er feststellt, daß Kate noch lebt und wieder putzmunter unter der Dusche steht. Umso härter und unerwarteter trifft es ihn, wenn Kate wenige Minuten später nach dem Verlassen ihrer Wohnung im Fahrstuhl tatsächlich erstochen wird.

Brian de Palma zählt zu den ungewöhnlichsten US-Regisseuren. Ständig sucht er neue Einstellungen. Er experimentiert mit Kamerafiltern und Weichzeichnern und gilt als Meister des Lichts. In seinen Filmen werden häufig Frauen ermordet, die der Zuschauer zuvor in ihrer ganzen erotischen Faszination erlebt hat (→ »Der Tod kommt zweimal«). Durch diese gemeine Kombination stellt er bei seinem Publikum eine beunruhigende Verbindung zwischen Voyeurismus, Begierde und Mordlust her. Mit ausgefeilten und wunderschönen Bildern, die mit klassischer Musik untermalt sind, erzeugt er durch seine Filme eine lebendige, ja poetische Grundstimmung, die den Einzug des Grauens erschreckend kontrastieren. Weitere Werke sind: »Carrie – Des Satans jüngste Tochter«, »Teufelskreis Alpha«, »Die Unbestechlichen«, »Schwestern des Bösen«, »Blow Out«, »Schwarzer Engel«.

Dressed to Kill (USA 1980) Original-Titel: Dressed to Kill, R: Brian de Palma, B: Brian de Palma, K: Ralf Bode, M: Pino Donnaggio, P: George Litto für Samuel Z. Arkoff/Filmways, D: Michael Caine, Angie Dickinson, Nancy Allen, Keith Gordon, F: 106 Min.

Drillinge an Bord

Der Heinz Erhardt-Kultfilm schlechthin: Heinz Erhardt verkörpert die drei im Wesen völlig verschiedenen Titelhelden: die Drillingsbrüder Heinz, Otto und Eduard Bollmann, die äußerlich nur durch ihre Brillen voneinander zu unterscheiden sind.

Heinz, der Jüngste, da zehn Minuten später als die beiden »Großen« geboren, versorgt den gemeinsamen Haushalt. Otto übt den Beruf eines Werbetexters aus und Eduard, der als Ältester sogar ein anderes Geburtsjahr vorweisen kann, weil das freudige Ereignis seinerzeit in einer Silvesternacht stattfand, ist Opernsänger.

Heinz, Eduard und Otto Bollmann sind zwar recht unterschiedliche Charaktere, hausen aber friedlich und gesellig in einer gemeinsamen Wohnung. Heinz, das »Küken«, ist pfiffig, er hat einen Werbevers Ottos (für eine Pickelcreme) einer von Eduard erfundenen Melodie unterlegt und den entstandenen Schlager heimlich zu einem Fernsehwettbewerb eingereicht. Prompt gewinnt der Schlager den ersten Preis: eine 14tägige Luxus-Seereise zu den Kanarischen Inseln. Keiner möchte zurücktreten und so finden sie sich plötzlich alle drei in der Luxuskabine, als das Schiff ablegt. Daß die Seereise nicht ohne Schwierigkeiten abläuft, versteht sich von selbst... Die drei Schlagerfabrikanten stiften unter den Passagieren und der Besatzung eine heillose Verwirrung: im Friseursalon nimmt, in Fünf-Minuten-Abständen, dreimal derselbe Herr Platz, um sich rasieren zu lassen, im Speisesaal geht ein Passagier zweimal kurz heraus und bestellt sich, zurückkehrend, jeweils aufs neue das ganze Menü usw..

Irgendwie ist die Geschichte sogar bedenklich, denn auf den Herrn Bollmann richten sich verschiedene Interessen. Einmal von seiten einer fülligen »Lady« Zocker (Trude Herr). Doch das ist nicht so schlimm, die liebebedürftige Dame merkt ja nicht einmal, daß der Kavalier Heinz das eine Mal in Werbeslogans schwelgt (also Otto ist) und das andere Mal sich als Ariensänger gefällt (nämlich Eduard). Verfänglicher schon ist das Interesse eines Detektivs (Peter Carsten), der einen Gangster sucht und dabei Bollmann im Auge hat, vollends unangenehm aber wird die Aufmerksamkeit, die Herrn Bollmann seitens der drei Barmusiker zuteil wird. Dies sind nämlich wirkliche Gangster, glaubwürdig getarnt, und sie halten Bollmann für den Detektiv. Also kippen sie ihn nachts über die Reling – und wundern sich, wenn sie das Verfahren wiederholen müssen, denn Bollmann ist (in Gestalt der Brüder) immer wieder da...

Bei alledem bleiben die Drillinge selbst völlig ahnungslos, keiner merkt, was um sie herum gespielt wird, sie fühlen sich abwechselnd als der unbeschwerte Gratispassagier Bollmann. Das Über-Bord-Gehen zum Beispiel halten sie für unglückliche Zufälle. Sie sind weit davon entfernt zu ahnen, daß die Barmusiker sie in Tanger beseitigen möchten. Dort nämlich gehört eine arrangierte Schießerei im Nachtlokal (mit Platzpatronen) zur Fremdenführungs-Show, und bei der Gelegenheit schießen die Gangster scharf auf den vermeintlichen »Bullen« Bollmann. Freilich ohne zu treffen. Bollmann aber hält es für eine gelungene Nummer des Reiseprogramms, als die Flaschen und Spiegel klirren. Selbst als einer der Bollmann-Brüder gekidnappt und in einen Wüstenbrunnen geworfen wird, wird dies für eine gelungene Überraschung gehalten. Heinz, Otto und Eduard schwelgen in Vergnügen und flirten, wie es sich gehört: mit der »Lady«, mit einem Lockvogel der Musiker-Gangster (Ingrid van Bergen), mit der Assistentin des Detektivs (Ann Smyrner)...

Bis die Situation auf der Rückfahrt unhaltbar wird: Ahnungslos überrascht ein Bollmann-Bruder einen der Gangster beim Plündern des Schiffstresors. Der greift den vermeintlichen Detektiv an und hetzt ihn durch die Gänge des schaukelnden Schiffs. Kugeln fliegen durchs Getümmel – bis die Gangster überwältigt sind. Dabei stellt sich allerdings auch heraus, daß Herr Bollmann aus drei braven Brüdern besteht, denen sogar die Rettung der Juwelen zu danken ist. Zu guter Letzt finden die Bollmann-Brüder dann sogar noch jeder eine bessere Hälfte, repräsentiert durch »Lady« Zocker und ihre beiden Drillingsschwestern...

Den dreifachen Erhardt ermöglichte ein Trickverfahren, bei dem man die Szenen farbig mit Komplementärfarben drehte, so daß bei der entsprechenden Kopie jeweils eine Farbe aufgehoben wurde. Damit verschwanden Teile der Szenerie und Personen. Der Film wurde später schwarz-weiß kopiert.

In dem Buch »Heinz Erhardt – Dieser Schelm« von Rainer Berg und Norbert Klugmann erinnerte sich Trude Herr an die Dreharbeiten des Films: »Ich war ja damals schon dick und Heinz auch. Jetzt hatten wir eine Liebesszene. Dabei mußten wir natürlich ständig die Schaukelbewegungen des Schiffes nachmachen. Damit wir synchron schaukelten, wurden wir unten herum festgebunden mit einer Kordel, und damit mußten wir bei den Dialogen immer hin und her. Wir konnten uns überhaupt nicht mehr ansehen, so sehr mußten wir lachen. Wir hatten schon die 13. oder 14. Einstellung verpatzt. Ständig stießen wir mit unseren dicken Bäuchen aneinander und dann dieses Schaukeln im Gleichklang und dann noch etwas von Liebe reden. Dann kam der Produktionsleiter rein und hat uns unerhört ausgeschimpft. Das hilft ja immer, und er hatte ja auch recht. Heinz und ich rissen uns zusammen, das wurde auch alles zu teuer. Nächster Versuch. Was wir nicht wußten, war, daß auch die Kameramänner mit ihrer Kraft am Ende waren. Die stellten die Kamera fix und gingen dann irgendwo in Deckung und schütteten sich vor Lachen aus. In der Dekoration hatten wir einen Spiegel. Wir waren festen Willens, die Szene endlich ernsthaft über die Runden zu kriegen. Aber ich guckte nebenbei in den Spiegel. Und im Spiegel sah ich den Regisseur und den Produktionsleiter, der uns vor fünf Minuten so furchtbar angebrüllt hatte. Ich sah die beiden in der Ecke stehen, und ihre Bäuche wackelten vor Gelächter. Die sahen genauso aus wie wir, und damit war es wieder aus. Mit den Augen ging es ja noch. Aber wenn ich merkte, daß dem Heinz sein Bauch wackelte, war's wieder gelaufen.«

Drillinge an Bord, BR Deutschland, 1959 , Erstaufführung: 22.12.1959, Produktionsfirma: DFH, Regie: Hans Müller, Buch: Gustav Kampendonk, Romanvorlage: nach einer Idee von Lothar Koch, Kamera: Erich Claunigk, Musik: Heino Gaze , Lieder: »Ja, das ist mein Dixieland« , »Charming boy«, »Linkes Auge blau«, Schnitt: Martha Dübber, Darsteller:, Heinz Erhardt (Heinz Bollmann), Heinz Erhardt (Otto Bollmann), Heinz Erhardt (Eduard Bollmann), Peter Carsten (Fred Larsen), Ingrid van Bergen (Diana), Ann Smyrner (Rita), Trude Herr (Lady Zocker), Paul Dahlke (Emilio), Günter Pfitzmann (Mac), Billy Mo (Bobo), Paul Westermeier (Kapitän), Ralf Wolter (Friseur), Günther Jerschke (Fernsehreporter), Horst Coblenzer, Max Giese, Klaus Hellmold, Günther Ungeheuer, Kathrin Ackermann, Paul Kuhn. Text: Manfred Hobsch a.G.

Der dritte Mann

Der Film handelt im Wien der unmittelbaren Nachkriegszeit 1945/46, im Wien des Schwarzmarkts, der Schmarotzer und der Emporkömmlinge. In die Stadt der ehemals österreichisch-ungarischen Monarchie, aber auch der Stadt der österreichischen Nazis kommt Holly Martins, ein amerikanischer Autor von Westernromanen, und sucht hier in der Trümmerstadt Wien nach Harry Lime, von dem er glaubt, daß dieser erfolgreiche Geschäfte macht. Lime soll ihm helfen. Doch Holly Martins erfährt, daß der Freund von einem Lastwagen überfahren wurde, er eilt schnell noch zur Beerdigung auf den Zentralfriedhof und erfährt dort von dem britischen Major Calloway, daß Lime im Schwarzmarkthandel mit gepanschtem Penicillin Geschäfte gemacht habe, die ihn zum Mörder an den Hilfsbedürftigen, vor allem an Kindern gemacht habe.

Vielleicht weil Holly an dieser Wahrheit gerne zweifeln will, vielleicht auch, weil er nicht vom »Unfalltod« des zwielichtigen Freundes überzeugt ist, versucht er, dessen Tod aufzuklären. Doch überall, wo er nachfragt, überall, wo er Freunde trifft, macht er die bittere Erfahrung, daß niemand die Wahrheit sagt. Harrys Wiener Umkreis, seine Bekannten, versuchen Holly von seinem Vorhaben, alles aufzuklären, abzuhalten. Selbst Harrys Freundin, die Schauspielerin Anna Schmidt, in die Holly sich verliebt, scheint nicht nur Angst vor den Russen zu haben. Als Holly in einem Wiener Krankenhaus erkennt, was sein Freund mit dem Verkauf des schlechten Medikaments angerichtet hat, siegt sein Gewissen gegenüber der Freundesliebe. Er jagt von nun an Harry Lime, der noch immer lebt und sich nur versteckt hält.

In der Trümmerkulisse um den Stephansdom im sowjetischen Sektor Wiens, durch welchen Holly nächtens seinem vermeintlich toten Freund nachspioniert, kommt es hinter einem Tor zur Begegnung der beiden Freunde. Harry lebt – und daß Holly ihn entdeckt, ist bloßer Zufall. In dem dunklen Hauseingang, in dem sich Harry versteckt, schnurrt Anna Schmidts Kätzchen über seine Schuhe, und plötzlich erhellt das aufblendende Licht in einem gegenüberliegenden Haus sein Gesicht, offenbart den Lebenden.

Doch Holly Martins ist im Gegensatz zu Harry Lime nicht bestechlich. Entsetzt über das Elend, das er aufgrund der falschen Penicillin-Medikamentierung in einem Wiener Spital erlebt hat, läßt sich Holly als Lockvogel anheuern, um Harry aus dem russischen Sektor in den amerikanischen zu locken. Es beginnt eine atemberaubende Verfolgungsjagd durch die Wiener Kanalisation, begleitet von einer die Spannung immer mehr steigernden Zithermusik. Als Harry einen Gullydeckel öffnen will, weiß er, daß er seinen Verfolgern unweigerlich in die Hände fallen wird, und als er sich umsieht, ist ihm der Rückweg versperrt – sein Freund Holly Martins blickt ihm in die Augen. Diese letzte Begegnung ist noch einmal von dem einst gewesenen, in dieser Sekunde aber unausgesprochenem Verstehen zwischen den beiden geprägt. Holly erschießt den ehemaligen Freund.

Die letzte Szene gleicht der ersten – sie spielt auf dem Zentralfriedhof. Dort begegnet Holly noch einmal Anna Schmidt, doch diese geht wortlos an ihm vorüber.

»Der dritte Mann« ist ein Film, der den Zweiten Weltkrieg zwar nicht zum Thema hat, ihn aber auch nicht, wie die damals üblichen deutschen oder österreichischen Produktionen, leugnet. Ganz gezielt wird die düstere Atmosphäre des zerbombten und geteilten Wiens benutzt, um dort eine Geschichte über Spionage und Verrat anzusiedeln. Das berühmte Prater-Riesenrad ist nicht Spielwiese glücklicher Liebespaare, sondern seine Gondeln sind leer und die Stimmung ist trostlos. Die Straßen wimmeln von Händlern, die ihre Ware schwarz unter die Menge bringen. Hier eine Spionagegeschichte anzusiedeln, ist ein genialer Einfall. Genial und ungewöhnlich ist aber auch die Filmmusik von Anton Karas. Als vordergründiges Instrument verwendet er die Zither, ein traditionell österreichisches Saiteninstrument, auf dem seit jeher fast ausschließlich Volksmusik gespielt wird. Komponist Anton Karas und Regisseur Carol Reed nutzten die latente Melancholie, die in der Zithermusik natürlicherweise mitschwingt, für fulminante Erkennungs- und Begleitthemen, die auf makabere Weise die ohnehin bedrohliche Stimmung untermalen. Diese Musik ist unsterblich geworden.

Orson Welles spielt die mysteriöse und erschreckende Figur Harry Lime, die schattenartig und mit hochgeschlagenem Mantelkragen immer wieder auftaucht und am Schluß wie ein räudiger Hund erschossen wird. Durch seine Darstellung wurde die Figur zum Mythos des Geheimnisvollen.

Der Film selbst ist auch heute noch ein »Muß« für jeden Cineasten. Wieder einmal bestätigt sich, daß hausbackene deutsche bzw. österreichische Schauspieler (hier: Paul Hörbiger, Hedwig Bleibtreu, Eva Eras, Erich Musil, Siegfried Breuer...) unter ausländischer Führung zu mehr als nur zum naiven Heimatfilm fähig waren.

Der Dritte Mann (Großbritannien 1949) Original-Titel: The Third Man, R: Carol Reed, B: Graham Greene, K: Robert Krasker, M: Anton Karas, P: Carol Reed für London Films Prod., D: Joseph Cotton, Alida Valli, Trvor Howard, Orson Welles, Ernst Deutsch, Erich Ponto, Siegfried Breuer, Paul Hörbiger, Hedwig Bleibtreu, s/w 99 Min.

Dr. Jekyll und Mr. Hyde

Dr. Jekyll lebt als geachteter und beliebter Arzt in London. Er ist fanatisch mit seinem Beruf verwachsen und will mit Hilfe von medizinischen Experimenten seine Theorie untermauern, daß sich das Gute und Böse im Menschen trennen läßt. Dafür schreckt er nicht vor Selbstversuchen zurück. Er verwandelt sich mit Hilfe von Medikamenten in den unberechenbaren und gewalttätigen Mr. Hyde. Die Tötung eines Straßenmädchens wird für Mr. Hyde zum Beginn einer Serie von Morden.

Hollywoodregisseur Ruben Mamoulian schuf am Beginn des Tonfilmzeitalters diesen klassischen Horrorfilm, der als die beste der über

Dr. Jekyll und Mr. Hyde

50 Verfilmungen von R. L. Stevensons Roman gilt. Das ursprüngliche Thema der Vorlage, Gut und Böse in der menschlichen Seele, wurde neu gestaltet als philosophische Reflexion über Natur und Zivilisation bei einem Verzicht auf moralische Wertungen. Die brillante Trickgestaltung sowie der planmäßige Einsatz der subjektiven Kamera machen Mamoulians Werk auch filmgeschichtlich interessant. Erstmals schwenkt die Kamera um 360 Grad, um dadurch das Schwindelgefühl des Helden während der Verwandlung nachvollziehbar zu machen. Zudem verwendete Kameramann Karl Struss in dieser Sequenz Farbfilter, die nach und nach verschiedenfarbige Maskenschichten sichtbar machen. Der Brite Fredric March wurde für seine eindrucksvolle Darstellung der Titelrolle 1932 mit einem Oscar ausgezeichnet.

Weitere bekannte Verfilmungen des Stoffes entstanden 1941 durch Victor Fleming mit Spencer Tracy und 1959 mit Jean-Luis Barrault unter der Regie von Jean Renoir mit dem Titel »Das Testament des Dr. Cordelier«, denen jedoch die unterschwellige Erotik des Fleming-Films weitgehend fehlten. Eine Bearbeitung, in der sich Dr. Jekyll in eine mörderische Frau verwandelt, drehte Roy Ward Baker 1971: »Dr. Jekyll and Sister Hyde«.

USA, 1931, Originaltitel: Dr. Jekyll and Mr. Hyde, Produktionsfirma: Paramount, Regie: Rouben Mamoulian, Buch: Samuel Hoffenstein, Percy Heath, nach dem Roman von Robert Louis Stevenson, Kamera: Karl Struss, Musik: Johann Sebastian Bach, Robert Schumann, Darsteller: Fredric March (Dr. H. Jekyll/Mr. B. Hyde), Miriam Hopkins (Ivy Pierson) Edgar Norton (Poole), Rose Hobart (Muriel Carew), Holmes Herbert (Dr. Lanyon)

Dr. Schiwago

Der Film nimmt seinen Anfang im zaristischen Rußland, in der Gesellschaft der Adeligen, der Gebildeten und der Reichen. Doch schon in den ersten Minuten wird klar: Im Zarenreich regt sich der Widerstand. Aus Paris wird Lenin erwartet, das versklavte russische Volk sieht in den Revolutionären ihre Hoffnungsträger.

Die Politik ist die Schablone für die große, einzigartige Liebe zwischen Dr. Schiwago und Lara. Doch vorerst deutet noch nichts auf eine Begegnung der beiden hin. Der junge, eben promovierte Arzt Jurij Schiwago hat eine glänzende Karriere vor sich, und die schöne, aus reichem und angesehenem Hause stammende Tonja wird seine geliebte Frau. Das Glück scheint vollkommen, bis in Sarajewo die Schüsse auf den österreichischen Thronfolger fallen, und der erste Weltkrieg Gesellschaft und Grenzen in Europa verändert, die Bolschewiken Morgenluft wittern. Schiwago spürt, daß eine neue russische Epoche beginnt,

METRO-GOLDWYN-MAYER zeigt eine CARLO PONTI-PRODUKTION
DAVID LEANS FILM
NACH DEM ROMAN DES NOBELPREISTRÄGERS BORIS PASTERNAK
DOKTOR SCHIWAGO
GERALDINE CHAPLIN · JULIE CHRISTIE · TOM COURTENAY
ALEC GUINNESS · SIOBHAN McKENNA · RALPH RICHARDSON
OMAR SHARIF ALS SCHIWAGO · ROD STEIGER · RITA TUSHINGHAM
DREHBUCH: ROBERT BOLT · REGIE: DAVID LEAN
AUSGEZEICHNET MIT 6 »OSCARS« UND 5 »GOLDEN GLOBES«
PANAVISION METROCOLOR
MGM

Dr. Schiwago

in der die alte morbide Welt zerbrechen wird, doch sein Bezug zur bolschewistischen Revolution ist eher durch äußerliche Ereignisse, nicht durch seine innere Einstellung geprägt, er bleibt Individualist.

Den Krieg erlebt der Arzt an vorderster Front mit, hier lernt er die junge bildschöne Lara kennen, die einen unauslöschlichen Eindruck bei ihm hinterlassen hat. Lara ist Lehrerin, ihr Ehemann aber der unter dem Decknamen bekannte Strelnikov, ein berühmt-berüchtigter Panzerführer der Roten Armee. Die Szenen zwischen Lara und Schiwago sind von einzigartiger Einfühlsamkeit und Schönheit, zeichnen im Wechselspiel der Gefühle die weite russische Landschaft und die Tiefe zweier Liebenden, die wissen, daß sie nicht zueinander kommen können, daß es für sie nur die Trennung, keinen gemeinsamen Weg geben wird. Im Lazarett und später auf dem einsamen Landgut, wo Lara und Jurij ihre Zuflucht gefunden haben, werden sie ein Paar, leben, unentdeckt von den anderen, in ihrer Leidenschaft, bis sie fliehen und sich trennen müssen. Nach dem Sommer der Gefühle und dem Sommer in Rußland folgt die Kälte des Winters, innerlich und äußerlich.

Doch auch die politische Entwicklung erschüttert Dr. Schiwagos ehedem in so bürgerlichen Bahnen verlaufenes Leben. Die Oktoberrevolution verändert alles. Zurückgekehrt nach Rußland, sieht Schiwago zum ersten Mal seinen kleinen Sohn, muß erleben, wie ihm in seinem eigenen Haus nur noch ein kleiner Wohnraum zugeteilt wird, wie der Vater seiner Frau Tonja sein Schicksal gelassen erträgt, wie Tonja nur darum bemüht ist, die Situation erträglich zu machen. So beugt sich der Doktor schließlich dem Familienrat, Moskau zu verlassen, und zieht mit seiner Familie auf den Familiensitz auf dem Lande.

Als in Rußland wieder der Alltag eingekehrt ist, ist Dr. Schiwago fast schon ein alter Mann. Als er in der Straßenbahn durch das geschäftige Moskau fährt, sieht er aus dem Fenster eine blonde Frau – er weiß, das ist Lara, und versucht sie zu erreichen, doch vergeblich, sie ist für ihn auf immer verloren. Schiwago stirbt, und Lara gehört die letzte Szene dieses Films und ihre Erinnerung an das Glück ihres Lebens.

Ein schüchternes Mädchen und eine Balalaika trifft der kommunistische General auf der Suche nach der Tochter seines toten Bruders. Er reicht ihr ein Gedichtbuch, daß dieser geschrieben haben soll, und er zeigt dem Mädchen ein Bild darin von Lara, ihrer Mutter. Er sagt, die Gedichte zeigen, wie sehr ihr Vater, Dr. Schiwago, ihre Mutter geliebt haben muß. Sie beschreiben die bewegenden Gefühle, die beide miteinander durchlebt haben. Das einzige, was von der Liebe ihrer Eltern geblieben ist, steht in diesem Büchlein. Das Mädchen arbeitet im Wasserwerk und das Wasser rast die Schleuse entlang, ist immer in

Bewegung, fließt zu neuen Orten. So wie das Wasser vorbeizieht, vergehen alle Dinge im Leben. Alles ist vergänglich. Und dann erzählt der alte General dem Mädchen eine Geschichte. Eine bedeutende Geschichte (denn alle Geschichten über Menschen sind bedeutend) über einen Mann namens Schiwago, der Arzt und Dichter war und das Leben sehr intensiv erlebte.

Diese Geschichte beginnt mit der Beerdigung der Mutter von Schiwago. Erde wird auf den Sarg geschaufelt. Wir sehen Schiwago als Jungen. Als die bewegende Filmmusik von Maurice Jarre einsetzt, werden Blätter vom Wind weggeweht und die Sonne bricht durch die Wolken. Hier wird der Junge wahrscheinlich zum ersten Mal mit dem Thema des Films in Verbindung gesetzt, mit der Vergänglichkeit. Sein ganzes Leben wird er mit diesem Bewußtsein verbringen, und immer wieder wird er den Schmerz des Verlustes empfinden, gepaart mit dem Gefühl der Hoffnung. Der sensible Junge wird Dichter werden, weil er die bedeutenden Momente seines Lebens dem Vergessen entreißen möchte.

Auch der Wechsel zwischen den Jahreszeiten ist immer wieder Thema des Films. Ein kalter, verschneiter Winter löst den blühenden Sommer ab. Der sprießende Frühling folgt dem Herbst, der die Blätter von den Bäumen holt usw. Daß der Film während der russischen Revolutions- und Bürgerkriegswirren spielt, dramatisiert Verlust und Vergänglichkeit zusätzlich. In diesen unruhigen Zeiten ist man sowieso ständig von Tod und Verschleppung bedroht. Die tiefe Erlebnisfähigkeit von Schiwago erfährt der Zuschauer auch in der Liebe des Dichters zu Lara. In einem zugeschneiten Landhaus erleben die beiden wohl die schönste Zeit in ihrem Leben. Die Tiefe ihrer gegenseitigen Liebe hängt viel mit ihrer Vergangenheit zusammen. Beide, Schiwago und Lara, haben ein hartes und tragisches Leben hinter sich, und zusammen gelingt es ihnen, für ein paar Monate die Liebe in ihrer wunderbaren Vielfalt auszukosten.

Während der Romanautor Boris Pasternak (wegen seines gesellschaftlichen Engagements war der Nobelpreisträger lange Zeit in der Sowjetunion verboten), dessen Buch dem Drehbuchautor Robert Bolt als Vorlage diente, den Schwerpunkt auf die politischen Ereignisse in Rußland Anfang des zwanzigsten Jahrhunderts legte, konzentriert sich der Film vorwiegend auf die Liebesgeschichte. Wesentliche Aspekte, die ein diktatorisches System ausmachen, wie Machtgier, Unterdrückung, Fanatismus und unmenschliche Opferbereitschaft für die »große Sache«, kommen in dem Film dennoch nicht zu kurz. Vielmehr werden chronologische Zusammenhänge und historische Fakten der russischen Revolution vernachlässigt. Angesichts der Tatsache, daß ein

Film sich seines Stoffes immer bewußt sein sollte (und bei »Dr. Schiwago« ist dieser eben Dr. Schiwago), sind aber in diese Richtung gehende Vorwürfe vieler Kritiker völlig bestandslos.

Das Mammutwerk löste in den 60er Jahren beim Publikum einen wahren »Run« aus, auch die Filmmusik war in Restaurants, Fernsehen und Rundfunk ständig präsent und bewegte die Herzen. 1965 wurde der Film mit fünf Oscars ausgezeichnet, es gab auch einen für die Musik. Regisseur David Lean allerdings ging leer aus. Wahrscheinlich wollte man ihn nicht schon wieder auszeichnen, da er bereits für seinen letzten Mammutfilm »Lawrence von Arabien« zwei Oscars (bester Film, beste Regie) erhielt.

USA 1965; Originaltitel: »Doctor Zhivago«, Produktionsfirma: MGM (Carlo Ponti); Regie: David Lean; Drehbuch: Robert Bolt; Kamera: Freddie Young; Musik: Maurice Jarre, Darsteller: Omar Sharif, Geraldine Chaplin; 200 Min.

Der Dritte

Obwohl die Mathematikerin Margit Fleißer, alleinstehend mit zwei Kindern, sich als emanzipierte Frau ansieht, ist sie durchaus nicht glücklich. Sie sehnt sich nach Liebe und Zärtlichkeit. So beschließt sie, sich nicht der gesellschaftlichen Norm zu beugen und auf einen Mann zu warten, sondern sich den einen, der ihren Vorstellungen entspricht, zu suchen. Nach zwei gescheiterten Beziehungen ist es der Dritte, den sie selbst auswählen will. Sie schafft es, ihren Kollegen Hrdlitschka von sich zu überzeugen.

Die vielen neuen Saiten, die dieser Film anschlug, sprachen ein großes Publikum an. Egon Günther erzählte diese Geschichte, in der sich viele Zuschauer wiederfinden konnten, voller gestalterischer Feinheiten, genau in der Mischung zwischen Ernst und subtilem Humor. Auch psychologisch stimmte jedes Detail, sei es die unbedingte Hingabe der FDJlerin Margit an die Sache – der alte Polit-Song »Bandiera rossa« erlangte mit ihr neue Popularität – oder die latent lesbischen Liebkosungen zwischen Margit und Lucie, zwei einsamen, sich nach Zärtlichkeit sehnenden Frauen. Im Mittelpunkt des Films steht Jutta Hoffmann, die es mit ihrer Ausstrahlung fertigbringt, die Empfindungen der Margit nachvollziehbar zu machen, mit ihr zu lachen und zu weinen. Sie erhielt auf dem Festival von Venedig 1972 einen Silbernen Löwen als beste Darstellerin.

DDR 1971/72, Produktionsfirma: DEFA, Regie: Egon Günther, Buch: Günther Rücker, nach der Erzählung »Unter den Bäumen regnet es zweimal« von Eberhard Panitz, Kamera: Erich Gusko, Musik: Karl-Ernst Sasse, Szenenbild: Harald Horn, Darsteller: Jutta Hoffmann (Margit), Barbara Dittus (Lucie), Rolf Ludwig (Hrdlitsch-

Der Dritte – Preisgekrönter DDR-Film

ka), Armin Mueller-Stahl (Blinder), Peter Köhnke, Erika Pelikowsky, Christine Schorn, Fred Delmare

Das Dschungelbuch

Ein Musical, daß in wunderbaren Farben und Zeichnungen die Geschichte von Mowgli, dem kleinen Inderjungen erzählt, der vom heimtückischen Tiger Sir Khan aus einem kleinen Dorf geraubt und verschleppt wurde. Doch eine Wolfsmutter rettet das Menschenjunge, säugt und zieht es mit ihren eigenen Welpen auf. Die »Adoptivmutter« verteidigt den Kleinen gegen alle Übergriffe und auch gegen das wilde Aufbegehren von Shir Khan, der sehr wohl weiß, daß Mowgli nicht zu den Jungtieren des Dschungels gehört. Als er auch eine Partei der Wölfe aufhetzt, kommt es zum Tribunal, doch in der Ratsversammlung wird Mowgli als eines der Wolfsjungen anerkannt und hat von nun an erst einmal Frieden vor den Feinden.

Zu seinen engsten Freunden zählen der dicke Bär Balu, der immer so wunderschön tanzt und singt (»Versuchs mal mit Gemütlichkeit«), der leise durch den Urwald streichende Panther Baghira, die listige Pythonschlange Kaa und natürlich der Elefanten-Oberst Colonel Hathi und

**Dschungelbuch –
Der Klassiker unter den Disney-Filmen**

der Affenkönig Louie. Alle Tiere haben es sich zur unbedingten Aufgabe gemacht, Mowgli vor dem Zugriff Shir Khans zu bewahren und ihn in der Kunst des Überlebens und des Jagens zu unterrichten.

Im Dschungel herrschen strenge Gesetze: Bestimmte Parolen warnen Mowgli rechtzeitig, wenn ihm nach dem Leben getrachtet wird – die einzigen, die hier nicht mitspielen wollen, ist die führungslose, rotzfreche Affenbande Bandarlogs. Ihnen sind die Dschungelgesetze egal. Doch das führt schließlich zum Verhängnis. Die Affen entführen das gefürchtete Menschenjunge und verschleppen es in einer versunkene Urwaldstadt. Doch da haben sie die Rechnung ohne Mowglis Beschützer gemacht.

Mowgli selbst entpuppt sich immer mehr als Führungsnatur, und es gelingt ihm nach vielen Abenteuern mit Hilfe seiner Freunde und des Feuers, seinen Widersacher Shir Khan zu töten. Von nun an hören die Dschungelbewohner auf die Worte ihres neuen Anführers Mowgli. Seine Wolfsfamilie macht er gegen eine Horde von Wildhunden stark, sie siegen – doch und hier fällt der Wermutstropfen – je älter Mowgli wird, desto stärker wird er sich seines Menschseins bewußt, er spürt, wie es ihn drängt, den Urwald zu verlassen, um seine wahre Familie zu finden. Schließlich rät ihm der greise Wolf Akela, seinen eigenen Weg zu finden. Mowgli schleicht um sein kleines Dorf, bis er dorthin zurückkehrt und sich im Zeichentrickfilm auch in ein Mädchen verliebt. Der

Film endet mit der aufkeimenden Liebe eines nunmehr fast erwachsenen Mowglis zu einer schönen, jungen Frau.

Nahezu 350.000 Einzelzeichnungen, ein Team von über 250 Mitarbeitern und mehr als drei Jahre Produktionszeit, so läßt sich der Aufwand des bahnbrechenden Disney-Zeichentrickfilms zusammenfassen. »Das Dschungelbuch« ist der Kultfilm des Zeichentrickgenres. Der letzte von Walt Disney selbst betreute Zeichentrickfilm hat bei seinen Fans einen festen Platz im Herzen. Zwar folgten aus der Zeichentrickfabrik eine Menge weiterer Produktionen, die das Publikum rührten und mit gelungenen Zeichnungen verzauberten, aber die liebevolle Anmut von »Das Dschungelbuch« bleibt unübertroffen. Rudyard Kiplings Kinderbücher fanden hierin ihr eigentliches Gesicht. Zuvor wurde »Das Dschungelbuch« bereits 1942 mit Darstellern erfolgreich umgesetzt, doch nachdem die Trickfilmversion über die Leinwand flimmerte, geriet die britische »Lebend-Version« bald in Vergessenheit. 1994 versuchte sich der Regisseur Stephan Summer noch einmal an einer »realen Verfilmung« des Stoffes, doch mehr als ein turbulentes Dschungelabenteuer kam nicht dabei heraus. Der Charme der musikalischen Dschungelbewohner, so wie wir sie aus dem Walt-Disney-Film kennen, wird wohl einzigartig bleiben.

Zeichentrickfilm USA 1967; Originaltitel: »The Jungle Book«; Produktionsfirma: Walt Disney Prod. (Walt Disney); Regie: Wolfgang Reitherman; Drehbuch: Larry Clemmons, Ralph Wright, Ken Anderson, Vance Gerry; Musik: George Bruns; 78 Min.

Das Duell

Auf dem Nachhauseweg entschied sich der Handlungsreisende David Mann kurzerhand, eine andere Route über eine Landstraße zu fahren.

Er denkt sich nichts dabei, als er einen Tankwagen älteren Modells überholt. Doch kurz danach rauscht dieser Lastwagen mit lautem Hupen an ihm vorbei. David fährt normal weiter. Plötzlich ist der Lastzug mit verringerter Geschwindigkeit wieder vor ihm. Der Arm des Truckers, der aus dem Fenster lehnt, gibt David ein Zeichen, daß die Gegenspur frei ist. Doch als David den Überholvorgang startet, kann er gerade noch einem entgegenkommenden Fahrzeug ausweichen. David erkennt den Ernst der Lage und versteckt sich vor dem Fahrer. Doch bald entdeckt ihn der Unbekannte und jagt ihn gnadenlos. Er sucht Schutz in einem Cafe an einem Rastplatz. Dort legt er sich mit einem Trucker an, den er verdächtigt sein Verfolger zu sein. Die Stimmung in der Gaststätte wendet sich gegen David. Wieder auf der Landstraße will er einem Schulbusfahrer helfen, den Bus wieder fahrtüchtig zu bekommen. Aus heiterem Himmel aber taucht der Tankzug wieder auf und David muß fliehen. Als er von einer Telefonzelle aus die Polizei rufen möchte, kann er sich nur in allerletzter Sekunde in Sicherheit bringen, bevor das Gefährt die Zelle zermalmt. Nach gelungener Flucht, naht der Laster erneut und schiebt diesmal David in seinem Wagen vor sich her. Er will ihn in einen vorbeirasenden Güterzug drängen. Voller Todesangst versucht David endgültig, sich seines Feindes zu entledigen. Er lockt seinen Verfolger an einen Abgrund, springt aus dem Wagen und sieht nur noch wie der ganze Truck in die Schlucht stürzt.

Daß dieser Film uns so erschreckt, liegt daran, weil die beklemmende Lage von David so nahe an der Realität liegt. Wir alle sind Verkehrsteilnehmer und wissen, was für eine bedrohliche Masse von einem Lkw ausgeht. Wir wissen auch, wie leicht man im Verkehr unwahrscheinliche Aggressionen aufbauen kann und kennen einsame unbefahrene Strecken. Mittels solcher simplen und alltäglichen Situationen verwandelt Regisseur Steven Spielberg durch Beimischung eines winzigen Details das Duell zu einem Höllentrip. Der Fahrer des Tankwagens nutzt seine Verkehrshoheit zu einer gnadenlosen Verfolgungsjagd. Daß man ihn dabei nie im Bild sieht, macht »Duell« um so bedrohlicher.

Der Film des damals erst 23jährigen Steven Spielberg wurde über Nacht zum Erfolg. Auch heute wird er als Beispiel dafür zitiert, daß es durchaus möglich ist, mit wenig Aufwand ein Meisterwerk zu schaffen. Mit diesem Film nahm Steven Spielbergs Bilderbuchkarriere ihren Anfang.

USA 1971; Originaltitel: »Duell«; Produktionsfirma: Universal-TV; Regie: Steven Spielberg; Drehbuch: Richard Matheson; Literarische Vorlage: Richard Matheson; Kamera: Jack A. Marta; Musik: Billy Goldenberg, Darsteller: Dennis Weaver, Jacqueline Scott, Eddi Firestone, Lou Frizzell, Gene Dynaski, Lucille Benson, Zim Herbert, Charles Seel, Shirley O'Hara, Dale Van Sickel, Alexander Lockwood, Amy Douglas, Cary Loftin; 90 Min.

E

Easy Rider

Wyatt und sein Freund Billy kassieren für eine Drogenladung jede Menge Kohle. Mit ihren Motorrädern donnern die beiden dann in Richtung New Orleans. Auf ihren Maschinen spüren die langhaarigen, nicht in einen bürgerlichen Rahmen passenden Typen die Freiheit und die unendliche Weite vom Land der unbegrenzten Möglichkeiten. Doch das ist trügerisch. Im Amerika der 60er Jahre ist man Außenseitern gegenüber nicht nur mißtrauisch, sondern auch aggressiv: Der rechtschaffene Amerikaner hat eine Familie zu versorgen und seinen Beitrag zur Gemeinschaft zu leisten. Als Wyatt und Billy dann noch mit ihren heißen Öfen eine Parade stören, landen sie kurzerhand im Knast. Dort begegnen sie dem Säufer und Juristen George Hansen. Wieder in Freiheit geht's mit George, der raus aus dem Kaff möchte, weiter gen Süden.

Auch in Gods Own Country bekommen die drei Schwierigkeiten mit »rechtschaffenen und anständigen« Amerikanern. Erst wird ihnen überall die Übernachtung verweigert, in einer Snackbar werden sie nicht einmal bedient, und schließlich werden sie dann auch noch bedroht. Also bleibt ihnen nichts anderes übrig als in freier Natur zu übernachten. Sie genehmigen sich etwas Marihuana und diskutieren über die Freiheit. Den Grund warum sie von den Spießern abgelehnt werden, sehen sie darin, daß diese zwar von Freiheit träumen, aber nicht den Mut haben sie auszuleben. Deswegen sind die »Kleinbürger« auf Typen wütend und neidisch, die diesen Mut haben. Und tatsächlich prügeln plötzlich die Kleinstädter auf sie ein. Dabei stirbt George. Wyatt und Billy fahren, von dem Vorfall physisch und psychisch angeschlagen, weiter nach New Orleans. Dort angekommen, nehmen sie zusammen mit zwei Huren am Karneval teil, werfen LSD ein und fühlen sich am nächsten Morgen recht mies. Als sie die Stadt verlassen, verfolgt sie ein Truck. Der Beifahrer erschießt erst Billy und dann Wyatt.

In den USA geht man heute noch mit Shorts und Badeanzug in die Sauna. Es gibt dort Bundesstaaten, wo man schief angesehen wird, wenn man eine normale Badehose trägt. Man erwartet dort, daß man zumindest mit einer Short am Strand erscheint. Nackte Brüste sind für Fernsehproduktionen tabu. Nicht so ist es heute mit Männern, die lange Haare haben. Daran hat man sich gewöhnt. Mitte der 60er war das aber noch ganz anders. Wenn man da mit langen Haaren in eine Bar ging, hatte man Glück, wenn man nur als »Fräulein« oder als »Schwuler« bezeichnet wurde. Viel eher konnte es den Jungs passieren, daß sie festgehalten wurden und jemand ihnen dann mit einer Schere die Haare abschnitt. Auch Prügel oder Schlimmeres waren durchaus drin. Der Haß, den manche Durchschnittsamerikaner den Jungs mit der »Beatles-Frisur« entgegenbrachten, kannte keine Grenzen. Und am schrecklichsten für sie war, daß die Langhaarigen auch noch einen riesen Erfolg bei den Frauen hatten. In »Easy Rider« wird genau diese fehlende Toleranz, deren Ursprung Neid und Unzufriedenheit ist, thematisiert. Wir sehen, wie sie durch Gruppenzwang und Aggression bis zu einem mörderischen Ende hochgeschaukelt werden kann.

Aber der Film führt uns auch die Sehnsucht von jungen Leuten vor, die sich vom amerikanischen Traum getäuscht glauben. Sie sind die Erben ihrer materialistischen Eltern, die sich auf den Weg gemacht haben, sich selber und ihre Freiheit zu suchen. Nicht das Geld interes-

Easy Rider – Kultfilm einer ganzen Generation

siert sie, sondern das Bewußtsein und die Erlebnisse. Sie sind ständig auf der Suche nach dem Kick. Dazu verhilft ihnen das Haschisch genauso wie die Freiheit, die Motorräder suggerieren. Zwar interessieren sich weder die Helden noch ihre spießigen Gegner für Politik, doch war »Easy Rider« damals ein Vorwurf an die Machthaber, doch nicht nur von Freiheit zu sprechen, sondern sie auch wirklich in die Köpfe zu tragen.

»Easy Rider« entstand sehr spontan. Es gab kein Drehbuch, ja nicht einmal die Schauspieler standen bei Drehbeginn fest. Man suchte sie einfach unterwegs zusammen. Die Figur George Hanson wurde von Hopper übrigens deswegen entwickelt, damit sich der normale Amerikaner auch in dem Film wiederfindet. George hat ja mit der damaligen »Flower-Power Ära« nichts im Sinn. Er schließt sich den Jungs nur an, weil er nichts Besseres weiß. Aber auch er wird ermordet. Vielleicht, so dachte Hopper, könne der Film so auch den Zugang zum »gewöhnlichen Bürger« erreichen, den zwar die Morde an Billy und Wyatt kalt lassen, den aber der Mord an einen von ihresgleichen, nämlich an George, schockiert.

Die Rechnung ging auf. Der Film spielte über 20 Millionen Dollar ein, über achtzig Mal soviel, wie er gekostet hatte. Der Erfolg war aber auch der Musik zu verdanken, die von berühmten Rockgruppen wie The Band, Steppenwolf oder The Byrds gespielt wurde. Der Film gilt als der Wegbereiter des unabhängigen, amerikanischen Films der 70er Jahre.

Easy Rider (USA 1969) Original-Titel: Easy Rider, R: Dennis Hopper, B: Peter Fonda, Dennis Hopper, Terry Southern, K: Laszlo Kovacs, P: Peter Fonda für Pando-Raybert/Columbia, D: Peter Fonda, Dennis Hopper, Jack Nicholson, Antonio Mendoza, Phil Spector, Luana Anders, F: 94 Min.

Einer flog übers Kuckucksnest

McMurphy hat es geschafft. Ihm ist es gelungen, den Knast zu umgehen und statt dessen den Rest seiner Strafe in einer geschlossenen Anstalt abzusitzen. Dort trifft er auf den stotternden Billy und einen stummen, baumgroßen Indianer, der Häuptling genannt wird. Er spielt mit Harding, Cheswik und Martini Karten. Die Einsätze sind Zigaretten. Und er muß an der Gruppentherapie teilnehmen, die Schwester Ratched leitet. Er behält die Tabletten, die ihm im Rahmen seiner Therapie gegeben werden, im Mund, um sie später unbeobachtet auszuspucken. Ihm ist die Musik zu laut und er betritt das Schwesternzimmer, um sie leiser zu stellen. Als er daraufhin von Schwester Ratched öffentlich gerügt wird, wettet er, daß er die Schwester innerhalb einer Woche kleinkriegt.

In der nächsten Gruppentherapie schlägt McMurphy vor, die Arbeitspläne der Anstalt zu ändern, damit man sich die Baseball-Endspiele ansehen könne. Doch als über seinen Vorschlag abgestimmt wird, bekommt er trotz Einsatz seines ganzen Überzeugungstalents lediglich zwei Stimmen. Zu sehr kuschen die übrigen Insassen vor Schwester Ratched, die den Ablauf nicht ändern möchte. Durch seine Niederlage frustriert und aggressiv, bietet McMurphy seinen Mitinsassen noch eine Wette an. Er werde den Mamorsockel der Amaturenanlage im Waschraum aus seiner Verankerung reißen und dann fliehen. Als es ihm nicht gelingt, sagt er, er habe es wenigstens versucht. Mit dieser Demonstration gelingt es McMurphy schließlich, alle neun Mitinsassen dazu zu bringen, beim nächsten Baseball-Spiel für seinen Vorschlag zu stimmen. Doch Schwester Ratched ändert die Regeln: Auch die anderen Patienten, die nicht an der Gruppentherapie teilnehmen, müßten seinem Vorschlag zustimmen. McMurphy kann das nicht fassen, zumal diese Patienten so extrem behindert sind, daß sie nicht einmal verstehen können, worum es eigentlich geht. Trotzdem ist er fest entschlossen die eine, noch fehlende Stimme einzuholen. Und als er nach mehreren Fehlversuchen den Häuptling endlich zu einer Stimmabgabe bewegen kann, erklärt Ratched die Sitzung als geschlossen. Daraufhin setzt sich McMurphy trotzig vor den ausgeschalteten Fernseher und tut

Einer flog übers Kuckucksnest

so, als würde er das Spiel verfolgen. Nach und nach versammeln sich auch die anderen Insassen, lauschen McMurphy's Kommentaren und bejubeln das imaginäre Baseball-Spiel.

Mit Hilfe des Häuptlings gelingt es McMurphy, über den Anstaltszaun zu klettern und den Anstaltsbus in seine Gewalt zu bekommen. Er fährt mit der ganzen Truppe zum Hafen. Vorher holt er noch seine Freundin Candy ab. Gemeinsam chartern sie eine Yacht, und McMurphy zeigt den Insassen das Hochseefischen. Als er sich zum »Vögeln« mit Candy zurückzieht, schauen ihm die anderen durch ein Kajütenfenster zu. Das unbeaufsichtigte Schiff gerät deshalb außer Kontrolle, aber in letzter Sekunde gelingt es McMurphy, es zu stoppen. Als sie im Hafen einlaufen, werden sie bereits von der Polizei erwartet.

Die Anstaltsleitung will McMurphy wegen des Vorfalls wieder in den Knast zurückschicken, doch Schwester Ratched ist dagegen. Sie findet, daß McMurphy in der Psychiatrie besser aufgehoben ist. In der nächsten Gruppentherapiestunde erfährt McMurphy, daß die meisten Insassen freiwillig hier sind. Das kann er kaum glauben, und er steht auf und versucht sie zu überzeugen, daß die Menschen draußen auch nicht »normaler« sind als sie. Inzwischen ist die Situation total aufgedreht. Cheswick will seine Zigaretten haben, die Schwester Ratched für ihn aufbewahrt. Er wird aggressiv, bekommt einen Anfall und ein anderer Insasse wirft mit einer brennenden Zigarette nach ihm. Die verfängt sich in seiner Hose und er schreit und läuft vor lauter Schmerz umher. McMurphy, der von der brennenden Zigarette nichts weiß, meint, daß Cheswick wegen der Aufbewahrung seiner Zigaretten so ausflippt. Er schlägt die Scheibe des Schwesternzimmer ein, um die Zigaretten zu holen und damit die Eskalation zu beenden. Als sich die Pfleger einmischen, eilt ihm der Häuptling zu Hilfe. Schließlich werden aber beide vom Anstaltspersonal überwältigt.

Cheswick, der Häuptling und McMurphy sollen wegen des Vorfalls einer Elektroschocktherapie unterzogen werden. Als Cheswick abgeführt wird, schreit er vor Angst. Während McMurphy und der Häuptling noch auf ihre »Behandlung« warten, gibt sich ihm der Häuptling zu erkennen. Er kann sprechen. Seine Stummheit täuscht er nur vor, damit er in Ruhe gelassen wird. McMurphy überredet den Häuptling, mit ihm auszubrechen und nach Kanada zu fliehen.

In der Nacht, in der die Flucht geplant ist, schmuggelt McMurphy seine Freundin Candy und eine weitere Frau, mit der er den Nachtwächter besticht, in die Anstalt. Er will sich mit einer ordentlichen Party von seinen Freunden verabschieden. Da die beiden Frauen auch jede Menge Whiskey mitgebracht haben, entartet die Party. Die Betrunkenen verwüsten im Laufe der Nacht die Station dermaßen, daß sie nicht wieder zu erkennen ist. Der stotternde Billy, der noch nie eine Frau hatte, will Candy heiraten. McMurphy zeigt Verständnis für das Dilemma, in dem sich der verklemmte Billy befindet. Er überredet Candy dazu, mit Billy zu schlafen.

Am nächsten Morgen steht das Anstaltspersonal vor einer regelrechter Verwüstung. McMurphy und der Häuptling haben die Flucht verpennt. Schwester Ratched entdeckt Billy im Bett mit Candy. Sie droht ihm, seiner Mutter alles zu erzählen. Daraufbekommt Billy einen Anfall. McMurphy schleicht sich währenddessen ans Fenster, um doch noch zu fliehen, als plötzlich ein Schrei durch die Anstalt hallt. Billy hat Selbstmord begangen. McMurphy hält inne und geht zurück. Zu sehr ist er inzwischen mit dem Schicksal seiner Freunde verwurzelt, um jetzt einfach gehen zu können. Als Ratched den Vorfall herunterzuspielen versucht, rastet McMurphy aus. Er packt sie am Hals und drückt zu. In letzter Sekunde können die Pfleger verhindern, daß er sie erwürgt.

Am nächsten Abend läuft das Leben in der Anstalt scheinbar wieder normal. Gerüchte kursieren, daß McMurphy schließlich doch noch ausgebrochen sei. In der Nacht dann, beobachtet der Häuptling wie dieser in sein Bett gelegt wird. Er will ihn auf die Flucht ansprechen. Doch dann bemerkt er, daß McMurphy am Gehirn operiert wurde und nur noch ein willenloses Häufchen Elend ist. Er erstickt ihn mit einem Kissen. Dann reißt er den Mamorsockel des Waschraums aus seiner Verankerung – was McMurphy nicht gelungen ist –, wirft ihn durch die Anstaltswand und flieht.

»Ein Film, bei dem man nicht weiß, ob man lachen oder weinen soll«. So hat der Verleih für »Einer flog übers Kuckucksnest« geworben. Tatsächlich ist der Film eine der gelungensten Tragikomödien aller Zeiten. Hier wird mit den orientierungslosen Gefühlen des Publikums gespielt. Gelungene Komik bleibt im nächsten Moment im Halse stecken. Entspannung und Amüsement wandelt sich urplötzlich in Anspannung und Schock. Kritiker werfen dem Film vor, daß er sich nicht ernsthaft mit den Zuständen in Nervenheilanstalten beschäftigt, und das er seinen Witz auf Kosten von Psychiatriepatienten macht. Meiner Ansicht nach haben diese Menschen den Film nicht verstanden, denn weder die Zustände in einer Psychiatrie, noch psychisch kranke Menschen sind Thema des Films. Vielmehr geht es darum, abstrakt die Schwierigkeiten eines mutigen, aufrichtigen und engagierten Individuums zu zeigen, daß sich gegen ein menschenunwürdiges System auflehnt (→ »Der Club der toten Dichter«). Der Film kommt zu dem frustrierenden Schluß, daß dieser Held scheitern muß, weil ein System letztendlich in seiner Geschlossenheit den Bezug zu Recht und Unrecht verloren hat und sich deshalb niemals in Frage stellen wird. Stattdessen wird es sich – wie jeder Organismus – mit aller Gewalt gegen seine Feinde zu wehren wissen.

Regisseur Milos Forman kommt ursprünglich aus der Tschechoslowakei, bevor er nach Amerika auswanderte. Er hatte Schwierigkeiten mit der damaligen kommunistischen Regierung. Daher war es ein Glücksgriff für Produzent Michael Douglas, ihn den Film machen zu lassen. Denn Forman gelang es – nicht zuletzt aufgrund eigener Erfahrungen – die Ohnmacht und die Trotzhaltung seines Protagonisten McMurphy gegenüber dem System glaubhaft und in seiner gesamten Tragik herauszuarbeiten. Jack Nicholson galt nach dem Film, der unzählige Auszeichnungen (darunter mehrere Oscars und Golden Globes) erhielt, als einer der besten Schauspieler überhaupt. Ken Keseys gleichnamiger Roman wurde zum Weltbestseller.

Einer flog über das Kuckucksnest (USA 1975) Original-Titel: One Flew over the Cuckoo's Nest, R: Milos Forman, B: Lawrence Hauben, Bo Goldman, nach dem Roman von Ken Kesey und dem Bühnenstück von Dale Wasserman, K: Haskell Wexler, M: Jack Nitzsche, P: Saul Zaentz, Michael Douglas für Fantasy Films/United Artists, D: Jack Nicholson, Louise Fletcher, William Redfield, Michael Berryman, Brad Dourif, Peter Brocco, Danny De Vito, Will Sampson, Christopher Lloyd, F: 134 Min.

Eins, zwei, drei

1961 in West-Berlin. Die Mauer trennt die Stadt, und der kalte Krieg ist voll im Gange. McNamara ist Leiter des örtlichen Coca-Cola Werks. Er soll sich um die hübsche und eigensinnige Tochter seines Chefs, dem Leiter der amerikanischen Zentrale, während ihres Berlinaufenthalts kümmern. Doch diese verliebt sich ausgerechnet in Otto, einen hitzigen Kommunisten aus Ost-Berlin, und heiratet ihn kurzerhand. McNamara, der deswegen um seine Karriere bangt, zieht alle Register, aus dem widerspenstigen Proletarier einen Vorzeigekapitalisten zu machen. Als schließlich Scarletts Eltern nach Berlin kommen, hat Otto bereits Gefallen an seiner neuen Identität gefunden, und spielt das Spiel mit. McNamara kommt noch einmal mit einem blauen Auge davon.

Liselotte Pulver ist in dem Film so sexy wie noch nie. Besonders als sie die drei Russen mit einem »Table-Dance« ablenkt. Aber auch die anderen deutschen Schauspieler wie Horst Buchholz, Ralf Wolter oder Hanns Lothar beweisen in dem Film internationales Format und die Fähigkeit durchaus den komödiantischen Anforderungen eines Billy Wilders (→ »Manche mögen's heiß«) mehr als zu genügen. Der Film

Eins, zwei, drei – Coca Cola oder Kommunismus?

ist unter heutigen Kriterien einer der besten »Wilder-Komödien«. Sein Timing ist auch in temporeichen Szenen grandios, die Gags sind superwitzig und die Geschichte spannend, interessant und rührend.

Dennoch war der Film 1961, besonders in Deutschland, ein Flop bei Publikum und Kritik. Der Hintergrund war die zunehmende Verschärfung des Ost/West-Konflikts durch die Kubakrise und dem Mauerbau. Niemand konnte sich für einen Film erwärmen (und schon gar nicht in Deutschland) der die politische Auseinandersetzungen als Basis für eine Komödie ausschlachtete, zumal eine Eskalation drohte, die womöglich zu einem neuen Weltkrieg hätte führen können. Außerdem fanden die Deutschen die überspitzten Anspielungen auf die Nazizeit geschmacklos. McNamaras Sekretär beispielsweise kann noch immer nicht die militärische Disziplin des Dritten Reichs abstellen. Trotz mehrmaligem Verbot von McNamara setzt dieser immer noch zum Hitlergruß an. Dadurch entstünde ein Bild, so der Konsens der damaligen Kritiken, als wären die Deutschen im Grunde Marionetten, die sich immer noch nicht von dem Drill und der Obrigkeitshörigkeit der Nazizeit gelöst haben. Über zwanzig Jahre mußte es dauern, bis eine neue Generation die Komödie zu schätzen lernte.

Nicht nur, daß über »Eins, zwei, drei« heute unbefangen gelacht werden kann... Der Film ist auch ein interessantes und zynisches Zeitdokument des damaligen Deutschlands und seines »großen Förderers« Amerika. Da die in Ostdeutschland spielenden Szenen aufgrund der Ablehnung der DDR-Behörden nicht an Originalschauplätzen gedreht werden durften, wurde das Brandenburger Tor für die damals gigantische Summe von 350.000 DM in den Münchner Bavaria-Studios nachgebaut.

Eins, Zwei, Drei (USA 1961) Original-Titel: One, Two, Three, R: Billy Wilder, B: Billy Wilder, I.A.L. Diamond, nach dem Bühnenstück Egy, kettò, hàrom von Ferenc Molnàr, K: Daniel L. Fapp, M: Andrè Previn, P: Billy Wilder für The Mirisch Company/Pyramid Prod., D: James Cagney, Horst Buchholz, Liselotte Pulver, Pamela Tiffin, Arlene Francis, Hanns Lothar, Karl Lieffen, Howard St. John, Ralf Wolter, Hubert von Meyerinck, Rose Renè Roth, s/w 108 Min.

Emanuelle

Emanuelle folgt ihrem Mann, einem französischen Diplomaten, nach Thailand. Dort will er sie in die Geheimnisse der Liebeskunst einführen. Schnell findet Emanuelle Gefallen daran. Lustvoll wandert sie durch die Betten verschiedenster Liebhaber und Liebhaberinnen. Die exotische Kulisse Thailands dient dazu, ihre sexuellen Abenteuer noch lustvoller zu gestalten.

Der 1973 gedrehte Streifen fand eine regelrechte Fangemeinde. Neu für einen Softporno war der betriebene Aufwand und die Ansiedlung der Geschichte im exotischen Thailand. Auch gaben sich der Regisseur Pierre Bachelet und seine Darsteller viel Mühe, die Erotik und den Sex überzeugender als in den sonstigen Sexfilmen darzustellen, was aber nur teilweise gelang. Mit »Emmanuelle« wurde der Bestsellerroman von Emmanuelle Arsan »Emmanuelle oder die Schule der Lust« filmisch umgesetzt. Als sich auch der Film zum absoluten Erfolg entwickelte, wurden mehrere Fortsetzungen nachgeschoben. Selbst als die Hauptdarstellerin Sylvia Kristel wegen ihres Alters nicht mehr überzeugen konnte, wurde die Serie nicht eingestellt. Man ersetzte sie einfach durch »Frischfleisch«.

Frankreich 1974; Originaltitel: »Emmanuelle«; Produktionsfirma: Trinacra Films/ Orphèe Prod.; Regie: Just Jaeckin; Drehbuch: Jean-Louis Richard; Kamera: Richard Suzuki, M: Pierre Bachelet; Darsteller: Sylvia Kristel, Alain Cuny, Marika Green, Daniel Sarky, Christine Boisson, 93 Min.

Erbarmungslos

Donner. Morgendämmerung über Big Wiskey. Regen. Letzte Gitarrentöne aus dem Saloon. Ein junger Cowboy rammelt in eine Prostituierte hinein. Plötzlich Krach aus dem Nebenzimmer. Sein Freund dreht durch und zerschneidet seiner Gespielin das Gesicht. Sie hat sich über seinen kleinen Penis lustig gemacht. Sheriff Bill Daggett setzt als Strafe für den Täter fünf, für seinen jungen Freund zwei Pferde fest. Die Prostituierten protestieren, eine Verstümmelung an einem Menschen kann man mit Pferden nicht wiedergutmachen. Sie legen ihr Geld zusammen und setzen einen Preis auf den Tod der beiden Cowboys aus. »Sie war eine hübsche junge Frau mit guten Zukunftsaussichten. Daher brach es ihrer Mutter das Herz, daß sie William Munny heiraten wollte, bekannt als Dieb und Mörder, ein berüchtigter Mann mit einem Hang zur unbeherrschten Trunksucht. Als sie starb, war es nicht durch seine Hand, wie ihre Mutter wohl erwartet hatte, sondern an Pocken. Das war 1878.«

... seitdem hängt der ehemalige Killer Will Munny mit seinen Kindern auf der Schweinefarm herum und altert vor sich hin. Im Schweinestall rutscht er aus, und auch so richtig aufs Pferd kommt er kaum noch. Der junge und hitzige Schofield Kid kommt vorbei und überredet Munny, noch einmal einen Auftrag anzunehmen. Huren aus Big Wiskey haben tausend Dollar auf den Kopf von zwei Cowboys ausgesetzt, die eine von ihnen bestialisch verstümmelt haben. Munny läßt seine Kinder zurück, um die alte Zeit zu huldigen. Zusammen mit Ned

Logan, ein alter Partner von Munny, machen sich die drei auf nach Big Wiskey.

Inzwischen ist English Bob, auch ein Kopfgeldjäger, der auf die 1000 Dollar scharf ist, in Big Wiskey angekommen. Als dieser sich weigert, seine Waffen abzulegen, wird er auf brutale Weise von Sheriff Bill Daggett zusammengeschlagen und dann aus der Stadt gejagt.

Als die drei in Big Wiskey ankommen, wird auch Munny erstmal vom Sheriff entwaffnet und zusammengeschlagen. Delilah, die Hure deren Gesicht zerschnitten wurde, pflegt Munny wieder gesund. Als sie ihm ihre Dienste anbietet, lehnt Munny wegen seiner Frau ab. Um sie nicht zu verletzen und auch vielleicht um sich für wenige Augenblicke selber zu betrügen, gaukelt er Delilah vor, daß seine Frau noch lebt und zu Hause auf ihn wartet.

Am nächsten Tag machen die drei Kopfgeldjäger Jagd auf die Cowboys. Als sie den ersten Cowboy stellen, trifft ihn der kurzsichtige Shofield nicht, Ned überkommt sein Gewissen, und als Munny schließlich auf das Opfer schießt, müssen die drei zusehen, wie der Junge unter großen Schmerzen an einem Bauchschuß krepiert. Ned merkt, daß er fürs Töten zu alt ist und er lieber bei seiner Frau wäre, und verabschiedet sich. Doch er gerät in die Finger von Sheriff Bill Daggett, der ihn zu Tode peitscht. Inzwischen tötet Schofield unter der Deckung von Munny den zweiten Cowboy. Hinterher ist er kreideweiß und schwört, nie wieder jemanden zu töten. Er gesteht Munny, daß dies sein erster Mord war.

Als sie das Geld überreicht bekommen, sagt man ihnen, daß Sheriff Bill Daggett ihren Kumpanen Ned getötet hat. Daraufhin reitet Munny in die Stadt zurück und tötet den Zuhälter der Mädchen, der Neds Leiche vor dem Saloon ausgestellt hat, danach den Sheriff und mehrere Bürger der Stadt, bis sich die übrigen vor Angst verkriechen. Der Mythos um Munny muß also wahr sein. Man hätte ihm beinahe nicht geglaubt, dem Mann, der Schwierigkeiten hat, ein Pferd zu besteigen.

Munny geht an seinem toten Freund vorbei. Es regnet, es donnert – wie zu Beginn des Films. Munny steigt auf sein Pferd und ruft diabolisch in die Nacht hinein: »Gebt Ned ein anständiges Begräbnis und behandelt eure Huren mit Respekt und hütet euch davor, ihnen noch mal ein Leid anzutun; oder ich komme wieder und bringe jeden von euch einzeln um, ihr Hunde!« Regen tropft von seinem Hut herab, er dreht das Pferd und reitet davon. Die Huren, allen voran die entstellte Delilah, blicken dem Helden nach.

Einige Jahre später machte sich Ansonia Feathers auf die weite Reise nach Hudgeman Country, um das Grab ihrer einzigen Tochter zu besuchen. William Munny war schon längst mit den Kindern verschwunden... man sagte nach San Francisco, wo er angeblich mit Textilien gute Geschäfte machte. Und auch die Grabinschrift Verriet Ansonia Feathers nicht, warum ihre einzige Tochter einen Dieb und Mörder, einen berüchtigten Mann mit einem Hang zur unbeherrschten Trunksucht geheiratet hatte.

Große Western wie »Spiel mir das Lied vom Tod« oder »Zwölf Uhr mittags« gewinnen ihren Zauber und ihre Einmaligkeit größtenteils durch den geschickten Einsatz oder eine intelligente Variation der Genremythen. Dann gibt es Western, die wie »Heaven's Gate – Das Tor zum Himmel« versuchten, hinter die Mythen zu blicken, die sich eher als Chronik einer Pionierzeit verstanden, die rauh, käuflich und tugendlos war. Und es gibt »Erbarmungslos«.

»Erbarmungslos« ist wohl das bislang letzte und ultimative Wort zum Wilden Westen. Es gibt nicht annähernd einen Western, der die gängigen Mythen einerseits dermaßen hinterfragt, sich aber andererseits, um seine Geschichte überhaupt erzählen zu können, so zwingend aus ihnen bedienen muß: »Das Treiben im Saloon« besteht hier darin, daß ein frustrierter Cowboy einer Hure das Gesicht zerschlitzt. »Der unschlagbare Revolverheld« ist alt und verbraucht, kommt nicht aufs Pferd und weiß, wie fürchterlich es ist, einen Menschen zu töten. »Der tapfere und rechtschaffene Sheriff« ist ein herrschsüchtiger Sadist mit zweifelhaften Ansichten. Doch die Figuren in »Erbarmungslos« glauben an den Mythos und ignorieren ihre trostlose Situation.

Obwohl der Film sowohl Mord, als auch Brutalität als das darstellt, was es ist: nämlich grausam, niederträchtig und herzlos, besitzt der Film viele sensible und tiefe Momente. Man denke nur daran, wie Munny von seiner toten Frau spricht, wie er vor der entstellten Hure so tut, als würde sie noch leben. Für wenige Minuten täuscht er sich mit dieser Lüge selbst. Er beginnt von seiner Frau zu schwärmen. Eine ganz wichtige Szene in diesem Zusammenhang ist auch diejenige, als die beiden Cowboys nach Big Wiskey zurückkommen, um ihre Schuld zu begleichen. Sie bringen dem Zuhälter die Pferde, die als Strafe für die Verstümmelung ausgesetzt waren. Die Huren bespucken ihre Peiniger. Doch eigentlich hat ja der jüngere Cowboy mit der Geschichte nichts zu tun, im Gegenteil: er versuchte seinen Freund zu beruhigen. Doch damals galt die Devise: »Mitgehangen, Mitgefangen« und damit war auch er in den Augen der Huren schuldig. Und ausgerechnet dieser Cowboy gibt nun zusätzlich sein bestes Pferd an die Person, die ja die wahre Leidtragende des Vorfalls ist, der verstümmelten Hure. Durch diese Geste spüren alle Beteiligten für wenige Sekunden, daß auch der junge Cowboy ein Leidtragender ist, weil er für etwas als schuldig erachtet wird, wofür er nichts kann. Sie fühlen hinter seiner Geste die Zivilcourage und sein Mitleid für die Hure. Aber es gibt kein Zurück mehr, zu groß ist der Haß, um die Dinge so sehen zu können, wie sie sind. Also fangen die Huren an, ihn zu beschimpfen und legen seine Geschenk als puren Zynismus aus.

In »Erbarmungslos« sind die Helden erfahren und kennen das Leben. Nur deswegen konnten sie überleben, nicht wegen ihrer Schießkunst. Der Film greift auch die Tatsache auf, daß die Mechanik der damaligen Schußwaffen noch nicht richtig entwickelt war. Häufig entschieden Rohrkrepierer und Ladehemmungen über Leben und Tod. Die Gewinner waren also keine sportlichen Heißspunde, sondern erfahrene und nervenstarke Taktiker mit einer großen Portion Glück.

Clint Eastwood besaß die Rechte an dem Drehbuch schon über zehn Jahre, wagte sich aber nicht an den Stoff, weil er sich noch nicht für so reif hielt, ihn seinen Vorstellungen adäquat zu inszenieren. Erst als beinahe Siebzigjähriger machte er sich an das Buch. Die Kritik dankte es ihm nicht zuletzt mit dem Oscar für den besten Film und die beste Regie. Für Eastwood war dies ein großer Erfolg. Denn sein »Dirty Harry Image« verfolgte ihn noch immer. Trotz Inszenierungen wie »Weißer Jäger, Schwarzes Herz« sahen viele in Eastwood immer noch den rauhbeinigen Macho, der nicht lange zaudert. Mit »Erbarmungslos« hat er wohl endgültig bewiesen, daß er mehr kann.

Erbarmungslos (USA 1992), Original-Titel: Unforgiven, R: Clint Eastwood, B: David Webb Peoples, K: Jack N. Green, M: Lennie Niehaus, P: Clint Eastwood, D: Clint Eastwood, Morgan Freeman, Gene Hackman, Richard Harris, Jaimz Woolvett, Saul Rubinek, Frances Fisher, Anna Thomson, David Mucci, F: 127 Min.

Es geschah am hellichten Tag

Ein kleines Mädchen wurde ermordet. Verdächtigt wird ein Hausierer, der die Leiche gefunden hat. Doch Kommissar Matthäi mag daran nicht glauben. Für ihn ist der Mörder ein Serientäter. Dennoch gesteht der Hausierer, bevor er sich in seiner Zelle erhängt. Der Fall scheint aufgeklärt. Doch Matthäi zweifelt immer noch. Er verzichtet sogar auf seine Versetzung, um weiter an dem Fall dran bleiben zu können. Er mietet eine Tankstelle an einer befahrenen Straße nahe des Tatorts. Aus einer Zeichnung des toten Mädchens kann er sich ein Bild vom Mörder machen: er ist groß und schwarz gekleidet. Er trägt einen Zylinder. Daß eine junge Frau mit ihrer kleinen Tochter Annemarie bei ihm einzieht, kommt ihm gerade gelegen. Er benutzt das Mädchen als Köder, um den Mörder zur Strecke zu bringen. Der Triebtäter wird dann auch bald auf Annemarie aufmerksam. Er lockt sie mit einer Kasperlepuppe und Pralinen. Doch bevor es zur Eskalation kommt, kann die Polizei eingreifen. Dabei wird der Mörder erschossen.

Wer nach diesem Film dem drolligen Gert Fröbe keinen Kindermord zutraut, der ist ziemlich abgebrüht. Gert Fröbe spielt den Mörder mit einer solch diabolischen Aura, daß man hinter ihm die ganze Psychologie der Figur erahnen kann. Ein ungeliebter Mensch, der aus mangelndem Kontakt zu anderen Menschen schwach und zurückgeblieben ist, vergreift sich an denen, die sich nicht wehren können: An Kindern. Er gibt sich als Zauberer aus und schleicht sich an seine kleinen Opfer mitten im Wald heran.

»Es geschah am hellichten Tag« ist einer der seltenen deutschen Filme, die sich vor internationalen Produktionen nicht verstecken müssen. Er ist äußerst spannend, gut strukturiert und psychologisch ausgetüftelt. Rühmann und Fröbe geben dieser Geschichte dann auch noch den schauspielerischen Schliff, obwohl Rühmann in diesem ernsten Film nicht sein eigentliches Genre, die Komödie, bedient. Die Verfilmung des Romans »Das Versprechen« von Friedrich Dürrenmatt machte dann auch Fröbe international als Bösewicht salonfähig. Es dauerte nicht lange, bis ihm die Titelrolle in dem James Bond Film »Goldfinger« angeboten wurde, in der er sein Repertoire als Bösewicht nochmals erweitern konnte. Erwähnenswert an dieser Stelle ist noch der Umgang des Teams mit der Darstellerin der kleinen Annemarie, Anita von Ow. Im Gegensatz zu heute, wo bei Produktionen mit Kindern häufig allerhand Grenzen überschritten werden, hielt man gegenüber der Achtjährigen die Handlung des Films zurück. Man ließ sie in dem Glauben, sie spiele in einem Kinderfilm. Sowohl Rühmann als auch Fröbe sind der Kleinen während der Produktion sehr ans Herz gewachsen.

Es geschah am hellichten Tag (Schweiz/BRD 1958) Original-Titel: Es geschah am hellichten Tag, R: Ladislao Vajda, B: Friedrich Dürrenmatt, Hans Jacoby, Ladislao Vajda, nach dem Roman Das Versprechen von Dürrenmatt, K: Heinrich Gaertner, M: Bruno Canford, P: Lazarus Wechsler für Praesens Film, Artur Brauner für CCC-Film Berlin, D: Heinz Rühmann, Gerd Fröbe, Michl Simon, Ewald Balser, Berta Drews, Siegfried Lowitz, Maria Rosa Salgado, Anita von Ow, s/w 100 Min.

Es war einmal in Amerika

Wir kommen in die Zeit der Prohibition, die auch eine Zeit des Verbrechens ist, in den zwanziger Jahren in Amerika. Das illegale Geschäft mit dem Alkohol bringt das schnelle Geld. Noodles und Max sind halbwüchsige Jungen in New Yorks Lower East Side. Sie wollen das Viertel erobern und dann die ganze Stadt. Die beiden Freunde entscheiden sich für verschiedene Wege, so, wie sie ihre Charaktere ihnen weisen. Noodles folgt stärker seinen Gefühlen, in denen es für Deborah einen besonderen Platz gibt, für Max zählt immer das Geschäft. Als das jüngste Bandenmitglied den Tod findet, rächt Noodles seinen Freund und erschießt den Mörder. Als er nach zehn Jahren das Zuchthaus verläßt, geben ihm seine einstigen Freunde eine Party. Sie habe es in der Halbwelt zu etwas gebracht. Noch immer sind sie verschworene Freunde und streng organisiertes Syndikat in einem. Ihre Hilfsbereitschaft ist selbstlos, ihre Skrupellosigkeit gegenüber Gegner jedoch ohne Grenzen und Emotionen. Max unterwirft sich den Regeln, die ihm diktiert werden, während Noodles anarchisch und unberechenbar, nur den Freunden verpflichtet, auftritt. Die Katastrophe muß kommen. Als im Ergebnis einer wahnwitzigen, von Verrat geprägten Aktion, drei Freunde, darunter der zwielichtige Max, das Leben lassen, glaubt sich Noodles schuldig. Er geht für zwanzig Jahre auf die Flucht, um als Greis an seinen Ausgangspunkt zurückzukehren.

Fünfzehn Jahre nach »Spiel mir das Lied vom Tod« und dreizehn Jahre nach »Todesmelodie«, seinem letzten Film, entwirft der Italiener Sergio Leone ein aktualisiertes Amerika-Epos von ausufernder Pracht, klassischem Format und mythischer Wucht. Doch zugleich ist seine Chronik ein melancholischer Abgesang auf die Ideale des »American dream«, der an moderner Macht- und Profitgier zerbrechen muß. Leone sagte über sein Amerika-Bild: »Ich glaube, daß Amerika in der Vorstellung eines jeden Kindes existiert, das Comics gekauft oder Cooper und Alcott gelesen hat. Die amerikanischen Filme tun ein übriges. Ich selbst habe in Italien nach dem Krieg an die dreihundert amerikanische Filem im Jahr gesehen, und das zwei, drei Jahre lang. Im Kontext der Geschichte handelt mein Film in erster Linie von Freundschaft und Verrat. Noodles und Max sind – verinfacht gesehen – Verkörperungen von Gut und Böse, doch sie sind Freunde, zwischen denen der Verrat lebt. Der gesellschaftliche Rahmen der handlung ist das Dkor, von Interesse sind die Subjakte, die darin agieren.«

Die erste, unbefriedigende Drehbuchfassung schrieb Norman Mailer. Doch Benvenuti und Kaminsky schufen dann ein filmreifes Opus. Neben der dreistündigen Originalfassung gelangte eine stark gekürzte und vom Regisseur nicht autorisierte Rumpfversion in die Kinos, in der die epische Struktur des Films durch Schnitte zerstört ist. Doch die Substanz des Films, seine Atmosphäre und sein Geist konnten nicht verändert werden, so daß der Film noch immer neue Zuschauer gewinnt.

USA/Italien, 1982 / 84, Originaltitel: C' era una volta in America/Once Upon a Time in Amercia, Produktionsfirma: Ladd Company, Regie: Sergio Leone, Buch: Sergio

Leone, Leonardo Benvenuti, Piero de Bernardi, Enrico Medioli, Franco Arcalli, Franco Ferrini, nach dem Roman »The Hoods« von Harry Grey, Kamera: Tonino Delli Colli, Musik: Ennio Morricone, Darsteller: Robert De Niro (Noodles), James Woods (Max), Elizabeth McGovern (Deborah), Larry Rapp (Fat Moe), Tuesday Weld (Carol), Treat Williams (Jimmy O'Donnell), Burt Young (Joe), Danny Aiello (Polizeichef), William Forsythe (Cockeye)

E.T.

Ein Raumschiff landet. Ein kleines Geschöpf mit schrumpeliger Haut, ulkig geformten Körper und großen, warmen Augen steigt aus und läuft hilflos und ängstlich durch die Nacht. Plötzlich hört man Hundegebell. Männer mit Trucks, Taschenlampen und lärmenden Schlüsselbünden durchstreifen das Waldstück. Die Besatzung des Raumschiffs fürchtet sich vor der Entdeckung durch den lauten Suchtrupp und ergreift die Flucht. Das kleine Geschöpf bleibt allein zurück. Zur gleichen Zeit fühlt sich Elliot Taylor als Außenseiter, weil ihn sein älterer Bruder Mike und dessen Freunde nicht mitspielen lassen. Eliot ist traurig und wütend und hört im Schuppen seltsame Geräusche. Nachts steht er auf, um herauszufinden, was das für Laute waren. Und plötzlich steht er diesem ungewöhnlichen, kleinen Troll gegenüber. Beide haben Angst voreinander und flüchten in die jeweils entgegengesetzte Richtung.

Am nächsten Tag aber ist Eliot neugierig und er lockt das Geschöpf mit Süßigkeiten an. Er versteckt es im Kinderzimmer. Am nächsten Tag schwänzt er die Schule und verbringt die Zeit mit dem Wesen. Er benennt es nach seinen eigenen Initialen: E.T. . Beide sind neugierig aufeinander, und als sich Eliot über Zeichensprache verständigen will, macht E.T. die Gesten des Jungen nach. Als Mike das Wesen kennenlernt, traut er seinen Augen nicht. Eliot bittet ihn, niemanden davon zu erzählen. Doch ihre kleine Schwester Gertie überrascht die beiden mit dem drolligen Außerirdischen. Vor Schreck brüllt sie wie am Spieß. Dies erschreckt E.T. dermaßen, daß auch er ängstliche Laute von sich gibt. Jetzt spürt Gertie, daß der Troll eigentlich wirklich süß ist und daß keine Gefahr von ihm ausgeht. Die drei Kinder zeigen dem Außerirdischen ein Sternbild. Daraufhin läßt der mehrere Bälle im Zimmer schweben und zeigt ihnen damit, daß er von einer fernen Galaxis stammt. Am nächsten Tag ist E.T. allein im Haus und stellt es auf den Kopf. Er schaltet den Fernsehapparat an, und als er einen Werbespot über Telekommunikation sieht, versucht er per Telefon seine Galaxis zu erreichen. Als E.T. dann Dosenbier trinkt, torkelt er betrunken umher. Eliot, der währenddessen im Biologieunterricht ist, gerät ebenfalls in einen angetrunkenen Zustand und läßt die Frösche frei, die die

Schüler sezieren sollten. Es scheint eine telepathische Verbindung zwischen dem Jungen und dem fremdartigen Wesen zu geben.

Inzwischen hat E.T. sprechen gelernt. Er will nach Hause telefonieren. Mit Hilfe von Gegenständen aus dem Hausrat der Familie baut sich E.T. schließlich einen »Kommunikator«. Überhaupt besitzt der kleine Troll unglaubliche Fähigkeiten. Durch bloßes Fingerauflegen heilt er eine Schnittverletzung von Eliot. In der Halloween-Nacht verkleiden die Geschwister E.T, so daß er nicht auffällt. Sie gehen mit ihm zu der Lichtung, wo das Raumschiff gelandet ist. Dort will der Außerirdische »nach Hause telefonieren«. Inzwischen sind die Männer mit den Taschenlampen ihm dicht auf den Fersen. Nur dadurch, daß E.T. Eliots Fahrrad zum Fliegen bringt, bleiben die beiden in letzter Sekunde unentdeckt. Am nächsten Morgen dann sind sowohl Eliot als auch E.T. krank. Aufgrund ihrer parapsychologischen Verbindung scheinen sie an der selben Krankheit zu leiden. Deswegen weihen sie die Mutter ein, doch die will ihre Kinder vor dem »Monster« in Sicherheit bringen. Bevor sie aber überhaupt reagieren kann, trifft der Suchtrupp ein. Er verwandelt das ganze Haus in eine Art »Forschungsstätte«, und als Wissenschaftler den kleinen Troll untersucht haben, können sie die magische Verbindung zu seinem irdischen Freund bestätigen.

Eliot fühlt E.T.'s Ängste vor dem Forschungsteam. Er versucht vergeblich, es davon zu überzeugen, den Außerirdischen in Ruhe zu lassen. Als E.T. merkt, daß er vielleicht sterben muß, unterbricht er die Verbindung zu Eliot, der daraufhin wieder gesund wird. Kurz danach diagnostizieren die Wissenschaftler den Tod des Außerirdischen. Sie frieren ihn ein, um ihn später sezieren zu können. Ein letztes Mal will Eliot seinen toten Freund sehen, und als er die Kühltruhe öffnet, findet er E.T. quicklebendig vor. Offenbar war die Kälte genau die richtige Therapie. Zusammen mit Mike und dessen Freunden befreit er den außerirdischen Troll. Eine wilde Verfolgungsjagd beginnt. Doch E.T. bringt die Fahrräder der Jungs zum Fliegen. Gemeinsam landen sie an der Lichtung. Auch das Raumschiff, daß E.T. mit dem »Kommunikator« gerufen hat, trifft ein. E.T. verabschiedet sich von Eliot und beide sind traurig. Im Geiste wird E.T. aber immer bei Eliot bleiben, verspricht er ihm. Dann besteigt er das Raumschiff und fliegt »nach Hause«. Der Suchtrupp, Gertie und die Mutter treffen gerade noch rechtzeitig ein, um das Raumschiff am Himmel verschwinden zu sehen.

Dieses wunderschöne moderne Märchen für Kinder und Erwachsene beweist, daß es auch heute noch Filme gibt, die nahezu ohne Gewalt auskommen. Sicher, es gibt die Verfolgungsjagd, die bösen Männer mit den Schlüsselbünden und zahlreiche grandiose Spezialeffects. Doch diese Dinge sind höchstens Beiwerk, daß der Spannung und den bewegenden Momenten des Kinderfilms keinen Abbruch tut. Seinen Erfolg hat »E.T.« der Kraft und der Intensität, mit der die Geschichte einer rührenden und ungewöhnlichen Freundschaft erzählt wird, zu verdanken. Dadurch und nur dadurch hat »E.T.« nicht nur die Kinderherzen auf der ganzen Welt erobert. Die Geschichte eines gewöhnlichen Jungens namens Eliot Taylor, der in die ungewöhnliche Situation gerät, Freundschaft mit einem liebevollen Außerirdischen zu schließen, eroberte weltweit die Kinos im Sturm und zählt zu den erfolgreichsten Filmen überhaupt. Drei verschiedene Ausführungen der Figur E.T.s trugen zu der gelungenen und glaubhaften Darstellung des symphatischen Aliens bei. Darunter waren zwei unterschiedlich gestaltete Roboter, wobei einer von beiden speziell für die Nahaufnahmen kreiert worden ist. Wirkliches Leben wurde dem einen Meter kleinen »Schrumpelwesen« aber erst durch ein teures Kostüm eingehaucht, das ein Liliputaner trug. Bei der Oscarverleihung ging Spielberg aber wieder einmal leer aus. Erst nach einem – vor allem auch thematischen – Reifungsprozeß, erhielt er für Meisterwerke wie »Schindlers Liste« und »Der Soldat James Ryan« die begehrte Trophäe.

USA 1982, Originaltitel: E.T. – The Extraterrestrial, Produktionsfirma: Universal, Regie: Steven Spielberg, Buch: Melissa Mathison, Kamera: Allen Daviau, Dennis Muren (special visual effects), Musik: John Williams, Schnitt: Carol Littleton, Darsteller: Henry Thomas (Elliott), Robert MacNaughton (Michael), Drew Barrymore (Gertie), Dee Wallace (Mary), Tom Howell (Tyler), Peter Coyote (Keys)

E.T. – selbst Erwachsene heulten Rotz und Wasser

F

Fahrstuhl zum Schafott

Wir sehen Florences wunderschöne Lippen, mit denen sie Liebesbekenntnisse in das Telefon haucht und dann ihren Liebsten anfleht, doch endlich den Weg für ihre gemeinsame Liebe freizumachen. An dem anderen Ende der Leitung ist Julien. Er ist Florences Liebhaber und er verspricht ihr, daß es in ein paar Stunden so weit sein wird. Damit ist gemeint, daß er Florences Mann ermorden wird. Es handelt sich hierbei um Juliens Chef, Simon Carala. Der Mord ist bis ins Detail geplant. Julien verschafft sich ein Alibi, dann klettert er von außen in die Chefetage. Florence hat Julien zuvor den Revolver ihres Mannes gegeben, damit er einen Selbstmord vortäuschen kann. Damit erschießt dieser dann auch tatsächlich seinen Chef. Eine andere Möglichkeit scheint es für die Liebenden nicht zu geben, zumal Simon Carala ein kaltblütiger Waffenhändler ist. Julien klettert wieder in sein Büro zurück und verläßt das Gebäude. Als er mit seinem Wagen davonfahren will, entdeckt er das Kletterseil, mit dem er in Simons Büro gekommen war, an der Fassade des Bürokomplexes. Ohne den Motor seines Wagens abzuschalten, hetzt er nochmals zurück, um diese Spur zu beseitigen. Er steigt in den Fahrstuhl, um nach oben zu fahren, doch just in diesem Moment wird der Strom abgeschaltet. Der Fahrstuhl bleibt stecken und Julien ist gefangen.

Auf Juliens stehengelassenen Wagen werden die Blumenverkäuferin Veronique und ihr Freund Louis aufmerksam. Beide beschließen, mit dem sportlichen Flitzer eine Spritztour zu machen. Dabei entdecken sie die Tatwaffe, die Louis an sich nimmt. Später dann treffen die beiden auf ein deutsches Pärchen, mit dem sie eine Nacht in einem Hotel verbringen. Als sie am Morgen auf deren Auto – einen Mercedes – umsteigen wollen, zieht der Deutsche eine Pistole. Daraufhin greift Louis zu dem Revolver und erschießt das Pärchen im Affekt.

Florence, die nachdem sie vergeblich auf Julien gewartet hatte, in eine Polizeikontrolle geraten ist, erfährt auf dem Revier von dem Doppelmord im Hotel. Man hat bei den Toten Sachen von Julien gefunden. Da der Kommissar Julien verdächtigt, sucht er dessen Büro auf. Dabei wird der Strom wieder angeschaltet und Julien kann aus dem Aufzug entkommen. Die Polizei, die mittlerweile auch den toten Carala gefunden hat, läßt in den Medien nach Julien fahnden. Als er ihnen ins Netz geht, wird er des Mordes an dem deutschen Pärchen bezichtigt. Da er kein Alibi hat, ohne sich zu verraten, muß er sich einsperren lassen.

Florence versucht nun auf eigene Faust herauszufinden, was eigentlich genau geschehen ist. Sie stößt dabei auf Veronique und Louis. Sie sperrt die beiden in ihre Wohnung ein und ruft anonym die Polizei. Doch Louis kann entkommen. Er sieht seine Chance, seinen Doppelmord tatsächlich Julien in die Schuhe zu schieben, doch dies geht nur, wenn er ein Beweisstück vernichtet. Am Abend hat nämlich die Deutsche ein Foto mit Juliens Kamera geschossen, daß die beiden mit den Deutschen in Verbindung bringen könnte. Der Film ist zur Entwicklung in ein Fotogeschäft gegeben worden. Dahin eilt Louis, den Florence gerade noch folgen kann. Im Laden dann treffen sie auf den Kommissar, und gebannt blicken alle auf den Film, den ein Labortechniker gerade entwickelt. Erleichtert nimmt Florence wahr, daß die Bilder tatsächlich Julien entlasten. Doch es sind noch andere Bilder auf dem Film. Sie zeigen Julien und Florence als Liebespaar. Dazu der Kommissar: »Tja, Madame, Fotos können sehr verräterisch sein. Sie können sich ruhig bei mir bedanken. Für den Mord an den Deutschen hatte Tavernier kein Alibi. Das hätte ihn bestimmt den Kopf gekostet. Für den Mord an ihren Mann wird er allenfalls zehn Jahre kriegen, und nach fünf wird er wahrscheinlich wieder frei sein. Aber mit Ihnen, mit ihnen Madame Carala! Mit Ihnen werden die Geschworenen kein Mitleid haben und ich denke zurecht.« Resignierend nimmt Florence die Worte des Kommissars zur Kenntnis. Sie weiß, daß sie für lange Zeit ins Gefängnis gehen muß, und wenn sie jemals wieder entlassen werden sollte, wird sie eine alte Frau mit grauen Haaren sein.

Der Debütfilm von Louis Malles entwickelte sich in Frankreich zum Publikumsmagneten. Er wurde mit dem begehrten Pric Louis Delluc ausgezeichnet. Dennoch hat der Film formale und inhaltliche Schwächen, z.B. bei der Auflösung des Falls durch den Kommissar. Das Foto ist nicht einmal ein eindrucksvolles Indiz, geschweige denn einen Beweis für Juliens und Florences Schuld. Hier hat es sich Louis Malle wirklich leicht gemacht. Und Veronique und Louis könnten als dämlichstes Pärchen in die Filmgeschichte eingehen. Aber von den Schwächen des Erstlingswerkes einmal abgesehen, hat man es bei »Fahrstuhl zum Schafott«

tatsächlich mit einem hervorragenden Film Noir zu tun: Im Mittelpunkt stehen zwei Verzweifelte, die sich durch ein Verbrechen endlich von ihren Fesseln lösen wollen, sich aber dadurch noch mehr ins Verderben reiten.

Herausragend ist die Verflechtung der drei Handlungsstränge, die auf die geschickteste Weise parallel montiert sind: Einmal Julien, der sich aus dem Fahrstuhl befreien möchte. Dann Florence, die verwirrt durch die Stadt irrt, weil sie nicht weiß, ob der Mord geklappt hat und was nun mit Julien ist. Als Drittes dann Louis und Veronique, die auf ihrer Spritztour mit dem gestohlenen Wagen von Julien einen Doppelmord begehen. Die drei Geschichten lösen sich immer wieder gegenseitig ab, dadurch wird die Dramatik des Films bis ins Unerträgliche gesteigert. Auch die unruhige Kamera von Henri Decae gibt sehr gut die Verlorenheit der Protagonisten wieder, abgerundet durch die Jazzmusik von Miles Davis.

Frankreich 1957; Originaltitel: »L'ascenseur pour l'echafaud«, Regie: Louis Malle; Drehbuch: Roger Nimier, Louis Malle; Kamera: Henri Decae; Musik: Miles Davis; Produktionsfirma: Jean Thuillier für N.E.F., Darsteller: Maurice Ronet, Jeanne Moreau, Georges Poujouly, Lino Ventura; SW: 90 Min.

Die Feuerzangenbowle

Auf einem feuchtfröhlichen Herrenabend beschließt der Schriftsteller Johannes Pfeiffer, die Schulbank eines staatlichen Gymnasiums zu drücken, da er selbst nur von einem Privatlehrer unterrichtet wurde. In dem Kleinstadtgymnasium, in dem er die Oberprima besucht, entwickelt er sich zum »Klassenkasper«, d.h. er – der nichts zu befürchten hat – mischt die Klasse so richtig auf und treibt damit die Lehrer zur Verzweiflung. Was Johannes Pfeiffer treibt, erfährt seine vornehme Verlobte, reist in die Kleinstadt und versucht dort, ihren Freund von seinen »Kindereien« abzuhalten. Doch der denkt gar nicht daran, zumal er sich in des Direktors Töchterlein verliebt hat und diese inzwischen viel anziehender findet als seine exaltierte Verlobte.

Es kommt wie es kommen muß, Pfeiffer treibt es auf die Spitze, und bevor er aufgrund eines drohenden Disziplinarverfahren von der Schule gewiesen wird, verblüfft er Lehrer und Kameraden und die Mädchen aus den benachbarten Lyzeum mit seinen hervorragenden Abschlußzeugnissen. Die letzte Szene des Filmes spielt wieder dort, wo alles begann, beim Herrenabend im Club.

Beinahe wäre der Film ja verboten worden und zwar vom damaligen Reichsminister für Erziehung, der in dem Film eine Verunglimpfung des Lehrerstandes sah. Doch dank Heinz Rühmanns Ansehen, daß er auch während der NS-Zeit genoß, konnte dies in letzter Minute verhindert werden. Hermann Göring persönlich muß sich wohl für die Komödie eingesetzt haben. »Die Feuerzangenbowle« ist auch kein Film, der sich mit der Nazidiktatur anlegt, im Gegenteil, er ist ein opportunistischer Film, der Hitler und Konsorten ja eher schmeicheln müßte, als sie zu verärgern. Aber es ist auch ein Film, der sich nicht zu sehr aus dem Fenster lehnt. Schließlich ist er erst 1943 mitten im Krieg entstanden, das Ende des Regimes war absehbar und der Film sollte ja schließlich auch danach noch Bestand haben.

Dies ist dem Team dann ja auch wirklich gelungen. Noch heute erreicht der Film im Fernsehen hohe Einschaltquoten, und jung und alt kennen ihn. Die meisten Zuschauer haben dann auch erst durch den Film erfahren, was eigentlich eine gute Feuerzangenbowle ausmacht und wie man seinem Lehrer das Leben wirklich schwer machen kann.

Der gleichnamige Roman von Heinrich Spoerl ist dreimal verfilmt worden. Zuletzt von Helmut Käutner, der die Hauptrolle an Walter Giller vergab. In den anderen beiden Verfilmungen spielt jeweils Rühmann die Hauptrolle. Doch die beste Verfilmung ist und bleibt die von 1943. Hier hatte Rühmann auch sozusagen die »Generalvollmacht«. Der Regisseur Helmut Weiss ordnete sich ihm beinahe bedingungslos

Die Feuerzangenbowle

unter. Das dies nicht das Schlechteste war, beweist der Kultstatus der Verfilmung.

Deutschland 1943; Originaltitel: »Die Feuerzangenbowle«; Produktionsfirma: Terra Heinz Rühmann; Regie: Helmut Weiss; Drehbuch: Heinrich Spoerl, Literarische Vorlage: Heinrich Spoerl; Kamera: Edwald Daub; Musik: Werner Bochmann; Darsteller: Heinz Rühmann, Karin Himboldt, Hilde Sessak, Erich Ponto, Paul Henkels, Hans Leibelt, Margarethe Schön, Lutz Götz, Max Gülstorff, Hans Richter, Clemens Hasse, Ridi Schippel, Ewald Wenck, Albert Florath, Georg Vogelsang, Karl Etlinger, Georg Heinrich Schnell, Erwin Biegel, Egon Vogel, Anneliese Würtz, Hedwig Wangel, Walter Werner; SW 94 Min.

Frankensteinfilme

Dr. Frankenstein träumt davon, einen neuen Menschen zu erschaffen. Dafür stiehlt er Leichenteile aus Gräbern, um diese dann in seinem Laboratorium zusammenzusetzen. Mit Hilfe der Elektrizität, die er geschickt von Gewitterblitzen ableitet, gelingt es ihm dann auch einer zusammengesetzten Kreatur Leben einzuhauchen. Doch diese will von ihrem Schöpfer nichts wissen. Schockiert von seiner eigenen Häßlichkeit wendet sie sich gegen ihre Verächter und tötet sie. Schließlich gelingt es den Verfolgern, das Monster in eine Mühle zu locken und dort zu verbrennen.

Das war in kurzen Worten die Handlung des frühen Frankenstein-Klassikers mit Boris Karloff als Kreatur. Diese Verfilmung des Romans von Mary W. Shelley gilt auch heute noch als sehr eindrucksvoll. Dennoch wurde der entscheidende Punkt des Romans auch in dieser Verfilmung nur halbherzig aufgegriffen. Bei der Kreatur handelt es sich nämlich nicht um ein zerstörungswütiges Monster, sondern um ein Wesen, daß sich selbst als häßlich erkennt. Es spürt, daß es wegen seines schrecklichen Äußeren gemieden wird. Es leidet darunter, und der Schmerz darüber verwandelt sich in unbändige Wut. Der Riese Boris Karloff wurde von seinem Maskenbildner für diese Rolle übrigens dermaßen verunstaltet, daß selbst seine Frau vor Angst erstarrte.

Dem Film folgten zwei nicht geringer berühmte Fortsetzungen. In »Frankensteins Braut« kreiert der besessene Dr. Frankenstein zusammen mit einem Kollegen ein weibliches Pendant für die Kreatur, die doch noch in letzter Minute aus der brennenden Mühle entkommen konnte. Als aber die beiden aufeinandertreffen, ist die hübsche Braut über das Monster so entsetzt, daß es die Flucht ergreift. Daraufhin jagt das verbitterte Geschöpf Frankensteins Laboratorium mitsamt der Braut in die Luft. Nur Frankenstein kann entkommen. In »Frankensteins Sohn« entführt das Geschöpf den kleinen Sohn seines Schöpfers.

Frankenstein

Dieser wird aber gerettet, und das Monster wird mit Schwefelsäure getötet.

Alle drei Filme sind übrigens hervorragendes, gothisches Kino. Eine wunderbare Kameraarbeit und Ausleuchtung sowie eine grandiose Kulisse lehren einem wirklich das Gruseln. Dieser erste Frankenstein-Film war zwar der einzige mit Karloff – der hatte einfach keine Lust mehr auf die Rolle des ungeliebten Monsters –, dennoch folgten zahlreiche weitere Verfilmungen, die aber nicht weiter nennenswert sind. Mit der Parodie »Frankensteins Junior« landete Mel Brooks 1974 noch einmal einen Volltreffer. Zu einer Zeit, in der der Farbfilm schon längst Standard war, kehrte er zum Schwarzweißfilm zurück, um dem Publikum auf witzige Weise ganz im gothischen Sinne noch einmal das Gruseln zu lehren.

1.) »Frankenstein« (USA 1931); Originaltitel: »Frankenstein«; Produktionsfirma: Universal Picturis (Carl Laemmle jr.); Regie: James Whale; Drehbuch: Robert Florey, Richard Schayer, John L. Balderston, Garrett Ford, Francis Edward Faragoh; Literarische Vorlage: Peggy Webling, Mary W. Shelley; Kamera: Arthur Edeson; Spezialeffekte: Kenneth Strickfaden, Frank Graves, Raymond Lindsay, Maske Jack P. Pierce, M. David Broekman; Darsteller: Colin Clive, Boris Karloff, Mae Clarke, Frederick Kerr, Edward Van Sloan, John Boles, Dwight Frye, Lionel Belmore, Michael

Frankenstein – In einer Neuverfilmung von Kenneth Branagh

Mark, Forester Harvey, Marilyn Harris, Francis Ford, Arletta Duncan, Pauline Moore, Mary Sherman; SW 71 Min.
2.) »Frankensteins Braut« (USA 1935); Originaltitel: »The Bride of Frankenstein«, Produktionsfirma: Universal Picturis (Carl Laemmle jr.); Regie: James Whale; Drehbuch: John L. Balderston, William Hurlbut, Literarische Vorlage: Mary Wollstonecraft Shelley; Kamera: John J. Mescall; Spezialeffekte: John P. Fulton, David S. Horsley, Kenneth Strickfaden; Maske: Jack P. Pierce; Musik: Franz Waxmann; Darsteller: Boris Karloff, Colin Clive, Valerie Hobson, Elsa Lanchester, Ernest Thesiger, O. P. Heggie, Una O'Connor, Anne Darling, Douglas Walton, Gavin Gordon, John Carradine, Walter Brennan, SW 69 Min.
3.) Frankensteins Sohn. USA 1939, Originaltitel: Son of Frankenstein, Produktionsfirma: Universal, Regie: Rowland V. Lee, Buch: Willis Cooper, nach Charakteren von Mary Wollstonecraft Shelley, Kamera: George Robinson, Musik: Frank Skinner, Darsteller: Basil Rathbone (Baron von Frankenstein), Boris Karloff (Das Monstrum), Bela Lugosi (Igor), Lionel Atwill (Polizeimajor), Josephine Hutchinson (Elsa von Frankenstein)

Freitag der 13.

Die Handlung orientiert sich sehr an → »Halloween«, doch diesmal heißt der Mörder Jason. Einer der bekanntesten Splatterfilme der Achtziger Jahre. Freitag der 13. hatte sogar mehr Erfolg als »Halloween«. Siehe auch → Splatterfilme.

USA 1979, Originaltitel: Friday the 13th, Produktionsfirma: Georgetown, Regie: Sean S. Cunningham, Buch: Victor Miller, Kamera: Barry Abrams, Musik: Harry Manfredini, Darseller: Betsy Palmer (Mrs. Vorhees), Adrienne King (Alice), Harry Crosby, Laurie Batram, Mark Nelson

From Dusk Till Dawn

Dieser Film beginnt, gänzlich untypisch für einen Splatterfilm, als Roadmovie: Zwei entflohene Bankräuber nehmen einen am Glauben zweifelnden Prediger und seine Kinder als Geiseln, um in deren Wohnmobil über die Grenze nach Mexiko zu kommen. Dort wollen sie sich im Morgengrauen in einer Bar mit dem schönen Namen »The Titty Twister« erholen. Leider erweist sich »The Titty Twister« als Touristenfalle voller Vampire, und als sich einer der beiden Bankräuber, verkörpert durch den Regisseur Quentin Tarantino, versehentlich an einem Glas verletzt, lassen die Vampire ihre menschliche Maske fallen und attackieren unsere »Helden«. Genau an diesem Punkt kippt der Film um: Aus dem Roadmovie wird ein Splattermovie. Der Rest des Filmes zeigt dann, wie die Helden sich provisorisch mit Pflöcken, Armbrüsten und weihwassergefüllten Kondomen (!) der Blutsauger erwehren, bis die Sonne

From Dusk till Dawn

aufgeht und sie endlich erlöst. Der Film zeichnet sich von normalen Splattermovies durch den Tarantino-typischen schwarzen Humor aus. So steht etwa Clooney mitten auf einem Berg von soeben gepflöckten Vampiren und verkündet dabei lauthals, daß er nicht an deren Existenz glaube! Durch diesen speziellen Tarantino-Humor wurde »From Dusk Till Dawn« schnell zu einem Kultfilm.

From Dusk Till Dawn (USA, 1996), Regie: Robert Rodriguez, Buch: Robert Kurtzman, Quentin Tarantino, mit George Clooney, Quentin Tarantino, Harvey Keitel, Juliette Lewis, Ernest Liu, Salma Hayek, Cheech Marin, Danny Trejo, Tom Savini

Das fünfte Siegel

Der künstlerisch dichte, kammerspielartige Film, der seinen Titel der Geheimen Offenbarung Johannes entnahm, führt in einen Budapester Außenbezirk im Winter 1944 nach der Machtübernahme der faschistischen Pfeilkreuzler. In einer Kneipe trifft sich eine Gesellschaft von Kleinbürgern, die sich mitunter über Fragen von Moral, Macht, Güte und Bosheit unterhalten. Kurze Zeit nach einer Diskussion über die Frage, ob es besser sei, Sklave oder Herr zu sein, werden alle verhaftet und sollen beweisen, daß sie sich zu bedingungslosen Vollstreckern der Machthaber gewandelt haben. Die Frage, welche Wahl kleine Leute zu selbstbewußtem Handeln haben, wenn sie von geschichtlichen Ereignissen mitgerissen werden, steht im Mittelpunkt dieses Films, der schon fast ein philosophisches Essay darstellt und vor allem von Intellektuellen leidenschaftlich diskutiert wurde. Zoltán Fábri, der wohl bedeutendste Regisseur im Nachkriegsungarn, sagte dazu: »Beleidigungen der Menschenwürde charakterisieren bestimmte Perioden unserer Geschichte, und der schwerste Angriff auf die Menschenwürde während meines Lebens war der Faschismus. (...) Ich möchte seine Wesensmerkmale, seine Gesetze, seine Methoden und Mechanismen untersuchen.« Der Film erhielt in Moskau 1977 den Grand Prix.

Ungarn 1976, Originaltitel: Az ötödik pecsét, Produktion: Regie u. Drehbuch: Zoltán Fábri, nach einem Roman von Ferenc Sánta, Kamera: György Illés, Musik: György Vukan, Darsteller: Lajos Öze, Sándor Horváth, László Márkus, Zoltán Latinovits, Istvan Dégi, Ferenc Bencze, Mariann Moór, Ildikó Pécsi, 113 min.

Für eine Handvoll Dollar

Die mexikanische Stadt San Miguel wird nach dem amerikanischen Bürgerkrieg von zwei sich bekriegenden Banden gewaltsam regiert. Als der ehemalige Soldat Joe in die Stadt kommt, versuchen ihn die Leute von Sheriff Baxter zu vertreiben. Doch Joe wehrt sich und knallt vier Bandenmitglieder gnadenlos ab. Dann tritt er der Roccobande bei. Er beobachtet die Bande dabei, wie sie einen mexikanischen Goldtransport überfallen und es so aussehen lassen, als ob es amerikanische Soldaten waren. Seine Beobachtung teilt er der Baxterbande mit und lockt die Roccos geschickt zum Friedhof. Während die beiden Banden sich gegenseitig bekriegen, macht Joe sich auf, sich das Gold anzueignen. Dabei stößt er auf Marisol, die Ramon, einer der Anführer der Roccos gefangen hält, seit er sie von ihrem Mann beim Pokern gewonnen hat. Er bringt sie zu den Baxters. Doch als die Roccos den Sohn von Sheriff Baxter als Geiseln nehmen, wird Marisol gegen ihn ausgetauscht.

Joe gelingt es, Marisol zu befreien und die Tat den Baxters in die Schuhe zu schieben. Aber Rocco kommt Joe auf die Schliche und foltert ihn. Doch der schwerverletzte Joe kann entkommen und zündet Roccos Haus an. Er läßt sich vom Totengräber der Stadt in einem Sarg in Sicherheit bringen. Die Roccos glauben, daß Joe sich bei den Baxters versteckt. Sie töten deshalb die ganze Bande. Aber auch die Roccos müssen große Verluste einstecken. Inzwischen kehrt der wieder gesunde Joe zurück, tötet die übriggebliebenen Roccos und reitet mit dem Gold davon.

»Für eine Handvoll Dollar« war der Beginn des Italo-Western. Während man früher der festen Überzeugung war, daß der Western von Amerikanern gemacht werden müßte, änderte sich diese Auffas-

Das fünfte Siegel

sung nach dem Erscheinen dieses Films flugs (Trotz einiger Kritiker, die von ihren alten Vorstellungen nicht loslassen konnten). Zwar gab es schon ein paar nicht-amerikanische Western (u.a. »Der Schatz im Silbersee«), doch wurden diese international wenig beachtet und galten genremäßig als nicht gelungen. Man wollte ihnen nicht einen eigenen Charme absprechen, aber Helden, Verbrecher und die Geschichten wurden als oberflächlich und nichtssagend abgetan. Anders bei »Eine Handvoll Dollar«. Die Geschichte des Films war genial. Der Held war ambivalent, interessant, voller Geheimnis und anziehend. Plötzlich stand ein europäischer Western im Mittelpunkt. Zwei sich bekriegende Gruppen und ein Dritter, der sieht, wie verbohrt und dumm diese doch sind. Er sieht seine Chance darin und nutzt deren Rivalität aus, um sich zu bereichern. Exzellent wurde diese hervorragende und raffinierte Idee umgesetzt. Doch einen Haken hatte die Sache: Die Idee war nicht ganz neu, sie stammte aus dem Film »Yojimbo« von Akira Kurosawa.

Der japanische Vorgänger war weder im Westen angesiedelt, noch war seine Hauptfigur so schillernd wie Clint Eastwood, doch auf der Biennale 1961 tat Sergio Leone seiner Begeisterung für das asiatische Werk keinen Abbruch. Es kam zur Klage, und die Produktionsfirma mußte sie regeln.

Ursprünglich war für die Rolle des Joe Charles Bronson vorgesehen, doch der wollte sich für dieses Experiment nicht hergeben. Er glaubte nicht an den italienischen Western. Doch 1968 griff er ohne zu zögern zu, als Leone ihm das Angebot für → »Spiel mir das Lied vom Tod« machte. Die Zeiten ändern sich eben. Für diesen Film wurde dann schließlich auf den noch relativ unbekannten Clint Eastwood zurückgegriffen. Für ihn war es der Beginn einer sehr erfolgreichen Karriere als Filmdarsteller für rauhbeinige Kerle, bis er ins anspruchsvolle Metier wechselte und sich dort auch als Regisseur (→ »Erbarmungslos«) verdient machte.

»Für eine Handvoll Dollar« war der erste Film von Sergio Leones Amerika-Trilogie. Als zweiter Film folgte: »Todesmelodie«, und das Schlußlicht bildete die hochgefeierte Gangstersaga »Es war einmal in Amerika«.

Für eine Handvoll Dollar (Italien/Spanien/BRD 1964) R: Sergio Leone, B: Sergio Leone, Ducio Tessari, Victor A. Catena, G. Schock, K: Massimo Dallamano, M: Ennio Morricone, P: Arrigo Colombo, Giorgio Papi für Jolly Film (Rom), Ocean Prod. (Madrid), Constantin Film (München), D: Clint Eastwood, Gian Maria Volontè, Marianne Koch, Wolfgang Lukschy, Sieghardt Rupp, Antonio Prieto, F: 88 Min. (Originalfassung 100 Min.)

G

Der General

Im amerikanischen Bürgerkrieg hat Johnnie, ein Südstaateneisenbahner, zwei Lieben: das Mädchen Annabelle und die Lokomotive »General«. Weil er als Lokführer unentbehrlich ist, darf er sich nicht als Freiwilliger melden. Seine Liebe zu beiden kann er jedoch beweisen, als der »General« zusammen mit Annabelle auf feindliches Gebiet entführt wird. Johnnie durchbricht die feindlichen Linien und bringt einen Großangriff der Nordstaaten zum Scheitern. Damit erlangt er Annabelles Herz und die Anerkennung ihrer Verwandten – und darf doch noch Soldat werden.

Buster Keaton war in der Stummfilmzeit einer der faszinierendsten und innovativsten amerikanischen Filmkomiker, ein Konkurrent Chaplins, den er in seinen besten Werken – und dazu zählt »Der General« – noch übertraf. Höchstmögliche Authentizität, perfekte Plotkonstruktion, unnachahmliche Gags sowie eine wirkungsvolle Regie, die in der Kameraarbeit auf Tiefenschärfe Wert legt, vereinen sich hier zu einem zeitlosen Meisterwerk. Kritiker warfen Keaton vor, daß er aus der authentischen Geschichte keinen Anti-Kriegs-Film gemacht habe. In der Weise, in der er jedoch dümmliche Militärs der Lächerlichkeit preisgab, schuf er einen Film gegen menschliche Dummheit, und tat damit auf seine Art einen Schritt, Kriege überflüssig werden zu lassen.

Buster Keaton war immer von technischen Neuerungen fasziniert, aber für Lokomotiven hatte er besonders viel übrig. Er erzählte: »Ich habe die Lok während des ganzen Films selber gefahren: Ich konnte die Maschine auf den Zentimeter genau zum Halten bringen, so gut hatte ich sie im Griff!«

USA, 1926, Originaltitel: The General, Produktionsfirma: Buster Keaton Prod., Regie: Buster Keaton, Clyde Bruckman, Buch: Al Boasberg, Charles B. Smith, nach einer Erzählung von William Pittinger, Kamera: J. Devereux Jennings, Bert Haines, Musik: Konrad Elfers, Darsteller: Buster Keaton (Johnnie Gray), Marion Mack (Annabelle Lee), Charles Smith (Annabelles Vater), Frank Barnes (Annabelles Bruder),

Glen Cavender (Captain Anderson), Farnk Hagney, Frederick Vroom, Glenn Cavender, Joe Keaton, 78 min.

Der Glöckner von Notre Dame

Der häßliche und bucklige Quasimodo ist Glöckner in der Kathedrale von Notre Dame. Er ist seinem Herrn, dem Erzdiakon und Alchimist Frollo, ganz und gar ergeben. Daneben bestimmen noch andere Figuren das Treiben. Da sind die Armen, Narren und Diebe, die das geheimnisvolle Gewirr der Gäßchen des mittelalterlichen Paris bevölkern. Da ist der Dichter Peter Gringoire, der zu der großartigen Entdeckung gelangt ist, daß nichts poetischer ist, als einem schönen Mädchen zu folgen, ohne das man weiß, wohin es geht. Da ist die schöne Zigeunerin Esmeralda, die das Volk mit ihrem Gesang und ihren Zaubertricks betört, und da ist der schöne Hauptmann Phöbus, in den sie sich verliebt hat. Frollo begehrt die braungebrannte und anmutige Esmeralda so sehr, daß er nicht mehr klar denken kann. Aber auch Peter Gringoire liebt das schöne Mädchen, die selbst ein Herz für die heillose Kreatur Quasimodo hat. Als der Bucklige nämlich, wie üblich, von einer spöttischen Menge drangsaliert wird, schreitet sie dazwischen und steht ihm bei.

Bald entwickelt sich eine Romanze zwischen Esmeralda und Phöbus. Der vor Eifersucht wahnsinnig gewordene Frollo ersticht daraufhin Phöbus. Es gelingt ihm auch, den Verdacht auf Esmeralda zu lenken. Die wird dann gleich wegen Hexerei zum Tod auf dem Scheiterhaufen verurteilt. Peter Gringoire mobilisiert daraufhin die Pariser Unterwelt, um die Unschuldige zu retten. In dem Gemetzel entführt Quasimodo Esmeralda in die Kathedrale und beruft sich auf das Kirchenasyl. Er verliebt sich dabei unsterblich in sie. Er stürzt selbst seinen Herrn Frollo vom Kirchturm, als dieser Esmeralda zu nahe kommt. Dadurch kommt Esmeralda endlich frei. Sie heiratet den Dichter Peter Gringoire. Quasimodos Liebe bleibt unerfüllt. Er wird weiter hinter den Mauern der Kathedrale sein einsames Leben fortführen, als Herr über die Glocken.

Neben diversen Stummfilmproduktionen und der erst kürzlich in die Kinos gekommenen Disney-Zeichentrickversion gab es zwei Tonfilmproduktionen. Zum einen war das der 1939 gedrehte Schwarzweißfilm von William Dieterle mit Charles Laughton in der Hauptrolle, zum anderen der 1956 entstandene Farbfilm von Jean Delannoy mit Anthony Quinn als Titeldarsteller. Interessant dabei sind die unterschiedlichen Voraussetzungen der beiden Schauspieler. Während Laughton von Natur aus nicht gerade schön war und er zumindest äußerlich leichter in die Rolle des ungeliebten und entstellten Glöck-

Der Glöckner von Notre Dame

ners schlüpfen konnte, war es für den stattlichen und mondänen Quinn doch eher schwieriger. Aber letzterer meisterte die Herausforderung mit Bravour. Kollegen und Freunde des Charakterdarstellers waren richtiggehend besorgt um den engagierten Quinn, der selbst in seiner Freizeit seine Rolle nicht ablegen konnte. Noch Monate nach Drehende ertappten sie ihn, wie er plötzlich humpelte oder unbewußt Grimassen zog, die er sich für die Rolle des »Glöckners« erarbeitet hatte. Wenn das nicht perfekte Identifikation des Schauspielers mit seiner Rolle ist...?

Da das Ende der beiden Filme unterschiedlich ist, habe ich mich bei der Inhaltsangabe für die Schwarzweißverfilmung entschieden, obwohl sie nicht der Romanvorlage entspricht. Im gleichnamigen Roman von Victor Hugo, der Mitte des 19. Jahrhunderts erschien, endet die Geschichte sehr tragisch. Ebenso wie in dem Farbfilm mit Anthony Quinn sterben darin sowohl Quasimodo als auch die Zigeunerin. Einziger Trost dieser Version: Quasimodos Liebe wird erfüllt. In der Schwarzweißversion heiratet ja Esmeralda den Dichter Peter Gringoire. Im Roman dagegen fand man zwei Jahre später zwei Skelette in der Kirche, die sich in den Armen liegen. An einem hingen noch Reste eines weißen Kleides (Esmeralda trug ein weißes Kleid, als Quasimodo sie in die Kirche entführte) und das zweite Skelett war ein männliches, »dessen bucklige und hinkende Gestalt, die es im Leben gehabt, am Knochenbau noch deutlich zu erkennen war«.

Der Glöckner von Nòtre-Dame (USA 1939) Original-Titel: The Hunchback of Nòtre-Dame, R: William Dieterle, B: Sonya Levien und Bruno Frank, nach dem Roman Nòtre-Dame de Paris von Victor Hugo, K: Joseph A. August, M: Alfred Newman, P: Pandro S. Berman für RKO Radio Pictures, D: Charles Laughton, Sir Cedrick Hartwicke, Maureen O' Hara, Thomas Mitchell, Edmond O' Brien, s/w 115 Min.

Der Glöckner von Nòtre-Dame (Frankreich 1956) Original-Titel: Nòtre-Dame de Paris, R: Jean Delannoy, B: Jean Aurenche und Jacques Prèvert, nach dem Roman Nòtre-Dame de Paris von Victor Hugo, K: Michel Kelber, M: Georges Auric, P: Robert und Raymond Hakim für Paris FilProd. D: Gina Lollobrigida, Anthony Quinn, Jean Danet, Alain Cuny, Philippe Clay, Robert Hirsch, Maurice Sarfati, F: 103 Min.

GODZILLA

Der erste Godzilla-Film, Urmutter des Godzilla-Kultes: Die Meldungen der Presse überschlagen sich, als es im Pazifik zu wiederholten, ungeklärten Schiffshavarien kommt. Die Schilderungen von Überlebenden, die vor dem Unglück ein grelles Licht beobachtet haben wollen, geben Anlaß zu mancherlei Spekulation. Die Spur führt auf die Odo-Insel nahe dem Bikini-Atoll, wo man seit Menschengedenken an die Existenz eines sagenhaften Ungeheuers glaubt, dem die Inselbewohner den Namen Godzilla gegeben haben und dem sie, um seinen Zorn zu besänftigen, Frauen zum Opfer darbringen. Tatsächlich taucht in einer unheilvollen Sturmnacht ein massiger Behemoth aus dem Meer und verwüstet das Dorf. Kurz darauf trifft eine Untersuchungskommission aus Tokio ein, der auch der führende Paläontologe Dr. Kyohei Yamane, seine Tochter Emiko und ihr Freund Hideo Ogata angehören. Nicht nur registrieren die Wissenschaftler eine hohe Radioaktivität im Katastrophengebiet und finden dazu als vorgeschichtliche Zeichen Trilobiten, Godzilla zeigt sich ihnen auch am hellichten Tag, bevor er wieder im Meer verschwindet. Man geht davon aus, daß Godzilla, ein überdimensionaler Saurier der Jurazeit, dessen Art seit zwei Millionen Jahren ausgestorben ist, der selbst aber in einer unterseeischen Höhle die Zeiten überdauert hat, durch die jüngsten H-Bombenversuche wiederbelebt wurde und, kontaminiert mit Strontium 90, auferstanden ist. Mehr noch, die schlimmsten Befürchtungen werden wahr, als der urzeitliche Gigant in der Bucht von Tokio auftaucht und Chaos und Verwüstung über die Millionenstadt bringt. Panzer und Düsenjäger erweisen sich gegenüber dem Ungeheuer als ebenso nutzlos wie Elektrizität. Ratlosigkeit breitet sich aus, Angst erfaßt die Menschen, wenn sie an die nächste Schreckensnacht und die Ausweglosigkeit der Situation denken. Emiko weiß jedoch, daß der Chemiker Dr. Daisuke Serizawa (ihre Eltern hatten sie, als sie noch Kinder waren, in die Ehe versprochen, aber Emiko hat Daisuke einen Korb gegeben) in geheimen Versuchen während des Zweiten Weltkriegs eine Waffe entwickelt hat, die unsagbares Grauen über den Gegner gebracht hätte, wäre sie zum Einsatz gekommen. Serizawa, nach der Kapitulation geläutert, verweigert die Preisgabe dieser Erfindung, des sogenannten Oxygen-Zerstörers, der dem Meerwasser den Sauerstoff entzieht und damit jegliches Leben desintengriert und vernichtet. (So hatten die Japaner denn doch, wenigstens in der Phantasie ihrer Filmemacher, eine apokalyptische Waffe, die es durchaus mit der Bombe der Amerikaner aufnehmen konnte.) Es sind im Fernsehen übertragene Bilder von Godzillas verheerenden Verwüstungen und ein Bittgebet der Kinder von Tokio, die Serizawas Meinung ändern: Ein einziges Mal, und nur gegen Godzilla, wird er seine Erfindung einsetzen. In einem Tauchgang bringt er die todbringende Kapsel mit der Vorrichtung in Stellung und durchtrennt seinen Luftschlauch, um mit Godzilla unterzugehen und die Erfindung in ein feuchtes Grab zu nehmen. In wenigen Minuten ist Godzilla bis auf das die Knochen aufgelöst. Nur Dr. Yamane ahnt, das dies möglicherweise nur der Prolog zu etwas war, daß mit der gleichen Urgewalt jederzeit wieder über Japan hereinbrechen könnte.

Aus dem Treatment von Shigeru Kayama: »Schließlich taucht Godzilla in der Bucht von Tokio auf und verbreitet Panik unter der Bevölkerung. Das Licht eines Leuchtturms im Hafen lenkt die Aufmerksamkeit des Monsters auf sich. Als er die dunkle Gestalt in der Ferne sieht, reißt der Leuchtturmwärter den Lichtstrahl herum und beleuchtet die Bestie. Das gleißende Licht macht Godzilla wütend. Das Monster zerstört den Leuchtturm und bewegt sich weiter auf die Küste zu.« Diese im fertigen Film gestrichene Sequenz verweist noch einmal in aller Deutlichkeit auf eine ähnliche Szene im Vorbild THE BEAST FROM 20,000 FATHOMS.

Der Toho-Studiokomplex, wo seit GOJIRA die meisten japanischen

Monsterschlachten ausgetragen wurden, befindet sich im Tokioter Vorort Setagaya. Er wird durch einen kleinen Fluß geteilt, hinter dem sich das Terrain der Special-Effects-Leute erstreckt. Die Ateliers 8 und insbesondere 9, in denen die meisten Spezialeffekte realisiert wurden, sind mit je 1325 Quadratmetern bei über acht Metern Höhe die größten auf dem Gelände. Kleinere Dekorationen wurden in Atelier Nr. 2 gedreht. Von enormer Wichtigkeit, verständlich bei Filmen um ein Meeresungeheuer wie GODZILLA, ist auch das Studiobassin auf dem Freigelände, das mit einem großen Hintergrundprospekt ausgestattet ist. Das Department für Spezialtechniken wurde von Eiji Tsuburaya in mehrere Sektionen aufgeteilt: in ein Art Department, das von Akira Watanabe geleitet wurde, einem vertrauten Kollegen seit 1930, der Monster, Miniaturen und Matte Paintings entwarf; in die Kamera-Abteilung, in der Teisho Arikawa und Sokei Tomioka Dienst versahen; Pyrotechnik und schließlich Endbearbeitung: optische Effekte, Animation, Trickkombinationen. Letzteres war das Reich von Hiroshi Mukoyama und Kollegen.

Die technische Realisierung der Produktion GOJIRA begann mit einem noch sehr humanoiden Entwurf des Titelstars (der Kopf hatte etwas »Pilziges«, so wie später Hondas »Mushroom People«) aus der

Godzilla in Aktion

Feder von Kazusuke Abe. Nachdem man sich nach mehreren Anläufen schließlich auf einen Entwurf geeinigt hatte, begann die Arbeit am Storyboard. Hier wurden alle SFX-Szenen, wie beim Zeichenfilm, in Skizzen festgehalten, um die Planungen zu erleichtern. Unterdessen wurde ein GOJIRA-Modell angefertigt, und nach Abnahme konnte mit der Anfertigung des Gummianzugs [»Suit-mation«] durch Teizo Toshimitsu und Kanji Yagi begonnen werden. Die Godzilla-Anzüge wurden im Verlauf der Serie nicht nur technisch verbessert, sondern auch ästhetisch erheblich verändert. Von Film zu Film sah der Saurier anders aus. Am Entwurf des ersten Gojira arbeitete auch Fuminori Ohashi, ein Veteran, der bereits 1934 Modelle und Gorillaanzug für eine Kong-Parodie hergestellt hatte: EDO NI ARAWARETA KINGU KONGU / KING KONG APPEARS IN EDO.

»Gespielt« wurde GOJIRA bis 1972 in der Regel von dem Kleindarsteller Haruo Nakajima, einem der Banditen aus den SIEBEN SAMURAI: »Damals war ich noch sehr unbekümmert, jung und stark. Also hab ich mir gedacht: Warum nicht? Sie gaben mir ein Skript und sagten: Hier, da ist es. Aber damals hatten sie noch kein Monster. Ich hatte keine Vorstellung von dem, was ich zu erwarten hatte. Das einzige, was ich hörte, war, daß man mich in irgendeine Art Anzug stecken wollte. Ich stellte mir vor, daß es so sein würde wie eine zweite Haut. Als sie den Anzug dann fertig hatten, wußte ich zwar, wie das Monster aussieht, aber nicht, wie es sich bewegen sollte. Niemand vor mir hatte Godzilla gespielt, also gab es auch keinen Lehrer. Als ich den ersten Godzilla spielte, ging ich eine Woche lang jeden Tag mit meinem Lunch in den Zoo. Kleine Tiere waren nicht sehr hilfreich. Vielmehr studierte ich die Bewegungen der großen Tiere – Löwen und Bären zum Beispiel. Eine weitere Hilfe war der Film KING KONG, den der alte Herr (Tsuburaya) hatte. Er führte mir den Film zweimal vor, um mich zu begeistern und meine Phantasie anzuregen. Das war schon eine Hilfe. Da Godzilla ja ein Saurier sein sollte, konnte er sich nicht bewegen wie ein Mensch. Wenn ich ging, winkelte ich beispielsweise meine Arme an, damit sie kürzer wirkten. Aber es war furchtbar schwer, vernünftig in dem Anzug zu gehen, weil er aus harter Plastik war.« Schwierigkeiten bereiteten dem Darsteller die übergroßen Füße, und weil das Kostüm des ersten Films nur wenig biegsam war, war es fast unmöglich, anders zu gehen als geradeaus. Pro Take hielt es Nakajima unter den heißen Studioscheinwerfern nur drei Minuten aus (plus einer »kalten« Probe ohne Lichter, die zwischen sieben und zehn Minuten im Kostüm dauern konnte). Die Temperaturen im Anzug erreichten über 40 Grad, und als sie den ersten GOJIRA drehten, verlor Nakajima über zwanzig Pfund

Gewicht. Besonders in den frühen Filmen sind die Miniaturdekorationen mit viel Liebe zum Detail gestaltet. Tsuburaya legte großen Wert auf eine akkurate Ausführung und einen korrekten Maßstab. An den Miniaturen werkelte ein gemischtes Team aus festen und freien Mitarbeitern, ungefähr 50 Mann stark. In späteren Filmen wurden auch freie Firmen mit der Anfertigung von Modellen beauftragt, insbesondere Gunji Model Craft sowie Toida Warehouse. Jürgen Menningen zitierte in seinem FILMBUCH SCIENCE FICTION Claude Lévi-Strauss: »Das Poetische der Bastelei kommt auch und besonders daher, daß sie sich nicht darauf beschränkt, etwas zu vollenden oder auszuführen; sie ›spricht‹ nicht nur mit den Dingen, wie wir schon gezeigt haben, sondern auch mittels der Dinge: indem sie durch die Auswahl, die sie zwischen begrenzten Möglichkeiten trifft, über den Charakter und das Leben ihres Urhebers Aussagen macht. Der Bastler legt, ohne sein Projekt jemals auszufüllen, immer etwas von sich hinein.«

Nicht minder wichtig für den Erfolg der Reihe war der Komponist Akira Ifukube. Aber Ifukube war nicht nur verantwortlich für die unverkennbar martialischen Märsche, sondern ließ auch Godzillas Gebrüll durch einen Kontrabaß elektronisch verfremden (er strich mit einem Wildlederhandschuh über eine Kontrabaß-Saite und verfremdete die Aufnahme mit einem Echo): »Als ich mit dem Projekt begann, hatte ich nur die Modelle von Godzilla gesehen und das Skript gelesen. Sowohl beim ersten wie auch bei allen weiteren Filmen, die ich mit Regisseur Honda gemacht habe, gab er mir immer völlig freie Hand, wenn es um die Musik ging. Er kam das Aufnahmestudio häufig besuchen, und gelegentlich machte er auch einen Vorschlag. Es war seine Idee, Godzillas Brüllen mit Musikinstrumenten zu erzeugen. Davor hatten sie erfolglos versucht, Aufnahmen von Tierstimmen einzusetzen. Manchmal, um Zeit zu sparen, verwendete Herr Honda auch ältere Aufnahmen von mir, um bestimmte Teile in den Fortsetzungen mit Musik zu unterlegen. Im Filmgeschäft, besonders in Japan, ist nie genügend Zeit für eine Komposition. Deshalb war ich auch nie zufrieden mit meiner Arbeit, obwohl es mir irrsinnig viel Spaß macht, für den Film zu arbeiten.«

Godzilla, Originaltitel: GOJIRA (1954), Regie: Inoshiro Honda. Drehbuch: Takeo Murata und Inoshiro Honda nach einer Story von Shigeru Kayama. Kamera: Masao Tamai. Produktion: Toho Company Ltd. – Tokio. Länge: 98 Minuten. US-Titel: Godzilla, King of the Monsters. Text: Dr. Rolf Giesen a.G.

Goldrausch

Alaska 1898. Der Goldrausch lockt Millionen von Menschen in den amerikanischen Norden. Sie alle träumen vom großen Geld. Darunter ist auch der smarte Tramp Charlie. Mit Zylinder und Stock stellt er sich in die unendliche Reihe der Glücksuchenden. Doch zunächst gerät er in einen Schneesturm, vor dem er gerade noch in eine Hütte fliehen kann. Dort trifft er auf die harten Burschen Black Larsen und Big Jim. Als die drei Hunger leiden, hat der urkomische Clown schon eine Lösung. Er verspeist seine Schuhsohle so genüßlich, als wäre sie ein Feinschmeckermenü.

Überhaupt hat Charlie immer die richtige Illusion parat, um den Herausforderungen und Grausamkeiten des Lebens entgegentreten zu können. Als er sich beispielsweise verliebt, bemerkt er in seiner grenzenlosen Naivität nicht einmal, daß es sich bei seiner Angebeteten um eine Prostituierte handelt. Als diese ihn dann auch noch abweist, überwindet er seine Traurigkeit und Verletztheit dadurch, daß er Brötchen mit Hilfe von Gabeln rhythmisch und hinreißend bewegt, daß man meinen könnte, sie tanzten ganz von alleine.

Doch gegen Ende des Films stößt der unbedarfte Charlie auf eine Goldmine, wird reich und heiratet die inzwischen durch seine Unschuld geläuterte Prostituierte.

Charles Chaplin gilt nicht nur als Meister des »Slapsticks« während der Stummfilmzeit, sondern auch als Kenner menschlicher Nöte, Träume und Ängste. Zwar ermuntert uns der »Tramp« immer wieder, aber wir leiden auch mit der Figur, wenn sie mit den Grausamkeiten des Lebens konfrontiert wird. Gegen Ende lösen sich durch die naive, aber einmalige Lebensbewältigung Charlies die Katastrophen in Wohlgefallen auf und wir verlassen voller Wohlbefinden den Schauplatz. Charlie-Chaplin-Filme haben den durch Krieg und Rezession geplagten Gemütern der 20er und 30er Jahre sicherlich so manch schöne und beschwingliche Stunde geschenkt und weitere Kraft gegeben. Die Filmgeschichte hat ihm viele unsterbliche Momente zu verdanken. In »Goldrausch« sind primär zwei Szenen in die Bücher eingegangen. Einmal der Brötchentanz – mit Gabeln (=Beine), die jeweils in einem Brötchen (=Füße bzw. Schuhe) stecken, imitiert er einen Tanz, der viele Besucher dazu ermutigte ihn zu Hause nachzumachen – und zum anderen die Szene, in der er, passend für die damalige Zeit, vor lauter Hunger seine Schuhe ißt. Aber auch durch die Erfindung des Tonfilms ließ Chaplin sich nicht – wie viele seiner Kollegen – überrennen, sondern er schuf weitere Filmmeisterwerke (→ »Der große Diktator«, »Rampenlicht«, »Lichter der Großstadt«, »Monsieur Verdoux«). Durch sein

Privatleben allerdings verkomplizierte er seine Karriere enorm. Häufig war er Zielscheibe für die Presse, die sein künstlerisches Schaffen oftmals durch die Beschreibung seiner diversen Eskapaden verdeckte.

USA 1924, Originaltitel: The Gold Rush, Produktionsfirma: United Artists, Regie: Charles Chaplin, Buch: Charles Chaplin, Kamera: Rolland H. Totheroh, Musik: Charles Chaplin, Darsteller: Charles Chaplin (Lone Prospector), Mack Swain (Big Jim McKay), Tom Murray (Black Larson), Georgia Hale (Georgia), Betty Morrisey (Freundin von Georgia).

Der große Diktator

Diktator Hynkel ist der Herrscher von Tomania. Zusammen mit seiner Verbündeten Napoloni annektiert er das Nachbarland Austerlich. Der faschistische Herrscher kennt kein Erbarmen mit Minderheiten und Andersdenkenden. Auch der jüdische Friseur Charlie wird mitsamt seiner Geliebten Hannah in ein Konzentrationslager gesteckt. Doch da Charlie dem Diktator ganz und gar ähnlich sieht, gelingt ihm die Flucht. Fortan wird er von den Tomaniern für Diktator Hynkel gehalten. Den Höhepunkt der Verwechslung bildet eine Rede an die Bürger von Tomalia. Doch statt eines hetzerischen und rassistischen Aufrufs fordert der »kleine Mann« Menschlichkeit, Toleranz und Nächstenliebe. Die irritierten Zuhörer bejubeln ihn schließlich.

Charlie Chaplin sagte einst über Hitler: »Oh, du Dreckshund, du Sohn einer Hure, du Schwein. Ich weiß, was in dir vorgeht.« Dann drehte er seinen Film mit dem Titel »Der große Diktator« und die Welt mußte sich kurze Zeit später eingestehen, wie recht »der kleine Tramp mit Stock und Hut« doch hatte. In seinem ersten Dialogfilm bewies Chaplin einen treffsicheren Riecher für die damals noch nicht offensichtlichen Ziele und Motivationen des machtbesessenen Diktators. In der Szene, in der der Herrscher Adanoid (Adolf / paranoid) Hynkel mit der Weltkugel spielt, wird deutlich, wie treffsicher Chaplin Hitlers paranoide Taten voraussah. Während die übrige Welt sich täuschen ließ oder ganz einfach nur wegsah, schuf er ein Werk, daß die psychische Verfassung des Wahnsinnigen Hitler offenlegte. Weitere Bezüge zu Hitler sind der Hitlerbart und das Hakenkreuz, welches in dem Film ein Doppelkreuz ist. Aus Hitlers Berater Göring macht der König des Slapsticks kurzerhand Feldmarschall Hering und Goebbels heißt in der tiefsinnigen Satire Garbitsch. Chaplin, der in die Produktion von »Der große Diktator« quasi sein ganzes Vermögen steckte, mußte nach der Uraufführung des Filmes (1940), um seine wirtschaftliche Existenz bangen. In Amerika ist man nämlich inzwischen sehr leise geworden, man wollte es sich damals mit Hitler aus politischen Gründen nicht verscherzen, und so stand der Film plötzlich auf der Abschußliste von Presse und Staat. Das änderte sich natürlich alles schlagartig, als Deutschland 1941 den USA den Krieg erklärte.

Aber nicht nur historisch, sondern auch filmisch ist »Der große Diktator« sehr interessant. Hynkel beispielsweise gibt in seinen Reden nur unverständliche Laute von sich, das Volk bejubelt ihn trotzdem. Hauptsache, es hat einen Führer, der so etwas wie Charisma aufweist, seine Ansichten und seine Bestrebungen sind dann nicht mehr von Bedeutung. Chaplin arbeitete in diesem Tonfilm mit vielen Elementen aus seiner Stummfilmzeit, so mit Pantomime, Tanz oder der Sahnetortenschlacht zwischen Hynkel und Napaloni. Im Grunde ist es erstaunlich und auch erschreckend, was für eine nachhaltige Wirkung diese Slapstickelemente entwickeln, wenn man sie – wie hier geschehen – mit einem so ernsten Thema verbindet. »Der große Diktator« wird immer ein außerordentlicher Film bleiben, der nicht nur damals (wo er seiner Zeit weit voraus war), sondern auch heute ungewöhnlich und treffsicher die Paranoia dieses dunklen Abschnitts deutscher Vergangenheit sichtbar macht.

Der große Diktator (USA 1940) Original-Titel: The Gerat Dictator, R: Charles Chaplin, B: Charles Chaplin, K: Roland H. Totheroh, Karl Struss, M: Meredith Wilson, P: Charles Chaplin, D: Charles Chaplin, Paulette Goddard, Jack Oackie, Henry Daniell, Billy Gilbert, Grace Hayle, Reginald Gardiner, s/w 126 Min.

Der große Diktator – Chaplin in seiner überragendsten Rolle

Große Freiheit Nr. 7

Auf der Hamburger Reeperbahn ist nachts immer was los. Im »Hippodrom«, wo Matrosen aus aller Herren Länder (und nicht nur sie) einkehren, sorgt der singende Seemann Hannes Kröger für Stimmung, obwohl er lieber wieder auf große Fahrt ginge. Als die Viermastbark »Padua« wieder einmal im Hamburger Hafen festmacht, steuern Smutje Fiete Brinkmann und Jens sofort das »Hippodrom« an: Ein riesiger Raum, halb Zirkus, halb Kabarett, mit einer Manege in der Mitte, in der sechs Pferde im Kreise trotten. Dann spielt die Kapelle einen Tusch und das Scheinwerferlicht konzentriert sich auf einen Mann in einem blauen Pullover. Die Schiffermütze keck in die Stirn gedrückt, greift Hannes Kröger zum Schifferklavier und beginnt zu singen. Früher ist er mit seinen Freunden auf der »Padua« zur See gefahren. Doch dann hatte er es eines Tages satt, immer nur Matrose zu sein. Hannes wollte die Steuermannsschule besuchen und er hätte es auch geschafft, wenn sein Bruder Jan nicht alles ersparte Geld geklaut hätte. So mußte Hannes an Land bleiben und wurde zum Stimmungssänger.

Gerade als Hannes nun Wiedersehen mit seinen Freunden feiert, wird er ans Krankenlager seines Bruders Jan gerufen, und ehe er sich versieht, hat er dem Sterbenden versprochen, für ein Mädchen zu sorgen, das Jan sitzengelassen hatte. Es ist das Mädchen Gisa, die Hannes kurzerhand zu sich nach Hamburg holt und der er eine Stelle als Verkäuferin verschafft. In seiner Wohnung bekommt sie ein eigenes Zimmer und am liebsten hätte Hannes das Mädchen Gisa gleich geheiratet, doch er wartet aus Anstand, denn schließlich war sie die Freundin seines verstorbenen Bruders. Inzwischen lernt Gisa den jungen Werftarbeiter Willem kennen, der sich Hals über Kopf in sie verliebt. Und Hannes schmiedet Zukunftspläne: Er möchte seine Arbeit als Stimmungssänger aufgeben und mit dem Ankauf einer Barkasse für Hafenrundfahrten solide werden. Doch der Alltag sieht anders aus: Gisa weiß nichts von seinen Plänen und Hannes weiß nichts von ihrer neuen Liebe. Gisa hat sich längst für Willem entschieden, für Hannes bleibt die Liebe zu Gisa unerfüllt. Als er es erfährt, bricht in ihm eine Welt zusammen. Aber eine altvertraute Welt gewinnt wieder Gestalt: Er weiß, daß auf der »Padua« noch eine Koje frei ist. Und so erfüllt sich, wovon er immer gesungen hat: »Ein Wind weht von Süd und zieht mich hinaus auf See...«

Der Film, der zunächst La Paloma heißen sollte, entstand im letzten Jahr des Zweiten Weltkriegs. Geplant waren ursprünglich Aufnahmen an Originalschauplätzen in Hamburg. Doch Regisseur Helmut Käutner hatte enorme Schwierigkeiten, denn das Hamburger Hafenviertel war nur noch ein Trümmerhaufen. Und so mußte die Straße »Große

Freiheit« aus dem Stadtviertel St. Pauli in den UFA-Studios in Tempelhof nachgebaut werden. Bei einem Bombenangriff wurde dann das Studio samt Dekoration vernichtet. Schließlich entschloß sich Helmut Käutner, noch einmal umzuziehen und nach Prag zu gehen. Dort entstanden die Kulissen noch einmal neu und der Film konnte fertiggestellt werden. Doch auch im Anschluß an die Dreharbeiten gab es Schwierigkeiten: Propagandaminister Goebbels verbot im Dezember 1944 die Aufführung des Films im Inland, lediglich Aufführungen im Ausland und zur Truppenbetreuung wurden genehmigt. Von all den im Dritten Reich verbotenen Filmen findet die Geschichte von der Großen Freiheit Nr. 7 in der Filmliteratur die meiste Beachtung. Biographien, Memoiren und Geschichten des Films zitieren zahlreiche Verbotsgründe in immer neuen Varianten. Tatsache ist, daß die Premiere des Films Große Freiheit Nr. 7 am 15. Dezember 1944 in Prag erfolgte. Und die deutsche Erstaufführung erst nach dem Fall des Dritten Reichs stattfand. Am 9. September 1945 war der Film zum ersten Mal in den Berliner Westsektoren zu sehen, soweit überhaupt noch intakte Kinos vorhanden waren. Und im März 1946 lief der Film dann auch im Ostsektor Berlins.

Die Presse blieb skeptisch: »Die Wirkung des Films ist zersetzend, vor allem auf das jüngere Publikum. Sie bleibt es auch nach Herausschneiden der unappetitlichen farbigen Fleischklumpen-Szenen im Bett

Große Freiheit Nr. 7

der ›Liebenden‹. Die ganze Atmosphäre ist eindeutig außerhalb aller gesunden Ordnung. (Eindeutig z. B. das Hurenlied: ›Beim ersten Mal, da tut es noch weh.‹) Hier wird unsere Ablehnung geradezu wachgeboxt. Gespräche, Lieder, Gewohnheiten der Matrosen stellen die Liebe als ›Freizeitgestaltung‹ hin, als bequem zu erzielende Lust ohne verantwortliche Bindung. Und das nicht objektiv berichtend, sondern bewußt kitzelnd. Wer diesen Liebesmaterialismus damit zu entschuldigen sucht, der Film schildere ja nur die Wirklichkeit des Lebens, der ist hoffnungslos angeknackst. Oder ein Dummkopf. Wahrscheinlich aber beides.« (Filmdienst der Jugend, 1948)

»Schon als Käutner Anno 44 sich die große Freiheit nahm, diese Große Freiheit zu drehen, begannen die Schwierigkeiten. Zuerst mußte sie numeriert werden, da man damals unter ›Freiheit‹ etwas anderes verstanden haben wollte als eine Straße im Hamburger Vergnügungsviertel. Als der Film fertig war, erklärte der Großadmiral schlicht und mit maritimer Klarheit: ›Unmöglich! Ein deutscher Seemann säuft nicht!‹ Und der NS-Staat der Hamburger Hanseaten stellte feierlich fest, daß hier eineböswilllige Verunglimpfung der altehrwürdigen See- und Handelsstadt vorliege. Es müßte sich also um einen sehr interessanten Film handeln. Aber so war das damals: Zur gleichen Zeit drehte der vielumschwärmte Harlan den Durchhaltefilm Kolberg, und der heftig befehdete Käutner brachte sich mit der Großen um seine restliche Bewegungs-›Freiheit‹. Doch da er gar nicht anders konnte, war das, was viele ein Wagnis nannten, für ihn eine Selbstverständlichkeit.« (Hans Hellmut Kirst, Münchner Merkur, 1949)

Deutschland 1944, Produktion: Ufa, Regie: Helmut Käutner, Buch: Helmut Käutner, Richard Nicolas, Kamera: Werner Krien, Musik: Werner Eisbrenner, Darsteller: Hans Albers (Hannes), Ilse Werner (Gisa), Hans Söhnker (Willem), Hilde Hildebrand (Anita), Gustav Knuth, Günther Lüders, Ethel Reschke, Erna Sellmer, Helmut Käutner, Inge van der Straaten. Text: Manfred Hobsch a.G.

Das große Fressen

Die vier Freunde Ugo, Michel, Philippe und Marcello treffen sich in einer Villa. Ihre Absicht: Sie wollen solange fressen, bis sie daran krepieren. Die üppigsten Speisen haben sie sich aus diesem Grunde lastwagenweise anliefern lassen. Auch drei Prostituierte werden zu dem Gelage bestellt, doch als sich die Stimmung zwischen den Freunden verdüstert, machen sich diese aus dem Staub. Dafür gelingt es den Selbstmördern, die Lehrerin Andrea, die mit ihrer Klasse ein Nachbargrundstück besichtigt, für ihr dunkles Vorhaben zu gewinnen. Sie unterwirft sich den Herren, ihren Komplexen und Neurosen. Immer mehr treten die Spannungen zwischen den Männern in den Hintergrund. Ihre Bäuche spannen von dem vielen Fressen und Erschöpfung macht sich breit. Trotzdem halten die Herrschaften an ihrem Plan fest. Als erstes stirbt Marcello. Ihm folgt Michel, der seinen Blähungen erliegt. Ugo stirbt an einem Orgasmus und Phillippe frißt sich schließlich an einem Pudding zu Tode, der die Form einer weiblichen Brust hat.

Schwärzer als die Nacht kommt diese Satire daher. Sie kennt keine Sitten, hat keine Manieren und ist voll von bösartiger Todessehnsucht. Die Moralapostel protestierten und ihre Argumente gingen – wie so oft – gänzlich am Werk vorbei. »Das große Fressen« ist weder pornographisch noch ein Aufruf zur kollektiven Nachahmung. Im Gegenteil, der Film ist höchst philosophisch und eine ehrliche Aufforderung an sein Publikum: das Leben besser zu gestalten, als die vier Helden das ihrige gestaltet haben. Zwar wertet der Regisseur die Vorgänge in der Villa nicht, aber gerade seine neutrale Betrachtungsweise stößt uns um so mehr ab. Zudem ist »Das große Fressen«, wenn man sich an die Furzerei und an die Fresserei gewöhnt hat, wirklich komisch und in seiner Art einmalig.

Frankreich / Italien, 1973, Originaltitel: La Grande Abbuffata / La grande bouffer, Produktionsfirma: Mara/CPC, Regie: Marco Ferreri, Buch: Marco Ferreri, Rafael Azcona, Kamera: Mario Vulpiani, Musik: Philippe Sarde, Darsteller: Michel Piccoli (Michel), Ugo Tognazzi (Ugo), Marcello Mastroianni (Marcello), Philippe Noiret (Philippe), Andréa Ferréol (Andrea), Florence Giorgetti (Anne), Michele Alexandre

Das große Fressen

H

Hair

Claude, dem das Großstadtleben fremd ist, verbringt ein paar Tage in New York. Er will vor seiner Einberufung nach Vietnam in einer Großstadt einen draufmachen. Im Central Park schließt er sich einer Gruppe von Hippies an. Durch sie kommt er mit der pazifistisch eingestellten »Flower-Power-Bewegung« in Berührung. Er lernt ihre Werte wie Freundschaft, Zusammenhalt und Freizügigkeit ebenso kennen, wie ihre Suche nach Bewußtseinserweiterung. Auch in den Genuß von Haschisch kommt er durch die Truppe. Dabei verliebt sich Claude in die Millionärstochter Sheila. Doch dies alles verhindert nicht, daß Claude seinen Dienst am Vaterland antreten muß.

Dem Anführer der Hippietruppe Berger gelingt es sogar durch sein sorgloses und freches Auftreten, Claude ein Rendezvous mit seiner Angebeteten zu verschaffen. Er tauscht mit Claude die Kleidung und geht an dessen Stelle ins Militärlager. Aus dem Spiel wird Ernst, Berger wird unverhofft mit der Truppe nach Vietnam verfrachtet. Am Schluß steht die Hippie-Gruppe am Grab von Claude.

»Hair« ist ein netter, bunter Film mit harmlosen Protagonisten und einem traurigen Ende. 1979, nachdem die Blumenkinder ihr Haschisch schon längst in ihre Rucksäcke gepackt hatten, da nach der Beendigung des Vietnamkrieges und der Einigung auf generelle Liberalisierungen ihr Pazifismus im kurzlebigen Amerika nicht mehr gefragt war, kam der Film schlicht und einfach zu spät. Deswegen blieben die Kinos auch weitgehend leer. Er wurde später zwar kurzzeitig wiederentdeckt, um der »Flower-Power-Ära« nostalgisch zu huldigen, aber das wars dann auch schon wieder. Dennoch ist »Hair« eigentlich der einzige Spielfilm der sich mit dieser Zeit auf so erfrischende Weise auseinandersetzt. Während → »Easy Rider« das puritanische Amerika der 60er Jahre in all seiner Brutalität und Spießigkeit entlarvt und so um Verständnis für die neue und ungeliebte Gegenbewegung wirbt, kokettiert »Hair« viel lieber mit dem vermeintlich ungezwungenen und freien Lebensgefühl der damaligen Hippies. Sicherlich hätte Milos Formans Film (»Einer flog übers Kuckucksnest«) viel erfolgreicher sein können, wäre er zehn Jahre früher gedreht worden. Musiknummern wie »Let the Sun Shine in«, »Hair«, »Good Morning Starshine« usw. faszinieren in diesem farbenfrohen und unbekümmerten Streifen gerade heute wieder junge Menschen, die sich mehr und mehr von dem sterilen und düsteren »Techno-Wahn« zu lösen versuchen.

USA 1977, Produktionsfirma: United Artists, Regie: Milos Forman, Buch: Michael Weller, nach dem gleichnamigen Rock-Musical von Gerome Ragni, Hames Rado und Galt MacDermot, Kamera: Miroslav Ondricek, Musik: Galt MacDermot, Darsteller: John Savage (Claude), Treat Williams (Berger), Beverly D'Angelo (Sheila), Annie Golden (Jeannie), Dorsey Wright (Hud), Don Dacus (Woof), Nicholas Ray (General).

Die Halbstarken

Der 19jährige Freddy leidet unter der fürchterlichen Situation in seinem Elternhaus. Er kann die Schikanen seines kleinkarierten Vaters nicht mehr länger ertragen. Noch unausstehlicher ist dieser geworden, als die Bank von ihm eine Bürgschaft einfordert. Vor allem Freddies Mutter leidet darunter. Kurzerhand haut der Jugendliche ab und beschließt, der schrecklichen Situation ein Ende zu bereiten, indem er seinem Vater das fehlende Geld beschafft. Er schließt sich einer Bande von halbstarken Jugendlichen an, erobert die begehrteste Braut Sissy und wird bald zum Anführer. Als erstes überfallen sie ein Postauto, doch das geht schief. Beim nächsten Überfall erschießt Sissy dann einen Mann. Von Gewissensbissen geplagt, muß Freddy erkennen, daß er zu weit gegangen ist. Er zieht seine Konsequenzen daraus und stellt sich der Polizei.

»Die Halbstarken« orientierte sich am amerikanischem Kino. Dort waren es James Dean und Marlon Brando, die gegen Gesellschaft und Eltern-

Die Halbstarken

Die Halbstarken – Packendes deutsches Jugenddrama

haus trotzten. In dieser deutschen Produktion vergab man die Rolle des sensiblen, jugendlichen Revolutionärs dem bis dato unbekannten Horst Buchholz. Der wurde dank dieses Films dann auch, wie seine weibliche Kollegin Karin Baal, zum Star. Die Produktion war ein riesen nationaler und auch internationaler Erfolg. Die Leichtigkeit, der Mut und die Intensität der Inszenierung konnte zumindest auf dem deutschen Markt lange ihresgleichen suchen. Produzent Wenzel Lüdecke hatte ein glückliches Händchen, als er sich für den Regisseur Georg Tressler entschied. Dabei war dessen Talent zu dieser Zeit wirklich nicht offensichtlich, denn Tressler drehte damals noch Dokumentarfilme.

BRD 1956, Produktionsfirma: Inter West, Regie: Georg Tressler, Buch: Will Tremper, Georg Tressler, nach einer Erzählung von Will Tremper, Kamera: Heinz Pehlke, Musik: Martin Böttcher, Darsteller: Horst Buchholz (Freddy Borchert), Karin Baal (Sissy Bohl), Christian Doermer (Jan Borchert), Joe Herbst (Günther), Viktoria von Ballasko (Mutter Borchert), Stanislav Ledinek (Antonio Garezzo), Kalle Gaffkus, Eduard Wandrey, Friedrich Joloff, Egon Vogel

Halloween

Einem Geisteskranken gelingt nach fünfzehn Jahren die Flucht aus einer Klinik. Damals wurde er als sechsjähriger Junge eingeliefert, weil er in der Halloweennacht seine Schwester brutal erstochen hat. Ein Polizeibeamter vermutet, daß er in seinen Heimatort, eine idyllische Kleinstadt, zurückkehren wird. Dort laufen gerade die Vorbereitung für die Halloweennacht. Kinder schnitzen Kürbismasken, um mit ihnen durch die Straßen zu ziehen und Süßigkeiten zu erbetteln. Aber auch Jugendliche überlegen, wie sie sich verkleiden können, um Freunde und Freundinnen zu erschrecken. In dieses bunte Treiben mischt sich der Psychopath und killt nach und nach den Bekanntenkreis von Laurie, die, weil sie auf ihren Bruder aufpassen muß, nicht am Fest teilnehmen kann. In einem äußerst spannenden und furiosen Showdown jagt das Monster schließlich auch Laurie. Dabei stellt sich heraus, daß »Das Böse« nicht zu besiegen ist. Laurie gelingt es mehrmals, den Psychopathen zu töten, doch dieser steht immer wieder auf und verfolgt sein Opfer erneut. Als aber der Polizeibeamte Laurie zu Hilfe eilt, gelingt es ihm zwar nicht, den Geisteskranken zu töten, aber er rettet zumindest Lauries Leben.

»Halloween« ist ein Gruselfilm, der an Wirkung, Spannung und Intensität wirklich kaum zu übertreffen ist. Das Erschreckende des Films ist, daß ausgerechnet dann das Monster unterwegs ist, wenn sich sowieso alle verkleiden und andere erschrecken. Der Suspence liegt in der Entdeckung der Opfer, daß es sich hier doch nicht um den vermuteten Halloween-Spaß handelt, sondern daß man es tatsächlich mit einem Serienmörder zu tun hat. Mit einfachsten Mitteln gelang es dem Regisseur John Carpenter einen nicht nur erschreckenden, sondern auch atmosphärisch gelungenen Streifen zu inszenieren. Eine verschlafene Kleinstadt bereitet sich mit leuchtenden Kürbissen und Totenköpfen auf das Nachbarschaftsfest Halloween vor. Die Blätter fallen von den herbstlichen Bäumen und sind fast schon eine böse, aber unfreiwillige Metapher auf das bevorstehende Gemetzel. Alle sind ahnungslos, nur der Zuschauer befürchtet, was geschehen wird. Zwar war der Aufbau, daß sich das Böse langsam, aber unausweichlich in einer kleinbürgerlichen Idylle ausbreitet, nicht neu, doch durch das Halloweenfest erhält es eine zusätzliche Dimension. Oft aus »Halloween« kopiert, wurde die Ohnmacht gegenüber einem unbesiegbaren Monster. Insgesamt dreimal wird der Serienkiller getötet, und doch ist er nach wenigen Minuten wieder da. Der Zuschauer atmet auf, und plötzlich ist alles wieder wie vorher.

»Halloween« hatte insgesamt fünf Nachfolger, die dem Original nicht das Wasser reichen konnten, obwohl sich die jeweiligen Macher nicht davor scheuten, ganze Stellen von »Halloween« zu kopieren.

Halloween – Die Nacht des Grauens (USA 1978) Original-Titel: Halloween, R: John Carpenter, B: John Carpenter, K: Dean Cundey, M: M: John Carpenter, P: Debra Hill für Warner Bros, D: Donald Pleasence, Jamie Lee Curtis, Nancy Loomis, P. J. Soles, Charles Cyphers, Brian Andrews, Kyle Richards, Nancy Stephens, F: 91 Min.

Harold und Maude

Der achtzehnjährige Harold, spießiger Sprößling begüterter Eltern, ist grüblerisch verträumt, depressiv und schockiert seine Verwandtschaft mit einem makabren Todeskult. Er fährt mit einem Leichenwagen durch die Gegend, geht zu fremden Beerdigungen und erschrickt seine Angehörigen mit einfallsreich inszenierten Scheinselbstmorden. Durch die Freundschaft mit der »Fast-80erin« Maude, die außerhalb aller gesellschaftlichen Konventionen in einem Eisenbahnwagen lebt, findet er ein neues, zupackendes Verhältnis zu seinem Leben. Die beiden Außenseiter verbünden sich gegen die Mittelmäßigkeit ihrer Umgebung und erleben das Glück einer unangepaßten Existenz, ja einer ungewöhnlichen Liebesbeziehung.

Diese sanft-anarchistische Komödie, die die verträumte Lebenslust der amerikanischen »Blumenkinder« der späten 60er Jahre beschwört und vom Charme ihrer Hauptdarsteller profitiert, begeisterte die Zuschauer. Der Bruch der Konventionen kam im Hippie-Zeitalter an, die latente Gesellschaftskritik blieb bis heute aktuell. In den eingestreuten Songs von Cat Stevens und stellenweise auch im Dialog wird ein leicht anarchistisch gefärbter Pragmatismus gepredigt, der sich freilich durch manche Inkonsequenz im Drehbuch selbst wieder in Frage stellt. Ruth Gordon erneuerte ihre Popularität mit der Rolle der Maude und startete mit diesem Film eine große Alterskarriere.

USA 1971; Originaltitel: »Harald and Maude«; Produktionsfirma: Mildred Lewis/Colin Higgins Productions für Paramount Pictures (Mildrd Lewis); Regie: Hal Ashby; Drehbuch: Colin Higgins, Literarische Vorlage: Colin Higgens; Kamera: John A. Alonco; Musik: Cat Stevens; Darsteller: Bud Cort, Ruth Gordon, Vivian Pickles, Cyril Cusack, Charles Tyner, Ellen Geer, Eric Christmas, G. Wood, Judy Engles, Shari Summers, Ray Gorman, Harvey Brumfield, Gordon Devol, Henry Dieckoff, Philip Schultz, Sonia Dorell, Margot Jones, Barry Higgens, William Lucking, Susan Madigan, Jerry Randall; F, 92 Min.

Der Hauptmann von Köpenick

Berlin 1906. Der Schuster Wilhelm Vogt hat von seinen 57 Lebensjahren ungefähr die Hälfte hinter Gittern verbracht. Mit Einbrüchen, Diebstählen und Betrügereien bestritt er seinen Lebensunterhalt, um

Harold and Maude – Ergreifend geschilderte Liebe

der sozialen Not zu entgehen. Einmal auf die schiefe Bahn geraten, bot das wilhelminische Deutschland keine Möglichkeit, eine neue Existenz aufzubauen. Ohne Arbeit gab es keine Papiere, ohne Papiere weder Arbeit noch Wohnung. So beschließt er, sich durch einen letzten Coup im Rathaus Köpenick Papiere zu beschaffen, um sein Leben als anständiger Mann zu beschließen. Mit einer geliehenen Hauptmannsuniform führt er die preußischen Bürokraten an der Nase herum und macht sie vor der ganzen Welt lächerlich. Als er per Steckbrief gesucht wird, stellt er sich, und Majestät macht notgedrungen gute Miene zum bösen Spiel.

Nach dem erfolgreichen Bühnenstück von Carl Zuckmayer entstanden mehrere Verfilmungen. Richard Oswald inszenierte das Stück als soziale Anklage 1931 mit Max Adalbert in der Hauptrolle, der auch in der Uraufführungsinszenierung gespielt hatte. Er erschütterte durch die Mischung von verzweifeltem Berliner Humor und sich auflehnender Tragik. Der Film wurde 1933 verboten und erlangte eine geringere Bekanntheit, als Helmut Käutners Fassung von 1956 mit Heinz Rühmann. Der zuweilen etwas sentimentale Film erhielt zahlreiche Auszeichnungen und bedeutete für den Komiker Heinz Rühmann den Durchbruch zum Charakterdarsteller. Der Film war bis in kleinste Rollen erstklassig besetzt und wurde in 53 Länder verkauft. Er galt als erster deutscher Nachkriegserfolg in den USA.

Verfilmungen für das Fernsehen mit Rudolf Platte (1960) und Harald Juhnke (1997) zeigten allerdings, daß verschiedene Rollenauffassungen durchaus Gültigkeit haben.

In den USA drehte Richard Oswald 1940 eine amerikanische Version des Stoffes mit Albert Bassermann in der Hauptrolle.

1) Deutschland 1931, Produktion: Roto, Regie: Richard Oswald, Buch: Carl Zuckmayer, Albrecht Joseph nach dem gleichnamigen Theaterstück von Carl Zuckmayer, Kamera: Ewald Daub, Darsteller: Max Adalbert (Voigt), Käte Haack (Frau Obermüller), Max Gülstorff (Bürgermeister Obermüller), Paul Wagner, Friedrich Kayßler, Ilse Fürstenberg, Herrmann Valentin. Willi Schur, Hermann Speelmans, Gerhard Bienert, Leonhard Steckel

2) BRD 1956, Produktionsfirma: Gyula Trebitsch / Real Film Walter Koppel, Regie: Helmut Käutner, Kamera: Albert Benitz, Buch: Carl Zuckmayer (nach seinem gleichnamigen Theaterstück), Helmut Käutner, Musik: Bernhard Eichhorn, Darsteller: Heinz Rühmann (Voigt), Hannelore Schroth (Frau Bürgermeister), Martin Held (Bürgermeister), Willy A. Kleinau (Schwager), Ilse Fürstenberg (Voigts Schwester), Leonard Steckel, Erich Schellow, Walter Giller, Maria Sebaldt, Friedrich Domin, Ethel Reschke, Josef Offenbach. Wolfgang Neuss, Bum Krüger, Willi Rose, Reinhard Kolldehoff, Otto Wernicke, Karl Hellmer, Siegfried Lowitz, Edith Hancke

Der Hauptmann von Köpenick – Paraderolle für Heinz Rühmann

HEINTJE – Ein Herz geht auf Reisen

Der 13jährige Heintje wohnt seit dem Tod seiner Eltern bei seiner Tante Monika. Er verbringt seine Freizeit im Gestüt des Rennstallbesitzers Alfred Teichmann. Als Heintje in ein Heim muß, reißt er aus und fährt per Anhalter in die Schweiz, wo er Teichmann vermutet. Unterwegs wird er von einem zwielichtigen Trio aufgelesen. Nichtsahnend schmuggelt er für die drei ein wertvolles Päckchen über die Grenze. In der Schweiz findet er Teichmann tatsächlich. Inzwischen sind die Schmuggler, die Polizei und die Vertreterin des Jugendamtes, Teichmanns ehemalige Freundin Hanna, hinter dem Jungen her. Die Gauner entführen Heintje, der aber befreit werden kann. Danach finden Teichmann und Hanna wieder zueinander. Sie heiraten und adoptieren Heintje.

Die Komödie ist ganz auf den Kinderstar Heintje zugeschnitten. Für Heintje – Ein Herz geht auf Reisen stand er erstmals in einer Hauptrolle vor der Kamera, sein Debütfilm wurde 1970 mit der Goldenen Leinwand ausgezeichnet. In Spielfilmen wie Zum Teufel mit der Penne hatte er weitere musikalische Auftritte. Heinz Reincke spielte hier das erste Mal den (Adoptiv)-Vater von Heintje. Dieselbe Rolle fiel ihm auch in den nachfolgenden Heintje-Filmen *Heintje – Einmal wird die Sonne wieder scheinen* und *Heintje – Mein bester Freund* zu.

Und die Presse? »Um Heintje singt's und klingt's. Wenn still das Mondlicht auf den Wellen ruht, hebt er seine Stimme zu ›Der Mond ist aufgegangen‹; Damen spätherbstlicher Prägung, die ihn im Auto bei der Herzensreise mitnehmen, bedenkt er innig mit ›Ich sing' ein Lied für dich‹ und die liebe Oma darf sich unter anderem ›Oma so – lieb' vorschmettern lassen. Dennoch ging verblüffenderweise diese Geschichte vom elternlosen Buben und seinem großen Freund um einige Daumenbreit an der himbeerfarbenen Schnulze vorbei. Denn der zahllosen Muttis liebstes Kind ist von Regisseur Werner Jacobs und vom Monetentroß aus der Branche nicht übernommen worden. Eine einfache Handlung, sinnvoll eingebaute acht Lieder sowie Partner wie zum Beispiel Heinz Reincke haben einen soliden deutschen Familienfarbfilm abgegeben, der dem Sechsjährigen ebenso wie der Ahne schlicht ans Herz und ins Gemüt geht. Wer von einem Film nicht mehr erwartet, wird hier trefflich bedient werden: Heintje, wie er singt und spielt.« (ggp, Stuttgarter Zeitung 1969)

»Seine Eltern liegen auf dem Friedhof, seine Tante verfrachtet ihn in ein Heim, zum Schmuggeln wird er mißbraucht, entführen muß sich der Arme lassen, Jockey möchte er werden, und wenn er singt, gehen alle, alle Herzen auf. Ein lieber, ›frischer‹ Bilderbuchjunge ist er, der

Heintje – Liebling einer ganzen Nation

Tauben füttert, Pferde streichelt und sein schweres Los tapfer trägt. Mit fröhlich-unwiderstehlichem Optimismus findet er schließlich beim grundanständigen Besitzer eines Gestüts das verdiente Zuhause. Man hat sich redlich Mühe gegeben, diesen jungen Sendboten einer heilen Welt so wirkungsvoll wie möglich an den Mann zu bringen: Kameramann Heinz Hölscher sorgte für schöne, gelackte Bilder, und Regisseur Werner Jacobs hat die handfeste Klischeeansammlung des Drehbuchs weit effektiver als üblich in Szene gesetzt. Tränen rinnen, mitunter darf gelacht werden und dann rinnen sie auch schon wieder. Omas, Kinder und alle die meinen, so könnte oder müßte es im ›Leben‹ zugehen, werden begeistert sein. Warten auf den Stimmbruch.« (esch, Süddeutsche Zeitung München 1969)

BR Deutschland, 1969, 105 min , Produktionsfirma: Terra/Allianz, Produktion: Heinz Willeg, Regie: Werner Jacobs, Buch: Johanna Sibelius, Eberhard Keindorff, Kamera: Heinz Hölscher, Schnitt: Hermann Haller , Musik: Raimund Rosenberger, Lieder: »Der Mond ist aufgegangen«, »Ich sing' ein Lied für dich«, »Oma so – lieb«, Darsteller: Heintje (Heintje), Heinz Reincke (Alfred Teichmann), Gerlinde Locker (Hanna Schwarz), Sieghardt Rupp (Herr Schelle), Dagmar Altrichter (Tante Monika Klausen), Ralf Wolter (Harry), Rudolf Schündler (Schulheimleiter Neumann). Text: Manfred Hobsch a.G.

Heißer Sommer

Sommer, Sonne, Strand: Zwei Gruppen von Oberschülern trampen in den Sommerferien an die Ostsee. An der Autobahn kommt es zu einer Rivalität, wer mitgenommen wird. Natürlich siegen die Mädchen über die Jungen. An der See geht der Konkurrenzkampf weiter, doch die Neckerei mündet in Liebesgeplänkel. Trotz der banalen Handlung hatte der Film großen Erfolg, weil er das Lebensgefühl junger Leute in den sechziger Jahren in der DDR deutlich traf. »Wenn man jung ist, ist alles möglich!« Hinzu kam die schmissige Musik von Gerd Natschinski, die vom damaligen Schlager-Traumpaar Chris Doerk und Frank Schöbel in den Hauptrollen interpretiert wurde. Auch in den neunziger Jahren trifft der Film in Reprisen auf ein begeistertes Publikum.

Die DDR-Presse reagierte zwiespältig: »Heißer Sommer dürfte wohl auch gleichzeitig der beste aus der bisher produzierten Reihe sein. Er bereitet Auge und Ohr über weite Passagen hin Vergnügen – wobei hier speziell die choreographisch-tänzerische Gestaltung (Gisela Walther) sowie das Angebot musikalisch und textlich überwiegend origineller Schlager und Lieder (Musik: Gerd und Thomas Natschinski, Texte: Jürgen Degenhardt und Hartmut König) gemeint ist. Dem Schlagerfreund wird es auch eine echte Überraschung sein, Chris Doerk nicht

Heißer Sommer – Riesen Erfolg trotz banaler Handlung

nur singend, sondern auch spielend zu erleben (wobei sie ihren Part mit Sicherheit bewältigt), desgleichen Frank Schöbel, dem wir nunmehr zum wiederholten Male als Schauspieler auf der Leinwand begegnen.... Die Schwächen des Films liegen meines Erachtens in dem Mißverständnis begründet, ein heiterer musikalischer Film bedürfe keiner besonderen Geschichte. Ein Vorwurf, der schon die Filme Reise ins Ehebett und Hochzeitsnacht im Regen traf.« (Friedrich Salow, Filmspiegel 1968)

»Klimatisch mag das ja zutreffen; ehrlicher wäre es allerdings gewesen, das Lichtspiel schlicht und einfach Sauregurkenzeit zu nennen. Was Regisseur und Kameramann Joachim Hasler mit seiner Reise ins Ehebett schon andeutete, hat er mit Heißer Sommer schlüssig bewiesen: Der heitere, mit großen Schaueffekten ausgestattete Musikfilm liegt ihm nicht. In diesem spezifischen und gewiß enorm schwierigen Handwerk gelingt ihm kein Gesellenstück. Das dürftige Gerippe scheint von Maurycy Janowski vor allem als Beschäftigungstherapie für eine Schar jugendlicher Anfänger erdacht worden zu sein. Zehn Jungen und elf Mädchen – etwa im Alter von zehn bis achtzehn Jahren – treffen sich beim Tramp an die Ostsee. Sie benehmen sich dabei nicht wie normale Jugendliche, sondern wie zwei verbiesterte Tanzensembles, die mangels besserer Auftrittsmöglichkeiten ihre bescheidenen Ballettdarbietungen auf den Straßen und Bahnen der Republik absolvieren... Liebe und Eifersucht erzeugen alberne Verwicklungen auf der Leinwand und Herzdrücken beim Publikum. Fazit: Die erstklassigen Schlager von Vater und Sohn Natschinski – ebenso erstklassig gesungen von Chris Doerk, Frank Schöbel, Gerti Möller und Ingo Graf – sind schon seit vielen Monaten in aller Munde. Angesichts dieser Tatsache wirkt der Film völlig überflüssig.« (Renate Holland-Moritz, »Die Eule im Kino« 1981)

DDR, 1968, Produktionsfirma: DEFA, Regie: Jo Hasler, Buch: Maurycy Janowski, Jo Hasler, Kamera: Joachim Hasler, Roland Dressel, Musik: Gerd Natschinski, Thomas Natschinski, Darsteller: Frank Schöbel (Kai), Chris Doerk (Stupsi), Hanns-Michael Schmidt (Wolf), Regine Albrecht (Brit), Georg-Peter Welzel (Schpack), Madeleine Lierck (Thalia), Marianne Wünscher, Bruno Carstens

Der Hexer

Der bekannte Anwalt Maurice Messer steckt bis in den Hals in Korruption und Betrug. Als seine Sekretärin dies entdeckt, läßt der Rechtsanwalt sie kurzerhand ermorden. Doch die Rechnung wurde ohne den Wirt gemacht. Denn der Bruder der Ermordeten ist niemand anderer als der legendäre Betrüger Arthur Milton. Diesem sind bisher, insbesondere durch seine unglaubliche Verwandlungsfähigkeit, die unmöglichsten Verbrechen geglückt. Deswegen wird er von allen auch »Der Hexer« genannt. Da die Polizei aufgrund des Mordes mit seinem Eintreffen rechnet, befindet sie sich in höchster Alarmbereitschaft. Schließlich trifft dann auch die Frau des Hexers Cora Ann in London ein. Sofort wird sie auf Schritt und Tritt beschattet. Trotzdem gelingt es dem Hexer, unerkannt zu bleiben. Mit Hilfe von Masken und der Schauspielkunst kann sich dieser nämlich wie ein Chamäleon in jede beliebige Person verwandeln. Schließlich überlistet er damit die Polizei mehrmals, tötet den Mörder seiner Schwester und flieht nach Australien.

»Der Hexer« ist ein Bestandteil der Flut von Edgar Wallace Verfilmungen der 60er Jahre. Damals strömte das Publikum in Scharen in das Kino, um Klaus Kinski als Psychopath und Heinz Drache oder Joachim Fuchsberger als ermittelnde Kommissare zu erleben. Das nebelige und unheimliche London bot obendrein noch die richtige Schauerkulisse. Und immer war neben einer suspekten Frau auch mindestens ein hübsches Dämchen mit von der Partie, die von einem starken Mann beschützt werden mußte und wollte. Für Auflockerung sorgte dann Eddie Arent oder ein ähnlich witziger Trottel, dessen unmotivierte Spareinlagen die kaum vorhandene Spannung vollends zunichte machten.

»Der Hexer« hebt sich aus den gewöhnlichen Wallace-Verfilmungen heraus, weil er sorgfältiger inszeniert ist und sich selbst ernst nimmt. Dennoch ist er nicht mehr als ein gewöhnlicher, vielleicht sogar guter Krimi. Warum er damals und teilweise sogar noch heute Kritik und Publikum so begeistert, liegt auf der Hand. Damals galten Wallace-Filme als das Nonplusultra, weil eine deutsche Produktion in England drehte und obendrein noch die Werke eines berühmten Meisters verfilmte. Nebel, Moor, gruselige Verliese und eine prominente Schauspielergarde reichten dann auch aus, das Publikum zu beglücken. Als sich dann unter die bescheidene Fließbandware tatsächlich ein guter Film mischte, wurde dieser auch über Gebühr gefeiert.

Die Fortsetzung »Neues vom Hexer« paßte seinen Qualitätsanspruch auch gleich wieder den übrigen Wallace-Filmen an.

BRD 1964, Produktionsfirma: Rialto Film Preben Philippsen, Regie: Alfred Vohrer, Buch: Herbert Reinecker, Harald G. Petersson, nach einem Roman von Edgar Wallace, Kamera: Karl Loeb, Musik: Peter Thomas, Darsteller: Heinz Drache (Kommissar Wesby), Joachim Fuchsberger (Inspektor Higgins), Sophie Hardy (Elise), Siegfried Lowitz (Warren), Margot Trooger (Cora Ann Milton), Carl Lange (Reverend Hopkins), Siegfried Schürenberg (Sir John), Eddi Arent (Finch), Jochen Brockmann, Karl John, Hilde Sessak, Renè Deltgen

Der Himmel über Berlin

Damiel, einer der Engel, die, unsichtbar für die Augen der Erwachsenen, die Menschen Berlins trösten und Anteil an ihrem Weg nehmen, sie nach Möglichkeit schützen, verspürt das Verlangen, die Welt als Mensch zu erfahren, als er sich in eine Trapezkünstlerin verliebt. Er verläßt die Sphäre der Engel und wird sterblich, lernt aber dafür Welt und Menschen in neuen Farben, mit neuerworbener Sinnlichkeit kennen und lieben.

In seinem wohl persönlichsten Film schuf Wim Wenders zusammen mit Peter Handke und Kameramann Henri Alekan eine poesievolle Liebeserklärung an das Leben, an die Sinnlichkeit und Begrenztheit des irdischen Daseins. In teilweise berauschenden Bildern eingefangen, gerät der Film manchmal zwar in die Gefahr, seine Naivität – gerade in den Dialogen – zu sehr zu strapazieren; auf weiteren Ebenen ist er aber eine phantasievolle Hommage an die, damals noch durch die Mauer, geteilte Stadt Berlin und eine Reflexion über die Sichtweise des Filmemachens.

Für die beste Regie erhielt Wim Wenders 1987 in Cannes die Goldene Palme, sowie den Europäischen Filmpreis in Berlin 1988. Im selben Jahr konnte auch Curt Bois einen Europäischen Filmpreis für seine eindrucksvolle Gestaltung des alten Berliner Geschichtenerzählers

Der Himmel über Berlin

Homer, den Erinnerungen an die Nazi-Zeit verfolgen, entgegennehmen.

Wim Wenders drehte 1993 eine Fortsetzung des Films. Unter dem Titel »In weiter Ferne, so nah« führt er seine Engel in das wiedervereinigte Berlin. In den USA entstand 1998 ein in Los Angeles angesiedeltes Remake des Stoffes durch Regisseur Brad Silberling unter dem Titel »Stadt der Engel« (City of Angels).

BRD / Frankreich, 1986 / 87, Titel in Frankreich: Les Ailes du Desir, Produktionsfirma: Road Movie/Argos/WDR, Regie: Wim Wenders, Buch: Wim Wenders in Zusammenarbeit mit Peter Handke, Kamera: Henri Alekan, Musik: Jürgen Knieper, Laurent Petitgand, Laurie Anderson, Crime and the City Solution, Nick Cave & The Bad Seeds, Sprung aus den Wolken, Tuxedomoon, Minimal Compact, Darsteller: Bruno Ganz (Damiel), Solveig Dommartin (Marion), Otto Sander (Cassiel), Curt Bois (Homer), Peter Falk (Peter Falk, der Filmstar), Hans Martin Stier, Sigurd Rachman

Die 120 Tage von Sodom

1944, das faschistische Italien unter Mussolini: Vier reiche Italiener lassen zwangsweise hunderte von Mädchen und Jünglingen vorführen. Unter ihnen wählen sie diejenigen aus, von denen sie sexuell am meisten angesprochen werden. Bevor ihre Ära aufgrund der politischen Verhältnisse zu Ende geht, wollen sie einmal alle Grenzen des Erträglichen überschreiten. In einer pompösen Villa durchschreiten sie mit den jungen Menschen drei Höllenkreise. Sie beginnen mit dem Kreis der Leidenschaft. Dabei werden Mädchen wie Knaben wahllos vergewaltigt und gedemütigt. Dann eröffnen sie den zweiten Kreis. Hier geht es um die Exkremente. Orgien, in denen körperliche Ausscheidungen auf der Speisekarte stehen, werden gefeiert. Der letzte Kreis ist der Kreis des Blutes. Dies bedeutet nichts anderes als daß die jungen Menschen jetzt lustvoll abgeschlachtet werden.

Kein Wunder, daß Pasolinis Film zu den umstrittensten Werken der Filmgeschichte gehört. Hier werden wirklich alle Grenzen des Geschmacklosen überschritten. Aber »Die 120 Tage von Sodom« wären kein echter Pier-Paolo-Pasolini-Film, wenn da nicht noch etwas wäre. Dieser Film bringt dem Zuschauer auf verstörende Weise (vorausgesetzt man harrt den Film bis zum Ende aus) eine völlig neue Dimension der Perversion nahe. Man muß die Ausgangssituation kennen: Diese vier Männer sind Nutzniesser eines faschistischen Systems gewesen. Sie haben es dort zu Macht, Geld und Ruhm gebracht. Wer damals eine solche Position errungen hat, der mußte bereit sein, über Leichen zu gehen. Und mehr noch: In faschistischen Systemen werden Leute mächtig, die Gefallen an der Macht finden und welche die Macht genießen.

Der deutsche Philosoph und Schriftsteller Friedrich Nietzsche hat in seiner Schrift »Also sprach Zarathustra«, das Machtgefühl dermaßen ergreifend geschildert, daß es dem Leser dabei Tränen in die Augen treibt. Der Komponist Richard Wagner macht in seiner bombastischen Musik immer wieder den Triumph des Siegers spürbar, nachdem ihm der Feind zu Füßen liegt. Nicht umsonst liebten die meisten Faschisten die beiden Künstler über alles. In ihren Werken fanden sie die eigenen Gefühle reflektiert und ihre Haltung gegenüber Feind und Untergebenen bestätigt. Sie genossen die Möglichkeit über Leben und Tod zu entscheiden. Doch jetzt spürten diese Herren, daß Mussolinis Reich zusammenbricht und damit auch ihr Ende einleitet. Sie benutzen also schöne Jungen und Mädchen aus dem einfachen Volk, die keine Ahnung von den »großartigen Gefühlsergüssen« der Herrschaften haben und genießen durch sie ein letztes Mal die absolute Macht. Während des orgiastischen Treibens rezitieren sie Nietzsche und Baudelaire und stimulieren sich auf rituelle Weise durch Lust, Blut und Tod. Jetzt sind ihre Sinne darauf vorbereitet, um den letzten großen Augenblick vor dem eigenen Untergang ganz und gar genießerisch auszuschlachten: Sie töten die jungen Menschen, die ihnen ausgeliefert sind.

Passolini führt uns also die kranke Psyche selbstgefälliger Machtmenschen vor, deren Eitelkeit sie dazu treibt, ihre Niederlage in einen blutigen und rauschvollen Scheintriumph auf Kosten von Unschuldigen zu verwandeln. Genuß, Ekel und Mordlust fließen in dem Film zusammen. Die Vorlage für Pasolini war der Roman »Die 120 Tage von Sodom oder die Schule der Libertinage« von Marquis de Sade.

Wenige Monate nach Fertigstellung des Films wurde Pasolini ermordet.

Italien / Frankreich, 1975, Originaltitel: Salò o le 120 giornate di Sodoma / Salò ou les 120 journeés de Sodome, Produktionsfirma: P.E.A./Artistes Associés, Regie: Pier Paolo Pasolini, Buch: Pier Paolo Pasolini, Sergio Citti, nach dem Roman von Donatien Alphonse François Marquis de Sade, Kamera: Tonino Delli Colli, Musik: Frderik Chopin, Arnold Schönberg, Darsteller: Sonia Saviange (die Pianistin), Umberto Paolo Quintavalle (der Prälat), Paolo Bonacelli (der Herzog), Aldo Valletti (der Präsident), Giorgio Cataldi (der Bischof)

I

Ich denke oft an Piroschka

Ein alter Mann sitzt im Zug, liest Zeitung, plötzlich geht sein Blick hinaus, durchs Fenster nimmt er die Weite der Landschaft wahr, er beginnt sich zu erinnern. »Immer wenn ich hier vorüberfahre, denke ich an Piroschka, ich war noch ein junger Student...« Und mit der Erinnerung kommen die Bilder von damals, als Andy, wie der Student Andreas genannt wurde, im Bahnhof eines kleinen ungarischen Dorfes ankommt und bald die Bekanntschaft mit des Bahnhofsvorstehers Istvan Rasc's, Töchterlein macht. Piroschka ist ein echtes Ungarmädel mit braunen Augen und braunen wippenden Zöpfen, einen unwiderstehlichen lauten Lachen und einem Deutsch, das »nicht ganz einfach ist.« Ihre ständige Frage lautet: »Wie heißt bittescheen in deitsch?« Piroschka verliebt sich in den jungen, schönen, blonden Andy. Und er? Er ist leider schon vergeben, verlobt mit der ebenso eleganten wie reichen Greta, die ihm Briefe schreibt, aber doch irgendwann selbst nachsehen will, was ihr Herr Verlobter in dem kleinen Dörfchen so treibt.

Andy allerdings hat sich längst in das temperamentvolle Ungarmädel Piroschka verliebt, doch er will es nicht zugeben. Als Andy und Greta sich für ein Wochenende an einem der berühmten ungarischen Seen verabreden, fährt Piroschka nach und, obwohl sie mit Greta nicht konkurrieren kann – sie ist halt nur ein Mädchen vom Lande – bringt sie doch das Treffen völlig durcheinander. Sie erreicht, daß Andy sich völlig verwirrt, in Widersprüche gegenüber Greta verwickelt, und spürt, wieviel ihm Piroschka bedeutet. Er weiß, daß er sie liebt, sieht aber keine Zukunft.

Wieder im Dorf und in seinem Zimmer bei dem Bahnhofsvorsteher Istvan und dessen lebenskluger Ehefrau Margit, begegnet ihm deren Töchterlein Piroschka nicht mehr. Diese geht ihm aus dem Weg, ist unglücklich, beleidigt und stolz. Als Andy jedoch die Koffer packt, um wieder zurückzufahren, erfährt dies Piroschka fast zu spät. Doch – das hat sie in »Notfällen« öfter getan – sie läßt einfach die Schranke herunter, als der Zug, der ihren Andy für immer entführen wird, noch einmal am Dorf vorbeifährt, und Andy versteht das Signal. Er läuft aus dem Abteil direkt in die Arme seiner Piroschka, die in lauer Nacht auf den Grünstreifen neben den Schienensträngen auf ihn wartet. Als er dem entzückendem Mädel »Ich liebe dich« ins Ohr flüstern will, hält sie – die selbst nie still sein konnte – ihm den Mund zu: »Nicht reden Andy, tun muß man es.« Mit diesem Satz endet eine zauberhafte Sommerliebe, die Andreas nie vergessen kann.

Die letzte Szene ist wieder die erste – Andreas blickt aus dem Zugabteil in die Weite der Landschaft.

Dieser Film hat die Generation unserer Eltern und Großeltern sehr bewegt. Zehn Jahre nach dem Sieg der Alliierten befand sich Deutschland immer noch im Wiederaufbau. Der Schrecken des Krieges saß noch in den Köpfen, der Alltag war grau und es gab keinerlei Anlaß zum träumen. Plötzlich aber war da eine Liebesgeschichte im Kino zu sehen – aus der Zeit der einstigen Donaumonarchie, in der das Land noch strahlte. Sie spielte in dem warmen und schönen Ungarn und war exotisch, frisch und lebendig. Man konnte den Kochlöffel und die Schaufel hinlegen, die täglichen Sorgen und die Vergangenheit für zwei Stunden vergessen und ganz und gar in der Lebensfreude und dem Herzschmerz der Protagonisten aufgehen. »Knepfchen, Knepfchen, kleinäs Silbärknepfchen...« singt Piroschka und überhaupt ist der ungarische Akzent, den Liselotte Pulver hier zum Besten gibt, einfach hinreißend. Zugegeben, filmisch betrachtet, ist »Ich denke oft an Piroschka« nicht gerade ein Meisterwerk, aber die Natürlichkeit, die Einfachheit und das Wohlwollen, das der Film ausstrahlt, kam zur rechten Zeit. Und das traurige und sentimentale Ende rührte die ausgetrockneten Herzen.

Aufgrund des streng-kommunistischen Regimes wurde der Film nicht in Ungarn, sondern in Jugoslawien gedreht.

BRD 1955; Originaltitel: »Ich denke oft an Piroschka«, Regie: Kurt Hoffmann; Drehbuch: Peer Schwenzen, Joachim Wedekind, Hugo Hartung, nach dem Roman und Hörspiel von Hartung; Kamera: Richard Angst; Musik: Franz Grothe; Produzent: Georg Witt für Georg-Witt-Film; Darsteller: Liselotte Pulver, Gunnar Möller, Wera Frydtberg, Gustav Knuth, Margit Symo, Rudolf Vogel, Annie Rosar; 96 Min.

Ich war neunzehn

Gregor Hecker, ein junger Deutscher, der zu Beginn der faschistischen Diktatur mit seinen Eltern nach Moskau emigrierte, kehrt als Leutnant der Roten Armee nach Deutschland zurück. Er wird von Wadim, einem jüdischen Germanisten aus Kiew begleitet. Beide entdecken Deutschland in den letzten Kriegstagen 1945 auf dem Kampfweg von der Oder bis zu einem Gehöft westlich von Berlin. Mit dem Lautsprecher fordert Gregor die noch vereinzelt kämpfenden Soldaten zum Überlaufen auf. In Bernau wird Gregor unversehens zum Stadtkommandanten ernannt und mit den Problemen der Menschen konfrontiert, zu denen er gehört, und die er doch bislang bekämpfen mußte. Langsam kommt

Ich denke oft an Piroschka

es auf beiden Seiten zu gegenseitigem Verstehen. In der Begegnung mit Mitläufern, Rückversicherern, Überläufern, eingefleischten Faschisten und einfachen Menschen, die sich nur gefühlsmäßig äußern können, begreift Gregor, daß es »die Deutschen« nicht gibt. Doch die Erkenntnis läuft noch mit Blutvergießen ab. Bei einem letzten Kampfeinsatz verliert Gregor seinen Freund Sascha.

Der eindrucksvolle Film erzählt eine Episode aus dem ungewöhnlichen Leben seines Regisseurs. Konrad Wolf drehte den Film nach eigenen Tagebuchaufzeichnungen aus dem Jahr 1945. Er war für kurze Zeit Stadtkommandant in Bernau. Ende der fünfziger Jahre wurde er einer der besten Filmregisseure in der DDR. Sein Film »Ich war neunzehn« wurde von Zuschauern aller Generationen angenommen. Künstlerische Geschlossenheit, der nüchterne Stil der Schwarzweiß-Bilder von Kameramann Werner Bergmann, überzeugende Szenen, wie die mit dem weithin hallenden Lied von der Jarama-Front, das Ernst Busch von einer Schallplatte singt, und die unbedingte Aufrichtigkeit und Wahrhaftigkeit seiner Geschichte machten den Film zu einem internationalen Erfolg.

DDR 1967/68, Produktion: DEFA, Regie: Konrad Wolf, Buch: Konrad Wolf, Wolfgang Kohlhaase, Kamera: Werner Bergmann, Szenenbild: Alfred Hirschmeier, Darsteller: Jaecki Schwarz, Wassili Liwanow, Galina Polskich, Jenny Gröllmann, Rolf Hoppe, Wolfgang Greese, Michail Glusski, Johannes Wieke, Jürgen Hentsch, Kurt Böwe, Klaus Manchen, Hermann Beyer, Dieter Mann

J

James-Bond-Filme

Die Verfilmungen der Spionageromane von Ian Fleming nahm mit »James Bond 007 jagt Dr. No« ihren Anfang. Heute ist »James Bond« die erfolgreichste Kinoserie der Welt. Bislang produzierten Harry Saltzman und Albert R. Broccoli 18 Filme. Die James-Bond-Abenteuer (das Sean-Connery-Comeback »Sag niemals nie« und die Persiflage »Casino Royale«) wurden jeweils von einer anderen Produktionsfirma gedreht.

James Bond ist ein intelligenter, raffinierter und gewitzter Geheimagent, der knallhart seine Gegner bekämpft. Nur schöne Frauen machen ihn gelegentlich weich. Der attraktive Gentleman verführt in jedem Film auch gleich mehrere davon. Sein Lieblingsgetränke sind Champagner und Martini (geschüttelt und nicht gerührt). Er trägt Maßanzüge und muß sich auch von Dienst wegen nicht an das Gesetz halten, weil er die Lizenz zum Töten besitzt. Sein Auftraggeber Großbritannien stattet seinen besten Agenten aber nicht nur mit Lizenzen, sondern auch immer mit den neuesten technischen Errungenschaften aus. So fährt er kugelsichere Autos, die schwimmen, fliegen, tauchen und schießen können. Er hat Kugelschreiber oder Zigarettenetuis, die in den Händen des Feindes explodieren, und sein Wissen ist auf jedem Gebiet phänomenal. Sein Chef, der Leiter des »British Secret Service« trägt das anonyme Kürzel »M« und von »Q« wird er mit den neuesten Waffenerfindungen ausgestattet. Die Flirts des Agenten mit Moneypenny (M's Vorzimmerdame mittleren Alters) sind mittlerweile legendär.

Seine Gegner sind Superverbrecher, die Metropolen, ganze Länder oder die gesamte Welt vernichten möchten. Am Ende des Films zerstört er immer ihre geheime Kommandozentrale. Bis dahin aber reist er in exotische Länder, trickst und schmuggelt sich clever und nicht ohne Humor in die Nähe seiner Gegner, um dann raffiniert zuzuschlagen. Die Filme sind sehr spannend und mit jeder Menge raffinierter Action ausgestattet.

Die sympathische und charmante Figur »James Bond« ist so angelegt, daß sich männliche Zuschauer mit ihr identifizieren können. Diese träumen sich für zwei Stunden in einen »Heldenhimmel«. Dort besiegen sie kräftige Unholde und werden von hübschen Frauen, die sie bewundern, belohnt. Die weiblichen Zuschauer dagegen werden zwei Stunden lang daran erinnert, daß es auch noch bessere Männer als ihren eigenen gibt.

Absoluter Kult ist auch der Einstiegstrailer der Bond-Filme. Der Superagent läuft elegant durchs Bild und richtet dann seine Pistole auf seinen Beobachter, die Kamera, und schießt. Aber auch die Titelsequenz der Bond-Filme ist jedes Mal gleich und sehr originell. Leicht bekleidete und nackte Mädchen bewegen sich äußerst erotisch in einer Art »koloriertem Schattenspiel« zu dem jeweiligen Titelsong.

1.) »James Bond 007 jagt Dr. No«

James Bond (Sean Connery) bekämpft den fanatischen Wissenschaftler Dr. No, der auf einer exotischen Insel von einer getarnten Festung aus die Erde bedroht. Eine Augenweide ist das Bondgirl Ursula Andress im Bikini.

2.) »Liebesgrüße aus Moskau«

Hier kämpft James Bond (Sean Connery) gegen die Verbrecherorganisation Spectre, die den britischen und den russischen Geheimdienst gegeneinander ausspielt. Bondgirl war Daniela Bianchi.

3.) »Goldfinger«

»Goldfinger« gilt nach Ansicht vieler Experten als der beste Bond-Film. Goldfinger (Gert Fröbe) liebt Gold. Überall auf der Welt kauft er es auf. Er verfolgt damit einen schrecklichen Plan. Er will Fort Knox (das Goldlager mit den größten Beständen der Welt) radioaktiv verseuchen. Somit würde dieses Gold wertlos sein und der Goldpreis immens steigen. Goldfingers Goldreserven würden ihn aufgrund des Kurssprungs zum reichsten Mann der Welt machen. Bondgirls waren Honor Blackman, Sherley Eaton und Tania Mallett. Die Rolle des James Bond spielte wie gewohnt Sean Connery.

4.) »Feuerball«

Zum zweiten Mal hat es James Bond (Sean Connery) mit der Verbrecherorganisation Spectre zu tun, die ein Militärflugzeug samt Atombombe entführt. Sollten die Vereinigten Staaten von Amerika nicht 300 Milliarden Dollar zahlen, will der Chef von Spectre (Adolfo Celi) amerikanische Metropolen zerstören. Luciana Paluzzi ist weiblicher Bösewicht und sorgt mit ihrem kalten und berechnendem Sex für knisternde Erotik. Daneben gehört auch Molly Peters zu den Bond-Gespielinnen.

5.) »Man lebt nur zweimal«

In Japan will Bond (Sean Connery) das Verschwinden von sowjeti-

James Bond – Goldfinger

schen und amerikanischen Raumkapseln aufklären. Der Supergangster Blofeld (Donald Pleasence) lenkt den Verdacht auf die jeweils andere Weltmacht und hofft, so den dritten Weltkrieg auszulösen. Karin Dor übernahm mit rotgefärbtem Haar den Part der erotischen Gegnerin.

6.) »Im Geheimdienst Ihrer Majestät«

James Bond will seinen Feind Blofeld (diesmal Telly Savalas. Bekannt als »Kojak« in »Einsatz in Manhattan«) endgültig zur Strecke bringen. Dieser hält sich in einer Festung in den Schweizer Alpen auf und will die Weltherrschaft erringen, indem er die Weltnahrungsvorräte vernichtet. Erstmals spielt nicht Sean Connery, sondern George Lazenby den Superagenten. Connery wollte sich anderen schauspielerischen Aufgaben stellen. Doch so recht wollte das Publikum sich nicht an das neue Gesicht gewöhnen. Jedenfalls hatte der Film deutlich weniger Besucher als seine Vorgänger. Der Ausgang von »Im Geheimdienst Ihrer Majestät« ist für einen James-Bond-Film äußerst ungewöhnlich: Am Ende heiratet Bond, doch seine Frau wird noch am selben Tag von einem Handlanger Blofelds erschossen.

7.) »Diamantenfieber)

Wieder ist Blofeld (Charles Gray) der Gegner von James Bond, und wieder will der Erzschurke die Weltherrschaft. Diesmal will er die Regierungen mit einem im All stationierten Laser bedrohen. Doch um dessen zerstörende Wirkung zu entfalten, benötigt der Superverbrecher Diamanten. Bondgirl ist Jill St. John. Sean Connery übernahm die Rolle des Titelhelden erneut, nachdem ihm die Produzenten eine Million Dollar Gage und eine Gewinnbeteiligung zusagten. Außerdem garantierten sie ihm, zwei Projekte seiner Wahl zu produzieren.

8.) »Leben und Sterben lassen«

James Bond bekämpft den farbigen Kananga (Yaphet Kotto), der von einer Karibikinsel aus, Amerika mit Drogen überschwemmen will. Diesmal konnte Connery nicht nochmals überredet werden, den Titelhelden zu spielen. In die Rolle des Superagenten schlüpfte Roger Moore, bekannt aus der Krimiserie »Die Zwei«. Er war erfolgreicher als sein Vorgänger George Lazenby, und der Film knüpfte direkt an die Connery-Erfolge an. Bondgirl war Jane Seymour.

9.) »Der Mann mit dem goldenen Colt«

Diesmal ist Bonds Gegner der Profikiller Scaramanga, der für eine Million Dollar Menschen liquidiert. Der Showdown findet auf einer Insel statt, wo Bond gegen den Killer und seinen kleinwüchsigen Gehilfen kämpft. Bondgirls waren Britt Ekland und Maud Adams. Auch Roger Moores zweiter Auftritt bescherte dem Produzentenduo volle Kassen.

10.) »Der Spion, der mich liebte«

Bösewicht Stromberg (Curt Jürgens) kapert russische und amerikanische Atom-U-Boote. Damit will er die Welt zerstören. Nur mit wenigen Auserwählten möchte er seinen eigenen Unterwasserstaat aufbauen. Zusammen mit einer russischen Agentin (Barbara Bach) verhindert dies James Bond (Roger Moore) in letzter Minute. Publikumsliebling war der hünische Stromberg-Handlanger »Beisser«. Mit seinem metallenen Gebiß durchbricht die bärenstarke und gefährliche Kampfmaschine sogar Ketten. Erstmals produzierte Albert R. Broccoli den Film allein. Sein Partner Harry Saltzman zog sich aus dem Geschäft zurück.

11.) »Moonraker«

Der Milliardär Drax will im All eine neue Herrenrasse züchten. Erst einmal muß er aber dafür die Menschheit vernichten. Dafür läßt er ein todbringendes Nervengas produzieren. Nach einer Verfolgungsjagd mit Motorbooten in den Kanälen von Venedig und einem Kampf auf einer Seilbahn am weltbekannten Zuckerhut in Rio de Janeiro findet das Showdown diesmal für James Bond (Roger Moore) im All statt. Seine Partnerin ist Lois Chiles. Auch »Beisser« ist wieder mit von der Partie. Dies-

James Bond – Glolden Eye

mal wechselt er allerdings gegen Ende des Films auf die Seite James Bonds über.

12.) »Octopussy«

James Bond (Roger Moore) hat es diesmal mit einem fanatischen und wahnsinnigen General der Sowjetunion zu tun. Dieser will auf einem amerikanischen Stützpunkt in der Bundesrepublik eine Atombombe zünden. Es würde dann so aussehen, als wären die Amerikaner leichtfertig mit den gefährlichen Waffen umgegangen. Dies, so meint der Wahnsinnige, würde die Friedensbewegung in Westeuropa stärken und somit die Verteidigungsallianz der NATO schwächen und die Sowjetunion stärken. Dazu benutzt der Saboteur die ahnungslose Schmugglerin Octopussy (Maud Adams) und die Artisten eines ostdeutschen Zirkus. In letzter Sekunde gelingt es Bond, die Bombe vor den Augen eines erschrockenen Publikums in einer Zirkusmanege zu entschärfen. Erstmals wurde ein James-Bond-Film auch in der Bundesrepublik gedreht.

13.) »In tödlicher Mission«

James Bond (Roger Moore) erhält den Auftrag, eine Raketen-Zieleinrichtung aus einem gesunkenen britischen Kriegsschiff zu bergen. Bondgirl ist Carole Bouquet.

14.) »Im Angesicht des Todes«

Bond (Moore) verhindert, daß der Bösewicht Zorin (Christopher Walken) die Computermetropole Silicon Valley überflutet. Damit wollte dieser den Konkurrenten zu seiner eigenen Mikrochip-Produktion ausschalten. Zuvor muß er aber noch May Day besiegen, Zorins hübsche Komplizin. Das Bondgirl May Day wurde von dem drahtigen Sexsymbol Grace Jones gespielt. Sie verkörpert durch ihre Erscheinung animalischen Sex und Dominanz. »Im Angesicht des Todes« war der letzte Bond-Film mit Roger Moore.

15.) »Der Hauch des Todes«

James Bond kämpft gegen den Waffenschieber Whitaker und einem vermeintlichen Überläufer. Timothy Dalton (der ein wenig wie Roy Black aussieht) trat würdig die Nachfolge von Roger Moore an. Der sonst vor allem als Shakespeare-Darsteller bekannte Mime arbeitete aber die ironische Seite seiner Figur nicht so sehr wie seine Vorgänger heraus. Stattdessen verpaßte er der Figur auch eine emotionale Seite. James Bond zeigt Gefühle. Maryam d'Abo ist in diesem Film die einzige Frau an Bonds Seite. Eine Reaktion der Produzenten auf Aids? Die Diskussion über das Virus war zumindest 1987 heftiger den je.

16.) »Lizenz zum Töten«

Bond rächt sich an dem Drogenhändler Sanchez, der seinen Freund Felix Leiter vom CIA verstümmeln und dessen Ehefrau ermorden ließ.

Dieser Bond ist der härteste der Serie. Er wurde von der freiwilligen Selbstkontrolle erst ab 16 Jahre freigegeben. Die anderen Bond-Filme sind alle ab 12 Jahren zu sehen. James Bond ist hier nicht mehr der charmante Superagent mit Witz, sondern ein von persönlichen Rachegedanken geleiteter Kämpfer.

17.) »James Bond – Goldeneye«

Der Geheimagent bekämpft die Russenmafia und ihren Kopf, den abtrünnig gewordenen, ehemaligen 006-Agenten. Den organisierten Verbrechern ist es gelungen, per Computer, Satelliten im Weltraum für ihre Zwecke zu nutzen. Erstmals spielte Pierce Brosnan (bekannt aus »Remmington Steele«) mit Erfolg die Titelrolle. Sein Gegner ist Sean Penn.

18.) »Der Morgen stirbt nie«

Ein Medienmogul will einen Krieg provozieren, um aus der Berichterstattung darüber zu profitieren. Doch er hat die Rechnung ohne James Bond gemacht.

Daß die Handlung von »Sag niemals nie« (Bösewicht: Klaus Maria Brandauer; Girl: Kim Basinger) sehr an »Feuerball« erinnert, hat einen Grund. Ian Fleming hatte die Handlung zusammen mit Kevin McClory entworfen. Ihm wurden bei einem Rechtsstreit mit A. Broccoli und Harry Saltzman die Rechte zugesprochen. Für »Feuerball« arrangierte er sich mit Ihnen. 1983 überredete er Connery dazu, noch einmal die Rolle des Superagenten zu spielen. Doch rein rechtlich ging dies nur, indem sich die Handlung wieder an »Feuerball« anlehnte, da dies der einzige Bondroman war, für den McClory die Rechte hatte. Erwähnenswert ist noch die Persiflage »Casino Royale«. Auch hierfür hatte ein anderer Produzent die Rechte, Charles Feldman. Dieser versuchte auch den Stoff auf eigene Faust zu verfilmen. Doch mit James Bond im herkömmlichen Sinn hat dieses Blödelwerk nichts gemeinsam. Dennoch besitzt es lustige Momente. Vor allem gewinnt er durch die Starbesetzung des Filmes: u.a. Woody Allen, Orson Welles, David Niven, John Huston.

1.) »James Bond 007 jagt Dr. No« (GB 1962); Regie: Terence Young; Drehbuch: Richard Maibaum, Johanna Harwood Berkley Mather, nach dem Roman von Ian Fleming; Kamera: Ted Moore; Musik: John Barry, Monty Norman; Produzent: Harry Saltzman, Albert R. Broccoli für Eon Prod./United Artists; Darsteller: Sean Connery, Jack Lord, Joseph Wiseman, Ursula Andress, Zena Marshall; 110 Min.

2) Liebesgrüße aus Moskau, England 1963, Originaltitel: From Russia With Love, Produktionsfirma: Eon, Regie: Terence Young, Buch: Richard Maibaum, nach einem Roman von Ian Fleming, Kamera: Ted Moore, Musik: John Barry, Titelsong gesungen von Matt Munroe, Darsteller: Sean Connery (James Bond), Daniela Bianchi (Tati-

ana Romanova), Pedro Armendáriz (Kerim Bey), Lotte Lenya (Rosa Klebb), Bernard Lee (»M«), Lois Maxwell (Miss Monneypenny), Robert Shaw (Red Grant)
3.) GB 1964; Originaltitel: »Goldfinger«; Produktionsfirma: United Artistis (Harry Saltzman, Albert R. Broccoli); Regie: Guy Hamilton; Drehbuch: Richard Maibaum, Paul Dehn, literarische Vorlage: Ian Fleming; Kamera: Ted Moore; Musik: John Barry; Darsteller: Sean Connery, Gert Fröbe, Honor Blackman, Shirley Eaton, Tina Mallett, Harold Sakata, Bernad Lee, Martin Banson, Cec Linder, Lois Maxwell, Nadja Regin, Desmond Llewellyn, Bill Nagy, Af Joint, Varley Thomas, Raymond Young, Richard Vernon, Denis Cowles, Michael Mellinger, Burt Kwouk, Hal Galili, Lenny Rabin, 112 Min.
4.) »Feuerball« (GB 1965); Originaltitel: »Thunderball«; Regie: Terence Young; Drehbuch: Richard Maibaum, John Hopkins nach einer Originalstory von Kevin McClory, Jack Whittigham und Ian Fleming; Kamera: Ted Moore, John Barry; Produzent: Harry Saltzman, Albert R. Broccoli, Kevin McClory für Eon Prod./United Artists; Darsteller: Sean Connery, Claudine Auger, Adolfo Celi, Luciana Paluzzi, Molly Peters, Bernard Lee, Lois Maxwell; 134 Min.
5) Man lebt nur zweimal, England 1966, Originaltitel: You Only Live Twice, Produktionsfirma: Eon/United Artists, Regie: Lewis Gilbert, Buch: Roald Dahl, Harold Jack Bloom, nach einem Roman von Ian Fleming, Kamera: Freddie Young, Lamar Boren (Unterwasser), Musik: John Barry, Titelsong gesungen von Nancy Sinatra, Darsteller: Sean Connery (James Bond), Mie Hama (Kissy Suzuki), Akiko Wakabayashi (Aki), Lois Maxwell (Miss Monneypenny), Karin Dor (Helga Brandt), Bernard Lee (»M«), Alexander Knox (Amerikanischer Präsident), Desmond Llewelyn (»Q«), Donald Pleasence (Blofeld)
6.) GB 1969; Originaltitel: »On Her Majesty's Secret Service«; Regie: Peter Hunt; Drehbuch: Richard Maibaum, Simon Raven, nach dem Roman von Ian Fleming; Kamera: Michael Reed, Egil Woxholt, Roy Ford, John Jordan, Willy Bogner, Alex Barbey, Ken Higgins; Musik: John Barry; Produzent: Albert R. Broccoli, Harry Saltzman für Eon Prod./United Artists; Darsteller: George Lazenby, Diana Rigg, Telly Savalas, Ilse Steppat, Gabriele Ferzetti; 140 Min.
7) Diamantenfieber, England 1971, Originaltitel: Diamonds Are Forever, Produktionsfirma: Eon/United Artists, Regie: Guy Hamilton, Buch: Richard Maibaum, Tom Mankiewicz, nach Ian Fleming, Kamera: Ted Moore, Musik: John Barry, Titelsong gesungen von Shirley Bassey, Darsteller: Sean Connery (James Bond), Jill St. John (Tiffany Case), Lana Wood (Plenty O'Toole), Charles Gray (Blofeld), Joseph Fürst (Metz), Jimmy Dean (Willard Whyte), Bernard Lee (»M«), Desmond Llewelyn (»Q«), Lois Maxwell (Miss Monneypenny)
8) Leben und sterben lassen, England 1973, Originaltitel: Live And Let Die, Produktionsfirma: Eon/United Artists, Regie: Guy Hamilton, Buch: Tom Mankiewicz, nach Charakteren aus Romanen von Ian Fleming, Kamera: Ted Moore, Musik: George Martin, Paul McCartney (Titelsong), Linda McCartney (Titelsong), Darsteller: Roger

Moore (James Bond), Jane Seymour (Solitaire), Yaphet Kotto (Kananga/Mr. Big), Julius W. Harris (Tee Hee), Bernard Lee (»M«), Clifton James (Sheriff Pepper), Lois Maxwell (Miss Monneypenny)

9) Der Mann mit dem goldenen Colt, England 1974, Originaltitel: The Man With The Golden Gun, Produktionsfirma: Eon/United Artists, Regie: Guy Hamilton, Buch: Richard Maibaum, Tom Mankiewicz, nach einem Roman von Ian Fleming, Kamera: Ted Moore, Oswald Morris, Musik: John Barry, Titelsong gesungen von Lulu, Darsteller: Roger Moore (James Bond), Christopher Lee (Scaramanga), Britt Ekland (Mary Goodnight), Maud Adams (Andrea), Bernard Lee (»M«), Desmond Llewelyn (»Q«), Hervé Villechaize (Nick Nack), Lois Maxwell (Miss Monneypenny)

10) Der Spion, der mich liebte, England 1976/77, Originaltitel: The Spy Who Loved Me, Produktionsfirma: Eon/United Artists, Regie: Lewis Gilbert, Buch: Christopher Wood, Richard Maibaum, nach Ian Fleming, Kamera: Claude Renoir, Lamar Boren (Unterwasserkamara), Musik: Marvin Hamlisch, Titelsong gesungen von Carly Simon, Darsteller: Roger Moore (James Bond), Barbara Bach (Maj. Anya Amasova), Curd Jürgens (Karl Stromberg), Richard Kiel (Der Beißer), Caroline Munro (Naomi), Walter Gotell (Gen. Gogol), Geoffrey Keen (Verteidigungsminister), Bernard Lee (»M«), Desmond Llewelyn (»Q«), Lois Maxwell (Miss Monneypenny)

11) Moonraker – Streng geheim, England/Frankreich 1978/79, Produktionsfirma: Eon/Artistes Associés, Regie: Lewis Gilbert, Buch: Christopher Wood, nach einem Roman von Ian Fleming, Kamera: Jean Tournier, Claude Renoir, Musik: John Barry, Titelsong gesungen von Shirley Bassey, Darsteller: Roger Moore (James Bond), Lois Chiles (Holly Goodhead), Michael Lonsdale (Hugo Drax), Richard Kiel (Beißer), Corinne Clery (Corinne Dufour), Desmond Llewelyn (»Q«), Bernard Lee (»M«), Lois Maxwell (Miss Monneypenny)

12) In tödlicher Misson, England 1980/81, Originaltitel: For Your Eyes Only, Produktionsfirma: Eon/United Artists, Regie: John Glen, Buch: Richard Maibaum, Michael G. Wilson, nach Kurzgeschichten von Ian Fleming, Kamera: Alan Hume, Musik: Bill Conti, Monty Norman, Titelsong gesungen von Sheena Easton, Skiaufnahmen: Willy Bogner, Darsteller: Roger Moore (James Bond), Carole Bouquet (Melina), Chaim Topol (Columbo), Lynn-Holly Johnson (Bibi), Julian Glover (Kristatos), Lois Maxwell (Miss Monneypenny), Desmond Llewelyn (»Q«)

13) Octopussy, England 1983, Produktionsfirma: Eon, Regie: John Glen, Buch: George MacDonald Fraser, Richard Maibaum, Michael G. Wilson, nach Kurzgeschichten von Ian Fleming, Kamera: Alan Hume, Musik: John Barry, Titelsong gesungen von Rita Coolidge. Darsteller: Roger Moore (James Bond), Maud Adams (Octopussy), Louis Jourdan (Kamal), Kristina Wayborn (Magda), Kabir Bedi (Gobinda), Desmond Llewelyn (»Q«), Robert Brown (»M«), Lois Maxwell (Miss Monneypenny)

14) »Im Angesicht Des Todes« (GB 1985); Originaltitel: »A View to a Kill«; Regie: John Glen; Drehbuch: Richard Maibaum, Michael G. Wilson; Kamera: Alan Hume; Musik: John Barry; Produzent: Albert R. Broccoli, Michael G. Wilson für Eon

Prod./MGM – UA; Darsteller: Roger Moore, Christopher Walken, Tanya Roberts, Grace Jones, Patrick Bauchau, Fiona Fullerton; 131 Min.

15) »Der Hauch des Todes« (GB 1987); Originaltitel: »The Living Daylights«; Regie: John Glenn; Drehbuch: Richard Maibaum, Michael G. Wilson; Kamera: Alec Mills; Musik: John Barry; Produzent: Albert R. Broccoli, Michael G. Wilson für Eon Prod./MGM – UA; Darsteller: Timothy Dalton, Maryam d'Abo, Jeoren Krabbe, Joe Don Baker, John Rhys-Davies, Art Malik, Andreas Wisniewski; 130 Min.

16) Lizenz zum Töten, England 1988/89, Originaltitel: Licence to Kill, Produktionsfirma: Danjaq/United Artists/Eon, Regie: John Glen, Buch: Michael G. Wilson, Richard Maibaum, nach Motiven von Ian Fleming, Kamera: Alec Mills, Musik: Michael Kamen, Titelsong gesungen von Gladys Knight, Darsteller: Timothy Dalton (James Bond), Carey Lowell (Pam Bouvier), Robert Davi (Franz Sanchez), Talisa Soto (Lupe Lamora), Anthony Zerbe (Milton Krest), Desmond Llewelyn (»Q«), Caroline Bliss (Miss Monneypenny), Robert Brown (»M«)

17) GB 1995; Originaltitel: »Goldeneye«; Regie: Martin Cambell; Drehbuch: Michael France, Jefferey Caine; Kamera: Phil Meheux; Musik: Eric Serra; Produzent: Michael G. Wilson, Barbara Broccoli für Eon Productions/United Artists; Darsteller: Pierce Brosnan, Sean Penn, Robbie Coltrane, Judu Dench, Famke Janssen, Joe Don Baker; 122 Min.

18) Der Morgen stirbt nie, England 1997, Originaltitel: Tomorrow Never Dies, Produktionsfirma: Eon, Regie: Roger Spottiswoode, Kamera: Robert Elswit, Musik: David Arnold, Darsteller: Pierce Brosnan (James Bond), Jonathan Price (Carver), Michelle Yeoh (Wai Lin), Teri Hatcher (Paris), Ricky Jay (Gupta), Götz Otto (Stamper), Judi Dench (M), Desmond Lllewellyn (Q), Samantha Bond (Monneypenny), Colin Salmon, Geoffrey Palmer, Terence Rigby, Antje Schmidt

Jenseits von Eden

Cal steht kurz vor Sonnenaufgang unbeholfen vor einem Bordell. Er wartet auf die Besitzerin Kate. Er will wissen, er will von ihr selber hören, ob sie seine Mutter ist. Doch bevor es soweit kommt, wird er von einem Kerl namens Joe, der die Frauen des Etablissements beschützt, verjagt. Er springt auf einen Güterzug und fährt wieder zurück auf die Farm seines Vaters Adam. Cal sehnt sich nach Liebe, er will väterliche Zuneigung. Aber ganz offensichtlich bevorzugt Adam seinen anderen Sohn Aron. Mit diesem bespricht er die Arbeit auf der Farm, mit diesem überlegt er, wie man Gemüse mit Hilfe von Eis vor der schonungslosen Hitze schützen kann. Cal kann machen, was er will, sein Vater scheint ihn nicht für voll zu nehmen. Cal begehrt auf, wird zornig und trotzig. Und auch sonst ist er neidisch auf seinen anständigen Bruder. Der hat es noch nie schwer gehabt, der wird geliebt, obwohl es eigentlich ihm – Cal – auch zusteht.

Cal belauscht ein Gespräch zwischen Aron und dessen Freundin Abra in der Scheune. Beide scheinen sich sehr zu lieben. Wieder Aron, immer Aron... Cal schleudert zahlreiche Eisblöcke ins Freie. Und abends als der Vater Cal bittet, aus der Bibel vorzulesen, leiert Cal den Text herunter. Er treibt es soweit, bis sein Vater die Fassung verliert. Dann fragt Cal nach seiner Mutter. Doch der Vater weicht aus. Er hat, nachdem seine Frau ihn verließ, seinen Kindern erzählt, daß deren Mutter gestorben sei. Später dann, als alle schlafen, schleicht Cal sich wieder aus dem Haus, springt auf einen Güterzug und fährt zu der Frau, von der er wissen will, ob sie seine Mutter ist. Er schleicht sich in das Bordell und dringt dann auch tatsächlich zu ihr vor. Die Frau ist erschrocken darüber, daß ein junger Mann, den sie nicht kennt, in ihr Büro gelangen konnte, und ruft nach Joe. Der setzt den sich wie verrückt wehrenden Cal dann auch dem Sheriff vor die Füße. Von diesem erfährt der Junge, daß Kate tatsächlich seine Mutter ist. Der Gesetzeshüter erzählt Cal, daß damals Kate auf seinen Vater geschossen habe, um sich von seiner Selbstgefälligkeit und sturen Rechtschaffenheit zu befreien. Seitdem haben die beiden sich nie wieder gesehen und niemals dürfe sein Vater Adam erfahren, daß sie im Nachbarort ein Bordell führe. Es würde ihm das ohnehin gebrochene Herz ganz und gar zerschlagen. Der Sheriff will bei Cal Verständnis für beide Elternteile schaffen, doch Cal ist durch seinen eigenen Konflikt mit dem Vater vorbelastet. Er sieht in der Mutter das Böse und Gemeine, daß auch er geerbt hat, und in Adam sieht er Charakterstärke und Tugend, genauso wie bei seinem Bruder Aron. Er haßt sich selbst und hadert mit sich.

Als das kühlende Eis schmilzt, verdirbt das Gemüse, und Adam muß wegen des gescheiterten Projekts um seine Existenz fürchten. Cal sieht eine Möglichkeit, die Liebe seines Vaters zu gewinnen. Er sucht seine Mutter nochmals auf, gibt sich zu erkennen und bittet sie, ihm Geld zu leihen. Dieses investiert er in Bohnen. Er hat den Tip erhalten, daß ihr Marktwert horrend steigen wird, da die USA aller Voraussicht nach in den Krieg ziehen werden. So kommt es dann auch, und die jungen Männer des Ortes melden sich mit funkelnden Augen freiwillig. Aron dagegen findet, daß es nichts Gemeineres als den Krieg gibt. Er würde sich niemals freiwillig melden. Cal erzählt Abra von seinem Investitionsgewinn und seinem Vorhaben, damit dem finanziell angeschlagenen Vater zu helfen. Dabei kommen sich die beiden näher. Als sie sich dann noch zufällig auf dem Rummelplatz treffen, können sie ihre Gefühle füreinander nicht mehr verbergen. Dennoch halten sie sich zurück. Der Gedanke an Aron, und was sie ihm damit antäten, belastet die beiden.

Am Geburtstag des Vaters will Cal ihm das gewonnene Geld übergeben. Doch bevor es dazu kommt, gibt Aron überraschend seine Verlobung mit Abra bekannt. Der Vater freut sich aus ganzem Herzen. Ein schöneres Geschenk kann man ihm nicht machen. Als er dann Cals Geschenk auspackt, ist er irritiert. Er traut dem Jungen nicht zu, dieses Geld ehrlich verdient zu haben. Als Cal ihm dann erzählt, daß er es aus einem Spekulationsgeschäft mit Bohnen erworben hat, verlangt er von Cal, es zurückzuzahlen. Man darf nicht vom Unglück anderer profitieren, meint er. Cal solle vielmehr – wie Aron – ein guter Mensch werden, das wäre das schönste Geschenk für ihn. Daraufhin bricht Cal weinend zusammen. Abra tröstet ihn. Und Aron, der spürt, daß zwischen Cal und Abra etwas entstanden ist, beschimpft seinen Bruder und verlangt, daß er nie wieder in Abras Nähe kommt.

Plötzlich sammelt sich Cal. Jetzt ist es soweit. Er ist so verletzt, daß er zu allem im Stande ist. Ruhig nimmt er seinen Bruder an die Hand und führt ihn ins Bordell. Als Aron der Mutter gegenüber steht, bricht seine ganze saubere Welt in sich zusammen. Er flüchtet und meldet sich betrunken bei der Armee. Als Adam davon erfährt, bekommt er einen Schlaganfall. Abra und Cal pflegen den nahezu am ganzen Körper gelähmten Vater. Aber erst muß Abra dem Kranken klarmachen, wie wichtig Liebe und Geborgenheit für die Seele eines Menschen sind, bis er sich endlich mit seinem Sohn Cal versöhnt.

In der Rolle als Cal in »Jenseits von Eden« begann James Deans beispiellose Filmkarriere quasi über Nacht. Unzählige junge Frauen fühlten sich tief in ihrem »Mutterinstinkt« berührt, wollten dem Unglücklichen helfen, ihn an ihrem Busen trösten... Aber auch junge Männer erreichte der Film. Sie sahen in dem Leidenden ein Idol. Sie kopierten seinen Haarschnitt und seine Gestik, denn sie suchten ihre Identität in seiner tragischen und jedes Mädchenherz erweichenden Ausstrahlung. Gleich ein Jahr darauf (1955) folgte «...denn sie wissen nicht was sie tun«. Dieser Film war in der damaligen Zeit noch erfolgreicher. Er übernahm das Muster von »Jenseits von Eden« in weiten Teilen und ermöglichte dem jungen Zuschauer zugleich noch einen intensiveren Bezug, weil die Handlung in der Gegenwart, also in den 50er Jahren spielte. Kurz darauf folgte »Giganten«, James Deans letzter Film. Denn noch vor der endgültigen Fertigstellung des über drei Stunden dauernden Werkes starb der Star an einem Autounfall. Die Folge war, daß Amerikas weibliche Jugend für höheren Umsatz der Taschentuchindustrie sorgte. Es gab sogar mehrere Fälle von Suizid. So berichtete ein New Yorker Boulevardmagazin, daß zwei Mädchen sich Hand in Hand von einem Wolkenkratzer stürzten und dabei »James Dean, we follow you« schrien.

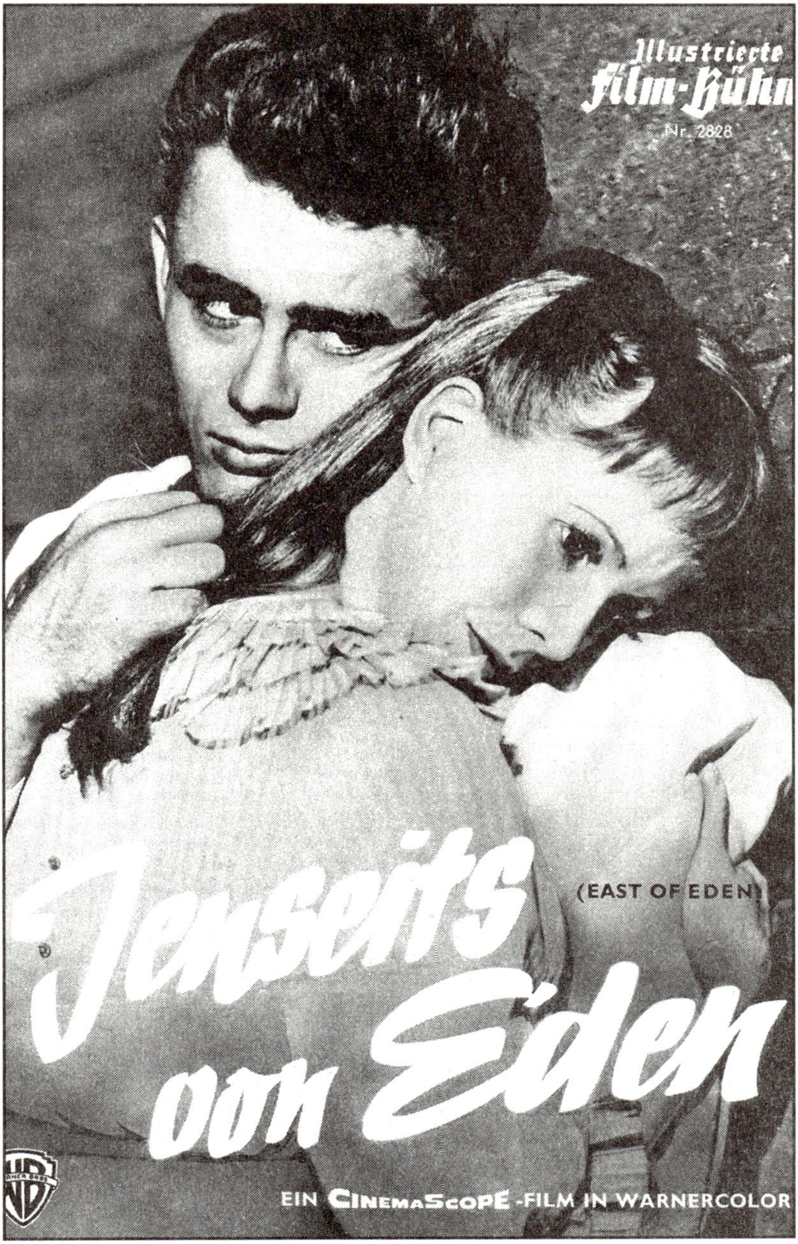

Jenseits von Eden

Zweifellos war ein Teil des Erfolgs von »Jenseits von Eden« James Deans Aura zu verdanken, einer Mischung aus Schwäche und Rebellion. Doch erst ermöglicht hat ihm dieses differenzierte Spiel sein ehemaliger Schauspiellehrer Elian Kazan. In der weltberühmten New Yorker Schauspielschule »Actor-Studio« lehrte der Regisseur vielen später sehr erfolgreichen Stars das Darstellerhandwerk (z.B. Marlon Brando, Montgomery Cliff). Wie auch in »Jenseits von Eden« zieht sich durch Kazans Filme eine für die damalige Zeit vollkommen neue Art von psychologischer Figurengestaltung. Nichts ist stereotyp, alles ist komplex: Cals Ambivalenz zwischen Liebesbedürfnis und Zerstörungswut, Arons verkrampfte Anständigkeit, an der er schließlich zerbricht, des Vaters selbstgerechte Herzensgüte, die ihn Cals Nöten gegenüber blind macht; die träumerische Abra, die ganz neue Sehnsüchte an sich entdeckt, nachdem sie sich in Cals Probleme emotional verstrickt hat usw. Darüber hinaus brachte Kazan seine Schauspieler immer wieder zu emotionalen Höchstleistungen. In »Jenseits von Eden« sind es vor allem die Szenen, in denen Cal sich gegen seinen Vater erhebt. James Dean sind in diesen Momenten Trotz, Rache, Verbitterung und Liebessehnsucht zugleich ins Gesicht geschrieben. Eine sehr tiefgehende Szene ist auch die, in der Cal und Abra auf dem Jahrmarkt Riesenrad fahren. Beide spüren mehr und mehr, daß sie etwas füreinander empfinden. Doch da Abra die Freundin von Cals Bruder Aron ist, fühlen sie sich zugleich schuldig. Kazans Inszenierung macht überzeugend und sensibel diesen komplizierten Konflikt deutlich.

1999 wurde Kazans Lebenswerk mit einem Oscar ausgezeichnet. Doch viele Stars protestierten dagegen. Selbst bei der Verleihung, wo Standing-Ovations üblich sind, blieb die Hälfte der Anwesenden sitzen und verweigerte den Applaus. Der Grund war aber nicht die Geringschätzung seiner Arbeit, sondern Kazans Verhalten während der McCarthy-Ära. Man wirft ihm vor, daß er damals viele unliebsamen Kollegen beim Komittee denunziert hätte.

USA 1954; Originaltitel: »East of Eden«; Produktionsfirma: Warner Brothers (Elia Kazan); Regie: Elia Kazan; Drehbuch: Paul Osborn, Guy Thomajan, Literarische Vorlage: John Steinbeck; Kamera: Ted McCord; Musik: Leonard Rosenman; Darsteller: James Dean, Julie Harris, Jo Van Fleet, Raymond Massey, Burl Ives, Richard Davalos, Albert Dekker, Lois Smith, Harald Gordan, Timothy Carey, Mario Siletti, Lonny Chapman, Nick Dennis, Richard Garrick, Jonathan Haze, Barbara Baxley; 114 Min.

Kalina Krasnaja

K

Kalina Krasnaja

Der ehemalige Sträfling Jegor Prokudin will ein neues Leben beginnen. Er zieht aufs Land zu einer einfachen, gütigen Frau, die ihm helfen will, wieder auf die Beine zu kommen. Es gelingt ihm, sich innerlich von seiner Vergangenheit zu lösen, doch die holt ihn bald ein. Ehemalige Kumpane machen Jegors Aufenthaltsort ausfindig und bringen ihn, als er ihnen nicht folgen will, kaltblütig um.

Schukschins Film ist mehr als ein Plädoyer für die Wiedereingliederung von Strafgefangenen. Voller ergreifender Tragik und tiefer Menschlichkeit schildert er in Begegnungen mit Ljuba, ihrem Bruder, den Dorfbewohnern und mit der greisen Mutter die innere Wandlung des Helden durch die Konfrontation mit aufrechten Menschen, der

Auseinandersetzung mit ihren Wünschen, Träumen, Leidenschaften. Es ist ein Film über Schuld und Sühne.

Schukschin spielt in diesem Film aus einer unnachahmlichen Mischung aus Bitterkeit, Humor und Ironie selbst die Hauptrolle. Er bringt viel von sich selbst ein – Empfindsamkeit, Liebe zur Natur, symbolisiert durch die Birken, Sarkasmus gegenüber eigener und fremder Schwächen und Mut, der aus der Überwindung der Feigheit wächst. Seine Frau Lvdia Fedossejewa als Ljuba ist ihm eine ebenbürtige Partnerin in einer Mischung aus Naivität und Lebensklugheit.

Der Film wurde mit mehreren Preisen ausgezeichnet.

UdSSR 1972, Produktionsfirma: Mosfilm, Regie: Wassili Schukschin, Buch: Wassili Schukschin, nach seiner gleichnamigen Erzählung, Kamera: Anatoli Sabolozki, Musik: Pawel Tschekalow, Darsteller: Wassili Schukschin, Lydia Fedossejewa-Schukschina, Marija Skworzowa, Iwan Pyskow, Alexej Wanin

Kinder des Olymp

Wenn der Film beginnt, hebt sich auf der Leinwand ein Theatervorhang, der sich am Ende wieder senkt. Dieser Vorgang wiederholt sich in beiden Teilen, die »Boulevard du Crime« und »L'homme blanc« heißen. Hier wird im Film Theater gespielt.

Erzählt wird eine Geschichte die vor hundert Jahren geschah, in der vier Männer, zwei Theaterkünstler und zwei Ideologen, sich in Liebe und Leidenschaft für die gleiche Frau verzehren. Gleichzeitig wird die Geschichte zweier Frauen erzählt. Garance wird leidenschaftlich von vielen Männer geliebt, die andere, Nathalie, liebt ihrerseits bedingungslos nur Baptiste. Der Pantomime Baptiste Debureau, Mitglied des Theaters »Funambule«, bewahrt Garance vor der Verdächtigung, eine Taschendiebin zu sein. Doch in dem Augenblick, in dem sich Garance und Baptiste ineinander verlieben, beginnt ein Verwirrspiel. Noch bevor das Paar sich seiner Liebe hingeben kann, erliegt Garance dem Werben des Schauspielers Frédéric Lemaître. Die ohnehin schon komplizierte Dreiecksbeziehung wird überspitzt durch die seltsame Beziehung von Garance zu dem Verbrecher Pierre Lacenaire, während der reiche Comte Edouard de Montray Garance seinen Schutz anbietet. Mit dem Grafen entflieht Garance schließlich. Baptiste wiederum wird von Nathalie, des Theaterdirektors Töchterlein, begehrt und hingebungsvoll geliebt.

Nach der Flucht beginnt der zweite Teil: Beide, Baptiste, der Pantomime und Frédéric, der Schauspieler, machen glänzend Karriere. Garance kommt verschleiert und unerkannt zu Baptistes Vorstellung. Frédéric erkennt sie, seine Liebe steigert sich ins Selbstlose, der Comte aber will den Nebenbuhler im Duell töten. Doch dazu kommt es nicht, Lacenaire ermordet den Grafen in einem römischen Bad. Baptiste und Garance aber erlebten eine Liebesnacht und werden in dieser von Nathalie entdeckt. Wieder flieht Garance, einerseits um Frédéric vor dem Duell zu retten, andererseits aber, um Baptiste für immer zu vergessen. In der Menschenmenge der Rue du Crime verliert Baptiste Garance für immer aus den Augen – der Vorhang fällt.

»Kinder des Olymp« ist in weiten Teilen eine interessante Parallel-

Kinder des Olymp

montage. Wir erleben die reale Geschichte und nehmen gleichzeitig an den Theaterstücken teil, die die Protagonisten – beide sind sie Schauspieler – gerade aufführen. Wenn sich der Vorhang öffnet, erliegen wir der Faszination der Bühne. Wir erkennen dabei, daß die schauspielerische Arbeit von Baptiste, aber auch die von Frédéric, sehr viel mit ihrem wirklichen Leben zu tun haben. Nicht nur, daß sie, wie jeder gute Schauspieler, mit sich selbst arbeiten, ihre Darstellung mit ihrem eigenen Gemüt ausfüllen, sondern auch, daß die Art und der Inhalt ihrer Darstellung auf schicksalhafte Weise mit ihrem Lebensweg verknüpft ist. Der Film beginnt mit dem Öffnen eines Theatervorhangs und er endet damit, daß sich der Vorhang wieder schließt. Auch das reale Leben ist ein Spiel voller Irrtümer und Wirren, voller Leidenschaft und Schmerzen. In diesem Punkt unterscheidet es sich nicht vom Theater.

Die Hauptfiguren von »Kinder des Olymps« können nicht vergessen. Frédéric und Baptiste haben über die Jahre ihre Empfindungen gegenüber Garance aufrecht erhalten, und auch Garance kommt wieder zurück, um eine alte Geschichte noch einmal zu durchleben. Der Film handelt von der Schönheit und dem Schmerz der Liebe. Er ist ein großes Geheimnis voller Stimmung und Atmosphäre. Aber er läßt uns auch auf intensive Weise erahnen, welche Gefühle seine Figuren bewegen. Diese Mischung war sicherlich ein Grund, warum der Film zum Welterfolg avancierte. »Kinder des Olymps« erscheint immer wieder auf Listen, die die besten Filme aufzählen wollen, die je gedreht wurden. Solche Aufstellungen sind sicherlich sehr subjektiv und irgendwie auch kindisch, dennoch spricht dies zumindest nicht gegen »Kinder des Olymps«. Auch Francois Truffaut bezeichnete den Film als Wunderwerk »von fast diabolischer Vollendung. Es ist ein Film, der nicht altert, oder, was auf dasselbe hinausläuft, der sehr schön altert.«

Frankreich 1945; Originaltitel: »Les Enfants du Paradis«, Produktionsfirma: Pathè (Fred Orain); Regie: Marcel Carnè; Drehbuch: Jacques Prèvert; Idee: Jean-Louis Barrault; Kamera: Roger Hubert, Marc Fossard; Musik: Maurice Thiriet, Joseph Kosma; Darsteller: Jean-Louis Barrault, Pierre Brasseir, Maria Casarès, Marcel Herrand, Louis Salon, Fabian Loris, Pierre Renoir, Jeanne Marken, Marcel Pèrèz, Gaston Modot, Robert Dhèry, Jacques Castelot, Jean Lanier; SW 184 Min.

King Kong und die weiße Frau

Auf einer unbekannten Insel in der Nähe von Sumatra lebt hinter einer großen Mauer versteckt der überlebensgroße Gorilla King Kong, der nur durch Mädchenopfer besänftigt werden kann.

Der New Yorker Filmer Carl Denham trifft auf der Insel zusammen mit der schönen, blonden Ann ein. Die Eingeborenen wittern in Ann

King Kong und die weiße Frau

einen Leckerbissen für King Kong, entführen sie und bieten sie dem Affen statt einer ihrer Frauen als Opfer an. Der Affe aber verliebt sich in die blonde Schönheit, hält sie gefangen. Während sie, die in den Offizier John Discoll verliebt ist, panisch um Hilfe schreit, bricht King Kong im Zweikampf einem Tyrannosaurus den Kiefer entzwei, besiegt eine Riesenschlange und benutzt diese als Peitsche und macht einen Flugsaurier unschädlich.

Unter den Menschen aber, die Ann aus den Klauen des Untiers befreien wollen, wütet er ebenso. Schließlich gelingt es, den Riesenaffen mit Gaspatronen zu betäuben und ihn nach New York zu schaffen. Hier soll er der zivilisierten Bevölkerung als achtes Weltwunder präsentiert werden. In der Millionenstadt aber sieht King Kong Ann wieder, deutet den Reporteransturm mit den vielen Blitzlichtern falsch, befreit sich aus seinen Ketten und versucht, Ann zu retten. Der Affe flieht mit Ann in seiner riesigen Pranke auf das Empire State Building und wird dort von Flugzeugen mit Maschinengewehren getötet. Der Schlußdialog lautet: »Die Flugzeuge haben ihn schließlich erledigt.«

Die Figur des Riesenaffen hat der englische Krimi- und Gruselautor Edgar Wallace erfunden. Frei nach seiner Erzählung setzten Ernest B. Schoedsack und Merian C. Cooper die Schreckensversion filmisch um. »King Kong und die weiße Frau« konfrontierte das Publikum mit Spezialeffekten und Trickaufnahmen, die weit über das hinaus gingen, was man bis dato kannte. Was nicht durch die Animation von Modellen erzielt werden konnte, wurde in Originalgröße konstruiert. So wurde für Einstellungen, in denen man Ann in der Pranke von King Kong sieht, eine über sechs Meter lange Affenhand gebaut.

Völlig neu und auf makabere Weise unwahrscheinlich faszinierend, war für das Publikum damals, daß dieses Riesenmonster sich in die hübsche Blondine verliebte. Da die Zuschauer in Scharen ins Kino liefen, drehte das Team noch im selben Jahr die Fortsetzung. Doch »Son of Kong« ist bei weitem nicht so sehenswert. 1976 gab es eine Neuauflage des Stoffes mit Jessica Lange in der Hauptrolle. Auch diese Verfilmung erreichte das Original nicht.

USA 1933; Originaltitel: »King Kong«; Produktionsfirma: RKO (Merian C. Cooper/Ernest B. Schoedsack; Drehbuch: James Creelman, Ruth Rose; Story: Merian C. Cooper, Edgar Wallace; Kamera: Edward Linden, Verne Walker, J. O. Taylor; Spezialeffekte: Willis H. O'Brien, Marcel Delgado, Fred Reefe, Harry Redmond Jr., Robert A. Mattey, Max Steiner u.v.a.m; Darsteller: Fay Wray, Robert Armstrong, Bruce Cabot, Frank Reicher, Sam Hardy, Noble Johnson, James Flavin, Victor Wong, Sreve Clemento, Paul Porcassi, Russ Powell, Vera Lewis, LeRoy Mason, Roscoe Ates, Jim Thorpe, Regunald Barlow, Merian C. Cooper, Ernest B. Schoedsack, SW 96 Min.

Die Kraniche ziehen

Die Geschichte einer vom Krieg zerrissenen Liebe: Im Sommer 1939 verlieben sich Boris und Veronika in Moskau ineinander. Doch noch vor der Hochzeit muß Boris in den Krieg. Veronika zieht zu ihren zukünftigen Schwiegereltern. Boris' Bruder, ein Drückeberger, verführt und heiratet Veronika, während Boris an der Front fällt. Veronika, deren Ehe schnell zerbrach, wartet täglich am Bahnhof darauf, daß Boris zurückkehrt. Erst, als alle Einheiten wiedergekehrt sind, erkennt Veronika, daß ihre Hoffnung vergeblich war.

Der sensibel gestaltete Film des früheren Dokumentaristen Michail Kalatosow (»Das Salz Swanetiens«) war einer der Welterfolge des sowjetischen Kinos der fünfziger Jahre und wurde beispielsweise in der DDR und der Bundesrepublik fast gleichzeitig gestartet. Er geht weit über das hinaus, was bis dahin im sowjetischen Film möglich war. Seine Wirkung verdankt er vor allem seiner selbstkritisch-patriotischen Sicht, der Betonung der Sinnlosigkeit des Krieges in einer Liebesgeschichte, ohne das kollektive Heldenbewußtsein anzusprechen, sowie der ausdrucksstarken Kameraarbeit. Tatjana Samoilowa wurde mit diesem Film ein Star.

Der Film erhielt u.a. die Goldene Palme in Cannes 1958. (Titel auch: »Wenn die Kraniche ziehen«)

UdSSR, 1957, Originaltitel: Letjat Schuraweli, Produktionsfirma: Mosfilm, Regie: Michail Kalatosow, Buch: Wiktor Rosow, nach seinem Bühnenstück, Kamera: Sergej Urussewski, Musik: Moisei Vaynberg, (= Michail Wainberg), Darsteller: Tatjana Samoilowa (Veronika), Alexej Batalow (Boris), Wassili Merkurjew (Fjodor Iwanowitsch), Alexej Schworin (Mark), S. Charitonowa (Irina), K. Nikitin (Wolodja)

Krieg der Sterne

Die Star-Wars-Trilogie ist die Mär vom unerbittlichen Kampf um die Regentschaft in der Galaxis. Diese führte ehemals die Allianz, die aber jetzt von einem schrecklichen Imperium versklavt wird. Die Rebellen aber wollen die alte, in den Klon-Kriegen untergegangene Republik wiederherstellen. Hier ein Abriß des Inhalts der drei bisher erschienenen Filme:

Zu Beginn des Films wird Leia Organa, Prinzessin von Alderaan und Tochter eines hohen Beamten, vom Imperium gefangengenommen. Sie kann noch eine Nachricht an den Jedi-Ritter Obi Wan Kenobi in einen Roboter spielen, die der junge Luke Skywalker findet. Skyywalker, der das Abenteuer in der großen weiten Welt sucht, trifft so mit seinen zwei diensteifrigen Robotern auf den alten Jedi-Meister Obi Wan Kenobi. Als seine Eltern getötet werden, folgt er diesem nach Alderaan auf dem

Krieg der Sterne – Meisterwerk von George Lucas

Millenium Falcon, einem Raumschiff, dessen Pilot Han Solo und der Wookie Chewbacca sind. Han Solo wird von dem Gangsterboss Jabba verfolgt, dem er Geld schuldet. Luke erfährt, daß sein Vater ein Jedi-Ritter war, und er beschließt, selbst ein Jedi zu werden. Leia Organa wurde inzwischen dem schwarzen Lord Darth Vader vorgeführt, der ihr seine und die Macht des Imperiums demonstriert, indem er vor ihren Augen mit dem 1. Todesstern, einer fliegenden Kampfstation, Alderaan zerstört und so die endgültige Übernahme des Imperiums besiegelt. Luke und seine Freunde erhalten davon Kunde und befreien die Prinzessin Organa, allerdings wird dabei Obi Wan von Darth Vader getötet. Sie bringen Leia Organa zu einem Treffen der gesamten Rebellenallianz auf dem Mond Javin 4, der vom Imperium mit dem Todesstern angegriffen wird. Doch sie kennen dessen Schwachstelle. Es kommt zur ersten großen Schlacht, in der der 1. Todesstern vollständig vernichtet wird. Darth Vader kann jedoch fliehen.

Die Rebellen bauen auf dem Eisplaneten Hoth eine neue Basisstation auf. Diese wird vom Imperium aufgespürt und völlig zerstört. Han Solo, der sich inzwischen auch auf die Seite der Rebellen geschlagen hat, flieht mit Prinzessin Organa und den beiden Robotern. Luke selbst fliegt nach Dagobah, um dort den alten Jedi-Meister Yoda zu treffen. Dieser übernimmt seine Ausbildung. Inzwischen überlegen der Imperator Palpatine und Darth Vader, wie sie Luke auf die dunkle Seite der Macht ziehen können. Um das zu erreichen, werden auf Bespin die Freunde Lukes gefangengehalten.

Luke, der noch nicht vollständig in der Kraft der Jedi unterwiesen ist, eilt seinen Freunden zu Hilfe und kann sie befreien. Dabei verliert er im Kampf gegen Darth Vader seinen Arm und erfährt zudem, daß dieser sein Vater ist und Leia seine Schwester. Zudem wird bei dieser Aktion Han Solo an den Kopfgeldjäger Boba Fett ausgeliefert, damit dieser ihn an Jabba ausliefere.

Luke rettet mit seinen Freunden Han Solo aus Jabbas Burg auf einem Wüstenplaneten. Er beendet seinen Jedi-Unterricht, wie er es Joda versprochen hatte. Als Joda stirbt, geht Luke schmerzerfüllt zum Treffen der Rebellen. Das Imperium baut unterdessen an dem 2. Todesstern, der – nahezu vollendet – größer und stärker ist als der erste. Die völlige Zerstörung der Allianz scheint vorprogrammiert. Gemeinsam schmieden sie einen Plan, wie der 2. Todesstern, auf dem der Imperator weilt, vernichtet werden kann. Han Solo geht mit seiner Crew auf den Planeten Endor, um den Schutzschild des Todessterns auszuschalten, dort treffen sie die hilfreichen Ewoks. Luke Skywalker stellt sich seinem Vater, er wird auf den Todesstern zum Imperator gebracht.

Die Rebellen greifen mit ihrer Flotte den Todesstern an, werden aber schon von der Schlachtflotte des Imperiums erwartet. Während die Flotten sich bekriegen, besiegt Luke Darth Vader im Schwertkampf, läßt ihn aber am Leben. Weil er sich weigert, der dunklen Seite der Macht beizutreten, versucht ihn der Imperator zu töten. Um dies zu verhindern, tötet Darth Vader selbst den Imperator Palpatine und wird durch diesen Akt wieder zu Anakin Skywalker, Lukes richtigem Vater. Dabei wird er schwer verwundet. Han Solo und seine Freunde können den Schutzschild des Todessterns ausschalten, der Todesstern wird endgültig zerstört. Luke Skywalker kann sich gerade noch retten, muß aber seinen Vater zurücklassen. Das Imperium ist besiegt.

»Krieg der Sterne« machte den bis dato eher dünn besuchten Science-fiction-Film für das große Publikum salonfähig. Seither ziehen Weltraumfilme Scharen von Zuschauern in die Kinos. Neben viel Romantik, Spannung und Witz setzte Regisseur George Lucas auf eine noch nie dagewesene Tricktechnik. War der SF-Film vielen Zuschauern nach → »2001 – Odyssee im Weltraum« zu intellektuell und abgehoben, so zeigte ihnen Lucas das Gegenteil. Er benutzte sämtliche dramaturgische Kniffe des traditionellen Hollywood-Kinos, um seinen Film erfolgreich unter die Leute zu bringen. So gab es in »Krieg der Sterne« knisternde Streitigkeiten zwischen Mann und Frau, einen finsteren Bösewicht, einen unbedarften Helden, gefährliche Monster, ein halsbrecherisches Vorhaben und jede Menge rührender Momente. Die außerirdischen Wesen und Maschinen wurden mit viel Phantasie gestaltet, und der Vorstellungskraft und Abenteuerlust des jungen Publikums waren keine Grenzen gesetzt. Der Film war auch der Wegbereiter der heutigen, sehr ausgeprägten Merchandising-Industrie. Zahlreiche Kids wünschten sich damals Laserschwerter und Krieg-der-Sterne-T-Shirts zu Weihnachten. Mittlerweile gibt es eine ganze Star-Wars-Industrie.

Dem ersten Film folgten zwei nicht minder erfolgreiche Fortsetzungen: »Das Imperium schlägt zurück« (1979) und »Die Rückkehr der Jedi-Ritter« (1983). Alle drei Filme sind 1998, digital aufgearbeitet und mit neuen Trickszenen ergänzt, nochmals erfolgreich ins Kino zurückgekehrt. 1999 kommt nun ein neuer Star-Wars-Film in die Kinos: Die bisher veröffentlichten drei Teile waren nach der ursprünglichen Planung die Teile 4, 5 und 6, jetzt kommt der Teil 1 heraus, der die Vorgeschichte des Kampfes der Jedi-Ritter gegen das Imperium erzählt.

»Krieg der Sterne« (USA 1976); Originaltitel: »Star Wars«; Produktionsfirma: 20th Century Fox/Lucasfilm (Gary Kurtz); Regie: George Lucas; Drehbuch: George Lucas, Bill Huyck, Gloria Katz, Story: George Lucas; Kamera: Gilbert Taylor; Spezialeffekte Industrial Light & Magic, John Dykstra; Musik: John Williams; Darsteller:

Mark Hamill, Harrison Ford, Carrie Fisher, Peter Cushing, Alec Guiness, Anthony Daniels, Kenny Baker, David Prowse, Sheragh Fraser, Jack Purvis, Alex McCrindle, Eddie Byrne; 121 Min.

L

La strada – Das Lied der Straße

Gelsomina ist ein einfaches Dorfmädchen im bitterarmen Nachkriegsitalien, ein schlichtes, aber freundliches Gemüt, das Freude daran hat, die kleinen Schönheiten des Lebens zu entdecken. Ihre Mutter verkauft ihr Kind, wie zuvor schon deren Schwester, für 10 000 Lire an den grobschlächtigen Jahrmarktsartisten Zampano, der es zu seiner Assistentin und Sklavin abrichten will. Sie unterwirft sich seinen unwirschen Befehlen, sie lernt Trompete spielen, und es offenbart sich ihre kindlich-komödiantische Seele, die das Publikum bezaubert. Den seiltanzenden Narren Matto, der sie menschlich behandelt, betet sie an. Als sie den rauhen, gewalttätigen Mann verlassen will, macht Matto ihr klar, daß Zampano sie braucht. Doch Matto ist ein böser Spötter. Er reizt Zampano mit seinen Sprüchen so sehr, daß der Matto im Streit tötet. Gelsomina wird daraufhin krank. Sie scheint den Verstand zu verlieren. Zampano pflegt sie, bis er ihr eines Nachts im Schlaf Geld zusteckt und sie verläßt, weil er jede menschliche Bindung als Last empfindet. Erst als er Jahre später von ihrem Tod hört, läßt ein hemmungsloser Gefühlsausbruch ahnen, was er für sie empfunden hat.

Mit der poetisch-bizarren Tragödie entfernte sich Federico Fellini nach Meinung einiger Kritiker erstmals von seiner Wurzel, dem Neorealismus. Doch seine Schilderung des Zusammenlebens von charakterlich völlig verschiedenen Menschen mit unterschiedlichen Erfahrungen trägt neorealistische Züge. In seiner künstlerischen Substanz und dem darstellerischen Komödiantentum – besonders von Giulietta Masina als Gelsomina – wurde er zu Recht mit Chaplins besten Filmen verglichen. Der Film hat eine soziale, eine humane und eine christliche Ebene. Ob man ihn als simple Geschichte über menschliche Beziehungen oder als Allegorie versteht, seine Intensität, die durch die Wirkung der Geschichte, der Darsteller und nicht zuletzt der Musik von Nino Rota entsteht, ist zeitlos.

»La strada« erhielt u.a. 1954 den Silbernen Löwen von Venedig und 1956 einen Oscar als bester fremdsprachiger Film.

Italien, 1954, Produktionsfirma: Ponti/de Laurentiis/Centaure, Regie: Federico Fellini, Buch: Tullio Pinelli, Federico Fellini, Kamera: Otello Martelli, Musik: Nino Rota, Darsteller: Giulietta Masina (Gelsomina), Anthony Quinn (Zampano), Richard Basehart (Matto), Aldo Silvani (Colombiani), Marcella Rovere (Witwe), Livia Venturini (Nonne)

Die Legende von Paul und Paula

Ostberlin in den frühen siebziger Jahren. Die Verkäuferin Paula hat zwei Kinder, aber keinen Mann. Paul kennt sie schon lange, aber flüchtig. Er lebt in einer zur Routine erstarrten Ehe. Als beide sich bewußt begegnen, werden sie von einer leidenschaftlichen Liebe erfaßt. Paula ist glücklich, Paul verwirrt. Eine außereheliche Beziehung würde seine Position im Ministerium für Außenhandel aufs Spiel setzen. So wahrt er den Schein. Als Paulas Kind einem Unfall zum Opfer fällt, beschließt sie, sich von Paul, der sich nicht zu ihr bekennt, rigoros zu trennen. Doch das bringt Paul zur Besinnung. Er belagert tagelang ihre Wohnungstür, bis er sie unter dem Beifall der Hausbewohner mit einer Axt einschlägt und Paula wiedererobert. Doch das gemeinsame Kind bringt das tragische Ende. Paula stirbt bei der Geburt. Paul kümmert sich nun liebevoll um beide Kinder.

Der Film wurde ein Überraschungserfolg. Das lag nicht nur an der leidenschaftlichen und mit Versatzstücken der Hippie-Kultur erzählten Liebesgeschichte, sondern auch daran, daß Gegensätze im real existierenden Sozialismus zur Sprache kamen, über die sonst gern geschwiegen wurde. Da war der soziale Gegensatz zwischen der Verkäuferin, die im ruinösen Altbau ihr Leben fristet und dem sozialen – und politischen! – Aufsteiger Paul in einer luxuriösen Neubauwohnung. Da war der kleinbürgerliche Wohlstand des Handwerkers Saft, der irgendwie verlockend war und doch gar nicht zum Anspruch des Sozialismus paßte. Und schließlich tauschte Paul den Kampfgruppenanzug mit dem Lotterbett des Blumenkinder. Der Erfolg dieses Films machte Funktionäre in der DDR mißtrauisch und leitete eine rigidere Kulturpolitik ein. Für die Zuschauer blieb dieser Film immer etwas Besonderes, wozu neben der Story vor allem die Leistungen der Hauptdarsteller und die von den Puhdys interpretierte Musik beitrugen.

DDR 1972/73, Produktionsfirma: DEFA, Regie: Heiner Carow, Buch: Ulrich Plenzdorf, Kamera: Jürgen Brauer, Musik: Peter Gotthardt, Szenenbild: Harry Leupold, Darsteller: Angelica Domröse (Paula), Winfried Glatzeder (Paul), Heidemarie Wenzel (die Schöne), Fred Delmare (Reifen-Saft), Rolf Ludwig, Hans Hardt-Hardtloff,

Dietmar Richter-Reinick, Frank Schenk, Eva Maria Hagen, Jürgen Frohriep, Willi Schrade

Der letzte Tango von Paris

Bei einer Wohnungssuche in Paris lernen sich eine junge Pariserin aus gutem Hause und der etwas verschlampt wirkende Amerikaner Paul kennen. Beider Unruhe mündet in den ersten, unkontrollierten Akt der beiden, die sich von dem Moment an nur in dieser Wohnung treffen werden, um miteinander hemmungslos ihre sexuellen Phantasien auszuleben. Danach trennen sie sich erst einmal, jeder kehrt in seine eigene biographische Welt zurück.

Sie trifft sich wieder mit Tom, ihrem dem Alter nach eher zu ihr passenden Freund. Tom ist Jungfilmer, hat die Kamera überall dabei, mit ihr will er die Lebensspuren seinen Freundin nachziehen.

Der Amerikaner lebt in einer dunklen Absteige, in der Fixer, Huren und Jazzer manchmal nur für Stunden ein Zimmer mieten. Dieser ruinöse Bau gehörte seiner Frau, die sich mit einem Rasiermesser die Pulsadern aufschnitt und so aus dem Leben schied. Liebevoll aufgebahrt von der Schwiegermutter, begegnet der Ehemann dem Geliebten

Der letzte Tango von Paris

seiner Frau. Um dieser absurden Situation zu entfliehen, sucht Paul die Nähe der Kindfrau in der zu vermietenden Altbauwohnung.

Dorthin läßt er eine breite Matratze schaffen, weniges Mobiliar und einen Kühlschrank. Von nun an bestimmt er die Bedingungen der Treffen, will weder Namen, noch Vergangenheit des Mädchens kennen und gibt auch seine nicht Preis. Er bindet sie an sich. Je mehr sie für ihn Gefühle empfindet, desto mehr verlangt er an Perversionen von ihr. Doch die Vergangenheit läßt sich nicht wegschieben, auch Paul erzählt Episoden aus seiner Jugend, wird sentimental in der Erinnerung.

Doch beide trennen sich nach drei Tagen, sie willigt ein, ihren Jungfilmer zu heiraten, er kündigt die Wohnung, doch die Geschichte geht weiter. Bei der letzten Begegnung gesteht Paul ihr seine Zuneigung und zieht sie in ein Lokal, in dem ein Tangowettbewerb läuft – der »letzte Tango« beginnt. Schließlich flüchtet sie in ihre Wohnung, doch betrunken verfolgt er sie. Sie erschießt ihn, als er nach ihrem Namen fragt. Der Film endet mit ihrer Ausrede vor der Polizei, ein Unbekannter habe sie vergewaltigen wollen.

»Der letzte Tango von Paris« sorgte in den 70er Jahren für einen Skandal. Wie so viele Werke, die nach ihrem Erscheinen für Aufruhr sorgten, gilt auch »Der letzte Tango von Paris« in der heutigen Zeit als harmlos. Niemanden würde es einfallen, heute – wo wir viel schlimmeres gewohnt sind – gegen diesen Film zu protestieren. In der Tat ist sein Inhalt erschreckend, steht doch im Mittelpunkt ein Paar, daß seine sexuellen Obsessionen bis ins Extrem auslebt. Doch während Paul bereit ist, sich ganz und gar darin zu verlieren, findet Jeanne zu neuen Perspektiven. Aber Paul kann nicht loslassen. So endet die Beziehung, wie sie enden muß. Jeanne erschießt Paul. Was damals die Gemüter erregte, war also nicht die Darstellung von Sexualität (das kannte man schon hinlänglich aus billigen Sexfilmchen), sondern das Aufzeigen einer Beziehung, die sich lediglich auf animalische Triebe konzentriert, und ihrer fatalen Folgen. »Der letzte Tango von Paris« ist ein depressiver Film mit einsamen und zerrissenen Protagonisten. Beide haben sich eigentlich schon aufgegeben, und aus dieser Leere ziehen sie ihre sexuelle Stimulanz.

Italien / Frankreich, 1972, Le dernier Tango à Paris / L' ultimo tango à Parigi, Produktionsfirma: P.E.A./Artistes Associés, Regie: Bernardo Bertolucci, Buch: Bernardo Bertolucci, Franco Arcalli, Kamera: Vittorio Storaro, Musik: Gato Barbieri, Darsteller: Marlon Brando (Paul), Maria Schneider (Jeanne), Jean-Pierre Léaud (Tom), Massimo Girotti (Marcel), Veronica Lazar (Rosa)

Leuchte, mein Stern, leuchte

Iskremas, ein revolutionärer Wanderschauspieler, versucht im Jahre 1920 im Süden Rußlands, das Volk für die Ideale der Kunst zu begeistern. In einem Ort, der wechselseitig von Weißen und anarchistischen Banden heimgesucht wird, will er mit seinem Thespiskarren die Dorfbewohner für den geistigen Reichtum Shakespeares gewinnen. Als er »Julius Caesar« in Ein-Mann-Besetzung aufführen will, unterliegt er der neuen Zeit, denn der örtliche Filmvorführer konnte das Publikum zu sich und seiner Schnulze ziehen. Iskremas befreundet sich mit dem begabten, aber naiven Maler Fjodor, der Opfer der Konterrevolution wird, und mit dem Bauernmädchen Kryssja, das Iskremas' Vermächtnis übernehmen wird, nachdem er bei einer Auseinandersetzung zwischen Weißen und Roten den Tod findet.

Alexander Mitta gelang eine poetische Komödie über Werte, die Freiheit und die Aufgabe der Künste und ihre Wirkung. Die Szenen sind phantasievoll, sprudeln von Einfällen und Temperament fast über und habe eine große emotionale Spannung. Die Sinnlichkeit der Bilder setzt Assoziationen frei, die diesem Film einen beständigen Wert verleihen.

UdSSR, 1969, Originaltitel: Gori, gori, moja swesda, Produktionsfirma: Mosfilm, Regie: Alexander Mitta, Buch: Juli Dunski, Waleri Frid, Alexander Mitta, Kamera: Juri Sokol, A. Senjan, Musik: Boris Tschaikowski, Darsteller: Oleg Tabakow (Iskremas), Oleg Jefremow (der Maler), Jewgeni Leonow (Pascha), Jelena Proklowa (Kryssja), Leonid Djatschkow (Ochrim)

Lili Marleen

Die Sängerin Wilkie erlebt tiefe und sinnliche Stunden mit ihrem jüdischen Geliebten Robert. Dieser transportiert für eine Hilfsorganisation Ersparnisse von bedrohten Juden ins Ausland. Doch Roberts Vater ist gegen die Verbindung mit Wilkie. Durch seine Kontakte verhindert er die Ausreise seines Sohnes aus der Schweiz. Jetzt sind die beiden gezwungen, getrennte Wege zu gehen. Doch Wilkies Liebe zu Robert ist unerschütterlich. Und obwohl sich ihr Lied »Lili Marleen«, dank eines einflußreichen Protegés, zum berühmtesten Schlager des Dritten Reichs entwickelt, kreisen ihre Gedanken nur um den Geliebten. Inzwischen erobert die Schnulze über Radio Belgrad sogar die Herzen der Soldaten an der Front. In ihren Baracken träumen sie von ihrer Liebsten zu Haus, träumen von Lili Marleen und von der Erfüllung ihrer Sehnsüchte. Wilkie wird mit ihrem Lied immer erfolgreicher. Sie geht bei ranghohen Offizieren ein und aus und lernt sogar den Führer kennen. Als Robert beim Schmuggeln von der SS gefangen genommen wird, verhilft sie der Untergrundorganisation zu Informationen, die zu seiner Befreiung führen. Nach dem Krieg, als die Grenzen wieder offen sind, fährt sie voller Erwartung in die Schweiz, um ihren geliebten Robert zu treffen. Der jedoch ist inzwischen mit einer anderen Frau zusammen. All die Jahre haben sich ihre Gedanken nur um diesen einen Mann gedreht. Jetzt, nach dieser Enttäuschung, bleibt ihr nur noch der Freitod.

Der im Alter von fünfunddreißig Jahren verstorbene Rainer Werner Faßbinder gilt als der deutsche Ausnahmeregisseur. Mehr als fünfzig Filme hatte er inszeniert, zahlreiche Theaterstücke geschrieben und sich sogar als Schauspieler profiliert. Mit Dreiundzwanzig schockierte er die Nation mit seinem Erstlingswerk »Katzelmacher«. Der Mann, der dem deutschen Film endlich zu Format verhalf, wurde vor seiner Karriere von einer Münchner Schauspielschule ebenso abgelehnt wie von der »Deutschen Film- und Fernsehakademie Berlin«. So mußte er sich als Autodidakt sein Handwerk selbst beibringen.

In »Lili Marleen« wird das Leben der Sängerin »Lale Anderson« sehr frei porträtiert. Ihr Lied »Lili Marleen« war erst erfolglos, doch als der Soldatensender Belgrad es erstmals sendete, war die Resonanz überragend. Bald wurde das Lied sowohl für die Daheimgebliebenen, als auch für die deutschen Soldaten an der Front zum absoluten Hit. Faßbinder inszenierte Lale Anderson als eine Frau, die niemals wirklich glücklich war. Aber er inszenierte auch das Lied »Lili Marleen« als etwas Magisches für die nach Liebe hungernden Soldaten, die jeden Tag elend vor die Hunde gehen konnten. Die sentimentale, rauhe Frauenstimme läßt sie ihre schreckliche Lage durchhalten, weil es ihnen warm wird ums Herz und jeder dabei an seine Frau zu Hause denken muß.

Kritiker warfen Faßbinder vor, daß er mit seinem bewußt amerikanisch inszenierten Film das Nazi-Reich nicht in seiner gesamten Gefährlichkeit darstelle. Vielmehr soll der Regisseur angeblich der gefährlichen Faszination dieser Zeit erlegen gewesen sein. So wird auch in »Lili Marleen« das Dritte Reich bombastisch, glitzernd und voller charismatischer Macht dargestellt. Man mag diese Ansicht teilen oder nicht. Trotzdem aber muß ein Künstler die Freiheit haben, in einem Film auch die Seiten eines Regimes darzustellen, die die Menschen veranlaßt hatten über Verbrechen hinwegzusehen und sich bewußt oder unbewußt blenden zu lassen.

Faßbinder träumte immer wieder davon, in Amerika zu arbeiten. Sein großes Vorbild war der amerikanische Regisseur Douglas Sirk. Obwohl seine Filme sehr amerikanisch inszeniert waren, ging sein Traum nie in Erfüllung.

BRD 1980; Originaltitel: »Lili Marleen«, Regie: Rainer Werner Faßbinder, Drehbuch: Manfred Purzer, Rainer Werner Faßbinder; Kamera: Xaver Schwarzenberger; Musik: Peer Raben; Produzent: Luggi Waldleitner für Roxy-Film/CIP/Rialto-Film; Darsteller: Hanna Schygulla, Giancarlo Giannini, Mel Ferrer, Karl Heinz von Hassel, Christine Kaufmann, Hark Bohm, Karin Baal, Udo Kier, Erik Schumann, Helen Vita; 120 Min.

Lili Marleen

M

Manche mögen's heiß

Als Musiker stehen der Bassist Jerry und der Saxophonspieler Joe nicht gerade auf der Sonnenseite des Lebens. Doch wirklich fatal wird ihre Lage erst, als sie am Valentinstag Zeuge eines Massenblutbades werden. Der Mafiosi »Zahnstocher Charlie« hat sich damit unangenehme Zeitgenossen vom Leib schaffen lassen. Als die unliebsamen Zuschauer dann auch noch von den Gangstern entdeckt werden, können sie in letzter Sekunde untertauchen, indem sie sich als Frauen verkleiden. Sie heuern als Josephine und Daphne bei der Mädchenkapelle »Sweet Sue« an und reisen mit den jungen Damen im Zug zu Auftritten nach Florida. In zahlreichen Slapstickszenen werden sie immer wieder mit Schwierigkeiten konfrontiert, die sich aus ihren neuen Rollen ergeben. Des öfteren gelingt es ihnen erst im letzten Augenblick, ihre Enttarnung als Männer zu verhindern.

Nächstes Problem: Joe verliebt sich in die kecke Schönheit Sugar, kann sich ihr aber wegen seiner Verkleidung nicht nähern. Doch aufgrund seiner Vertrauensstellung lotet er schnell ihre Ansprüche an den Wunschpartner aus: er soll unbedingt vermögend sein. Daher schlüpft er in eine dritte Rolle. Er versucht sie als Millionär zu verführen. Jerry begegnet derweil ein echter Millionär namens Osgood Fielding der Dritte. Er fällt auf Jerrys weibliche Verkleidung herein und verliebt sich unsterblich in ihn.

Doch »Zahnstocher-Charlie« und seine Leute sind den beiden immer noch auf der Spur und entlarven sie trotz ihrer Verkleidung. Im letzten Moment wird die Bande von ihren Kontrahenten »Little Bonaparte« in einen Hinterhalt gelockt und erschossen. Nachdem von den Gangstern keine Gefahr mehr droht, enthüllen sich Josephine alias Joe und Daphne alias Jerry. Sugar verzeiht daraufhin ihrem Verehrer, obwohl er arm ist. Wo die Liebe eben hinfällt! Auch Osgood nimmt es gelassen, als er erfährt, daß er seine geliebte Daphne nicht heiraten kann, da sie ein Mann ist. Niemand ist halt vollkommen.

Billy Wilder, der Regisseur von »Manche mögen's heiß«, gilt als der Meister der Komödien. Früher drehte der gebürtige Österreicher in Deutschland. Bald aber wanderte er in die USA aus. Später begründete er diesen Schritt damit, daß er – wäre er in Deutschland geblieben – unweigerlich gescheitert wäre. In Deutschland fehlt sowohl der Mut als auch die Infrastruktur für erfolgreiches Filmschaffen, so die Komödien-Koryphäe damals (bis heute hat sich da im Vergleich mit den USA nicht viel geändert).

»Manche mögen's heiß« ist eine typische Wilder-Komödie. Eine spannende Geschichte, erstklassiges Timing, sentimentale Momente und ein Film voller dramatischer Ironie. Der Zuschauer lebt unentwegt in der Angst, daß die wahre Identität der beiden »Damen« aufgedeckt wird. Und nur er weiß, daß Daphne und Josephine in Wahrheit Männer sind. Dieses Wissen läßt ihn die Momente besonders genießen, wenn die Mädchen aus der Kapelle – in der Annahme, die beiden seien weiblichen Geschlechts – ihre Geheimnisse ausplaudern und sich vor ihnen entblößen. Aber es sind auch die Gegensätze, die in dieser Komödie exzellent herausgearbeitet wurden. Das Zusammenspiel von Wahrheit und Lüge, Liebe und Tod, Verbrechen und Unschuld, Erfüllung und Chaos machen den Film zu einer brillanten Konstruktion.

Wie bei vielen erfolgreichen Filmen lief auch bei »Manche mögen's heiß« erstmal alles nicht nach Plan. Das Produktionsbudget reichte nicht aus, weil die Dreharbeiten um sechs Wochen überzogen werden mußten. Schuld daran soll Marilyn Monroe gewesen sein, die ständig unpünktlich am Set erschien und darüber hinaus so unkonzentriert und unvorbereitet war, daß viele Szenen mit ihr unendlich oft wiederholt werden mußten, bis sie letztlich im Kasten waren. Tony Curtis fing an, die Monroe zu hassen, weil er sie dafür verantwortlich machte, daß er seine schauspielerische Fähigkeit nicht voll entfalten konnte. Aber auch Billy Wilder und die übrige Crew verachteten nach Abschluß der Dreharbeiten die Monroe so sehr, daß sie sie nicht bei der Abschlußparty dabei haben wollten.

Drehbuchautor L.A. Diamond und Billy Wilder, die bei »Manche mögen's heiß« zum zweiten Mal zusammenarbeiteten, waren nach dem Film ein nahezu untrennbares Gespann. Für beide stand fest, daß sie im Duo ihre jeweiligen Fähigkeiten noch überflügeln konnten. Diese Entdeckung sollte sich dann auch in der Zukunft bewähren. Zusammen schufen der Drehbuchautor und der Regisseur noch zahlreiche Filme, die mittlerweile als die besten Komödien unsterblich geworden sind.

»Billy, how did you do it« ist eine Sendung, in der der deutsche Regis-

Manche mögen's heiss

seur Volker Schlöndorf Billy Wilder interviewt. Auf die Frage, was denn sein Erfolgskonzept sei, antwortete der Altmeister: »Kill your Darlings.« Damit meint er, daß man beim Schreiben oder beim Drehen oft in eine Situation kommt, in der man stecken bleibt. In solchen Momenten muß man das Skript hinterfragen, und häufig muß man dann bereit sein, Figuren oder Szenen zu streichen, die einem besonders am Herzen liegen, um wieder weitermachen zu können. Auf die Frage, was denn für ihn am wichtigsten für das Gelingen eines Films sei (die Schauspieler, der Regisseur, die Kameraführung...), antwortete Wilder prompt: Drehbuch, Drehbuch, Drehbuch, Drehbuch, Regie.

Manche mögen's heiß (USA 1959) Original-Titel: Some Like It Hot, R: Billy Wilder, B: Billy Wilder, I. A. L. Diamond, K: Charles Lang jr., M: Adolph Deutsch, P: Billy Wilder für Ashton Prod./The Mirisch Company/United Artists, D: Marilyn Monroe, Tony Curtis, Jack Lemmon, George Raft, Pat O'Brien, Joe E. Brown, Nehemiah Persoff, Joan Shawlee, s/w 120 Min.

Mephisto

Im Mittelpunkt steht der ehrgeizige Theaterschauspieler Hendrik Höfgen, dem es am Beginn der Nazi-Zeit gelingt, vom Provinzmimen zum Intendanten der Berliner Staatsschauspiele aufzusteigen. Er wird im Verlauf der Handlung immer mehr zum willigen Werkzeug der Faschisten. Sein Erfolg jedoch beruht in der Auflösung seiner Identität und im Verrat an seiner Umgebung. Sein Handeln entspricht dem Charakter seiner Paraderolle, dem Mephisto. Er erliegt der Versuchung, zu prüfen, ob die Kraft, die Böses will, nicht vielleicht doch Gutes schafft und muß erkennen, daß er sich verkauft hat. Sein Lamento »Ich bin doch nur Schauspieler!« verhallt ungehört.

Nach Motiven des Schlüsselromans von Klaus Mann entstand dieses Psychogramm eines Karrierebesessenen, der seine Überzeugungen dem Erfolg opfert. Figuren aus Kunst und Politik, wie Gustaf Gründgens (der vor 1933 ein enger Freund von Klaus Mann war), Hermann Göring, Hans Otto, Elisabeth Bergner oder Max Reinhardt sind wiederzuerkennen.

Höfgens Aufstieg ist zugleich ein Modellfall für einen vielschichtigen filmischen Diskurs über Politik, Macht, Moral, Kunst und Kultur unter den Bedingungen totalitärer Systeme. Klaus Maria Brandauer spielte hier die markanteste Rolle seiner Laufbahn. Auch Rolf Hoppe als sein Mäzen wurde für seine differenzierte Leistung zu Recht gefeiert.

Neben anderen Preisen erhielt der Film 1981 einen Oscar für die beste fremdsprachige Produktion.

Ungarn/BRD/Ö 1980, Produktionsfirma: Mafilm/Durniok/ORF, Regie: István Szabó, Buch: István Szabó, Péter Dobai, nach Motiven des Romans von Klaus Mann, Kamera: Lajos Koltai, Musik: Zdenkó Tamássy, Darsteller: Klaus Maria Brandauer (Hendrik Höfgen), Rolf Hoppe (General), Krystyna Janda (Barbara Bruckner), Karin Boyd (Juliette Martens), Ildikó Bansági (Nicoletta von Niebuhr), György Cserhalmi (Niklas), Péter Andorai (Ulrichs), Christine Harbort (Lotte Lindenthal), Christian Grashof, Martin Hellberg

Mephisto – Klaus Maria Brandauer als Hendrik Höfgen

Metropolis

Metropolis ist der Name einer gigantischen Zukunftsstadt. Tief in höhlenartigen Werkstätten ohne Licht und Freiheit leisten Arbeiter Frondienste. Die Reichen und Mächtigen leben oben mit allem erdenklichen Luxus in herrlichen Gärten und in Hochhäusern über der Stadt. Herrscher von Metropolis ist dank seiner ökonomischen Kraft der Industrielle Joh Fredersen. Sein Sohn Freder, ein umschwärmter Beau, der sich jedoch innerlich gegen die allgegenwärtige Macht seines Vaters auflehnt, begegnet dem Mädchen Maria, die als eine Art Heilige der Unterdrückten angesehen wird. Sie predigt eine Partnerschaft mit den Herrschern durch die Allmacht der Liebe. Freder folgt Maria in das unterirdische Labyrinth. Das ungeahnte Elend der Arbeiter erschrickt ihn, und er ergreift Partei für die Geschundenen. Maria und Freder gestehen sich ihre Liebe.

Unterdessen ist sich Fredersen der Gefahr aus der Unterwelt bewußt geworden. Er beauftragt den dämonischen Erfinder Rotwang, einen Roboter mit Marias äußerer Gestalt zu schaffen, der zur Rebellion aufrufen soll, damit Fredersen einen Anlaß für eine noch stärkere Unterwerfung der Massen findet. Von der falschen Maria angestachelt, zerstören die Arbeiter die »Herzmaschine«, das Energiezentrum von Metropolis. Eine Überschwemmungskatastrophe wird ausgelöst. Die Arbeiter vernichten den Roboter, während Freder Rotwang besiegt und Maria befreit. Vor dem Dom versöhnt Freder seinen Vater mit dem Anführer der Arbeiter.

Der Film, der damals sein Budget weit überzog und die Ufa in eine finanzielle Krise stürzte, kostete sieben Millionen Reichsmark. Dafür strotzte er jedoch vor verblüffenden Aufnahmen, die einerseits der ausgefeilten Tricktechnik, andererseits den voluminösen Dekorationen geschuldet waren. Riesige Menschenmassen und komplizierte Maschinen erschienen in eindrucksvollen, gleichförmigen Bewegungsarrangements. Hinzu kam die erstklassige Besetzung mit Alfred Abel als Freder und den Newcomern Brigitte Helm und Gustav Fröhlich als Maria und Freder, die von da an für einige Jahre als größte deutsche Stars gehandelt wurden.

Kritiker warfen Regisseur Fitz Lang vor, die eher banale Handlung seines monumentalen Stummfilms mit expressionistisch durchkomponierten Bildern überhöht zu haben. Tatsächlich wurden hier nach einem Drehbuch der erzkonservativen Autorin Thea von Harbou gesellschaftliche Widersprüche mit reaktionärem Pathos zugedeckt.

Allerdings bleiben formal die Szenen der Zukunftsstadt mit verschiedenen Flugzeugen, die ihre Bahn kreuzen, die Vision vom Turm-

Metropolis – Mesisterwerk von Fritz Lang

METROPOLIS

bau zu Babel und die Erschaffung der künstlichen Maria Höhepunkte des utopischen Filmgenres, wie sie der deutsche Film für Jahrzehnte nicht mehr realisieren konnte. Lang selbst distanzierte sich später von der Schlußmoral seines Films.

Der Italiener Giorgio Moroder brachte 1984 in den USA eine neu montierte Fassung des Films mit moderner, elektronischer Musik heraus, die dem Original Gewalt antat. Hier triumphierte die Ästhetik der Oberflächenreize in modisch-schicker Unterhaltung.

Deutschland 1927; Originaltitel: »Metropolis«; Produktionsfirma: UFA (Erich Pommer); Regie: Fritz Lang; Drehbuch: Thea von Harbou; Kamera: Karl Freund, Günther Rittau; Bauten: Otto Hunte, Erich Kettelhut, Karl Vollbrecht; Spezialeffekte: Eugen Schüfften, Ernst Kunstmann; Metropolis-Roboter: Walter Schulze-Mittendorf; Musik: Gottfried Huppertz; Darsteller: Alfred Abel, Gustav Fröhlich, Brigitte Helm, Rudolf Klein-Rogge, Fritz Rasp, Heinrich George, Theodor Loos, Erwin Binswanger, Olaf Storm, Hanns Leo Reich, Heinrich Gotho, Margarete Lanner, Max Dietze, Georg John, Walter Kühle, Arthur Reinhard, Erwin Vater, Grete Berger, Olly Böheim, Ellen Frei, Lisa Gray, Rose Lichtenstein, Helene Weigel, Beatrice Garga, Anny Hintze, Margarete Lanner, Helene von Münchhofen, Hilde Woitscheff, Fritz Alberti, Curt Siodmak; SW 115 Min.

Moby Dick

Der klassische Abenteuerfilm nach Herman Melvilles allegorischem Roman erzählt vom besessenen Kampf des Kapitän Ahab gegen seinen Widersacher, den weißen Wal. Seit ihm ein riesiger weißer Wal, den er Moby Dick nennt, ein Bein abgerissen hat, jagt er das Tier. Er will es im Kampf besiegen. Schiff und Mannschaft kommen dabei in gefährliche Situationen. Beim letzten Kampf mit dem Tier greift der bereits verletzte Wal das Boot an. Ahab stößt ihm eine weitere Harpune in den Leib, verfängt sich jedoch in den Seilen und wird von Bord in die Tiefe gerissen – für immer mit seinem Widersacher vereint.

Der spannend inszenierte Film lebt stark von der großartigen Bildkunst. Bemerkenswert bleibt die Verwendung des Farbfilmmaterials: Huston erreichte die besondere, rauhe »Tönung« des Films, indem er von den in Technicolor gedrehten Mustern Schwarzweiß- und Farbkopien ziehen ließ, die er am Ende übereinanderkopieren ließ. Die Schwäche des Films war allerdings Hauptdarsteller Gregory Peck, der in Abe-Lincoln-Maske dem wahnsinnigen Kapitän zu wenig Glaubwürdigkeit gab. An »Moby Dick« wurde zwei Jahre lang gedreht. Er verschlang damals die Wahnsinns-Summe von fünf Millionen Dollar, die er jedoch lange nicht einspielen konnte.

GREGORY PECK
RICHARD BASEHART
LEO GENN
Moby Dick
mit ORSON WELLES
Eine JOHN HUSTON Produktion
Regie: JOHN HUSTON
Ein MOULIN-FILM in TECHNICOLOR
Nach dem gleichnamigen im Ro-ro-ro-Verlag erschienenen Bestseller von Herman Melville

Moby Dick

England, 1956, Produktionsfirma: Moulin, Regie: John Huston, Buch: Ray Bradbury, John Huston, nach dem Roman von Herman Melville, Kamera: Oswald Morris, Musik: Philip Stainton, Darsteller: Gregory Peck (Captain Ahab), Richard Basehart (Ismael), Leo Genn (Starbuck), James Robertson Justice (Captain Boomer), Harry Andrews (Stubb), Orson Welles (Pfarrer Marple), Bernard Miles (Manxman), Mervyn Johns (Peleg); 116 Min

Monty Python

Monty Python war der Name einer englischen Komikertruppe, die aus Terry Gilliam, Eric Idle, John Cleese, Michael Palin, Terry Jones und Graham Chapman bestand. Sie machten erstmals Ende der Sechziger Jahre mit ihrer Serie »Monty Python's Flying Circus«, gesendet von der BBC, von sich reden.

Bereits in dieser Serie offenbarte sich der typische Monty-Python-Humor. Er besteht aus einer Mischung aus gelehrten intellektuellen Anspielungen, kombiniert mit anarchistischen, grotesken, tiefschwarzen, oftmals am Rande des guten Geschmacks dahingleitenden Späßen. Insgesamt gesehen handelt es sich um eine Mischung, die in dieser Form wohl nur in Großbritannien entstehen konnte. Ein typisches Beispiel dafür ist der berühmte Der-Papagei-ist-tot-Sketch: Ein Kunde kommt mit einem Käfig in eine Zoohandlung, in dem ein offensichtlich toter Papagei liegt. Der Kunde beschwert sich beim Zoohändler, daß er den Papagei vor ein paar Stunden gekauft habe, und daß er offensichtlich tot sei (»Der Papagei ist tot – mausetot!«). Doch der Zoohändler beharrt darauf, daß der Vogel nur schlafe. Dabei bleibt er selbst dann noch, als der Kunde ihm die Nägel zeigt, mit denen das tote Tier im Käfig an der Stange festgenagelt worden war.

»Monty Pythons Flying Circus« wurde in insgesamt vier Serien mit zusammen 45 Folgen ausgestrahlt. Die Serie erwies sich als so erfolgreich, daß 1971 die besten Sketche zum Kinofilm »And now for something completely different« zusammengefaßt wurden. Diesem Film folgten noch vier weitere Kinofilme, durch die Monty Python auf der ganzen Welt berühmt wurde. Diese vier Filme sind es, die Monty Python endgültig einen Kultstatus sichern, der auch heute noch ungebrochen ist. Daher seien sie nun alle besprochen:

1.) »Monty Python and the Holy Grail« (»Die Ritter der Kokosnuß«)

Dieser Film erzählt im wesentlichen die Artus-Sage nach – aus typischer Monty-Python-Sicht. So wird bereits am Anfang gezeigt, daß sich König Artus aus finanziellen Gründen kein echtes Pferd leisten kann. Damit aber wenigstens der akustische Eindruck eines Ritts entsteht, muß ständig ein Knappe hinter ihm herlaufen, der zwei Kokosnüsse

Der Sinn des Lebens

zusammenschlägt, so daß es sich aus der Ferne wie Hufgetrappel anhört. Allein dadurch bekommt der Film von vornherein einen grotesken, ja geradezu surrealistischen Touch.

Bis sie den Gral gefunden haben, müssen König Artus und seine Ritter manch pythoneskes Abenteuer bestehen. So müssen sie das gefürchtete Killerkaninchen besiegen, gegen das nur die »Heilige Handgranate von Antiochia« hilft. An einer französischen Burg werden sie gar mit dem Inhalt eines Nachttopfs überschüttet und mit einer kompletten Kuh (!) beschossen. Doch das alles kann die furchtlosen Recken nicht erschrecken, und wacker halten sie allen Gefahren stand.

Der Film wimmelt von skurrilen, anarchistischen, tiefschwarzen Scherzen und ironisch-sarkastischen Anspielungen, so daß es gar nicht möglich ist, sie alle hier wiederzugeben. Gerade durch seine aktuelle Thematik (Mittelalter) ist er auch heute noch sehenswert.

2.) »Monty Python's Life of Brian« (»Das Leben des Brian«)

Jerusalem, zur Zeit des Kaisers Augustus, »kurz nach der Sportschau« (Einblendung zu Filmbeginn). Der junge Brian, Sohn einer Prostituierten, schließt sich aus Langeweile einer revolutionären Splittergruppe namens »Volksfront für die Befreiung Palästinas« an. Offiziell gibt diese Gruppe vor, die Römer zu bekämpfen; in Wahrheit aber bekämpft die selbsternannte »Volksfront« vor allem andere Splittergruppen, wenn sie nicht gerade am grünen Tisch hochrealistische Pläne zur »Erringung der Weltherrschaft innerhalb der nächsten fünf Jahre« schmiedet oder jedem Mann – zumindest auf dem Papier – das Recht einräumt, selbst Kinder zu bekommen. Bei der einzig echten Aktion, die die Gruppe je zustande gebracht hat – Entführung von Pilatus' Frau durch die Kanalisation des Palastes –, wird Brian gefangengenommen und vor Pilatus geführt. Er kann aber fliehen.

Auf seiner Flucht geschieht nun etwas Unfaßbares: durch eine Kette absurder Zufälle wird Brian plötzlich für den Messias gehalten. Eine immer größer werdende Menschenmenge verfolgt ihn bis in die Wüste und interpretiert jede seiner Äußerungen als göttliche Offenbarung. Durch einen Zufall kann Brian entkommen und verbringt eine schöne Nacht mit seiner Geliebten Judith.

Am nächsten Morgen öffnet Brian den Klappladen vor seinem Fenster – und sieht sich einer noch größeren Menschenmenge gegenüber, die ihn alle als den Messias anbeten. Brian weiß nicht, wie er darauf reagieren soll. Er versucht in einer Rede, die Menschen vom Glauben an ihn abzubringen, doch vergeblich: die Masse will nicht auf die Vernunft hören, sondern ihn lieber als Messias sehen. Sogar seine Freundin Judith ist davon überzeugt, daß Brian der Messias ist. Die Situation wird »bereinigt« durch die Römer, die den »Aufrührer« Brian festnehmen und ans Kreuz schlagen lassen. Der Film endet mit einer Aufnahme von 140 Gekreuzigten, darunter auch Brian, die alle »Always look on the bright side of life« singen.

Auch hier gilt wiederum, daß die Nacherzählung der Handlung nicht annähernd die tausend Gags des Films wiederzugeben vermag. In »Das Leben des Brian« sind soviel ironische Anspielungen versteckt, daß man getrost zehn Filme damit hätte drehen können. Einige der Gags, etwa »Chleudert ten Purchen zu Poden« oder »Jeder nur ein Kreuz!«, wurden sogar zu feststehenden Redensarten, besonders in studentischen Kreisen. Einige der Anspielungen sind unverkennbare Satire. So wurden etwa in Gestalt der »Volksfront für die Befreiung Palästinas« die kommunistischen Splitter- und Sektierergruppen der Siebziger Jahre wunderbar persifliert. Der Film als Ganzes wiederum ist eine Parodie auf die kitschigen Monumental-Bibelverfilmungen der Sechziger Jahre – wie etwa »Die zehn Gebote«. Natürlich wurde das in der katholischen Kirche anders gesehen, so daß etliche Kirchenvertreter, gegen den ihrer Ansicht nach »blasphemischen« Streifen protestierten, was der Beliebtheit des Films jedoch keinen Abbruch tat, sondern sie ganz im Gegenteil eher noch verstärkte.

Zwischen all dem Nonsens und der Groteske sind auch einige Äußerungen versteckt, die nachdenklich stimmen sollten. Etwa die Szene, in der Brian zu einer großen Volksmenge spricht: »Ihr seid alle Individuen!«, und die Menge im Chor wiederholt: »Ja, wir sind alle Individuen.«

Heute gilt »Das Leben des Brian« bei vielen Kritikern als der beste Film, den Monty Python je hervorgebracht hat. Das Schlußlied des Films »Always look on the bright side of life«, komponiert und gesungen von Eric Idle, lancierte inzwischen zum Hit.

3.) »Monty Python live at the Hollywood Bowl«

Dieser Film ist die Live-Aufzeichnung eines Auftritts der Komikertruppe im Hollywood Bowl. Er sei hier nur der Vollständigkeit halber erwähnt.

4.) »Monty Python's Meaning of Life« (»Der Sinn des Lebens«)

»Der Sinn des Lebens« ist eine Art Sketch-Revue, die sich entlang eines menschlichen Lebens zieht. Er beginnt mit der Geburt und endet logischerweise mit dem Tod.

Auch in diesem Film sind wiederum etliche herrlich groteske Ideen versammelt, etwa die »lebende Organtransplantation« oder die »Maschine mit dem Piiing!«. Insgesamt vermag der Film aber nicht vollständig zu überzeugen.

5.) Solowerke der Monty Python-Mitglieder

Terry Gilliam hat inzwischen bei einer ganzen Reihe von Filmen Regie geführt, wie etwa »Jabberwocky«, »Time Bandits«, »König der Fischer«, »Münchhausen« und »Brazil«. Viele dieser Filme enthalten auch ein paar typische »pythoneske« Elemente. Eric Idle schrieb das Buch zu »Ein Fisch namens Wanda« und spielte darin auch mit. Auch diese Komödie hat einen unverkennbaren Monty-Python-Touch. Eine Wiedervereinigung der Truppe ist ausgeschlossen, da Graham Chapman 1989 starb.

Die Ritter der Kokosnuß, England, 1974, Originaltitel: Monty Python and the Holy Grail, Produktionsfirma: Python (Monty) Pictures, Regie: Terry Jones, Terry Gilliam, Buch: Terry Jones, Graham Chapman, John Cleese, Eric Idle, Michael Palin, Kamera: Howard Atherton, Terry Bedford, Musik: Neil Innes, De Wolfe, Darsteller: Graham Chapman, John Cleese, Terry Gilliam, Eric Idle, Neil Innes, Terry Jones, Michael Palin, Carol Cleveland

Das Leben des Brian, England, 1979, Originaltitel: Monty Python's Life of Brian, Produktionsfirma: HandMade Film, Regie: Terry Jones, Buch: Graham Chapman, John Cleese, Terry Gilliam, Eric Idle, Terry Jones, Michael Palin, Kamera: Peter Biziou, Musik: Geoffrey Burgon, Darsteller: Graham Chapman (Brian u.a.), Terry Jones (Brians Mutter u.a.), Sue Jones-Davies (Judith u.a.), Michael Palin (Prophet u.a.), John Cleese (Centurio u.a.), Eric Idle (Otto u.a.), Terry Gilliam

Der Sinn des Lebens, England 1982, Originaltitel: Monty Python's The Meaning of Life, Produktionsfirma: Celandine/The Monty Python Partnership, Regie: Terry Jones, Buch: Graham Chapman, John Cleese, Terry Gilliam, Eric Idle, Terry Jones, Michael Palin, Kamera: Peter Hannan, Musik: Eric Idle, John Du Prez, Dave Howman, Andre Jacquemin, Darsteller: Graham Chapman, John Cleese, Terry Gilliam, Eric Idle, Terry Jones, Michael Palin, Carol Cleveland

Monty Python in Hollywood, England, 1984, Originaltitel: Monty Python Live At the Hollywood Bowl, Produktionsfirma: HandMade, Regie: Terry Hughes, Monty Python, Buch: Stan Miller, Monty Python, Kamera: Dave Hillmer, Mike Keeler u.a., Musik: John Du Prez, Ray Cooper, Darsteller: Graham Chapman, John Cleese, Terry Gilliam, Eric Idle, Terry Jones, Michael Palin, Carol Cleveland, Neil Innes

Müllers Büro

Privatdetektiv Max Müller, wie meistens ohne Arbeit und finanziell völlig abgebrannt, nimmt wieder einmal einen unwiderruflich letzten Schluck Whisky, als eine atemberaubende Blondine sein Büro betritt. Sie nennt sich Ingrid Bergman und tischt eine reichlich verworrene Geschichte auf. Dann reicht sie ihm ein Bündel Banknoten und bittet ihn, ihren verschwundenen Verlobten aufzuspüren. Max Müller fackelt nicht lange und steigt mit seinem Assistenten Larry hinab in die Wiener Unterwelt. Natürlich bleibt ihm nicht lange verborgen, daß seine geheimnisvolle Klientin nicht nur einen falschen Namen benutzt, sondern eigentlich schon 24 Stunden tot sein müßte. Das beflügelt ihn aber nur bei seiner aufregenden Odyssee durch schummrige Kneipen, glamouröse Nachtclubs und fremde Betten, vorbei an zahllosen Leichen und sehr lebendigen Gangstern...

Regisseur Niki List (Jahrgang 1956) beweist hier mit Wiener Lust an der Anarchie, wie vergnüglich es sein kann, wenn man nicht nur die Genres, sondern auch die Epochen der Kinogeschichte durcheinanderwirbelt. Sein Detektiv Max Müller, ein ausgefallener Humphrey-Bogart-Nachfahre, ermittelt mit der Unbeholfenheit seines Wiener Fernsehkollegen Kottan. Amerikanischer »film noir« der vierziger und fünfziger Jahre wird dabei fröhlich mit Gesangsauftritten im Stil der deutschen und österreichischen Schlagerparaden jener Jahre gepaart. Die Gangsterwelt amüsiert und duelliert sich in neonfarbenen Kulissen neueren Zuschnitts, und wenn die Maschinenpistolen zum Finale rat-

Müllers Büro

tern, wird vollends zweideutig, ob eher der historische Scarface oder der jüngere Rambo durch den Kakao gezogen wird.

»Müllers Büro ist ein Film, der seine Vorlage nicht aus der Wirklichkeit, sondern aus der Realität Film bezieht. Er versucht nicht, Realität nachzubilden, sondern verwendet Versatzstücke aus bestehenden Filmen und setzt sie zueinander in Beziehung. So ist der eigentliche Gegenstand des Filmes nicht die thematisierte Handlung sondern der ›Detektivfilm‹ bzw. Film schlechthin. Die Handlungen der Protaganisten beziehen sich in vielen Aktionen auf gegebene Muster verschiedener Genres. In diesem Sinne taucht auch ›das Böse‹ personifiziert in der Figur des Industriellen Kant – er ist eine Persiflage der Figur Orson Welles – auf. Es werden klassische Szenenlösungen zitiert, z.B. was die Verwendung verschiedener Requisiten betrifft, wie etwa zu Beginn das Schild ›Kein Durchgang‹, mit dem der Film Citizen Kane beginnt. Die Fotografie orientiert sich im wesentlichen an den Filmen der ›Schwarzen Serie‹ und der Glamour-Fotografie von Musikfilmen. Müllers Büro ist kein Musical im herkömmlichen Sinn, obwohl die Musik etwa zwei Drittel der gesamten Laufzeit einnimmt. Sie leitet sich im wesentlichen von Schlagern der 50er-Jahre – die auch zitiert werden –, sowie dem Jazz und der Operette ab und führt bis zur heutigen Pop-Musik.« (Niki List)

»Das scheint die neue österreichische Gag-Kultur zu sein: Alt-ehrwürdige Kino-Mythen und -figuren werden verhackstückt, neu aneinandergereiht und mit ausgeflippten Sprüchen auf der Zunge zu einem Film zusammengepuzzelt. Nach diesem Konzept hatte schon Peter Patzak seinen Kommissar Kottan in schwache Rahmenhandlungen gepackt, nach diesem Muster arbeitete auch Niki List bei seinem Klamauk-Kinofilm Müllers Büro. Mit Versatzstücken aus den Krimis der Schwarzen Serie, mitunter sogar recht witzig bis ins Detail eingesetzt, hat List einen ›neuen‹ Film zusammengesetzt, dessen Zitieren und Ausräubern der klassischen Filmgenres durchaus Spaß machen kann. Wenn er seinen Detektiv Max Müller aber im Auftrag der auf Lauren Bacall geschminkten Barbara Rudnik durch die Unterwelt hetzt, trägt er zu dick auf. Da wird die Persiflage zum Film-Comic, einer Abfolge von Musical-Einlagen, Schlagern der 50er Jahre, bekannten Leinwand-Gesichtern, alles eingefärbt in den Pink-Farben der New-Wave-Generation. Phasenweise ist der Film des Österreichers recht witzig gemacht, doch auf die Dauer ermüdet das verrückte, schillernde Treiben auf der Leinwand dann doch.« (Uwe Wilk, Westermann's 1986)

»Christian Schmidt spielt diesen Macho, diese Mischung aus Humphrey Bogart, Jerry Cotton und James Dean mit überlegener Sicher-

und unübersehbarer Amüsiertheit, wobei man ihm hoch anrechnen muß, daß er seine Figur nie überreizt, sie nie ins Peinlich-Lächerliche zieht, was selbst bei diesem so drastisch gezeichneten Charakter durchaus drohen kann. Ihm zur Seite steht eine gewisse Type namens Larry Lapinski (eine Anspielung auf Paul Mazurskys Künstler-Komödie Endstation Greenwich Village), ähnlich ausgestattet, obwohl im Ganzen freilich nicht an Müller heranreichend (der bei uns wenig bekannte österreichische Kabarettist Andreas Vitask mimt zwerchfellerschütternd).« (Oliver Keune, Rheinische Post, 1986)

»Humphrey Marlowe in Wien. Man hört Bogart und sieht Max Müller (Christian Schmidt), den flotten Schmalspurschnüffler, der wie einst sein amerikanischer Urvater voll von seinen Fähigkeiten überzeugt und deshalb auch pleite ist. Er fängt zu singen an, wenn's brenzlig wird, anstatt mit der 45er herumzufuchteln oder Bösewichter zu verprügeln... Niki List plündert das schwarze Genre hemmungslos, spielt mit den Klischees von Kino-Jahrzehnten, zitiert pausenlos Klassiker und Schlagerorgien der ›Conny und Peter‹-Ära und überzieht mitunter zu sehr. Natürlich ist der Fall, die Story, hier unwichtig und nur Aufhänger für bunte Spielereien. Was zählen sind Typen, Atmosphäre und die komischen Schlagersongs.« (Hans-Ulrich Pönack, Tip 1986)

Österreich, 1985, 104 min., Produktionsfirma: Wega, Buch und Regie: Niki List; Kamera: Hans Selikovsky; Schnitt: Ingrid Koller; Musik: Ernie Seubert, Darsteller: Christian Schmidt (Max Müller); Barbara Rudnik (Bettina Kant); Andreas Vitasek (Larry); Sue Tauber (Fräulein Schick); Gaby Hift (Frau Copain). Text: Manfred Hobsch a.G.

Münchhausen

Irgendwann in den dreißiger Jahren. Auf Schloß Bodenwerder erzählt ein noch nicht alter Herr (von dem sich am Ende herausstellt, daß er selbst der »Lügenbaron« Münchhausen ist) einer Dame der Gesellschaft die Geschichte seines vermeintlichen Vorfahren. Im 18. Jahrhundert begegnet er dem Taschenspieler Cagliostro, der ihm zum Dank für eine Gefälligkeit die ewige Jugend verleiht. Er wird am Hofe Katharinas II. in St. Petersburg Günstling der Zarin. In den Türkenkriegen fliegt er auf einer Kanonenkugel in den Palast eines Sultans, den er mit Hilfe seines Schnelläufers überlisten kann, um nach Venedig zu fliehen. Ein Duell um die Ehre einer schönen Prinzessin veranlaßt ihn wiederum zur Flucht – diesmal mit einer Montgolfiere zum Mond. Auf die Erde zurückgekehrt fand er jedoch dann die Frau, mit der er alt werden will...

Der opulente Farbfilm entstand anläßlich des 25jährigen Firmenjubiläums der UFA mitten im Krieg. Er war verschwenderisch ausgestattet und imponierte durch eine verblüffende Tricktechnik. Kein geringerer als der von den Nazis mit Arbeitsverbot belegte Erfolgsautor Erich Kästner hatte das Drehbuch unter Pseudonym schreiben dürfen und mit scharfer Ironie versehen. Kästner reicherte die Dialoge mit Spitzen an, die als auf die Nazi-Herrschaft gemünzt verstanden wurden. In einer Szene mit dem als kriminellen Blender charakterisierten Eroberer Cagliostro arrangiert sich Münchhausen zwar mit ihm, sagt ihm jedoch ins Gesicht: »In einem werden wir zwei uns nie verstehen: In der Hauptsache! Sie wollen herrschen; ich will leben. Abenteuer, Krieg, fremde Länder und Frauen – ich brauche das alles, Sie aber mißbrauen es!« Und Casanova spricht in Venedig Erfahrungen aus, die Kästner selbst mit der Gestapo gemacht hatte: »Die Staatsinquisition hat zehntausend Augen und Arme. Und sie hat die Macht, Recht und Unrecht zu tun, ganz wie es ihr beliebt."

Kästner wurde nach »Münchhausen« eine Weiterarbeit verboten, aber auch nach dem Krieg gab es Kritiker, die ihm eine Lebensphilosophie vorwarfen, die das einfache Erleben des Abenteuers zu einer Weltanschauung erhebt und in der Szene mit seinem sterbenden Diener Kuchenreutter so etwas wie Frontkameradschaft anklingen läßt. Neben Kästner arbeiteten weitere erklärte – und heimliche – Kriegsgegner an dem Film mit, darunter der Hauptdarsteller Hans Albers, den nur seine große Popularität vor scharfen Maßregelungen schützte. Alles in allem war dieser Film ein moralisches Märchen, üppig ausgestattet und hintergründig-witzig serviert – eine Ausnahme in dieser Zeit.

Deutschland 1942/43, Poduktionsfirma: UFA, Regie: Josef von Baky, Buch: Berthold Bürger (= Erich Kästner), Kamera: Werner Krien, Konstantin Irmen-Tschet, Musik: Georg Haentzschel, Schnitt: Milo Harbich, Walter Wischniewsky, Darsteller: Hans Albers (Baron Münchhausen), Käte Haack (seine Frau), Brigitte Horney (Zarin Katharina II.), Ilse Werner (Prinzessin Isabella d' Este), Hermann Speelmans (Kuchenreutter), Leo Slezak (Sultan), Wilhelm Bendow (Mann im Mond), Marianne Simson (Frau im Mond), Ferdinand Marian (Cagliostro), Hilde v. Stolz (Louise LaTour), Gustav Waldau (Giacomo Casanova), Eduard v. Winterstein (Vater Münchhausen), Hubert v.Meyerinck, Ilse Fürstenberg, Walter Lieck, Herrmann Pfeiffer, Bernhard Goetzke, Marina v. Ditmar, Hans Brausewetter, 110 min.

Hans Albers als Baron von Münchhausen

N

Nightmare – Mörderische Träume'

Freddy Krueger, ein ehemals in der Elmstreet ansässiger Kindermörder, längst von einem aufgebrachten Mob von Eltern gelyncht und bei einem Feuer ums Leben gekommen, findet Jahre später einen Weg zurück. Er manifestiert sich in den Träumen eines weiblichen Teenagers. In seltsamen Alpträumen, die ihre Spuren selbst in der Wirklichkeit hinterlassen, verfolgt Krueger das Mädchen fortan und sie muß feststellen, daß sie nicht die einzige ist, die von dem Toten träumt. Ihre Freunde werden ganz allmählich und in ihren Träumen von Freddy ums Leben gebracht. Die Beschränkung seiner Macht auf die Träume und einige Gesetzmäßigkeiten darin erkennend, scheint der einzige Weg, den alptraumhaften Psychopathen auszuschalten, nicht mehr zu schlafen und einen Weg zu finden, ihn in der Wirklichkeit zu bezwingen.

Der Film hat vor allem das besondere Verdienst, daß die Möglichkeiten der, seit *Freitag der 13.* vielbefahrenen Stalk'n'Slash Schiene duch das Motiv des Traumes derart erweitert werden, daß, sowohl in Tricktechnick als auch dramaturgischer Hinsicht bemerkenswert und ambitioniert gestorben wird. Abgesehen davon wird mit Traum und Wirklichkeit derart gespielt, daß Krueger längst nicht bloß erschreckt, weil er von hinten kommt und Messer in Menschen steckt.

Mit *Nightmare* wurde im sich inzwischen beinahe stetig wiederholenden Horrorgenre Mitte der 80er wieder einer jener Filme geschaffen, der das Potential zum Kultfilm hatte, neue Maßstäbe setzte und eine weitere unverwechselbare Ikone in den Pantheon des Schreckens aufnahm: Freddy Krueger, einen unverwechselbaren Charakter, der nicht allein durch seine Verbrennungen fürchterlich wirkt, sondern überdies scheußliche Klamotten trägt. Der grünrot gestreifte Strickpulli und der verbeulter Hut jedenfalls sind mindestens ebenso charakteristisch wie sein ungleich tödlicherer Krallenhandschuh, der bereits Werkzeug des lebenden Kruegers war und dessen Entstehung der Zuschauer in der Eingangssequenz des Filmes beobachten kann.

Freddy Krueger: So wie wir ihn kennen und lieben

Kruegers Biographie (Er ist unter anderem der Sproß einer im Irrenhaus kollektiv geschändeten Nonne) entwickelt sich mit den Fortsetzungen des Nightmarethemas. Derer gibt es nunmehr sechs (und eine nicht wirklich erwähnenswerte TV-Serie), die das Thema mehr oder minder sehenswert ausschlachten. Als aber Wes Craven selbst im siebten und letzten Teil (Wes Craven's New Nightmare, 1994) wieder auf dem Regiestuhl Platz nahm glänzte diese Perle des Horrorfilmes noch einmal auf. Nach *Mondo Brutale* (Last House on the Left, 1972) ist *Nightmare* wohl der einflußreichste Film Wes Cravens, der Charakter Freddy Kruegers ein wahrhaft einzigartiger und ein Höhepunkt seiner filmischen Karriere.

USA 1985; Nightmare – Mörderische Träume; Originaltitel: A Nightmare on Elm-Street; Regie: Wes Craven; Darsteller: Robert Englund, Heather Langenkamp, Johnny Depp u.a.

O

Die Olsenbande sieht rot

Im achten, und – nach Ansicht vieler Fans – besten Teil der Serie um ein dänisches Gangstertrio, holen Benny und Kjeld ihren Chef Egon Olsen am Gefängnistor ab, nachdem er für sie nach dem vergangenen fehlgeschlagenen Coup brummen mußte. Er erfährt, daß sich zu Hause etwas geändert hat: Børge hat eine Freundin, Fie, die ein Kind von ihm erwartet. Für die unumgängliche Hochzeit wird Geld gebraucht, und natürlich hat Egon einen Plan. Diesmal geht es um eine wertvolle chinesische Vase aus der Ming-Dynastie, die einem Baron Løvenvold gehört. Leider geht die Übergabe der – ohnehin unechten –Vase schief, und Egon wandert erneut hinter Gitter.

Nun sieht Yvonne, Kjelds Frau und Børges Mutter, die finanzielle Seite der Hochzeit gefährdet. Beim Büro für psychische Abweichungen erreicht sie, daß Egon entlassen und sie als sein Vormund eingesetzt wird. Egon dringt nunmehr zusammen mit Benny und Kjeld ins Schloß des Barons ein und stiehlt die echte Vase. Doch er tappt in eine Falle und wird eingemauert, damit er für immer verschwindet. Benny und Kjeld gelingt es, ihn in aller Heimlichkeit zu befreien.

Die letzte Möglichkeit, an die Vase zu kommen, bietet sich bei einer Festaufführung von Daniel Friedrich Kuhlaus »Elverhøj« (Elfenhügel) im Königlichen Theater. Tatsächlich holen Egon, Benny, Kjeld und Børge sich die Vase während der Vorstellung in einer akribisch berechneten Aktion. Auch der Koffer mit den Millionen, die der Käufer dafür zahlen wollte, fällt in die Hände der Olsenbande. Am Ende jedoch schnappt sich Fie den Millionenkoffer, der ihre Flitterwochen finanzieren wird.

Die Serie der Kriminalgrotesken um die Kopenhagener Kleinkriminellen der Olsenbande begann 1968 und wurde jährlich bis 1981 fortgesetzt. Sie erfreute sich höchster Beliebtheit und sorgte neben vielen anderen Ländern vor allem in der DDR wochenlang für ausverkaufte Kinos. Redewendungen der Helden, wie »Ich habe einen Plan!«, »Mächtig gewaltig, Egon!« etc. wurden zu geflügelten Zitaten und fanden Eingang in die Alltagssprache.

»Die Olsenbande sieht rot« wurde auch von den Machern als beste Folge angesehen, weil hier beim Einbruch in das Nationaltheater eine ähnliche Szene aus Hitchcocks »Der Mann, der zuviel wußte« gekonnt persifliert wurde. Zu den Takten der Musik kam das Einbruchswerkzeug so zum Einsatz, daß keine Geräusche bemerkt werden konnten.

Aufgrund des nachhaltigen Erfolges der Serie entstand 1998 – nach mehr als anderthalb Jahrzehnten – eine allerletzte Abschiedsfolge.

Dänemark 1976, Originaltitel: »Olsen-Banden ser rødt«, Produktionsfirma: A/S Nordisk Films Kompagni, Kopenhagen, Regie: Erik Balling, Drehbuch: Erik Balling, Henning Bahs, Musik: Bent Fabricius-Bjerre unter Verwendung der Komposition »Elverhøj« von Daniel Friedrich Kuhlau, Kamera: Henning Kristiansen Szenenbild: Henning Bahs und Peter Højmark, Darsteller: Ove Sprogøe (Egon Olsen), Morten Grunwald (Benny), Poul Bundgaard (Kjeld), Kirsten Walther (Yvonne), Jes Holtsø (Børge), Lene Brøndum, Bjørn Watt-Boolsen, Ove Verner Hansen, Ejnar Federspiel, Axel Strøbye, Ole Ernst, Buster Larsen, Palle Huld, Bent Mejding, Freddy Koch, Else Marie, Claus Nissen, Asbjørn Andersen, Karl Stegger, Poul Thomsen, Edward Fleming, Togani, Søren Rode, Ernst Meyer, Benny Badenfeldt, Finn Bredahl

Während der Dreharbeiten am Panzerkreuzer Potemkin

P

Panzerkreuzer Potemkin

Die Handlung ist bei Ausbruch der Russischen Revolution von 1905 angesiedelt. Die Matrosen des Panzerkreuzers »Potemkin« weigern sich, das ihnen angebotene madige Fleisch zu essen. Sie sind in Aufruhr. Die Beschwerdeführer sollen auf Weisung des Kapitäns exekutiert werden. Da kommt es zum Aufstand unter der Besatzung. Die Offiziere werden über Bord geworfen. Bei den Kämpfen wird ein Matrose getötet, der an der Mole in Odessa aufgebahrt wird. Die Einwohner trauern und klagen. Der Zorn der Menge, die sich auf den Stufen der Odessaer Hafentreppe versammelt, wächst. Da beginnen die zaristischen Soldaten ein Massaker unter den Versammelten, das erst durch Schüsse des Panzerkreuzers gestoppt werden kann. Bei Tagesanbruch kommen Meldungen, daß sich ein Geschwader nähert. Doch trotz aller Befürchtungen greift die Besatzung des Geschwaders den Panzerkreuzer Potemkin mit den aufständischen Matrosen nicht an. Er kann entkommen.

Das Grundthema des Films war die revolutionäre Verbrüderung der Unterdrückten und Ausgebeuteten. Regisseur Sergej Eisenstein wählte für die chronikartige Erzählung die klassische Form einer fünfaktigen Tragödie, wodurch ein Spannungsbogen erreicht wurde, der den Zuschauer ergriff. Ferner entwickelte Eisenstein eine neue Montagetheorie, die »Montage der Attraktionen«. Die aufregendste Sequenz des Films ist wohl die sechs Minuten lange Szene auf der Odessaer Hafentreppe war. Diese Montagefolge, die durch ihren immer schneller werdenden Rhythmus ergreift und bei deren Höhepunkt ein Kinderwagen die Treppe hinabrollt, wurde seither unzählige Male zitiert.

»Panzerkreuzer Potemkin« leitete eine neue Epoche der Filmgeschichte ein. Seinem bestechenden Aufbau, seiner durchdachten Montage und dem Bau der Bilder konnten sich selbst Zuschauer nicht entziehen, die ideologisch zu Eisensteins Auffassungen völlig konträr dachten. Dieser Film beeinflußte und beeinflußt Filmkünstler in aller Welt, aber auch Schriftsteller, Maler, Musiker und Theaterleute aus fast allen Ländern der Welt.

UdSSR 1925, Original-Titel: Bronenosez Potjomkin, Produktion: Goskino/Mosfilm, Regie: Sergej M. Eisenstein, Buch: Sergej Eisenstein nach einer Skizze von Nina Agadshanowa-Schutko, Kamera: Eduard Tisse, Musik: Edmund Meisel (für die Berliner Premiere, später mehrfache Vertonungen), Darsteller: Matrosen der Schwarzmeerflotte, die Bevölkerung Odessas, Schauspieler des Proletkult-Theaters sowie Alexander Antonov (Wakulintschuk), Grigori Alexandrow (Offizier Hilarowski), Wladimir Barsky (Kapitän), Michail Gomarow, A. Lewschin, 75 Min.

Der Pate (Teil 1-3)

Kurz nach Ende des zweiten Weltkriegs. Don Vito Corleones Tochter Connie heiratet Carlo Rizzi. Ganz nach sizilianischen Brauch veranstaltet die aus Italien stämmige Familie ein großes Fest. FBI-Agenten beobachten vor dem Anwesen das rege Treiben, notieren Autokennzeichen und beobachten Gäste. Währenddessen empfängt Don Vito Corleone Bittsteller und regelt geschäftliche Dinge. Sein Sohn Michael Corleone erscheint mit seiner Freundin Kay Adams und wird herzlich empfangen. Sein Bruder Alfredo ist wie immer reichlich betrunken. Auch ein berühmter Sänger aus Hollywood erscheint, und als Kay Michael fragt, woher er ihn kenne, sagt dieser, er sei der Patensohn seines Vaters. Außerdem verdanke er seine Karriere ausschließlich der Familie. Als der Sänger Don Corleone seine Aufwartung macht, erzählt er ihm, daß er eine bestimmte Rolle in einem Film nicht bekommt, weil ihn ein Studioboß nicht ausstehen kann. Don Corleone bittet Tom Hagen, den Familienanwalt, sich dieser Sache anzunehmen. Als dieser auf den Verantwortlichen stößt, weigert der sich strikt, seine Meinung zu ändern. Der Sänger sei mit einem seiner Starlets durchgebrannt und habe ihn dadurch lächerlich gemacht. In der darauffolgenden Nacht wacht der Studioboss in seinem Bett auf und findet neben sich den Kopf seines Rennpferdes, für das der Pferdeliebhaber sehr viel bezahlt hatte. Daraufhin lenkt er ein.

Der Don wird von einem Gangster namens Sollozzo aufgesucht, der ihn als Partner im Drogengeschäft haben möchte. Als dieser ablehnt, wird er daraufhin auf der Straße brutal niedergeschossen. Auch einer seiner Männer, den der Don vorher angewiesen hat, Sollozzos Absichten zu erkunden, wird grausam ermordet. Michael, der eigentlich mit den Geschäften seines Vaters nichts zu tun haben möchte, vermutet das die Attentäter nicht ruhen werden, bevor sie den Don ermordet haben. Deswegen fährt er zum Krankenhaus und bringt seinen schwerverletzten Vater auf eine sichere Station. Dann stellt er sich an die Eingangstür, um mögliche Attentäter einzuschüchtern. Dabei legt er sich mit dem korrupten Captain der New Yorker Polizei an, der Michael vom Krankenhaus vertreiben möchte. Trotzdem aber gelingt es ihm, einen neuen Anschlag auf seinen Vater zu vereiteln.

Nun hat Michael den Ernst der Lage verstanden. Er weiß jetzt, wie gefährlich es um seinen Vater und um seine ganze Familie steht. Er schlägt seinem Bruder Sonny und Tom Hagen vor, den Mord an Sollozzo und auch an dem Polizeicaptain auszuführen und dann unterzutauchen. Widerwillig sind die beiden dann schließlich einverstanden. Michael führt sein Vorhaben aus und taucht in Sizilien unter. Dort verliebt er sich in ein wunderschönes Mädchen mit dem Namen Appolina. Er hält um ihre Hand an. In New York bemerkt Sonny, daß seine Schwester Connie von ihrem Mann Carlo verprügelt wurde. Kurz darauf wiederholt sich der Vorfall. Doch Carlo steckt mit den Widersachern der Corleones unter einer Decke und Sonny gerät in einen Hinterhalt. Dabei wird er erschossen. Inzwischen hat Michael Appolina geheiratet. Doch die junge Frau fällt bald darauf einer Autobombe zum Opfer, die für Michael bestimmt war.

Als Michael verbittert nach New York zurückkehrt, hat seine Familie inzwischen mit den Feinden einen faulen Frieden geschlossen. Michael will in Zukunft für seinen Vater arbeiten. Er bittet Kay darum, seine Frau zu werden. Diese willigt schließlich ein. Da sein älterer Bruder tot ist und Alfredo der Trunksucht obliegt, übernimmt Michael nach dem Tod seines Vaters die Familiengeschäfte. Michael übernimmt die Patenschaft von Connies Sohn. Die Taufe benutzt er als Alibi, denn währenddessen ermorden seine Männer alle seine Feinde, mit denen sein Vater sich zuvor versöhnt hatte.

Danach bringt er Carlo dazu, einzugestehen, daß er an der Ermordung von Sonny mitgewirkt hat. Danach läßt er ihn töten. Daraufhin stürmt die hysterische Connie in sein Arbeitszimmer und beschuldigt ihn des Mordes an ihrem Mann. Als seine Frau Kay wissen möchte, ob Connie Recht hat, schwört Michael ihr, daß er damit nichts zu tun habe. Erleichtert umarmt sie ihn. Aber als Michael hinterher als Don Corleone angesprochen wird, kommen ihr Zweifel.

In »Der Pate, Teil II« wird nicht nur die Fortsetzung von »Der Pate« erzählt, sondern auch die Vorgeschichte. So geht es also nicht nur um Michael, der die Familiengeschicke immer selbstherrlicher und skrupelloser lenkt, sondern auch darum, wie dieser Familienclan entstand. In Rückblenden wird gezeigt wie Michaels Vater Vito Corleone nach Amerika kam und schließlich zum Don aufstieg.

»Der Pate III« schließlich handelt von dem gealterten Michael Corleone, der sein Imperium aus dem Sumpf der Illegalität führen möchte. Dazu benutzt er den Vatikan, den er durch ein Vermögen besticht.

Die Trilogie hat Filmgeschichte geschrieben. Schon allein deshalb, weil alle drei Teile von höchster Qualität sind. Die Fortsetzungswut, die in Amerika so üblich ist, legte häufig die kommerzielle Motivation dergestalt bloß, daß sich Fortsetzungen gegenüber dem Original extrem verschlechterten. Beim »Paten« behaupten dagegen manche Kritiker, daß der zweite Teil den ersten sogar noch übertrifft.

Dabei sollte aber nicht vergessen werden, daß das Original neben seiner Qualität auch den Bonus des Neuen verdient. Und in der Tat entwarf »Der Pate« ein ganz anderes Bild von der Gangsterwelt. Die Verbrecher sind keine Haudegen mehr, sondern Familienväter, die sich gottesfürchtig geben und sich hinter Begriffe wie Ehre und Tradition verstecken. Das Thema der Filme ist Macht: das Verlangen danach, wie man sie mißbraucht und ihre Grenzen. Es geht in jedem der drei Teile auch darum, wie man sie behält. Mit Sätzen wie »Ein Angebot machen, daß er nicht ablehnen kann« (was nichts anderes heißt, als jemanden so unter Druck zu setzen, daß er einlenkt) oder »Zeig niemanden, der nicht zur Familie gehört, was Du denkst!« entlarven die Figuren sich als kühle Strategen, die skrupellos ihre Ziele ansteuern. Die Konflikte drehen sich ausschließlich um Macht, genauso wie der Verrat. Dies zeigen auch Rationalisierungen und Entschuldigungen, die die Familienmitglieder gerne benutzen: »Das ist eine rein geschäftliche Angelegenheit, ich habe ihn immer gemocht.«

Jemand, der gerade in die Kunst der Beleuchtungstechnik eingeführt wird, ist bei der Betrachtung der Filme im ersten Moment entsetzt. Die Innenaufnahmen des Anwesens der Corleones zeigen düstere, zu dunkle Räume. Die Schulbuch-Lichttechnik lehrt uns, daß Innenräume stark ausgeleuchtet werden müssen, damit man durch die Fenster die Außenwelt sieht. Beim »Paten« dagegen sind die Fenster so hoffnungslos überstrahlt, daß einem nur grelles Licht entgegenkommt und die Außenwelt durch sie nicht einmal mehr schemenhaft zu erkennen ist. Doch der Zweck heiligt die künstlerische Freiheit. Dadurch wirken die Räume der Corleone-Familie wie ein finsteres, abgeschiedenes Machtzentrum, in dem schicksalhafte und diabolische Fäden gezogen werden.

Meisterhaft an den Filmen ist auch noch die Parallelmontage, die in allen drei Teilen den Höhepunkt bildet. Beim ersten Teil ist es, neben des simultanen Aufbaus mehrerer Handlungsschauplätze, die Taufsequenz. Dabei wird uns auf krasseste Weise der Unterschied zwischen Fassade und Realität vor Augen geführt. Michael, der hier mit der Familie und einem Priester die christliche Taufe vollzieht, hat die Mordbefehle erteilt. Abwechselnd sehen wir die Zeremonie in der Kirche und die Morde an Michaels Gegnern.

1.) »Der Pate« (USA 1972); Originaltitel: »The Godfather«; Regie: Francis Ford Coppola; Drehbuch: Francis Ford Coppola, Mario Puzo, nach dem Roman von Puzo; Kamera: Gordon Willis; Musik: Nino Rota; Produzent. Albert S. Ruddy für Alfran Prod./Paramount; Darsteller: Marlon Brando, Al Pacino, James Caan, Richard Castellano, Robert Duvall, Sterling Hayden, John Marley, Richard Conte, Diane Keaton, Al Lettieri, Abe Vigoda, Talia Shire, Gianni Russo, John Cazale, Al Martino, Morgana King; 175 Min.

2.) »Der Pate, Teil II« (USA 1974); Originaltitel: »The Godfather, Part II.«; Regie: Francis Ford Coppola; Drehbuch: Francis Ford Coppola, Mario Puzo, nach dem Roman von Puzo; Kamera: Gordan Willis; Musik: Nino Rota, Carmine Coppola; Produzent: Francis Ford Coppola für Coppola Company Prod./Paramount; Darsteller: Al Pacino, Robert Duvall, Diane Keaton, Robert De Niro, John Cazale, Talia Shire, Lee Strasberg, Michael V. Gazzo, G.D. Spradling, Richard Bright, Gasone Moschin, Morgana King, Mariana Hill, Leopoldo Trieste, Troy Donahue, James Caan, Abe Vigoda, Harry Dean Stanton, Danny Aiello; 200 Min.

3.) »Der Pate Teil III.« (USA 1990); Originaltitel: »The Godfather, Part III.«; Regie: Francis Ford Coppola; Drehbuch: Mario Puzo, Francis Ford Coppola; Kamera: Gordon Willis; Musik: Carmine Coppola, Nino Rota; Produzent: Francis Ford Coppola für Zoetrope Studios/Paramount; Darsteller: Al Pacino, Diane Keaton, Talia Shire, Andy Garcia, Eli Wallach, Joe Mantegna, George Hamilton, Bridget Fonda, Sofia Coppola, Raf Vallone, Franc D'Ambrosio, Helmut Berger, John Savage, Franco Citti, Al Martino; 161 Min.

Planet der Affen

»Irgendwo im Universum muß es etwas Besseres geben, als den Menschen.«

Drei amerikanische Raumfahrer haben sich in einer Zeitschleife verfangen. Nach 2000jährigem Tiefschlaf landen sie auf einem fremden Planeten, den eine bizarre Zivilisation sprechender, aufrecht gehender Affen beherrscht. Offenbar lebt dieser Planet auf einer Entwicklungsstufe, die von der Erde gesehen in ferner Zukunft liegt. Die menschenähnlichen Bewohner des Planeten sind ohne Sprache und Verstand. Sie werden von den Affen gejagt oder wie Haustiere gehalten. Der überlebende Raumfahrer muß sich in dieser verkehrten Welt zurechtfinden und behaupten. Auf seiner Flucht stellt er entsetzt fest daß es sich bei dem Planeten um die Erde handelt, die von einem Atomkrieg verwüstet worden ist.

Trotz der spannenden und auch verblüffenden Geschichte reizt der

Hintergrund zum Nachdenken über die gegenwärtige Welt. Auch hier schwelt ein Streit zwischen Toleranz und Verständnis auf der einen, Haß und Rassismus auf der anderen Seite.

Die Schlußpointe und die glänzend gestalteten Affenmasken (Jack M. Smith/William Creber) machten den Film zu einem großen Erfolg, dem vier Fortsetzungen unterschiedlicher Qualität folgten: »Rückkehr zum Planet der Affen« (1969), »Flucht vom Planet der Affen« (1971), »Eroberung vom Planet der Affen« (1972), »Die Schlacht um den Planet der Affen« (1973). In der Folge entstand 1974 auch eine Fernsehserie und 1975 eine Zeichentrickserie, die sich an das erfolgreiche Motiv anlehnten, ohne seine Qualität zu erreichen. Maskenbildner John Chambers erhielt für »Planet der Affen« einen Ehren-Oscar.

Anläßlich des 30. Jubiläums des Films hob Charlton Heston das Anliegen des Films hervor: »Wir zeigten Menschen in einer Zukunftswelt, bei der nicht technischer Fortschritt im Vordergrund steht, sondern das Miteinander, Gefühle.«

USA, 1967, Originaltitel: Planet of the Apes, Produktionsfirma: Apjac/20th Century Fox, Regie: Franklin J. Schaffner, Buch: Michael Wilson, Rod Serling, nach dem Roman »Monkey Planet« von Pierre Boulle, Kamera: Leon Shamroy, Musik: Jerry Goldsmith, Darsteller: Charlton Heston (George Taylor), Roddy McDowall (Conelius), Kim Hunter (Dr. Zira), Maurice Evans (Dr. Zaius), James Whitmore; F: 112 Min.

Priscilla – Königin der Wüste

Sydney, Australien: Zwei Drag Queens und eine alternde Transexuelle machen sich mit einem klapprigen Schulbus auf die Reise, um ein Engagement in Alice Springs im australischen Outback anzunehmen. Voll Spannung und Erwartung fahren sie, mit Village People aus dem Recorder, los. Je tiefer sie in das Land hineinfahren, auf desto mehr Widrigkeiten treffen sie. In einer Kleinstadt müssen die schrillen Vögel aus Sydneys Nachtclubs sich der Vorurteile und der latenten Gewalt der Menschen erwehren. Je länger sie fahren, desto erschöpfter werden sie, desto mehr gehen sie sich gegenseitig auch auf die Nerven. Die Hitze macht ihnen zu schaffen, der Bus bricht zusammen, sie müssen in der Wüste übernachten, aber sie schaffen es immer wieder, sich aufzuraffen und andere Menschen für sich zu gewinnen, die ihnen dann weiterhelfen.

Sie schöpfen ihre Kraft aus der Verwandlung: ziehen sie sich ihren, oft gigantischen Fummel an und verwandeln sie sich so in bunte Diven, Schmetterlinge, selbst Wüstentiere, dann erleben sie eine Metamorphose. Das ist ihr Lebenselixier, diese Verwandlung haben sie sich schwer erarbeitet, um der Tristesse und den Anfeindungen zu entfliehen.

So gelingt es ihnen, ihr Ziel zu erreichen. Hier wird eine der Drag Queens mit ihrer Vergangenheit konfrontiert: Der Mann trifft auf seine ehemalige Frau, die jetzt das Hotel leitet. Und er trifft auf seinen Sohn, den er jahrelang nicht gesehen hat. Ganz langsam nähern sich die beiden aneinander an und lernen, sich gegenseitig zu akzeptieren.

Am Ende des Films fahren die beiden Drag Queens wieder zurück nach Sydney, zurück in ihr Leben in den Nachtclubs. Die Transexuelle bleibt, sie hat den Mann ihres Lebens gefunden. Alle drei sind sie nicht mehr die, die mit dem Bus losgefahren sind.

Der Film besticht durch die mitreißende Musik und die herrlichen Landschaftsaufnahmen, vor allem aber lebt er durch die skurrile Handlung mit immer neuen unerwarteten Wendungen und die genialen, schrillen Kostüme. Die Dialoge sprühen vor Witz, sind voll Boshaftigkeit und Zynismus. Die drei (heterosexuellen) Schauspieler spielen die Diven sehr überzeugend und schaffen es dabei, die Sympathien des Publikums für sich zu gewinnen. Der Film, der sich so überzeugend diesem Thema angenommen hat, war ein absolutes Novum.

Der Film und der dazugehörige Soundtrack wurden solch durchschlagende Erfolge, daß ein Jahr später in den USA ein auf der gleichen Idee basierender Film gedreht wurde: »To Wong Foo«. Dieser Film konnte, was selten bei einem Remake ist, ganz eigene Qualitäten entwickeln. Jetzt entdeckte Hollywood das schwule Publikum, aber das ist ein anderes Kapitel.

Australien 1994; Originaltitel: »The Adventures of Priscilla – Queen of the Desert«; Regie: Stephan Elliott; Produktionsfirma: Latent Image Specific Films Production, Polygram Filmed Entertainment & Australian Film Finance Corporation; Drehbuch; Stephan Elliott; Kamera Brian J. Breheny; Kostüm-Designer: Lizzy Gardiner, Tim Chappel; Music: Guy Gross; Darsteller: Terence Stamp, Hugo Weaving, Guy Pearce, Bill Hunter; 95 Min.

Psycho

Zu Beginn der Handlung wird in »Psycho« Zeit und Ort dokumentiert: »Phoenix, Arizona, Freitag, den 11. Dezember, 2 Uhr 43 p.m.« Marion Crane, Sekretärin in einer Immobilienfirma, und ihr verheirateter Liebhaber John Gavin liegen auf einem Bett in einem Hotelzimmer. Beiden fehlt es an Geld. Als Marion in ihr Büro zurückkommt, vertraut ihr ein offensichtlich alkoholisierter Kunde 40.000 Dollar für ein Grundstück an. Marion kann der Versuchung nicht widerstehen, nimmt das Geld und setzt sich mit ihrem Auto einfach ab. Vor Übermüdung schläft sie im Wagen ein, ein Polizist mit dunkler Sonnenbrille wird aufmerksam und verfolgt die junge Frau. Unterwegs verkauft sie ihr Auto, kauft ein neues und fährt weiter ziellos durch die Landschaft. Schließlich zwingt sie starker Regen, ein Motel zu suchen und dort zu übernachten. Das wird ihr zum Verhängnis. Unter der Dusche wird das Opfer mit 14 Messerstichen erdolcht, das Wasser spritzt mit Blut gemischt aus der Kabine, das wehrlose Opfer versucht sich verzweifelt in die Kacheln zu krallen, reißt den Duschvorhang herab.

Als Mörderin, so vermutet man, kommt nur eine in Frage, die offensichtlich verrückte Mutter des Motelbesitzers Norman Bates. Bates versucht die Tat seiner Mutter zu vertuschen, säubert akribisch das Bad, fährt die Tote in ihrem Auto zu einem nahegelegenen Sumpf und versucht, Auto und Leiche dort zu versenken. Aber nicht nur die Diebin wird ermordet, sondern auch der Detektiv Arbogast, jedoch nicht im Motel sondern in dem unheimlichen Schloßhaus, in dem Bates mit seiner Mutter wohnt. Der Aufdeckung des ersten Mordes auf der Spur, wird Arbogast oben auf der Treppe des Hauses erdolcht und stürzt hinab.

Aufgeklärt werden die Morde von der Schwester und dem Liebhaber Marions, dabei wird die Krankheit des Mörders Bates offenbart: Schizophrenie. Als seine eigene Mutter, die er vor zehn Jahren ebenfalls ermordet und danach einbalsamiert hatte, kann er mit dem Töten nicht aufhören. Der Film endet mit dem Vortrag des Gerichtspsychologen, der den Mörder zu analysieren versucht.

Eine der berühmtesten Szenen der Filmgeschichte ist die Duschszene in »Psycho«. Unzählige Male wurde sie kopiert, parodiert oder wie in → »Dressed to Kill« als Homage an Hitchcock eingebaut. Mit wenig Aufwand und ohne das man das Gemetzel sieht, hat der Altmeister eine Szene geschaffen, wie sie erschreckender nicht sein könnte: Ausführlich sieht man, wie Marion die Dusche besteigt, den Hahn aufdreht, wie das Wasser von der Brause auf sie herabschießt... Gerade die detaillierte Darstellung dieser unwichtigen Abläufe erzeugt bei dem Zuschauer eine unheilvolle Vorahnung. Ein Schatten durch den dünnen Duschvorhang, dann wird er aufgerissen und Marion von einer Gestalt mit frauenähnlichen Umrissen niedergestochen. Durch blitzartige Schnitte (ingesamt etwa 70 Einstellungen) stellt Hitchcock die Verwirrung und den Schock in Marions Kopf dar. Man sieht das lange Messer, wie es auf die Frau hinabfährt; das Blut, daß mit Wasser vermischt in den Abfluß fließt; Marions Hand, die sich an den Kacheln festhalten möchte usw. Die Grausamkeit der Szene entsteht also in der

Psycho – Anthony Perkins als verrückter Killer

Phantasie des Zuschauers, die sich das Eindringen der Stiche in den schutzlosen, nackten Körper ausmalt.

Für zusätzliche Verstörung beim Zuschauer sorgt die Tatsache, daß Marion zuvor wie eine Hauptfigur eingeführt wurde. Sie war der bisherige Dreh- und Angelpunkt des Films. Der Zuschauer weiß aber mehr oder weniger unbewußt aus anderen Filmen, daß Hauptfiguren zumindest bis kurz vor Ende des Films am Leben bleiben. Mit dieser Regel bricht Hitchcock und trifft damit sein Publikum völlig unvorbereitet, als Marion nach 35 Minuten ermordet wird.

In → »Vertigo« wird noch ausführlich auf das Stilmittel »Suspence« eingegangen, das Hitchcock mit Vorliebe verwendet. »Psycho« eignet sich gut, um ein weiteres Lieblingsstilmittel des Altmeisters vorzustellen, den »MacGuffin«. Dieser, von Hitchcock geprägte Begriff bezieht sich auf einen Gegenstand, einen Menschen oder auf ein psychologisches Element. Auf alle Fälle bringt er die Geschichte ins Rollen. Gäbe es diesen MacGuffin nicht, würde die Geschichte sich nicht so entwickeln. Aber er bleibt nicht zentrales Thema, er ist sozusagen nur die Initialzündung für die eigentliche Handlung. In »Psycho« sind der MacGuffin die 40.000 Dollar. Hätte Marion das Geld nicht unterschlagen, wäre sie nicht ermordet worden. Nur weil sie wegen des Diebstahls die Stadt verlassen mußte, übernachtete sie in dem verhängnisvollen Motel. Die wirkliche Geschichte aber dreht sich nicht um das Geld, sondern um einen Geisteskranken, der in Frauenkleidern Menschen ermordet.

Den Film produzierte der Altmeister höchstpersönlich. Weil er nicht so gerne in seine eigene Tasche griff, wurde dieses Meisterwerk mit nur 800.000 Dollar realisiert. Hitchcock mochte es, in seinen Filmen selbst als Statist aufzutreten. Dies war einer seiner Lieblingsgags. Aufmerksame Filmbetrachter werden den Altmeister in fast allen seinen Filmen an irgendeiner Stelle für ein paar Sekunden sehen. Als Gast in einer Kneipe, an der Haltestelle auf den Bus wartend, mit zwei kleinen Pudel an der Leine usw.

USA 1960; Originaltitel: »Psycho«, Produktionsfirma: Shamley (Alfred Hitchcock); Regie: Alfred Hitchcock; Drehbuch: Joseph Stefano, Literarische Vorlage: Robert Bloch; Kamera: John L. Russel; Musik: Bernard Herrmann; Darsteller: Janet Leigh, Anthony Perkins, Vera Miles, John Gavin, Simon Oakland, Frank Albertson, Patricia Hitchcock; SW 110 Min.

Pulp Fiction

In dem Film sind drei Geschichten ineinander verwoben. Der Regisseur und Autor Quentin Tarantino beachtet dabei auch nicht deren jeweiligen chronologischen Ablauf. Die Geschichten sind alle im

Umfeld des schwarzen Gangsterbosses Marsellus Wallace angesiedelt. In zahlreichen Sequenzen wird der Zusammenhang zwischen den drei Plots herausgearbeitet. Dadurch entsteht eine neue Einheit: der Film »Pulp Fiction«.

1.) In einem Coffeeshop unterhält sich ein junges Paar – Pumpkin und Honey Bunny – darüber, wie sie ihre Raubüberfälle ungefährlicher und gewinnbringender organisieren können. Das Ergebnis der Diskussion ist, daß sich Coffeeshops geradezu ideal für Überfälle eignen. Sie küssen sich, springen auf, ziehen ihre Waffen und brüllen los.

Pumpkin: »Keine Panik, daß hier ist ein Überfall.«

Honey Bunny: »Wenn sich auch nur einer von euch stinkenden Schwänzen rührt, versprech ich ihm, ich werde ihm die Eier einzeln abschießen.«

2.) Vincent und sein schwarzer Partner Jules parken ihren Chevi vor einem Wohnblock. Vincent erzählt über Europa und über Amsterdam, über Hasch-Bars und über Fast-Food. Ein Viertelpfünder beispielsweise heißt in Frankreich wegen des metrischen Systems Royal mit Käse. Dann statten sie in einer Wohnung mehreren jungen Männern einen Besuch ab. Sie begrüßen sie, binden sie in ihre Diskussion über Hamburger und Viertelpfünder und Europa ein, und nehmen einen Aktenkoffer an sich, der offenbar ihrem Boß Marsellus Wallace gehört. Jules zitiert den Bibelspruch: »Der Pfad der Gerechten ist auf beiden Seiten gesäumt mit Freveleien der Selbstsüchtigen und der Tyrannei böser Männer. Gesegnet sei der, der im Namen der Barmherzigkeit und des guten Willens die Schwachen durch das Tal der Dunkelheit geleitet, denn er ist der wahre Hüter seines Bruders und der Retter der verlorenen Kinder. Und da steht weiter: Ich will große Rachetaten an denen vollführen, die da versuchen meine Brüder zu vernichten und zu vergiften und mit Grimm werde ich sie strafen. Da sie erfahren sollen: ›ich sei der Herr‹, wenn ich meine Rache an ihnen vollstreckt habe.« Dann schießen sie auf die jungen Männer.

3.) Der Gangsterboß Marsellus Wallace macht mit dem gealterten Boxer Butch in einer schmuddeligen Bar ein Geschäft. Für einen Batzen Geld soll er seinen nächsten Kampf verlieren. Auch Vincent und Jules stoßen dazu. Sie tragen aber nicht mehr ihre Anzüge, sondern sind mit T-Shirts und Shorts bekleidet.

4.) Vincent kauft von einem Dealer Heroin und setzt sich einen Schuß. Dann fährt er zum Haus von Mia, der Frau von Wallace. Er soll sie ausführen, weil sein Boß keine Zeit hat. Bei einem Twist-Wettbewerb machen sie den ersten Platz. Später bittet sie ihn dann noch in ihre Wohnung. Es sieht so aus, als wolle sie ihn verführen. Vincent aber

Pulp Fiction – Grandioses Comeback für John Travolta

Pulp Fiction – Der Kultfilm der 90er

weiß, daß Wallace da keinen Spaß kennt. Schon einmal hat der einen Konkurrenten aus dem vierten Stock werfen lassen. Als Vincent sich im Badezimmer überlegt, wie er aus der brenzligen Situation entkommen kann, entdeckt Mia in seiner Manteltasche das Heroin. Sie hält es für Koks und schnupft eine »line«. Davon wird sie bewußtlos. Als Vincent sie zusammengesackt auffindet, rast er mit ihr voller Panik zu seinem Dealer. Dieser verlangt von Vincent eine vollkommen absurde Aktion. Er muß Mia eine Spritze durch den Brustkorb direkt ins Herz stoßen. Und tatsächlich wacht Mia danach auf. Vicent bringt sie heim und beide versprechen sich, daß Wallace davon nichts erfahren wird.

5.) Der Boxer Butch als Junge. Ein Captain der U.S. Armee erzählt ihm von einer goldenen Uhr, die schon seit den Zeiten von Butchs Urgroßvater im Besitz der Familie ist. Sie wird von Stammhalter zu Stammhalter weitergereicht. Der Captain selbst hat in vietnamesischer Gefangenschaft miterlebt, wie wichtig dieses Erbstück Butchs Vater war. Um die Uhr nicht dem Feind übergeben zu müssen, hat dieser sie zwischen seinen beiden Arschbacken versteckt. Er, der Captain, habe Butchs Vater versprechen müssen, seinen Jungen aufzusuchen. Der Captain überreicht Butch die Uhr. Gleichzeitig wacht der jetzt erwachsene Butch auf, es war also ein Traum.

6.) Der Boxkampf, den Butch verlieren sollte, ist zu Ende. Butch hat seinen Gegner dabei getötet. Nur mit einem Bademantel bekleidet, flüchtet er vor Wallaces Leuten in ein Hotelzimmer. Dort schläft er mit seiner Freundin Fabienne, die bereits wichtige Sachen aus Butchs Wohnung geholt hat. Gemeinsam wollen sie vor Wallace flüchten. Am Morgen aber stellt Butch fest, daß Fabienne die goldene Uhr vergessen hat. Er flippt aus. Nachdem er sich wieder beruhigt hat, beschließt er noch einmal in seine Wohnung zurückzukehren, um sie zu holen. Da er bereits ahnt, daß Wallace Leute dort auf ihn warten werden, schleicht er sich über die Hintertreppe hinein. Er findet die Uhr und steckt sie ein. In der Küche stößt er auf eine Maschinenpistole. Sie gehört Vincent, der im Auftrag von Wallace in der Wohnung auf Butch wartet, um ihn zu erschießen. Doch Vincent hat die Pistole für einen Augenblick weggelegt, um auf der Toilette ein größeres Geschäft zu verrichten. Er betätigt die Spülung und kommt mit einem Buch in der Hand aus dem WC. Aus Panik drückt Butch den Abzug der Maschinenpistole und durchlöchert Vincent.

7.) Auf dem Weg zurück zu seiner Freundin Fabienne sieht Butch aus seinem Auto Wallace, wie er gerade eine Kreuzung überquert. Butch sieht seine Chance, sich seines Feindes zu entledigen. Er drückt aufs Gas und erfaßt Wallace. Diesen schleudert es über den Wagen. Doch nach kurzer Bewußtlosigkeit erwacht der Gangsterboß und humpelt dem flüchtenden Butch hinterher. Der flüchtet in einen Laden. Als Wallace dort ankommt, schlägt ihn Butch nieder. Bevor er ihn aber erschießen kann, wird er von dem Ladenbesitzer ebenfalls niedergeschlagen. In einem Sado-Maso Studio, daß sich im Keller des Geschäftes befindet, wachen die beiden Haudegen auf. Inzwischen ist ein Mann in Uniform dazugestoßen. Kurzerhand vergewaltigt er Marsellus. Offenbar handelt es sich bei dem Ladenbesitzer und seinem Freund um zwei perverse Sadisten, die sich erst an ihren Opfern vergehen und sie anschließend töten. Im letzten Moment gelingt es Butch, sich zu befreien. Er will fliehen, doch im letzten Moment hat er mit Marsellus Wallace Mitleid. Er will ihn nicht der sexuellen Willkür der Sadisten ausliefern. Im Laden entdeckt er ein Samurai-Schwert. Damit ersticht er den Besitzer. Marsellus kann sich währenddessen auch von seinen Fesseln lösen und schießt seinen Vergewaltiger nur an. Er will ihn noch nicht töten, noch nicht! Wallace zu dem uniformierten Perversling: »Ich werde ein paar eisenharte, durchgeknallte Crack-Nigger herschicken, die unseren Freund hier mit 'ner Kneifzange und 'nem Lötkolben bearbeiten werden. Hast du gehört, was ich gesagt habe, du weißer Arsch?« Da Butch ihm das Leben gerettet hat, gibt ihm Marsellus eine letzte Chance. Er soll noch heute die Stadt verlassen und niemanden von der Vergewaltigung erzählen.

8.) Vincent und Jules befinden sich in der Wohnung der drei Jungs. (Daß Vincent noch lebt, irritiert im ersten Moment. Doch dann wird bald klar, daß diese Szene chronologisch an 2. anschließt.) Nachdem sie auf die Jungs geschossen haben, stürmt ein weiterer Junge aus dem Badezimmer. Wie wild schießt er auf die Killer, bis sein Magazin leer geschossen ist. Doch wie durch ein Wunder bleiben Jules und Vincent unverwundet. Sie sehen einander irritiert an und schießen dann zurück. Danach nehmen sie Marvin, der seine Kumpels an Jules verraten hat, mit. Im Auto spielt Vincent mit einem Revolver. Dabei löst sich versehentlich ein Schuß, der Marvin in den Kopf trifft. Dabei spritzt das Blut den ganzen Wagen und die Kleidung der beiden Killer voll. Sie fahren zu Jimmy, um dort die Spuren zu verwischen. Da Jimmys Frau von der ganzen Sache nichts mitbekommen darf, ziehen sie den Spurenbeseitigungsspezialisten Wolf hinzu. Dieser gibt Vincent und Jules Anweisungen, wie sie das Auto und schließlich sich selbst zu reinigen haben. Er steckt sie in Shorts und T-Shirts und läßt den Wagen samt Leiche verschrotten. Das alles findet in einer Stunde statt, bevor Jimmys Frau nach Hause kommt. Danach beschließen Vincent und Jules, gemeinsam frühstücken zu gehen.

9.) Die beiden Killer sitzen in einem Coffeeshop. Jules erklärt, daß er sich zur Ruhe setzen will. Er will in Zukunft auf die Stimme Gottes hören. Daß er gerade unverletzt davongekommen ist, als der Junge wie wild auf ihn und Vincent geballert hat, war ein Wunder. Er müsse jetzt auf die Zeichen hören. Vincent geht auf die Toilette. In der Zwischenzeit wird deutlich, daß die beiden im selben Restaurant sind, wie Pumpkin und Honey Bunny (siehe 1.) zu Beginn des Films. Chronologisch befindet sich also der Film kurz bevor das Pärchen den Coffee-Shop überfällt. Als es dann zu dem Überfall kommt, sammeln Pumpkin und Honey die Brieftaschen der Gäste ein. Als sie zu Jules kommen, zwingt Pumpkin ihn, den Koffer zu öffnen, den er mit Vincent den Jungs abgenommen hat. Als Pumkin den Inhalt sieht, ist er davon so irritiert, daß es Jules gelingt, ihm den Revolver abzunehmen. Dann richtet er ihn auf das Gesicht des Räubers. Seine Freundin Honey Bunny richtet daraufhin ihren Revolver auf Jules, kann aber nicht abdrücken, weil dieser dann Pumpkin erschießen würde. In dieser desolaten Situation konfrontiert Jules die beiden mit seiner Philosophie: »Tja, so ist nun mal die Situation. Aber ich will das nicht. Und du willst das auch nicht. Und Ringo hier will das ganz bestimmt auch nicht. Also, mal sehen, was wir tun können. Na schön, so ist die Situation. Normalerweise wärt ihr beiden jetzt tot wie fritierte Hühnerärsche. Aber ihr zieht diesen Mist ab, während ich eine Entwicklung durchmache. Ich will euch nicht töten, ich will euch helfen. Aber ich kann euch diesen Koffer nicht geben, weil er mir nicht gehört. Außerdem habe ich heute schon zuviel Scheiße wegen des Koffers durchgemacht, als daß ich ihm einem Spinner wie dir gebe.« Inzwischen ist Vincent von der Toilette zurück und richtet seinen Revolver auf Honey Bunny. Doch Jules entschärft die Situation weiter und läßt die beiden Räuber schließlich gehen, nicht aber ohne seinen Bibelspruch zu zitieren und ihnen seine neuen Erkenntnisse von einem friedlichen Leben zu offenbaren. Auch Jules und Vincent gehen an den erschrockenen Gästen vorbei. Ihre Waffen stecken sie unter ihre T-Shirts.

Pulp Fiction gilt schon jetzt als der absolute Kultfilm der 90'er Jahre. Drei, ineinander verschachtelte Geschichten, werden nicht chronologisch, sondern getrennt voneinander erzählt. Damit sprengt Quentin Tarantino die ansonsten üblichen narrativen Regeln des Kinos. Er schuf eine völlig neue Erzählperspektive. Hauptfiguren und Nebenfiguren, die ansonsten in Filmen immer sehr deutlich und klar in ihrem Wirkungsfeld umrissen sind, lösen sich in Pulp Fiction zugunsten der Story immer mehr von ihrer ursprünglichen Bedeutung. Die Hierarchie der Figuren in der Geschichte ändert sich ständig, Hauptfiguren geraten zu

Nebendarstellern, Tote erstehen scheinbar wieder auf, die Frage folgt der Antwort und nicht etwa umgekehrt.

Tarantino spielt mit den Möglichkeiten, die ihm das Kino bietet. Durch ungewöhnliche Kameraperspektiven eröffnet er dem Zuschauer neue Einblicke in das Geschehen und kümmert sich herzlich wenig um angestammte Regeln und Gepflogenheiten der Filmkunst. Einen großen Anteil am Erfolg des Films hatte sicherlich auch der großartige Soundtrack.

USA 1994; Originaltitel: »Pulp Fiction«; Produktionsfirma: Jersey Films (Lawrence Bender); Regie: Quentin Tarantino; Drehbuch: Quentin Tarantino, Roger Avary; Kamera: Andrzej Sekula; Musik: Karyn Rachtman; Darsteller: John Travolta, Bruce Willis, Samuel L. Jackson, Uma Thurman, Harvey Keitel, Tim Roth, Amanda Plummer, Maria de Medeiros, Ving Rhames, Eric Stoltz, Rosanna Arquette, Christopher Walken, Peter Greene, Duane Whitaker; 149 Min.

Star Trek – Der Zorn des Khan

R

Raumschiff Enterprise

Während der Jahre 1966 bis 1969 wurde in den Vereinigten Staaten eine der erfolgreichsten Serien in der Geschichte des Fernsehens produziert. »Raumschiff Enterprise« erzählt die Geschichte des Sternkreuzers Enterprise der im 23. Jahrhundert in fremde Galaxien reist, um dort zu forschen und neues Leben zu entdecken. Zur Besatzung von Captain Kirk gehört der Vulkanier Spock, der keine Gefühle hat. Der 1. Offizier hat sich ganz der Logik verschrieben. Daneben gibt es den Schiffsarzt Dr. McCoy, genannt »Pille«, der mit Spock endlose Diskussionen über die Notwendigkeit von Emotionen führt. Scotty, der Bordtechniker hilft der Mannschaft in Krisensituationen stets aus der Klemme und findet auch beim größten Defekt des Schiffes eine Lösung. Aber auch der Russe Chekov gehört zum internationalen Team.

Die Serie geht davon aus, daß die Erde sich im 23. Jahrhundert zu einer Macht vereinigt hat und gemeinsam Weltraumforschung betreibt. Schneller als die Lichtgeschwindigkeit rast die Enterprise durchs All. Faszinierend ist auch, daß die Besatzung nicht mit einer Kapsel vom Schiff zu den Planeten fliegen muß, sondern daß sie von Scotty dort hingebeamt wird. Auf einer dafür vorgesehenen Fläche wird ihre Materie aufgelöst und am Zielort wieder frisch aufgebaut. Die Außerirdischen, mit denen die Crew konfrontiert wird, reicht von Helden aus der griechischen Antike bis zu unheimlichen Monstern. Aber es gibt auch menschenähnliche Aliens. Diese haben dann aber meist kleine Abänderungen, die von behaarten Gesichtern über außergewöhnlich große Köpfe bis hin zu spitzen Ohren reichen.

»Raumschiff Enterprise« war der Wegbereiter von zahlreichen Science-Fiction-Filmen und -Serien. Das Aussehen und das Verhalten der Aliens in »Raumschiff Enterprise« beeinflußt noch heute die Gestaltung und Inszenierung fremdartiger Wesen. Gegen Ende der 70er Jahre entschloß sich dann der Produzent der Serie, Gene Roddenberry, die Geschichte der Enterprise in Spielfilmform nochmals zum Leben zu erwecken. Mit der gleichen Besatzung, die mittlerweile schon gealtert und leicht ergraut ist, drehte er »Star Trek«. Der Kinofilm wurde dann auch ein wirklicher Erfolg, obwohl er viele Fans enttäuschte. Sie vermißten das Flair und den unbedarften Charme der Serie. Der Film spielte im Gegensatz zur Serie, deren Schauplätze meist die fremden Planeten waren, nahezu ausschließlich im dunklen Weltraum und auf der Enterprise. Der Feind war neben einer Klingonenflotte hauptsächlich eine Giftwolke. Captain Kirk entdeckt, daß sie durch einen dreihundert Jahre alten NASA-Satelliten entstanden ist, der sich während seiner langen Betriebszeit verselbständigt hatte.

Insgesamt wurden acht Filme fürs Kino gedreht. »Star Trek II – Der Zorn des Khan« basiert auf einer Folge der Serie: Captain Kirks Feind Khan wurde einst zur Strafe auf einen abgelegenen Planeten verbannt. Als Chekov ein Forschungsprojekt namens »Genesis« (mit dieser Erfindung will man öde Planeten in fruchtbare Welten verwandeln) auf diesem Planeten testen will, gerät er in Khans Gefangenschaft. Bevor die Mannschaft begreift, worum es eigentlich geht, gelingt es Khan mit Chekovs Hilfe die Enterprise in einen Hinterhalt zu locken. Nur dadurch, daß Spock sein Leben opfert, gelingt es der Besatzung, sich zu retten. Im dritten Film »Auf der Suche nach Mr. Spock« fühlt Dr. McCoy, daß Spock gar nicht tot ist. Gegen die Anweisungen der Föderation macht sich Kirk mit seiner Mannschaft auf, um den geliebten Freund wieder auferstehen zu lassen. In »Star Trek IV – Zurück in die Gegenwart« reist die Enterprise zurück durch die Zeit in das Amerika der 80er Jahre, um Wale vor dem Aussterben zu retten. Es folgte noch »Star Trek V – Am Rande des Universums«, wo es die Crew mit Spocks Halbbruder zu tun bekommt. In »Star Trek VI – Das unentdeckte Land« werden Kirk und »Pille« aufgrund einer Sabotage von den Klingonen zu lebenslanger Haft auf einem Eisplaneten verurteilt. Sie können entfliehen und erreichen, daß endlich Frieden zwischen den Klingonen und der Föderation geschlossen werden kann. Im siebten »Treffen der Generationen« trifft Captain Kirk auf die neue Enterprise-Crew von Captain Picard. Dies ist zugleich der erste Kinofilm der Nachfolgergeneration des 24. Jahrhunderts, die in den 90er Jahren fürs Fernsehen den Steuerknüppel der ebenfalls neuen, moderneren Enterprise übernahm. Der achte »Star Trek«-Kinofilm handelt von der Crew Captain Piccards, die in den Kampf eines geteilten Volkes um seinen Planeten eingreifen.

Dennoch unterscheidet sich der Charme der Serie aus den 60ern fundamental von den aufwendigen Kinofilmen und den folgenden Staffeln »Star Trek – das nächste Jahrhundert«, »Deep Space Nine« und »Raum-

Star Trek – Das unendeckte Land

schiff Voyager«. Die Ambition der Macher und der Schauspieler machte die Serie zum absoluten Kult. Die in den Zeiten des kalten Krieges, des Vietnamkrieges, des Kampfes der schwarzen Bevölkerung der USA um gleiche Bürgerrechte gedrehte Serie hatte wichtige soziale Botschaften: Das Miteinander der Völker der Erde und der Außerirdischen bei der Verwirklichung einer friedlichen Vision, Gleichberechtigung usw. So war eine schwarze Frau auf der Brücke der Enterprise, also in einer wichtigen Position, damals ein Novum. Diese Haltung hat Gene Roddenberry bis heute durchgehalten. Auch in den späteren Staffeln werden immer wieder wichtige soziale Fragen und Probleme aufgegriffen, natürlich nicht mehr mit der ungebrochenen Fortschrittsgläubigkeit der ersten Folgen. Ganze Generationen von Jugendlichen sind mit »Star Trek« aufgewachsen und haben in ihren Träumen auf dem jeweils aktuellen Schiff gedient.

Noch heute hat »Raumschiff Enterprise« zahlreiche Anhänger und Fanclubs. In vielen Großstadtkinos gibt es immer wieder eine »Raumschiff Enterprise«-Nacht. Hunderte von Zuschauern schlagen sich eine oder mehrere Nächte um die Ohren, um die alten Folgen noch einmal auf großer Leinwand sehen zu können. Der Reiz der alten Serie liegt heute für viele gerade darin, wie billig und primitiv die Serie aus heutiger Sicht gemacht ist, (Requisiten, Studioaufbauten), wie anachronistisch auch das Verhalten der Crewmitglieder mit ihrem Macho-Captain Kirk heute wirkt.

Star Trek (USA 1979) Original-Titel: Star Trek – The Movie, R: Robert Wise, B: Harold Livingston, nach einer Story von Alan Dean Forster, basierend auf den Charakteren von Gene Roddenbery, K: Richard H. Kline, SpE: Douglas Trumbull, John Dykstra, Dave Stewart, Don Baker, Richard Taylor, Robert Abel, Robert Swarthe, M: Jerry Goldsmith, P: Gene Roddenberry für Paramount, D: William Shatner, Leonard Nimoy, DeForest Kelley, James Dooham, George Takei, Walter Koenig, Nichelle Nichols, Persis Khambatta, Stephan Collins, F: 132 Min.

Star Trek II – Der Zorn des Khan (USA 1982) Original-Titel: Star Trek II – The Wrath of Khan, R: Nicholas Mayer, B: Jack B. Sowards, K: Gayne Rescher, M: James Horner, P: Gene Roddenbery für Paramount, D: William Shanter, Leonard Nimoy, DeForest Kelley, Ricardo Montalban, James Doohan, Walter Koenig, Bibi Besch, Merritt Butrick, Paul Winfield, F: 113 Min.

Star Trek III – Auf der Suche nach Mr. Spock (USA 1984) Original-Titel: Star Trek III – The Search for Spock, R: Leonard Nimoy, B: Harve Bennett, basierend auf den Charakteren von Gene Roddenberry, K: Charles Correll, M: James Horner, P: Harve Bennett für Paramount, D: William Shatner, DeForest Kelley, James Doohan, George Takei, Walter Koenig, Nichelle Nichols, Leonard Nimoy, Merritt Butrick, Christopher Lioyd, F: 106 Min.

Star Trek – Treffen der Generationen

Star Trek – Zurück in die Gegenwart

Star Trek IV – Zurück in die Gegenwart (USA 1986) Original-Titel: Star Trek IV – The Voyage Home, R: Leonard Nimoy, B: Harve Bennett, Steve Meerson, Peter Krikes, Nicholas Meyer, nach einer Story von Leonard Nimoy und Bennett, K: Don Peterman,M: Leonard Rosenman, P: Harve Bennett für Paramount, D: William Shatner, Leonard Nimoy, DeForest Kelley, James Doohan, George Takei, Walter Koenig, Nichelle Nichols, Jame Wyatt, Caterine Hicks, Mark Lenard, F: 119 Min.
Star Trek V – Am Rande des Universums (USA 1989) Original-Titel: Star Trek V – The Final Frontier, R: William Shatner, B: David Loughery, nach einer Story von William Shatner, Harve Bennett und Loughery, K: Andrew Laszlo, M: Jerry Goldsmith, P: Harve Bennett für Paroumont, D: William Shatner, Leonard Nimoy, DeForest Kelley, James Doohan, Walter Koenig, Nichelle Nichols, George Takei, Laurence Luckinbill, F: 106 Min.
Star Trek VI – Das Unentdeckte Land (USA 1991) Original-Titel: Star Trek VI-The Undiscovered Country, R: Nicholas Meyer, B: Nicholas Meyer, Denny Martin Flinn nach einer Story von Leonard Nimoy, K: Hiro Narita, M: Cliff Eidelman, P: Ralph Winter, Steven Charles Jaffe, D: William Shatner, Leonard Nimoy, DeForest Kelley, James Doohan, Walter Koenig, Nichelle Nichols, George Takei, 109 min
Star Trek VII: Treffen der Generationen (USA 1994); Originaltitel: Star Trek VII Generations; R: David Carson; B:Ronald D. Moore, Brannon Braga; K: John Alonzo; M: Dennis Mc Carthy; P: Rick Berman; D: Patrick Stewart, Jonathan Frakes; Malcolm Mc Dowell, Brent Spiner, Levar Burton, Michael Dorn, F: 118

Der Reserveheld

Ein berühmter Filmkomiker kann seine Flitterwochen nicht antreten, weil er urplötzlich seinen Reservedienst bei der Nationalen Volksarmee antreten muß. Während ihn seine Kameraden bewundern, beißt der Held bei seinem vorgesetzten Hauptmann auf Granit. Als die Braut des Stars in die Garnson kommt, nehmen die Verwicklungen ihren Lauf. Der Schauspieler verkleidet sich u.a als General, kommt aber am Schluß doch noch mal ungeschoren davon.

Eigentlich war der Film eine eher anspruchsloses Vergnügen, das nur durch die Mitwirkung von Starkomiker Rolf Herricht von Interesse war, der immer wieder den verschreckten Kleinbürger spielte, der sich überall durchmogelt und nur manchmal aufbegehrt. Er blieb über seinen Tod im Jahre 1981 hinaus ein Liebling des Publikums. Viele Zuschauer betrachteten den »Reserveheld« als Herrichts groteskesten Film. Doch im Grunde unterschied er sich kaum von den bundesdeutschen Militärklamotten der fünfziger Jahre, außer darin, daß er sehr deutlich in der DDR und bei der NVA angesiedelt war. Die Nationale Volksarmee erhielt einen lächerlichen Zug. Das war wohl ein Grund dafür, daß der Film seit Mitte der siebziger Jahre nicht mehr gezeigt werden durfte.

DDR, 1964, Produktionsfirma: DEFA, Regie: Wolfgang Luderer, Buch: Wolfgang Luderer, Rudi Strahl, Kamera: Hans Heinrich, Musik: Wolfgang Pietsch, Darsteller: Rolf Herricht (Ralf Horricht), Marita Böhme (Susanne), Günther Simon (Oberst), Gerhard Rachold (Hauptmann Hottas), Peer Jäger (Leutnant Malorti), Horst Jonischkan (Unteroffizier Bellmann), Herbert Köfer, Wilhelm Gröhl, 80 min.

Die Reue

Eine anspielungsreiche, tragikomische Satire auf den Personenkult, der am Beginn der Ära Gorbatschow in der Sowjetunion entstehen konnte. Als die Tochter des Malers Barateli vom Tod des »angesehenen Bürgermeisters Warlam in einer georgischen Provinzhauptstadt erfährt, gräbt sie die Leiche wieder aus. Wie viele andere auch wurden ihre Eltern Opfer der Greueltaten des verbrecherischen Potentaten. Der Tote wird im Garten der Hinterbliebenen ausgestellt. Er soll nun auch im Tod keine Ruhe finden. Die Frau wird wegen Grabschändung belangt. Während des Prozesses gegen sie kommen Unterdrückung und Bewußtseinsdeformationen eines Terror-Regimes ans Tageslicht. Eine teils bittere, teils grotesk-satirische Abrechnung mit dem Stalinismus. Ein eindrucksvoll inszeniertes Geflecht aus Traumspielen, absurder Komik und politisch-moralischen Debatten unter Bezugnahme auf christliche Symbolik. Neben der Figur des absolutistischen Tyrannen sind es sein Sohn und sein Enkel, die Züge von Hitler, Stalin und Mussolini tragen. Der Film erhielt den Preis der Ökumenischen Jury in Cannes 1987.

»Pokajanije«, zutreffender mit Bekenntnis oder auch Buße übersetzt, war der Abschluß einer Trilogie des Regisseurs Tengis Abuladse, zu der auch »Das Gebet« (1967) und »Baum der Wünsche« (1977) zählten. Während letzterer bei einem intellektuellen Publikum der DDR sehr geschätzt wurde, fand »Die Reue« den Weg ins ZDF, vom Publikum halb interessiert, halb desinteressiert aufgenommen. Für die Zuschauer in der DDR wirkte er wie eine Offenbarung. Hier wurde voller poetischer Metaphern, aber deutlich über das Verhältnis zwischen Diktator und Volk philosophiert und dabei bitteres Lachen provoziert. Obwohl nur über Westmedien erreichbar, wurde der Film und die propagandistische Reaktion darauf in der Parteipresse zum Auslöser für scharfe Diskussionen zwischen DDR-Regime und den Kritikern, die sich in den eigenen Reihen formierten. Auf dem Schriftstellerkongreß der DDR nahm Christoph Hein auf die bestellten Rezensionen in der DDR-Presse Bezug: »Es verschlimmert den argen Zustand der Kritik, wenn dann –

bedingt durch den fehlenden Sachverstand – mit Worten wie Geschichtspessimismus, Denunziation, Fatalismus losgeprügelt wird, also mit den, wie Heiner Müller sagt, Lieblingsvokabeln verhinderter Zensoren, aus denen sich die akademische Journaille heute wie gestern rekrutiert.

OT: MONANIEBA/POKAJANIJE, UdSSR (Georgien), 1984, 146 min., Erstaufführung: 13.10.1987 ZDF, Produktionsfirma: Grusia-Film, Regie: Tengis Abuladse. Buch: Nana Dshanelidse, Tengis Abuladse, Reso Kwesselawa, Kamera: Michail Agranowitsch, Musik: Nana Dshanelidse, Schnitt: Guliko Omadse, Darsteller: Awtandil Macharadse (Warlam/Abel), Ija Ninidse (Guliko), Merab Ninidse (Tornike), Sejnab Botswadse (Ketewan Barateli), Ketewan Abuladse (Nino Barateli), Edischer Giorgobiani (Sandro)

Rocky Horror Picture Show

Nach der Hochzeit von Freunden verlobt sich der tölpelhafte Brad mit seiner naiven Freundin Janet. Auf dem Heimweg geraten sie in ein Unwetter. Unterschlupf finden die beiden in einer Ruine. Eine unheimliche, verkrüppelte Gestalt führt sie durch das Gemäuer zu einer Versammlung Außerirdischer vom Planeten Transsexual. Ihr Auftrag lautet, ihre sexuelle Andersartigkeit unter die Erdlinge zu mischen. Der Gastgeber ist der Anführer der Aliens, Dr. Frank'n'Further, ein sexbetonter Transvestit, der Reizwäsche trägt und seiner Runde seine neue Schöpfung präsentiert: Rocky Horror, ein mit Muskeln bepackter blonder Schönling, der, spärlich bekleidet, die Party in Gang bringen soll. Doch der sucht lieber irritiert das Weite.

Doch das ist inzwischen egal. Die Party ist am Laufen und es wird immer skurriler. Der fette Rocker Eddie rast mit seiner Harley in die Menge und mischt diese richtig auf, bis Dr. Frank n'Further sich seiner mit einem Eispickel entledigt. Das verängstigte Pärchen Janet und Brad suchen sich im Dunkeln. Dabei werden beide von Dr. Frank n'Further getäuscht. Während Janet glaubt, mit Brad Sex zu haben, wird sie in Wirklichkeit von Dr. n'Further vernascht. Als Janet über einen Monitor sieht, wie Brad und Dr. Frank n'Further es miteinander treiben, will sie sich aus Rache und Frustration der Schöpfung Rocky Horror hingeben.

Jäh wird der Lustreigen unterbrochen, als Brads ehemaliger Klassenkamerad Dr. Scott auftaucht. Der Ufo-Forscher sucht nach seinem durchgeknallten Neffen Eddie. Doch dieser wird inzwischen von den Transsilvanern bzw. Transsexualanern verspeist. Zu guter Letzt gibt es dann noch eine Revolution, deren Anführer niemand geringer als der Butler ist. Er tötet seinen Herrn mit einer Laserpistole und verkündet

die Heimkehr zum Planeten Transsexual. Janet, Brad und seinem Klassenkameraden Dr. Scott gelingt im letzten Moment die Flucht, bevor die Schloßruine als Raumschiff in das All startet.
Es dauerte über ein Jahr bis aus einem Ladenhüter ein Kultfilm wurde. Seinen Anfang nahm der Erfolg von »The Rocky Horror Picture Show« in Greenwich Village. Allabendlich traf sich dort eine Gruppe von Leuten, die sich den Film nicht nur ansah, sondern sich auch an der Handlung beteiligte. Die Leute sprachen und sangen die Texte mit, trugen die Kostüme der Filmfiguren und warfen bei der Trauung von Betty und Ralph mit Reis um sich. Es dauerte nicht lange, bis man vor der Leinwand mittanzte und sich mit Straps und hochhackigen Schuhen gegenseitig anturnte. Der Mix aus Horror, Jux, Monster, Rockmusik und Travestie verwandelte schließlich die Kinosäle in knallige Partyhöhlen. Bald schwappte das Fest nach Europa über, wo man heute noch regelmäßig die »Rocky Horror Picture Show« zelebriert. Gerade für die

Rocky Horror Picture Show – Der Kultfilm schlechthin

Homosexuellen-Szene war der Film eine Errungenschaft. Die fröhliche Laune, die er verbreitete, war der Anfang einer weltweiten Entschärfung der bürgerlichen Vorurteile gegen die gleichgeschlechtliche Liebe.
USA 1974, Produktionsfirma: 20th Century Fox, Regie: Jim Sharman, Buch: Jim Sharman, Richard O'Brien, nach einem Bühnenstück von Richard O'Brien, Kamera: Peter Suschitzky, Musik: Richard O'Brien, : Tim Curry (Frank N. Furter), Susan Sarandon (Janet), Barry Bostwick (Brad), Peter Hinwood (Rocky), Patricia Quinn (Magenta), Richard O'Brien (Riff Raff), Jonathan Adams (Dr. Everett Scott)

S

Der schwarze Falke

Der Südstaatler Ethan Edwards kehrt drei Jahre nach dem Bürgerkrieg zu seinem Bruder Aaron zurück. Bei ihm und seiner Familie fühlt der Herumtreiber und Haudegen sich wohl, und auch Aarons Frau Martha und die Kinder verehren Ethan. Er bringt Goldstücke und frisch geprägte »Yankee-Dollars« mit. Sehr zärtlich ist der Umgang zwischen Ethan und Martha, und der einzige, der erkennt, daß die beiden ihre Gefühle unterdrücken, um Aaron nicht zu zerstören, ist Samuel Clayton, der Captain der Texas Rangers.

Als einem Nachbarn Vieh gestohlen wird, jagen Ethan und Martin, (ein Halbblut, daß zur Familie gehört, seit Aaron es als Baby gefunden hat) den Spuren hinterher. In der Zwischenzeit wird die Edwardsfarm von Indianern überfallen. Ethan und Martin reiten zu der Farm zurück, nachdem sie entdecken, daß das Vieh von Indianern gestohlen wurde und zwar nicht aus Hunger, sondern um die Männer von der Farm wegzulocken. Sie befürchten das Schlimmste. Und tatsächlich, als die Beiden zurückkehren, sind die zehn Jahre alte Debbie und ihre ältere Schwester Lucy verschwunden, alle übrigen sind tot. »Martha, Martha«, ruft Ethan voller Wut, Schmerz und Ohnmacht, doch er kann die schreckliche Wahrheit nicht ungeschehen machen. Mit entschlossener Rachsucht mobilisiert er Martin und Captain Clayton und seine Texas Rangers und macht sich mit ihnen auf, die verschwundenen Mädchen zu suchen und die Toten zu rächen. Sie finden eine Indianerleiche. Ethan schießt ihr beide Augen heraus. Nach dem Glauben der Indianer kann der Tote jetzt nicht mehr in die ewigen Jagdgründe. Dann stoßen sie auf einen Trupp Indianer. Nach einem Kampf, der beide Seiten schwächt, trennt sich Ethan von der übrigen Truppe. Nur das Halbblut Martin und Brad, der Verlobte von der entführten Lucy, schließen sich Ethan an. Wie ein Besessener jagt Ethan mit den beiden Jungs durch die weite Steppe des Westens, um seinen Rachefeldzug endlich durchführen zu können. Als Ethan auf die tote Lucy trifft, erzählt er später

Brad davon. Von der Nachricht gebrochen, macht sich dieser auf, Lucys Tod zu sühnen. Ethan, der erfahren und klug genug ist, die Hoffnungslosigkeit von Brads Absicht zu erkennen, hält ihn nicht zurück. Er läßt den verzweifelten Brad billigend in den Tod rennen.

Als Ethan und Martin erfolglos zurückkehren, erfahren sie von einer neuen Spur. Ein Händler hat von Indianern ein Kleid eingetauscht, das vermutlich Debbie gehört hat. Der Händler berichtet weiter, daß Debbie von dem Häuptling Scar gefangengenommen wurde, und will die beiden zu den Commanchen führen. Als er aber versucht, sie während des Schlafs zu berauben, tötet Ethan den Händler. Unterwegs erwirbt Martin ungewollt eine Indianerin. Für Ethan ist das nichts Ungewöhnliches, und plötzlich liegt sein Rassismus klar auf der Hand. Ein Weißer darf eine Indianerin zur Frau haben, aber wehe ein Indianer nimmt sich eine Weiße. Als die Indianerin mitbekommt, daß die beiden Häuptling Scar jagen, flieht sie.

Über die Jahre hinweg hat Ethan von seiner Besessenheit nichts verloren. Noch immer jagt er unerbittlich nach den Commanchen. Als sie von einem gewissen Figueroa dann endlich zu den Commanchen geführt werden, treffen Ethan und Martin auf Debbie. Die damals entführte Debbie erkennt Ethan, aber sie hat sich an das Leben bei den Commanchen gewöhnt, fühlt sich als Indianerin, will bleiben. Daraufhin möchte sie der erzürnte Ethan wie einen räudigen Hund erschießen. Aber Martin hält ihn davon ab, indem er sich vor Debbie stellt und Ethan ebenfalls mit der Waffe bedroht. Auch die Indianer mischen sich ein und verwunden Ethan. Martin rettet ihn in eine Höhle und versorgt ihn. Als Ethan aus Zorn über Debbies Veränderung Martin zu seinem Alleinerben erklärt, weist dieser das Testament zurück. Ethan soll Debbie das Geld geben, schließlich ist sie seine Blutsverwandte. Doch Ethan ist mit ihr fertig. Sie ist jetzt eine Indianerin.

Wieder zurück auf der Farm, erfahren Ethan und Martin, daß der schwarze Falke und sein Stamm in der Nähe ihr Lager aufgeschlagen haben. Die Kavallerie will angreifen. Martin will aber vorher Debbie retten, was niemand versteht. Sie ist doch inzwischen eine Indianerin geworden. Doch Martin schleicht sich in das Zelt des schwarzen Falken, tötet ihn und rettet Debbie. Dann greifen die Kavallerie und die Siedler an, töten die Indianer, ihre Frauen und ihre Kinder. Ethan nimmt den Skalp des schwarzen Falken und verfolgt dann Debbie und Martin. Als er auf sie stößt, befürchtet Martin, daß Ethan Debbie töten möchte, doch er nimmt sie in seine Arme und schließt seinen Frieden mit ihr. Dann bringt er sie zur Farm und reitet einsam in die Prärie zurück.

Auf den ersten Blick wirkt »Der schwarze Falke« wie ein ganz gewöhnlicher Western. Hausbackene Dialoge und manchmal simple Schauspielkunst stärken diesen Verdacht ebenso wie einfallslose Ausstattung und eine nicht ausgereifte Kameraführung. Doch der Schein trügt, und das nicht zuletzt, weil die gerade aufgeführten Argumente dem Film eine Anmut und eine Glaubwürdigkeit verleihen, die ihresgleichen sucht. »Der schwarze Falke« ist der Rächerfilm schlechthin. Er erzählt über Menschen, die eine neue Zukunft voller Hoffnung und Gefahr gefunden haben. Es sind einfach gestrickte Menschen, die nur über ihre täglichen Sorgen nachdenken und psychische Abgründe nicht kennen. Und er erzählt die Geschichte von Ethan, der mehr erfahren hat vom Leben und der weiß, wie kompliziert, grausam und gnadenlos es sein kann. Doch seine Denkweise, sein Bewußtsein muß er für sich behalten, weil die anderen ihn nicht verstehen würden. Bis auf Martha, die fühlt, welch ungeheurer Druck in Ethan steckt. Als dann Ethans Angehörige von den Indianern ermordet und verschleppt werden, kommt sein wahres Ich zum Ausbruch: Voller Wut und Rachsucht macht er sich auf, die Indianer zu verfolgen, weil man ihm nicht einfach etwas wegnehmen darf. Es ist eine Jagd, die sich über mehrere Jahre erstreckt, durch kalte Winter genauso wie durch heiße Sommer. Seine Verbitterung macht einer hartnäckigen Rachestrategie Platz, die keine Rücksichten mehr kennt. Er ist sogar bereit, auf die Erfüllung seines Zieles zu warten. Eine Fähigkeit, die unter diesen Umständen geradezu phänomenal erscheint. »Der Tag wird kommen«, hört man Ethan immer wieder sagen, und ohne eine Regung zu zeigen, bleibt er seinem Vorhaben treu.

Gerade wegen Ethans Besessenheit und wegen seinem Haß gegen die Indianer wurden Stimmen laut, die den Film in das rechte Lager rücken wollten. Zwangsläufig muß sich der Zuschauer mit dem extremen Ethan, der als rassistisch und engstirnig interpretiert wurde, identifizieren. Als dann diese Leute erfuhren, daß namhafte Regisseure wie Scorcese, Spielberg, Cimeno und Schrader den Film zu ihren Lieblingswerken rechneten, hatten sie dann auch sofort eine andere Auslegung parat. Natürlich muß Ethan so sein, weil der Durchschnittsamerikaner in der zweiten Hälfte des 19. Jahrhunderts eben so war. Also kein rechtsradikaler Film mehr, sondern lediglich ein gut recherchierter Western!? Beides ist absoluter Unsinn. Der Film hat seine Anhängerschaft weder wegen seiner vermeintlich guten Recherche noch wegen seines vermeintlich faschistisch-rassistischen Helden. Der Film ist durch und durch subjektiv. Hier interessiert nicht die Frage, ob die amerikanischen Siedler die Indianer immer weiter zurückgedrängt haben, so daß ihnen nichts anderes übrig blieb, als sich zu wehren. Hier interessiert auch nicht die Tatsche, daß die Indianer das Skalpieren von den Weißen gelernt haben. Und vor allem interessiert den Film nicht, ob nun die Indianer oder die Weißen die Bösen waren.

»Der schwarze Falke« ist ein Western, dessen Hauptfigur das letzte Stück Heimat verliert, daß ihr noch geblieben ist. Plötzlich sind alle tot oder entführt, die ihm etwas bedeutet haben. Seine Liebe zu Martha, die er aus Edelmut immer unterdrückt hatte, findet ihr jähes Ende, als er ihre Leiche verstümmelt vorfindet. Die historischen und ethnologischen Hintergründe spielen keine Rolle für den Helden, der sich aufgrund dieser Vorfälle in einem wahnsinnigen Rachetaumel wiederfindet, um seinen Schmerz zu verdrängen. Ethan steht im Vordergrund des Films und sein Rachefeldzug dient ihm dazu, mit seinem Verlust fertig zu werden. Deshalb tötet Ethan die zur Indianerin gewordene Debbie letztendlich nicht, sondern schließt sie dann doch in seine Arme. Damit versöhnt er sich mit seiner Vergangenheit. Jetzt erst kann der Verbitterte wirklich Trauerarbeit leisten.

Der Regisseur Herbert Achternbusch, der ebenfalls ein Verehrer von »Der schwarze Falke« ist (»Wenn der Film von mir wäre, hätte ich nichts mehr zu sagen.«), hält vor allem die Nebenfigur Mose Harper für besonders gelungen. Mose Harper ist der geduldete Dorfnarr. Alle halten ihn für einen Zurückgebliebenen, der sich nichts sehnlichster wünscht als einen Schaukelstuhl. Nur Ethan hört auf das, was Mose Harper sagt. An manchen Stellen könnte man meinen, daß Mose Harper sich nur verstellt, weil er von dieser Welt nichts wissen will. Er spielt den Schwachsinnigen, damit man ihn in Ruhe läßt. Von dieser Position dann beobachtet er die anderen und hat seinen Spaß. Vielleicht vermutet Ethan das und behandelt ihn deshalb so respektvoll. Das könnte der Grund dafür sein, warum Ethan bei der Suche Debbies auf Mose Harper hört. Die Spuren, die der gemütliche Alte schließlich entdeckt, bringen den Suchtrupp dann auch tatsächlich weiter.

USA 1956, Originaltitel: The Searchers, Produktionsfirma: C.V. Whitney Pictures, Regie: John Ford, Buch: Frank Nugent, nach einem Roman von Alan LeMay, Kamera: Winton C. Hoch, Musik: Max Steiner, Darsteller: John Wayne (Ethan Edwards), Jeffrey Hunter (Martin Pawley), Vera Miles (Laurie Jorgensen), Ward Bond (Capt. Rev. Samuel Clayton), Natalie Wood (Debbie Edwards)

Das Schweigen der Lämmer

Jack Crawford, Leiter einer FBI-Spezialeinheit für Serienverbrechen, setzt die junge und ehrgeizige FBI-Schülerin Clarise Starling auf den inhaftierten Serienkiller und ehemaligen Psychiater Hannibal Lecter an. Clarise Starling soll mit Hilfe eines Fragebogens ein Persönlichkeitsprofil von dem Mörder erarbeiten. Tatsächlich aber erhofft sich der Spezialagent Hinweise auf einen anderen zur Zeit aktiven Serienkiller namens »Buffalo Bill«. Er spekuliert darauf, daß sich Hannibal Lecter, der geradezu unheimliche Kenntnisse über Serienmörder hat, der anmutigen und attraktiven Clarice Starling mehr öffnet, als ihm oder anderen FBI-Agenten.

Als Clarice im Baltimore State Hospital eintrifft, wo Lecter unter strengsten Sicherheitsvorkehrungen einsitzt, bekommt sie gleich den Widerstand des Anstaltsleiters Dr. Chilton zu spüren. Dieser betrachtet Lecter als sein Forschungseigentum und will bei der Befragung dabei sein. Aber Clarice setzt sich durch und geht allein in ein unheimliches Kellergewölbe, vorbei an den Zellen anderer Insassen, die sie belästigen und mit Obszönitäten beschimpfen, bishin zu Lecter. Als sie ihm den Fragebogen unterbreiten möchte, lehnt Lecter ab. Danach konfrontiert er sie mit ihrer »billigen Herkunft«. Zu Clarices Erstaunen erkennt der Serienmörder in dieser kurzen Begegnung ganz genau ihren Charakter, ihre Vergangenheit und die Motive für ihren Ehrgeiz beim FBI. Beim Verlassen des Traktes wird sie dann noch von Mick, Lecters Zellennachbarn, mit Sperma beworfen. Daraufhin ruft Lecter Clarice zurück und gibt ihr einen verschlüsselten Hinweis auf »Buffalo Bill«.

Dadurch stößt Clarice auf eine Firma für Selbsteinlagerung, wo sie neben Frauenkleidern einen in einem Behälter eingelagerten Kopf findet. Als sie von Lecter wissen möchte, um wessen Kopf es sich dabei handelt, wer diesen Menschen getötet hat und ob er ein Transvestit war, blockt dieser ab. Erst möchte er in eine Zelle mit Aussicht versetzt werden. Inzwischen schlägt »Buffalo Bill« erneut zu. Er entführt Kathrin, die Tochter einer Senatorin. Die polizeilichen Ermittlungen haben ergeben, daß »Buffalo Bill« seine Opfer erst mehrere Tage gefangen hält, bevor er sie tötet und anschließend häutet. Fast gleichzeitig wird eine neue Leiche gefunden. Clarice entdeckt bei der Obduktion, daß »Buffalo Bill« im Mund des Opfers eine Schmetterlingslarve deponiert hat.

Um die Ermittlungen voranzutreiben, läßt Jack Crawford Hannibal Lecter durch Clarice Starling ein fingiertes Angebot zukommen. Darin wird Hannibal Lecter eine Versetzung versprochen, die seine Haftbedingungen durch eine Aussicht, Bücher und Freigänge verbessern würde. Aber Lecter ist mehr an Clarice und ihrem Inneren interessiert. Um Kathrin zu retten, erzählt Clarise Lecter von ihrem schlimmsten Kindheitserlebnis: der Tod ihres Vaters. Der Kleinstadtpolizist und Witwer wurde, als Clarise zehn Jahre alt war, erschossen. Daraufhin brach eine Welt für sie zusammen. Dann wurde sie von Ihrer Cousine und ihrem Mann aufgenommen. Nach zwei Monaten lief sie davon.

Von Lecter erfährt nun Clarice, daß der Schmetterling der im Mund der letzten Leiche gefunden wurde, Ausdruck für den Wunsch und die

Das Schweigen der Lämmer

Sehnsucht nach Verwandlung ist. »Buffalo Bill« haßt sich selbst und würde deswegen gern eine Frau sein. Wahrscheinlich hat er sich in Kliniken mehrmals um eine Geschlechtsumwandlung bemüht, wurde aber abgelehnt, weil seine Motive nicht transsexueller Herkunft sind.

Der Anstaltsleiter Dr. Chilton, der das Gespräch zwischen Clarise und Lecter abgehört hatte, berichtet der Senatorin von dem fingierten Angebot. Daraufhin wird Crawford und Clarise der Kontakt zu Lecter untersagt. Dr. Chilton soll nun mit Lecter verhandeln und auch die Senatorin möchte ihn sprechen. Deswegen wird der gefährliche Serienkiller nach Memphis verlegt. Doch mehr als falsche Fährten und an die Substanz gehende Demütigungen sind aus Lecter nicht heraus zu bekommen. Clarice ihrerseits gelingt es, an den stark bewachten Lecter heranzukommen, indem sie die Wachen täuscht, aber dieser will von ihr, bevor er sich zum Fall äußert, erst wissen, warum sie damals vor ihrer Cousine und derem Mann geflohen ist. Clarise erzählt Lecter, daß ihr Pflegevater Schafzüchter war und sie ein Lamm vor der Schlachtung retten wollte. Doch sie wurde erwischt und das Lamm trotz allem geschlachtet. Mit der Rettung von Kathrin könnte Clarise dieses Versagen und damit ihre Angst vor Verlust überwinden.

Dann wird sie von Dr. Chilton entdeckt. In letzter Sekunde spielt ihr Hannibal Lecter noch ein Dokument mit einer Information zu, bevor sie aus dem Raum gezerrt wird. Dabei berühren sich ihre Hände. Bei jedem anderen hätte Lecter diese Gelegenheit genutzt, um ihn zu verletzen oder zu töten, doch dazu ist seine Beziehung zu Clarise schon zu tief. Danach geht alles ganz schnell. Zwei Polizisten bringen Lecter sein Abendessen, dabei kann er sich befreien. Er tötet die beiden auf bestialische Weise. Dann zieht er eine Polizeiuniform an und legt sich die Gesichtshaut von einem der beiden Polizisten über sein Gesicht. Der eintreffenden Verstärkung spielt er den verletzten Kollegen vor. Sanitäter bringen Lecter in dem Glauben, es handle sich bei ihm um einen schwerverletzten Polizisten, aus dem Gebäude. Im Krankenwagen tötet er dann die Begleitmannschaft und flieht.

Der letzte Hinweis von Lecter führt Clarice nach Belvedere in Ohio. In der Kleinstadt will sie im Umfeld des ersten Opfers recherchieren. Dort entdeckt sie, daß »Buffalo Bill« die Frauen häutet, weil er sich aus ihrer Haut ein Frauenkleid nähen möchte. In einem atemberaubenden Showdown gelingt es ihr dann, den sexuell gestörten Killer zu töten und die Senatorentochter Kathrin zu befreien. Die Lämmer haben aufgehört zu schreien.

Erstmals wurde ein Horrorfilm dermaßen gelobt und mit Preisen überhäuft. Kritikerstimmen überschlugen sich, was bei all der Brutalität und Perversion, die in dem Film gezeigt wird, sehr ungewöhnlich ist. Ebenso war das psychologische Profil der beiden Serienmörder bis ins Detail ausgetüftelt, ohne dabei aber mit Fachsimpelei zu nerven. Oberflächlich betrachtet bleibt der Film dann auch ein unheimlich spannender und genialer Horror- und Psychothriller. Erst bei mehrmaligem Anschauen bemerkt man die exakt konstruierten Puzzleteile, die sich in ein alptraumhaftes und analytisch perfektes Ganzes fügen. Der Schlächter Lecter beispielsweise wird nicht als eine widerliche Bestie dargestellt, sondern als ein graziöser Expsychiater, der von der Widerwärtigkeit der Menschen weiß und deshalb seinem Trieb freien Lauf gelassen hat. Nur weil er sensibler ist und mehr sieht als andere, hat er sich – um darunter nicht leiden zu müssen – auf das reduziert, was er und die Menschen im allgemeinen sind: auf ein Raubtier. Dennoch hat er seine Opfer kultiviert mit einer Flasche Wein verspeist. Er gibt sich als Schöngeist, der Florenz und klassische Musik liebt und der den Duft von Frauen schätzt. Als Clarice mit seiner Hilfe den Serienkiller Buffalo Bill dingfest machen möchte, scheint er bereits zu wissen, wer der Mörder ist. Während des ganzen Films hält man Lecter für einen Überirdischen, für einen, der über den Dingen schwebt. Nie wird er entmystifiziert, und auch am Schluß des Films weiß man nicht, ob Lecters Hinweise aufgrund parapsychologischer Fähigkeiten entstanden sind. Doch viel schlimmer ist die Erkenntnis, daß jemand, der wie Lecter alle moralischen Grenzen in sich gesprengt hat, dem Ursprung und der Wahrheit näher sein könnte als wir.

Ein weiteres Puzzleteil ist Clarice Starlings Bestreben, über sich selbst hinauszuwachsen. Die Eingangssequenz in »Das Schweigen der Lämmer« ist dann auch eine treffende Metapher dafür, was für ein harter Weg ihr bevorsteht. Schweißgebadet rennt sie über einen FBI-Übungsplatz und überwindet ein schwieriges Hindernis nach dem anderen. Danach sehen wir diesen harten und von Ehrgeiz durchsetzten Weg der jungen Frau ausführlicher und differenzierter. Wir erkennen, daß sie noch nicht reif ist für die Herausforderungen, die sich ihr stellen. Und sie hat ein entscheidendes Handicap: ihre Vergangenheit. Sie war auf sich allein gestellt und hat versagt, als sie ein Lamm vor der Schlachtung retten wollte. Diese Niederlage sitzt tief in ihr und blockiert ihr Vorwärtskommen. Im Grunde möchte sie ein Mann sein, um sich in dieser Welt durchsetzen zu können. Deswegen hat sie auch einen typischen Männerberuf gewählt. Lecter weiß davon und hilft ihr dabei, sich so zu entwickeln und zu verändern, daß sie es sich, indem sie »Buffallo Bill« zur Strecke bringt und die Senatorentochter befreit, selbst beweisen kann. Und da wären wir schon beim Thema:

»Das Schweigen der Lämmer« ist ein Film über »Verwandlung«. Wie die Larve (die »Buffalo Bill« im Mund seiner Opfer plaziert) braucht auch Clarice ihre Zeit, um dann am Ende des Films als Schmetterling hervorzugehen. »Buffalo Bill« dagegen ist das mißlungene Gegenstück zu seiner Jägerin. Auch er trachtet nach Verwandlung. Auch er wünscht sich, aus seinem Irrgarten zu kommen. Wenn er eine Frau wäre, meint er irrtümlich, dann wäre er erlöst. Als man ihm eine Geschlechtsumwandlung verwehrt, da die Ärzte ihn nicht für einen wirklichen Transsexuellen halten, sucht er seine Vollkommenheit darin, daß er sich ein Kleid aus echter Frauenhaut schneidert. Deswegen tötet er, und deswegen häutet er seine Opfer. Diesen einzelnen Figuren steht ein Geflecht aus Systemen entgegen. Zum einen ist es der ratlose, aber professionelle Polizeiapparat, der den Charme und die Unbeholfenheit einer FBI-Schülerin benutzt, um an die Sensitivität und das Wissen eines Serienmörders zu kommen. Damit soll dann ein anderer Serienmörder dingfest gemacht werden. Zum anderen die mächtige Senatorin und ihr politischer Einfluß. Sie fürchtet, um das Leben ihrer Tochter und behindert mit ihren Emotionen Crawford und Clarice. Das Schlußlicht bildet der Psychiatrieleiter Chilton, der mit Lecter schließlich sein Ansehen und seine Karriere beflügeln möchte und dabei nicht vor Hinterhältigkeit zurückschreckt. Sowohl die Charaktere und Motivationen der Figuren als auch die sich gegenseitig hemmenden Systeme wurden perfekt in die Geschichte hineingearbeitet und bilden ein traurigen Beleg dafür, wie schwierig es für ein Individuum sein kann, seinen Weg zu finden bzw. sich zum Schmetterling zu verwandeln.

Der Regisseur Jonathan Demme und die Schauspieler (allen voran Jodie Foster und Anthony Hopkins), sowie der Kameramann Tak Fujimoto setzten den Film so gekonnt in Szene, daß selbst die Romanvorlage von Thomas Harris dagegen verblassen mußte. Die bedrohliche, nervenzerrende Grundstimmung in »Das Schweigen der Lämmer« und die detailbesessene Ausarbeitung des komplizierten und tiefgründigen Stoffes sind einzigartig. Der Film gehört zweifelsfrei zu den bedeutendsten und genialsten Werken der 90er Jahre.

USA 1990, Originaltitel: The Silence of the Lambs, Produktionsfirma: Strong Heart/Demme Prod., Regie: Jonathan Demme, Buch: Ted Tally, nach einem Roman von Thomas Harris, Kamera: Tak Fujimoto, Musik: Howard Shore, Darsteller: Jodie Foster (Clarice Starling), Anthony Hopkins (Dr. Hannibal Lecter), Scott Glenn (Jack Crawford), Ted Levine (Jame Gumb), Anthony Heald (Dr. Frederick Chilton)

Sie küßten und sie schlugen ihn

Während einer Schularbeit wandert ein Foto mit einer leicht bekleideten Dame durch die Klasse. Der Lehrer entdeckt es, als es gerade bei dem dreizehnjährigen Antoine Doinel angelangt ist. Dieser muß sich zur Strafe in die Ecke stellen. Als er sich dagegen auflehnt, bekommt er zusätzlich noch eine Strafarbeit aufgebrummt. Daraufhin nimmt er sich vor, sich an dem Musterschüler Mauricet zu rächen, da er ihm die ganze Sache zu verdanken hat.

Zu Hause wird er von seiner Mutter beschimpft, weil er kein Mehl eingekauft hat. Nachdem Antoine dann das Mehl besorgt hat, streiten sich seine Eltern über Kleinigkeiten. Am nächsten Morgen ist seine Strafarbeit noch nicht fertig und zusammen mit seinem besten Freund René beschließt er, die Schule zu schwänzen. Sie machen sich einen schönen Tag und tun, was ihnen gerade einfällt. Später auf dem Nachhauseweg ertappen sie Antoines Mutter dabei, wie sie gerade einen fremden Mann küßt. Wieder zu Hause bereiten sich Antoine und sein Vater ein Abendessen zu. Als die Mutter spät nach Hause kommt, gibt es wieder einen Streit zwischen dem Ehepaar. Antoine, der den Streit durch die Wände mitbekommt, erfährt dabei, daß er nicht der leibliche Sohn seines Vaters ist. Am nächsten Tag petzt der Musterschüler Mauricet Antoines Eltern, daß ihr Sohn nicht in der Schule war. Diese suchen dann Antoine auf, der Vater ohrfeigt den Jungen und droht ihm mit weiteren Prügel, wenn er von der Schule nach Hause kommt. Antoine und René beschließen, nicht mehr nach Hause zu gehen. Als er aber am nächten Tag wieder in der Schule erscheint, erwartet ihn dort schon seine Mutter. Sie scheint sehr erleichert zu sein, ihren Sohn wiedergefunden zu haben und bietet ihm tausend Franc an, falls er im nächsten Aufsatz unter den besten Fünf der Klasse ist. Doch am nächsten Tag wird Antoine von der Schule verwiesen, weil sein Lehrer ihm vorwirft, seinen Aufsatz von Balzac abgeschrieben zu haben. Zusammen mit René träumt Antoine davon, mit der Marine das Land zu verlassen und hinaus auf das weite Meer zu fahren. Am nächsten Tag klauen die Jungs eine Schreibmaschine aus dem Büro von Antoines Vater. Sie wollen diese verkaufen und sich aus dem Erlös eine eigene Existenz aufbauen. Leider bekommen sie das Gerät nicht los. Ein Hehler will es ihnen sogar klauen. Daraufhin beschließen die Jungs, das Ding wieder zurückzubringen und werden dabei vom Nachtwächter erwischt. Antoines Vater bringt seinen Sohn daraufhin zur Polizei. Seine Frau und er werden mit dem Jungen nicht mehr fertig, sagt er, und Antoine wird daraufhin eingesperrt. Am nächsten Tag fotografiert man ihn wie einen Verbrecher und nimmt seine Fingerabdrücke. Ein Gericht entscheidet schließlich, den Jungen in ein

Erziehungsheim zu stecken. Dort wird er gleich am ersten Tag bestraft, als er verfrüht nach dem Essen greift. Der Heimpsychologin erzählt er, warum er die Schreibmaschine geklaut hat und warum er sie wieder zurückgebracht hat und wie er seine Großmutter einmal bestohlen hat. Während eines Fußballspiels gelingt dem Jungen die Flucht. Antoine rennt und rennt. Er erreicht die Küste und als er mit den Füßen im Meer steht, dreht er sich um und blickt verloren landeinwärts.

Das Skript erhielt eine Oscarnominierung als bestes Originaldrehbuch und der Film erhielt den großen Preis der Filmfestspiele in Cannes. Der Film der französischen neuen Welle (Nouvelle Vague) von Francois Truffaut, trägt sehr viele autobiographische Züge. Denn auch Truffaut war einige Zeit in einem Heim für Schwererziehbare.

Die Nouvelle Vague erwuchs aus einer Gruppe junger Autoren der Zeitschrift »Cahiers du Cinéma«. Sie wollten den französischen Film revolutionieren. Ein Merkmal ihrer Werke ist, daß sie komplexe und problematische Geschichten nicht mit bequemen Lösungen ausstatteten. In »Sie küßten und sie schlugen ihn«, wäre es sicherlich einfach gewesen, wenn Antoines Eltern gegen Ende des Films eingesehen hätten, was sie falsch gemacht haben. Sie müssten dann ihren Sohn vermissen und ihn wieder mit nach Hause nehmen. Das wäre dann aber eine völlig andere Geschichte gewesen. Stattdessen hat dieser Film ein offenes Ende. Bestenfalls kann Antoine jetzt seine Probleme beschreiben, lösen aber kann er sie nicht. »Sie küßten und sie schlugen ihn« gibt uns viel Stoff zum Nachdenken. Interessant ist auch die Haltung von Antoines Mutter. Im Grunde geht es ihr nie um ihren Sohn, sondern darum, daß der Junge nichts von ihrer Affäre preisgibt. Das ganze Verhalten der Eltern ist egoistisch ausgerichtet. Nie fragen sie sich, was sie falsch gemacht haben. Immer ist der Junge schuld.

Truffaut drehte noch vier weitere Filme, in denen die Figur Antoine Doinel im Mittelpunkt steht: »Liebe mit Zwanzig«, »Geraubte Küsse«, »Tisch und Bett« und »Liebe auf der Flucht«.

Frankreich 1959; Originaltitel: »Les quatre cents coups«; Regie: Fancois Truffaut; Drehbuch: Francois Truffaut; Kamera: Henri Decaè; Musik: Jean Constantin; Produzent: Georges Charlot für Les Films du Carrosse/SEDIF; Darsteller: Jean-Pierre Lèaud, Albert Rèmy, Claire Maurier, Patrick Auffay, Georges Flamant, Yvonne Claudie, Guy Decomble, SW 93 Min.

Sieben Jahre Pech

Heinz Kersten, ein erfolgreicher Autor von Unterhaltungsromanen ist abergläubisch. Nachdem er einen Spiegel zerschlagen hatte, glaubt er, sieben Jahre Pech erdulden zu müssen. Der eigentliche Urheber des

Unglücks ist jedoch sein Diener Paul, der ihn nach Wien begleitet. Im Zug verliebt sich Kersten in die Tochter des Zahnarztes Teisinger. Er schickt daraufhin Paul zu Teisinger, der einen Assistenten für seine Praxis sucht. Der Unglücksrabe Paul bringt jedoch alles durcheinander, und es ist ein Wunder, daß am Schluß alles zum guten Ende kommt.

Die an sich einfache Geschichte war als Groteske gut gebaut und diente als Spielanlaß für das Komikerpaar Hans Moser / Theo Lingen, mit denen der deutsche Film ein an Laurel & Hardy erinnerndes Paar

7 Jahre Pech

etablieren konnte. Die Komik der beiden beruhte auf der unterschiedlichen Spielweise des nervösen, nuschelnden und grantelnden Wieners Moser, und des überlegenen, exakten Norddeutschen Lingen. Beide erlebt man im Kampf mit der Tücke des Objekts, wenn Lingen aus dem Fenster fällt, an der Jalousie hängenbleibt, und Moser versucht, ihn hochzuziehen, oder wenn beide im Löwenkäfig dem Raubtier einen Zahn ziehen wollen. Wolf Albach-Retty ist der Partner in der klassischen Szene, in der Lingen versucht, das fehlende Spiegelbild zu imitieren. Moser singt das Reblaus-Lied, das fortan sein Markenzeichen wurde.

Der große Erfolg veranlaßte die Produktion, zwei Jahre später eine Fortsetzung als »Sieben Jahre Glück« zu drehen, die aufgrund des schwachen Buches voller Albernheiten nur noch wehmütig an den ersten Teil erinnerte.

Ein Remake drehte Ernst Marischka 1957 unter dem Titel »Scherben bringen Glück«.

Deutschland 1940, Produktion: Styria; Wien, Regie: Ernst Marischka, Buch: Ernst Marischka, Kamera: Carl Kurzmayer, Musik Oskar Wagner, Karl Föderl, Darsteller: Hans Moser (Dr. Teisinger), Theo Lingen (Paul), Wolf Albach-Retty (Kersten), Olly Holzmann (Gertie), Ida Wüst, Clara Tabody, Oskar Sima, Anton Pointner

Die sieben Samurai

Japan im 16. Jahrhundert, zerrissen von Machtkämpfen zwischen den Fürstenhäusern, überall ziehen herrenlose Krieger und plündernde Banditen durchs Land. Ein kleines Dorf wird von solchen Banditen überfallen, Ernte und Frauen geraubt. Die Banden kündigen an, im nächsten Jahr wiederzukommen. Verzweifelt machen sich die Bauern auf den Weg, um Samurai für ihren Schutz anzuwerben, ein damals ohnehin undenkbares Unterfangen.

Dennoch gelingt es ihnen, sieben verarmte Samurai anzuwerben. Diese beginnen, das Dorf zu befestigen und die Bauern auf den Kampf vorzubereiten. Dabei wird die Kluft zwischen den beiden ungleichen Partnern offenbar. Besonders deutlich wird dies, als sie im Dorf die Waffen von Samurai finden, die, verletzt oder von ihren Einheiten getrennt, von den Bauern getötet wurden. Die Standesschranken belasten von Beginn an die Liebe zwischen dem jüngsten Samurai Katsushiro und einem Bauernmädchen. Diese Liebe hat keine Zukunft.

Als die Banditen das Dorf angreifen, kommt es zu einem tagelangen erbitterten Kampf. Die Bauern gewinnen an Selbstsicherheit, während die Samurai einer nach dem anderen fallen. Das Dorf und die Samurai siegen über die Banditen, aber nur drei Samurai bleiben am Leben. Am

Schluß des Filmes stehen die Samurai vor den Grabhügeln mit den Schwertern der Toten, die wie Standarten in den Gräbern stecken. Das Bauernmädchen pflanzt mit ihren Leuten Reis, das Dorf tanzt, die Samurai ziehen weiter. Sie müssen einsehen: »Und wieder eine verlorene Schlacht, ... gewonnen haben die Bauern, nicht wir.«

Der Film von Akira Kurosawa folgt dem Rhythmus der Jahreszeiten, so wie das Leben der Bauern sich nach den Jahreszeiten richtet. Lange ruhige, aber intensive Passagen wechseln mit schnell ablaufenden Kampfszenen. Durch die detailgetreue Gestaltung der Sets und die Kostüme durch Takashi Matsujuma und durch die bestechenden SW-Aufnahmen entsteht ein beeindruckender Realismus. Das Einbeziehen der Witterung (viel Regen und Schlamm, aber auch Sonne) verstärkt Stimmungen und Ausdruck der Szenen, das schwere Leben der Menschen wird noch deutlicher. Mit Takashi Shimura (als der nachdenkliche, väterliche Anführer der Samurai Kikuchiyo), aber auch mit Toshiro Mifune und Seiji Miyaguchi (der ernste, mutige Samurai Kyuzo), hat Kurosawa hervorragende Schauspieler gewinnen können.

Der Film enthält Elemente wie das Schwertkampf-Duell zwischen Kyuzo und einem nicht näher benannten Samurai, die sich in jedem klassischen Western (aber dort mit Pistolen) wiederfinden und auch so von Western-Regisseuren adaptiert wurden (→ »Django«). Spannung erhält der Film durch die Steigerung des Kampfes durch die magischen Sieben: erst müssen die Bauern sieben Samurai finden, die über ihren eigenen Schatten springen und ein so aussichtloses Unterfangen ohne annehmbare Bezahlung angehen, dann fällt einer nach dem andereren im Kampf gegen einen übermächtigen Feind, es werden immer weniger, der Kampf aber immer härter. Jetzt zählt der Film rückwärts.

Ganz sicher hat dieser Film wesentlich zur Verbreitung ostasiatischer Filme, aber auch zur Beschäftigung mit asiatischer Kultur und japanischen Kampfkünsten in Europa und den USA beigetragen. Man sollte sich das Original mit Untertiteln ansehen.

»Die sieben Samurai« wurde 1954 in Venedig mit dem »Silbernen Löwen« ausgezeichnet, ein Jahr später erhielt er den Oscar für den besten fremdsprachigen Film. Es wurde natürlich – wie häufig bei erfolgreichen ausländischen Filmen – ein Remake in den USA gedreht, 1960 von John Struges, das aber an das Original nicht heranreicht.

Japan 1953; Originaltitel: Shichinin no samurai; Produzent: Toho Production, SojiroMotoki; Regie: Akira Kurosawa; KamerA: Asakuzu Nakai; Drehbuch: Akira Korosawa, Shinobu Hashimoto, Hideo Oguni; Musik: Fumio Hayasaka; Darsteller: Takashi Shimura, Toshiro Mifune, Daisuke Kato, Isao Kimura, Kamatari Fujiwara, Keiko Tsushima; »Silberner Löwe« Venedig, Oscar; SW 195 Min.

Sissi

Das Leben der österreichischen Kaiserin Elisabeth (1837-1898), genannt »Sissi« oder auch »Sisi«, gab die Vorlage für diese Filmreihe. Das eigentlich sehr problemgeladene wirkliche Leben der Elisabeth gibt es im österreichischen Film in einer stark geglätteten Fassung, in der der kindlich-verführerische Teenie-Star Romy Schneider anmutig die teuersten Roben trägt, große Emotionen und romatische Begebenheiten erlebt. Im ersten Teil lernt sie Kaiser Franz Joseph kennen und lieben, alles umrahmt von Zufällen und Intrigen.

Die Fortsetzung schildert dann die ersten Ehejahre der Kaiserin Elisabeth von Österreich. Nach einem rauschenden Hochzeitsfest kehrt der Alltag in der kaiserlichen Familie ein. Franz Joseph hat viel mit Regierungsgeschäften zu tun, während Sissi Sprachen erlernt. Erzherzogin Sophie mischt sich stärker in Sissis Leben ein, als ihr lieb ist, auch als Rudolf, der Kronprinz, das Licht der Welt erblickt. Aber als in Budapest die feierliche Krönung stattfindet, ist die heile Welt wiederhergestellt.

Im dritten Sissi-Film bekommt das Glück der Märchen-Kaiserin wohldosierte Sprünge. Die Kaiserin erleidet eine geheimnisvolle Krankheit – die Schwindsucht. Nach einer Trennung droht ein Staatsbesuch in Italien zum Debakel zu werden, aber in Venedig, der romantischsten aller Städte, wird alles wieder gut.

Die Mitte der fünfziger Jahre in Österreich bestehende Tendenz zu verträumten, sentimentalen Filmen nutzte Regisseur und Autor Ernst Marischka (»Sieben Jahre Pech«) aus, und inszenierte mit seinen Sissi-Filmen ein Panoptikum der guten alten Zeit mit großer Ausstattung und in Farbe. Alles bis aufs kleinste Detail war darauf angelegt, den kaiserlichen Prunk wiedererstehen zu lassen. Romy Schneider durfte charmant und puppenhaft sein. Schon nach dem ersten Film war die jugendliche Hauptdarstellerin nicht damit zufrieden und konnte dem Produzenten für die beiden weiteren Teile Zugeständnisse abringen. Rückblickend sagte sie: »Sissi hing mir wie ei Klotz am Bein. Sissi lächelte selig, wenn ich Lust hatte zu weinen und zu leiden. In Wien, Paris, Rom, wenn ich ein großes Kaufhaus betrat, ja sogar im Hotel zeigte man mit dem Finger auf mich: Schau, Sissi! Ich kam mir wie ein österreichischer Schmarrn vor, den man verschlingen wollte.

Die Filme hatten im In- und Ausland einen phänomenalen Erfolg, stürzten vereinzelt gar »Vom Winde verweht« als erfolgreichsten Film vom Thron. Obwohl man zögerte, die »reine« Sissi-Romy mit Kind zu zeigen, hatte sie gerade as junge Mutter großen Beifall. Die Serie hätte fortgesetzt werden können, aber Romy Schneider, der man die uner-

Sissi – Romy Schneider und Karl-Heinz Böhm

Sissi

Illustrierte
Film-Bühne
Nr. 4070
ROMY SCHNEIDER
KARLHEINZ BÖHM
in
SISSI
SCHICKSALSJAHRE EINER KAISERIN
UFA
EIN FARBFILM IN AGFACOLOR

hörte Gage von einer Million Mark bot, lehnte ab. Sie merkte, daß sie abgestempelt war und tat in der Folgezeit alles, um ihr Sissi-Image abzulegen.

Es war kein geringerer als Luchino Visconti, dem es gelang, Romy Schneider zu bewegen, als Sissi zu Beginn der siebziger Jahre noch einmal vor die Kamera zu treten. In »Ludwig II.« über das Leben des legendären Bayernkönigs, der sowohl an seinen Herrscherpflichten als auch an seinen persönlichen ästhetischen Utopien zerbricht, spielte sie die Elisabeth als Vertraute, als schwesterliche Freundin des Monarchen und konnte der Figur Züge verleihen, die der Realität näher kamen. »Zwischen der Sissi von einst und meiner heutigen Rolle gibt es nicht die geringste Gemeinschaft«, erklärte sie damals vielleicht etwas zu absolut. »Mit dem Sissi-Stempel, den ich danach nur mühsam und unter so vielen Qualen abgelegt habe, heute die Elisabeth glaubhaft zu machen, das übt schon einen ganz schönen Druck auf mich aus – ob ich nun will oder nicht."

Neben einer Parodie von Christoph Böll als »Sisi und der Kaiserkuß« (1991) entstand auch eine TV-Zeichentrickserie über Kaiserin Elisabeth.

Sissi, Österreich, 1955, Produktionsfirma: Erma, Regie: Ernst Marischka, Buch: Ernst Marischka, nach dem gleichnamigen Roman von Marie Blank-Eismann, Kamera: Bruno Mondi, Musik: Anton Profes, Darsteller: Romy Schneider (Prinzessin Sissi), Karlheinz Böhm (Kaiser Franz Joseph), Magda Schneider (Herzogin Ludovika von Bayern), Gustav Knuth (Herzog Maximilian von Bayern), Uta Franz (Helene von Bayern), Peter Weck (Erzherzog Carl-Ludwig), Josef Meinrad (Böckl), Vilma Degischer (Erzherzogin Sophie), 102 min.

Sissi, die junge Kaiserin, Österreich, 1956, Produktionsfirma: Erma, Regie: Ernst Marischka, Buch: Ernst Marischka, Kamera: Bruno Mondi, Musik: Anton Profes, Darsteller: Romy Schneider (Kaiserin Sissi), Karlheinz Böhm (Kaiser Franz Joseph), Magda Schneider (Herzogin Ludovika von Bayern), Gustav Knuth (Herzog Max von Bayern), Vilma Degischer (Erzherzogin Sophie), Josef Meinrad, Walther Reyer, Richard Eybner, Ivan Petrovich, Senta Wengraf, Josef Egger, Hugo Gottschlich, 107 min.

Sissi – Schicksalsjahre einer Kaiserin, Österreich, 1957, Produktionsfirma: Erma, Regie: Ernst Marischka, Buch: Ernst Marischka, Kamera: Bruno Mondi, Musik: Anton Profes, Darsteller: Karlheinz Böhm (Kaiser Franz Joseph), Romy Schneider (Kaiserin Sissi), Gustav Knuth (Herzog Max von Bayern), Magda Schneider (Herzogin Ludovika von Bayern), Vilma Degischer (Erzherzogin Sophie), Uta Franz (Prinzessin Nené), Josef Meinrad (Obert Böckl), Senta Wengraf, Walther Reyer, Albert Rueprecht, Chariklia Baxevanos, 108 min.,

Ludwig II., Italien / Frankreich / BR Deutschland, 1972, Originaltitel: Le crepuscule des dieux / Ludwig, Produktionsfirma: Mega/Cinetel/ Divina/ Dieter Geissler Film-

prod., Regie: Luchino Visconti, Buch: Luchino Visconti, Enrico Medioli, Kamera: Armando Nannuzzi, Musik: Robert Schumann, Richard Wagner, Jacques Offenbach, Franco Mannino (Bearbeitung), Darsteller: Helmut Berger (Ludwig II.), Romy Schneider (Elisabeth von Österreich), Trevor Howard (Richard Wagner), Helmut Griem (Dürckheim), Nora Ricci (Ida von Ferenczy), Gert Fröbe (Pater Hoffmann), Silvana Mangano (Cosima von Bülow), John Moulder-Brown, Folker Bohnet, Heinz Moog, Marc Porel, Kurt Großkurth, 235 min.

Die Söhne der Großen Bärin

An den Black Hills, den heiligen Bergen der Sioux, Mitte der siebziger Jahre des 19. Jahrhunderts. Der gewissenlose weiße Siedler Red Fox verlangt von Mattotaupa, dem Häuptling der Bärenbande vom Stamme der Dakota, daß er ihm die Lage einer Höhle mit Goldvorräten verrät. Als sich der alte Häuptling weigert, ersticht ihn Red Fox vor den Augen seines Sohnes Tokei-ihto, an den nun die Häuptlingswürde fällt. Tokei-ihto beschließt, einen Munitionstransport der Siedler zu überfallen. Mit den erbeuteten Waffen will er die Bärenbande durch feindliches Gebiet hin zum Oberhäuptling Tashunka-witko führen. Das Vorhaben gelingt.

Söhne der Großen Bärin – Kritischer DEFA-Indianerfilm

In der Nähe findet Tokei-ihto Kate Smith, die durch den Überfall von ihren Leuten getrennt wurde. Tokei-ihto bringt das junge Mädchen zu ihrem Vater und bietet diesem zugleich Friedensgespräche an, die der jedoch ablehnt. Nur mit Tollkühnheit gelingt es Tokei-ihto, aus dem Fort zu entkommen.

Die Weißen verlegen sich nun auf eine neue Taktik, um die Dakota gefügig zu machen. Sie locken Tokei-ihto zu Verhandlungen in ihr Fort und versuchen, ihn mit »Feuerwasser« und der Aussicht auf eine hohe Rente zum Verrat zu bewegen. Als Tokei-ihto sich standhaft zeigt, wird er gefangengenommen, später jedoch wegen Uneinigkeit seiner Gegner wieder freigelassen. Tokei-ihto erreicht die Kunde von der Ermordung seines Oberhäuptlings Tashunka-witko. Er will nun dessen Vermächtnis erfüllen, und seine Stammesabteilung aus der Reservation in die waldreichen, fruchtbaren Gebiete jenseits des Missouri nach Kanada zu führen. »Ackerbau, Büffelzucht, Eisen schmieden – das ist unser neuer Weg«, erklärt er seinem Stamm. Während die Männer, Frauen und Kinder der Bärenbande unbeschadet über den Fluß setzen, stellt sich Tokei-ihto Red Fox, dem Mörder seines Vaters, zum Zweikampf und bereitet ihm das verdiente Ende. Von der Bärenbande wird Tokei-ihto zum Friedenshäuptling gewählt.

Der Film stand am Beginn einer äußerst erfolgreichen Serie, die in der Geschichte der nordamerikanischen Indianer angesiedelt war. In den zwölf Filmen wurden verschiedene Phasen des Befreiungskampfes der Indianer gegen ihre Eroberer erzählt, wobei auf historische Genauigkeit ebensoviel Wert gelegt wurde, wie auf die Spannungsmomente der Handlung. Diese Filme der DEFA, zwischen 1965 und 1983 entstanden, waren in allen Ländern des Ostens Publikumsrenner und sind es bis heute geblieben. Der Hauptdarsteller aller dieser Filme, der Jugoslawe Gojko Mitic, der auch historischen Figuren wie Tecumseh, Ulzana und Osceola Gestalt verlieh, wurde zu einem der beliebtesten Helden des Genres.

DDR 1965, Produktionsfirma: DEFA, Regie: Josef Mach, Szenarium: Liselotte Welskopf-Henrich nach ihrem gleichnamigen Roman, Kamera: Jaroslav Tuzar, Musik: Wilhelm Neef, Szenenbild: Paul Lehmann, Darsteller: Gojko Mitic (Tokei-ihto), Jiri Vrstala (Red Fox), Rolf Römer (Tobias), Hans Hardt-Hardtloff, Gerhard Rachold, Horst Jonischkan, Milan Jablonsky, Hannjo Hasse, Helmut Schreiber, Brigitte Krause, Ruth Kommerell, Káthi Székely, Prof. Hans Finohr, Horst Kube, Walter E. Fuß, Herbert Dirmoser, A. P. Hoffmann, Sepp Klose, Jozef Majercik, Jozef Adamovic, Karin Beewen, Günter Schubert, Willi Schrade, Franz Bonnet, Dietmar Richter-Reinick, Blanche Kommerell, Johannes Wieke, Henry Hübchen.

Solo Sunny

Sunny, eine Schlagersängerin vom Prenzlauer Berg in Berlin, tingelt mit einer Band durch Dörfer und Kleinstädte. Sie sehnt sich in erster Linie nicht nach Ruhm, sondern nach Anerkennung und Glück. Harry ist ein Taxifahrer, der sie auf Händen tragen möchte und ansonsten gern eine »schnelle Mark« macht. Das ist nicht, was Sunny will. Sie läßt sich mit dem Philosophen Ralph ein, der sie jedoch benutzt, um sein eigenes Ego zu pflegen. Als sie sich energisch gegen die Nachstellungen eines ihrer Band-Mitglieder wehrt, kommt es zu einem Streit. Sunny wird beleidigt und will nicht einlenken. Sie fliegt aus der Band, betrinkt sich und nimmt Schlaftabletten. Im Krankenhaus wacht sie auf, von ihrer Freundin Christine liebevoll umsorgt. Christine baut Sunny innerlich wieder auf. Am Schluß bewirbt sie sich selbstbewußt bei einer neuen, jungen Band.

Die alltagsnahe Geschichte fand ein großes Publikum. Auch wenn sie die Verhältnisse in der DDR nur in Teilen realistisch wiedergab, war genügend von den Problemen junger Leute in der DDR, von den Widersprüchen zwischen offizell propagiertem und tatsächlich gelebtem Leben im Sozialismus spürbar. Tatsächlich hatte der Film eine Allgemeingültigkeit, die ihm auch im Westen Erfolg bescherte. Die treffenden Dialoge, das stilsichere Szenenbild und die Musik von Günther Fischer taten ein übriges, um den Film über Jahrzehnte im Gespräch zu halten.

DDR, 1979, Produktionsfirma: DEFA, Regie: Konrad Wolf, Co-Regie: Wolfang Kohlhaase, Buch: Wolfgang Kohlhaase, Kamera: Eberhard Geick, Musik: Günther Fischer, Gesang: Regine Doberschütz, Szenenbild: Alfred Hirschmeier, Darsteller: Renate Krößner (Solo Sunny), Alexander Lang (Ralph), Dieter Montag (Harri), Klaus Brasch (Norbert), Heide Kipp (Christine), Harald Warmbrunn, Fred Düren, Ursula Braun, Ulrich Anschütz, Michael Christian, Johanna Schall, Bernd Stegemann, 104 min.

Die Spessart-Filme

Nach einer Vorlage des Romantikers Wilhelm Hauff, der vor allem als Märchendichter (Der kleine Muck, Zwerg Nase, Der fliegende Teppich), noch heute bekannt ist, drehte Komödienspezialist Kurt Hoffmann den ersten Film der Reihe vom wilden Räuberhauptmann im dunklen Walde und der Grafentochter, die in Burschenkleidern unter die Galgenvögel geht. Er war zwar durchaus in der Vergangenheit angesiedelt, doch mit parodistischen Zügen versehen, die in die Gegenwart verwiesen. Einen wesentlichen Anteil daran hatten die Songs, die Wolfgang Neuß und Wolfgang Müller als Gespenster auf kabarettistische Art vortrugen (»Ja, das könnte schön sein«). Aus den Musiknummern

Die Spessart-Filme

des Films machte Komponist Franz Grothe auch ein Bühnenmusical gleichen Titels.

Zu einer Satire erster Güte machten Hoffmann und sein Drehbuchautor Günter Neumann den zweiten Teil der Reihe mit einem »Grusical«. Im »Spukschloß im Spessart« erwachen die Geister in der Adenauer-Ära und werden in politische Machenschaften verstrickt (»Da woll'n wir doch mal seh'n, ob's nicht Gespenster gibt in Bonn«). Eine verarmte Schloßbesitzerin muß sich im Kampf um den Familienbesitz unter Mithilfe von Gespenstern gegen einen gemeinen Gläubiger zur Wehr setzen (»Für dich tun wir alles«). Neben Liselotte Pulver sollten wieder Neuß und Müller verpflichtet werden, aber als nach dem tödlichen Flugzeugunglück Wolgang Müllers auch sein Partner absagte, wurden Curt Bois und Georg Thomalla als Stars verpflichtet, die besonders in musikalischen Nummern wie »Kleider machen Leute« ihrem Affen Zucker geben konnten. Aber auch Hubert von Meyerinck und Hans Clarin ließen den Film zu einem komödiantischen Kabinettstück erster Güte werden. Neben Neumann zeichnete Altstar Friedrich Hollaender für die Musik verantwortlich.

Leider wurde der dritte Teil, der ins All führte, nur zu einem schwachen Abglanz der beiden ersten Folgen, ein Ulk um Zeitauswüchse und menschliche Schwächen, in dem das vormalige Wirtshaus zu einem Luxushotel geworden ist. Weitere Streifen, vorrangig im Schmuddel-Geschäft, versuchten, aus dem Stichwort »Spessart« Kapital zu ziehen.

Das Wirtshaus im Spessart, BRD 1957 / 58, Produktionsfirma: Witt, Regie: Kurt Hoffmann, Buch: Heinz Pauck, Luiselotte Enderle, Günter Neumann, nach dem gleichnamigen Märchenzyklus von Wilhelm Hauff, Kamera: Richard Angst, Musik: Franz Grothe, Darsteller: Liselotte Pulver (Komteß Franziska), Carlos Thompson (Räuberhauptmann), Günther Lüders (Baron Eberhard v. Sperling), Helmuth Lohner (Felix), Wolfgang Neuss (Räuber Knoll), Wolfgang Müller (Räuber Funzel), Kai Fischer, Veronika Fitz, Herbert Hübner, Hubert v. Meyerinck, Hans Clarin, Paul Esser

Das Spukschloß im Spessart, BRD 1960, Produktionsfirma: Witt-Film, Regie: Kurt Hoffmann, Buch: Günter Neumann, Heinz Pauck, Kamera: Günther Anders, Musik: Friedrich Hollaender, Olaf Bienert, Alfred Strasser, Darsteller: Liselotte Pulver (Gräfin Charlotte), Curt Bois (Hugo), Georg Thomalla (Onkel Max), Hubert von Meyerinck (von Teckel), Heinz Baumann (Martin Hartog), Hanne Wieder, Paul Esser, Hans Richter (Gespenster), Elsa Wagner, Herbert Hübner, Veronika Fitz, Ewald Wenck

Herrliche Zeiten im Spessart, BRD, 1967, Produktionsfirma: Independent, Regie u. Produktion: Kurt Hoffmann, Buch: Günter Neumann, Kamera: Richard Angst, Musik: Franz Grothe, Darsteller: Liselotte Pulver (Anneliese Mümmelmann), Har-

ald Leipnitz (Frank Green), Willy Millowitsch (Konsul Mümmelmann), Tatjana Sais (Frau Mümmelmann), Vivi Bach (Rosalinde), Rudolf Rhomberg (Onkel Max), Hans Richter (Toni), Hannelore Elsner (Johanna), Gila von Weitershausen (Gundel), Hubert von Meyerinck (Teckel)

Spiel mir das Lied vom Tod

Ein kleiner Bahnhof. Drei Männer warten auf einen Zug. Wasser tropft von der Decke direkt in die Hutkrempe von einem dieser Männer. Ein anderer kämpft mit einer Fliege, bis er sie in seinem Revolverlauf gefangen nimmt. Quälende Geräusche. Als der Zug eintrifft, postieren sich die drei. Ein Mann steigt aus, den man später Harmonika nennen wird und fragt nach Frank. Doch Frank hatte keine Zeit. Harmonika bittet die drei, ihn zu Frank zu bringen, aber sie haben leider nur drei Pferde. »Zwei zuviel«, sagt Harmonika und erschießt die drei Killer, ohne dabei mit einer Wimper zu zucken.

Der Ire McBain bereitet auf seiner Farm gerade die Ankunft seiner neuen Frau Jill vor, die er in New Orleans geheiratet hatte. Mit ihr und seinen drei Kindern will er später auf seinem Land eine Eisenbahnstation unterhalten, denn das Dampfross, das sich weiter und weiter vorarbeitet, kann seinen Grund und Boden nicht umgehen. Dann fällt ein Schuß und McBains Tochter fällt in sich zusammen. Dann fallen zwei weitere Schüsse und McBain und sein älterer Sohn sterben. Dann kommt der jüngere, erst sieben Jahre alte Sohn von McBain aus dem Haus gelaufen, er sieht seine tote Familie und Männer in langen Mänteln, die auf ihn zulaufen. Einer der Männer nennt versehentlich den Namen des Anführers: Frank. »Du sollst nicht meinen Namen nennen«, sagt Frank und erschießt den Jungen.

Voller Vorfreude auf ihre neue Familie verläßt Jill McBain den Zug aus New Orleans. Doch niemand holt sie ab. Sie nimmt sich eine Kutsche und muß notgedrungen auf einer Station Rast machen. Ein Mann namens Cheyenne kommt auf die Station, er trägt Handschellen, denn er ist aus der Haft entflohen. Und auch Harmonika ist auf dieser Station. Beinahe kommt es zu einer Auseinandersetzung zwischen den Männern, aber als sie sich gegenseitig ausloten, bemerken sie, daß der jeweils andere so etwas wie Ehre besitzt. Jill McBain kommt zur Farm ihres Mannes und findet ihn und seine Familie aufgebahrt vor. Und in der Nacht, die sie allein auf der Farm verbringt, nehmen sowohl Harmonika als auch Cheyenne Kontakt zu ihr auf. Harmonika will sie schützen und auch herausfinden, ob Frank etwas mit den Morden an ihrer Familie zu tun hat. Cheyenne, der verdächtigt wird, die McBains ermordet zu haben, will sie überzeugen, daß er keine Kinder tötet. Zu dritt beschließen sie, Frank zu stellen.

Frank arbeitet für Morton, einem reichen Eisenbahnunternehmer, dessen Ziel es ist, die Eisenbahn zum Pazifik zu führen, noch bevor er vom Krebs aufgefressen wird. Alles was sich seinem eiligen Vorhaben in den Weg stellt, muß Frank beseitigen.

Als Frank Harmonika bei ihrer ersten Begegnung nach seinem Namen fragt, zählt dieser die Namen derer auf, die Frank im Laufe seiner Karriere als Killer getötet hat. Und immer wieder sehen wir eine Traumsequenz von Harmonika. Ein verschwommener Mann läuft bösen Blicks durch den Sand der Wüste.

Frank fordert Jill auf, die Farm versteigern zu lassen, damit die Eisenbahngesellschaft sie zu einem Spottpreis erwerben kann. Aus Angst willigt sie ein. Doch Cheyenne und Harmonika machen ihm einen Strich durch die Rechnung. Harmonika liefert Cheyenne aus und kauft mit dem Kopfgeld die Farm. Doch die beiden Haudegen haben nur der Gerechtigkeit halber Interesse an dem Land. Sie geben es Jill zurück. Als Frank und Morton daraufhin in Streit geraten, erschießt Frank den krebskranken Mann.

Spiel mir das Lied vom Tod

Inzwischen ist der Bau der Eisenbahn schon zur McBain Farm vorgedrungen. Als Frank dort auftaucht, kommt es endlich zu dem langersehnten Duell zwischen ihm und Harmonika. Die Traumsequenz von Harmonika wird, als die beiden sich Aug in Aug gegenüberstehen, sehr deutlich. Der verschwommene Mann ist Frank. Er hat eine Mundharmonika in der Hand und steckt sie einem Jungen in den Mund. Auf dessen Schultern steht sein Bruder mit einer Schlinge um den Hals. Wenn der Junge zusammenbricht, wird dies unweigerlich den Tod des Bruders bedeuten. Harmonika erschießt Frank und steckt dem Sterbenden seine Mundharmonika in den Mund. Nun weiß Frank, mit wem er es zu tun hat: Mit dem kleinen Bruder seines damaligen Opfers. Für Harmonika gibt es nun nichts mehr zu tun. Er steigt auf sein Pferd und reitet davon. Unterwegs trifft er auf den verletzten Cheyenne, der aus dem Gefängnis ausgebrochen ist. Er will ihm helfen, doch Cheyenne weiß, daß er sterben wird. Er bittet Harmonika darum, weiterzureiten. Er will nicht, daß ihm beim Sterben jemand zusieht.

»Spiel mir das Lied vom Tod« ist der kommerzielle Höhepunkt des Italo-Western. Und wieder führte Sergio Leone Regie. Doch anders als in »Todesmelodie« oder in → »Für eine Handvoll Dollar« wird diese Geschichte nicht trocken und kühl erzählt, sondern mit Lakonie und zwischenmenschlichen Sentimentalitäten. Nicht umsonst bezeichnen einige Kritiker den Film weniger als Western, sondern als »ein Märchen über den Westen«. Am Drehbuch schrieb übrigens auch der bekannte Regisseur Bernado Bertulucci mit.

In Erinnerung bleiben den meisten Kinogängern auch die langen Sequenzen des Films, in denen die Zeit bis ins Extreme gedehnt wird. Man denke nur an den Anfang. Drei Killer warten auf Harmonika. Das Warten ist in dieser Sequenz ein eigenes Thema. Der Zuschauer erfährt dabei, wie zermürbend es für die Betroffenen sein kann, wenn sie vor einem Duell auf ihren Gegner warten müssen. In langen, ausgedehnten Einstellungen befaßt sich der Film dann auch mit vermeintlich unwichtigen Details (Wie in der Inhaltsangabe schon beschrieben: Eine nervende Fliege muß gefangen werden, weil ihr Surren den Killern auf den Geist geht, oder das Wasser, daß von der Decke in die Hutkrempe von einem der Männer tropft, usw.). Eine andere sehr lange, fast in sich abgeschlossene Sequenz ist die Einführung der Familie McBain. Ausführlichst wird beschrieben, wie sie sich auf die Ankunft von Jill vorbereiten, und es werden die Schwierigkeiten geschildert, die die Kinder mit der »neuen Mutter« haben, die sie noch gar nicht kennen. In diese familiäre Situation platzen plötzlich Frank und seine Killer und bringen alle um.

In »Spiel mir das Lied vom Tod« wird intensiv mit Großeinstellungen gearbeitet. Die Kamera klebt in extremen und bedrohlichen Situationen dermaßen an den Gesichtern der Figuren, daß häufig nur ein Augenpaar die ganze Cinemascope-Leinwand ausfüllt. Aber der Film ist auch voll von monumentalen Landschaftstotalen, die in Monument Valley in Arizona gedreht wurden. Für Leone war es das erste Mal, daß er die Außenaufnahmen in Amerika drehte, und das ausgerechnet in einem Landschaftsabschnitt, der schon etliche Male für die Filme des amerikanischen Westernregisseurs John Ford herhalten mußte. Wesentlich für den Erfolg des Films war die Musik von Ennio Morricone, die auch heute noch rund um den Globus zahlreich verkauft wird. Neben ihrer unvergeßlichen Wirkung unterstützt sie die Atmosphäre des Films enorm. Jede der vier Hauptfiguren wird übrigens durch ein eigenes Musikthema und ein unterschiedliches Instrument unterstützt. Bei Harmonika ist es die Mundharmonika, bei Frank ist es eine E-Gitarre, bei Jill sind es Geige und Opernstimme und bei Cheyenne schließlich das Banjo. Die ursprüngliche Fassung von 144 Minuten wurde später durch den »Director's Cut« auf 167 Minuten ausgedehnt.
Italiena/USA 1968, Originaltitel: C' era una volta il west, Produktionsfirma: Rafran/Euro International/Paramount, Regie: Sergio Leone, Buch: Sergio Donati, Sergio Leone, nach einer Story von Dario Argento, Bernardo Bertolucci, Sergio Leone, Kamera: Tonino Delli Colli, Musik: Ennio Morricone, Darsteller: Claudia Cardinale (Jill MacBain), Henry Fonda (Frank), Charles Bronson (»Harmonika«), Jason Robards jr. (Cheyenne), Gabriele Ferzetti (Morton), Frank Wolff (Brett MacBain), Keenan Wynn (Sheriff), Paolo Stoppa (Sam), Lionel Stander (Barmann), Woody Strode (Stony), Jack Elam (Knuckles)

Spur der Steine

Horrath, der Parteisekretär einer der typischen Großbaustellen der DDR, muß sich vor der Parteileitung wegen politisch-ideologischen Versagens, aber auch wegen offensichtlicher »Unmoral« verantworten. Rückblende: Ein Jahr zuvor war Horrath angekommen und legte sich sofort mit der Brigade Balla an. Brigadier Hannes Balla, ein Rauhbein nicht ohne Ehrgeiz, liebte einerseits unkonventionelle, ja schon anarchistische Methoden, um den Plan zu erfüllen, aber das schaffte er eben immer wieder. Seine Brigade steht fest hinter ihm, auch, als es zu Auseinandersetzungen mit der jungen Ingenieurin Kati Klee kommt, die ihn schließlich zur Zusammenarbeit bewegen will. Zwischen Balla und Horrath kommt es zu einer Männerfreundschaft, als Horrath anerkennt, daß unkonventionelle Methoden mitunter auch der Planwirtschaft auf die Sprünge helfen können. Horrath und Kati werden ein

Paar, aber Horrath ist verheiratet – für die dogmatische Parteileitung ein willkommener Anlaß, mit dem unkonventionellen Parteisekretär abzurechnen.

Der Film entstand nach einem damals vieldiskutierten Roman und wurde mit Spannung erwartet. Doch der Bruch mit Konventionen, der Charakter des abenteuerlichen Anarchisten Balla trafen nicht auf das Wohlwollen sozialistischer Kulturpolitiker. Nach der Premiere wurden von der SED Krawalle in den Kinos organisiert, so daß der Film nach wenigen Tagen abgesetzt werden mußte. Es gab keine öffentlichen Diskussionen mehr über ihn, die Kopien wurden vernichtet und das Originalnegativ strenger verschlossen als die britischen Kronjuwelen. Regisseur Frank Beyer, der mit »Nackt unter Wölfen« und »Karbid und Sauerampfer« in die erste Reihe der jungen DDR-Regisseure vorgerückt war, wurde entlassen und mußte sich an einem Dresdner Theater »bewähren«.

Seinen Nimbus behielt »Spur der Steine« über 23 Jahre, in denen er verschwunden blieb. Schon im Herbst 1989 jedoch wurde er als erster von einem knappen Dutzend DEFA-Filmen, die in der DDR verboten waren, mit feierlicher Premiere wiederaufgeführt. In den Wochen der politischen Wende in der DDR von 1989/90 wurde er von einem großen Publikum gesehen und bejubelt. Die respektlos-humorvolle Auseinandersetzung mit Planwirtschaft und Partei in der DDR hatte nichts von ihrer Kraft verloren. Neben den Kritikpunkten an den Dogmatikern in der DDR, die bis zum Ende aktuell geblieben waren, waren es auch die schauspielerischen Leistungen – allen voran das ungleiche Paar Manfred Krug und Eberhard Esche, die die Austrahlungskraft des Filmes ausmachten. Krug war der großmäulige, aktive Prolet Balla, Esche der introvertierte, nachdenkliche, aber auch gewitzte Horrath. Frank Beyer gab der Erfolg dieses alten Films seiner künstlerischen Laufbahn einen neuen Schub.

DDR, 1966, Produktionsfirma: DEFA, Gruppe »Heinrich Greif«, Regie: Frank Beyer, Buch: Karl Georg Egel, Frank Beyer, nach dem gleichnamigen Roman von Erik Neutsch, Kamera: Günter Marczinkowsky, Musik: Wolfram Heicking, Darsteller: Manfred Krug (Hannes Balla), Krystyna Stypulkowska (Kati Klee), Eberhard Esche (Werner Horrath), Johannes Wieke (Hermann Jansen), Walter Richter-Reinick (Richard Trutmann), Hans-Peter Minetti (Heinz Bleibtreu), Walter Jupé (Hesselbart), Ingeborg Schumacher, Gertrud Brendler, Helga Göring, Helmut Schreiber, Karl Brenk, Fred Ludwig, Erik Veldre, Hans-Peter Reinecke, Erich Mirek, Günter Meier, Johannes Maus, 150 min.

Splatterfilme

Als »Splatterfilme« (von engl. »to splatter« – verspritzen) werden meist Filme bezeichnet, in denen, wie der Name schon sagt, »das Blut nur so spritzt«. Splatterfilme zeichnen sich also dadurch aus, daß Gewalt in ihnen explizit gezeigt wird. Daher sind Splatterfilme nicht jedermanns Sache.

Die meisten Splatterfilme folgen einem sehr einfachen Muster. Meistens tritt ein geisteskranker Killer auf (oder mehrere), der auf eine Gruppe unschuldiger, hilfloser Menschen – meist hübsche, sexy aussehende Teenies – losgeht und sie nach dem »Zehn kleine Negerlein«-Prinzip eine(n) nach dem anderen hinmeuchelt. Die meisten dieser Morde geschehen auf recht brutale Art und werden in allen blutigen Details gezeigt. Doch gegen Ende des Films schafft es ein Held – oftmals ist es eine Heldin – den Bösewicht umzubringen. Leider ist der Tod eines Splatterfilm-»Schlitzers« oft nicht von Dauer; die meisten erweisen sich als äußerst zäh, so daß man sie mehrfach umbringen muß. Spätestens in der meist unvermeidlichen Fortsetzung erstehen sie wieder auf.

Bei einer anderen Variante des Splatterfilms wurden die Mörder durch Dämonen oder außerirdische Monstren ersetzt. Auffallend bleibt aber, daß der »Schlitzer« in einem Splatterfilm meistens ein scheinbar normaler Mensch ist. Dadurch wird der Splatterfilm noch unheimlicher: während man bei Dämonen etc. ja weiß, daß sie nicht existieren, kann ein verrückter Mörder – zumindest theoretisch – jederzeit in der Nachbarschaft auftreten.

Die ersten Splatterfilme tauchten Anfang der Siebziger Jahre auf. Viele von ihnen sind von der Handlung her sehr einfach gestrickt. Dennoch erlangten sie bei einer kleinen Fangemeinde schnell Kultstatus. In den Achtziger Jahren verschwand das Genre beinahe, bevor es in den Neunzigern durch → »From Dusk till Dawn« und → »Scream« wieder zum Leben erweckt wurde.

Von fast allen Filmen gibt es mehrere Fortsetzungen, die aber meist nicht die Qualität des Originals erreichen. Wir haben folgende Splatterfilme in unser Lexikon aufgenommen: »Halloween«, »Freitag, der 13.«, »From Dusk till Dawn« und »Tanz der Teufel«. Siehe jeweils dort.

Die Spur des Falken

Der Falke ist kein Vogel, sondern ein sagenumwobenes Juwel, das neben Bewunderung auch Gier und kriminelle Energien freisetzt. An seine und die Spur der Verbrecher, Cairo Peter Lorres, Kasper Gutman und Wilmer heften sich die Detektive Sam Spade und Miles Archer, die aber eigentlich für die Suche nach einem gewissen Fred Thursby von Mrs. Wonderly beauftragt wurden. Mrs. Wonderly gibt vor zu glauben, daß Fred Thursby mit ihrer Schwester verschwunden sei.

Unter mysteriösen Umständen kommt Archer um. Spade, der einmal ein Verhältnis mit Archers Frau hatte, versucht nun, auch diesen Mord aufzuklären. Obwohl das verlogene und sehr gefährliche Spiel von Brigid O'Shaughnessy (Mrs. Wonderly), seiner Klientin durchschauend, verliebt sich Sam in diese.

Nichtsdestotrotz jagt Spade den Verbrecherring, täuscht deren Konkurrenten als auch die Polizei, bringt dabei seine ihm treu ergebene Sekretärin in Lebensgefahr und bleibt selbst in den wunderbarsten Liebesszenen mit ihr ein Lügner, der sie zum Schluß doch ans Messer liefert. Warum der eigentlich selbst skrupellose Detektiv dies tut, ist nur mit logischer Konsequenz zu erklären. Einerseits muß er seinen ungeliebten Partner rächen, andererseits würde er ihr ein Leben lang ausgeliefert sein, wenn er bei ihr bliebe. Diese Szene kennzeichnet noch einmal den kalten Zynismus Spades, der der geliebten Feindin erklärt, er werde entweder auf sie warten oder, falls sie hängen müßte, für sie beten.

Der Falke aber, der die mörderische Jagd auslöste, erweist sich am Ende doch nur als Fälschung.

Bis zur Arbeit an »Die Spur des Falken« schrieb John Huston nur Drehbücher. Nachdem er die Romanvorlage von Dashiell Hammett originalgetreu umsetzte, gab man ihm erstmals die Chance, sein Filmscript selbst zu inszenieren. Damit begann seine Karriere, in deren Verlauf er unvergessliche Filme wie → »African Queen«, »Die Ehre der Prizzis« oder »Die Toten« schuf, um nur einige zu nennen. Er zählt heute zu den bedeutendsten Filmemachern des Jahrhunderts. Auch für den damals noch unbekannten Humphrey Bogart war »Die Spur des Falken« die Initialzündung für seinen Aufstieg zum Weltstar und Frauenidol.

Aber der Film war nicht nur für das Team einschneidend, sondern er war auch der Vorreiter für ein neues »Heldenverständnis« im Film. Ihm folgten viele Filme, die unter dem Begriff »Schwarze Serie« zusammengefaßt werden und deren Helden allesamt keine strahlenden und rechtschaffenen Siegertypen mehr waren. Wie Sam Spade in »Die Spur des Falken« kamen die Schnüffler aus der Gosse, hatten ihren Glauben an die Welt verloren und ertränkten häufig ihre heimliche Verzweiflung im Alkohol. Sie waren korrupt und nur auf ihren eigenen Vorteil bedacht, weil sie vom Leben oft genug enttäuscht worden waren. Sich in einer unmoralischen Welt für Gerechtigkeit einzusetzen, hielten sie für verlogen und dumm.

Eine andere Gemeinsamkeit der »Schwarzen Serie« war dann noch die grundlegende Annahme, daß alle Systeme und Ordnungen (politische wie gesellschaftliche) von Korruption und Verbrechen unterwandert sind. Durch grelle und kontrastreiche Schwarzweißbilder und einer düsteren Ausleuchtung, in der die Schatten der Figuren und der Gegenstände sich an den Wänden abzeichneten, wurde dieser Eindruck atmosphärisch unterstützt. Endlich war also mit »Die Spur des Falken« ein Krimi entstanden, der die Trennung zwischen Schurken und Detektiven nicht vollzieht, und der somit ein realistischeres Gesellschaftsbild zeichnete. Auch konnte das Publikum sich besser mit dem selbstsüchtigen und zynischen Spade identifizieren, da es – glaubt man der pessimistischen Prämisse der »Schwarzen Serie« – ja ohnehin mehr Spades als Edelmänner gibt.

Großbritannien 1988; Originaltitel: »Just Ask For Diamond«, Regie: Stephen Bayly; Drehbuch: Anthony Horowitz nach seinem gleichnamigen Roman; Kamera: Billy Williams; Musik: Trevor Jones; Produzent: Linda James für Coverstop Film Finances/The Children's Film/Red Rooster Film; Darsteller: Colin Dale, Dursley Mc-Lindon, Susannah York, Patricia Hodge, Renè Ruiz; 83 Min.

Der Stadtneurotiker

Der jüdische Komiker Alvy wendet sich an uns, sein Publikum, und erzählt aus seinem Leben. Danach wissen wir, daß Alvy voll ist von Ängsten und daß er Schwierigkeiten hat, sein Leben zu genießen.

Vor einem New Yorker Kino wartet er auf seine Freundin, die Sängerin Annie Hall (so der Originaltitel des Films). Zwei Fans belästigen ihn, bis sie endlich eintrifft. Doch da hat der Film schon begonnen, und Alvy weigert sich in den Film zu gehen, er muß einen Film von Anfang an sehen. Die Stimmung zwischen ihm und Annie wird gereizter und gereizter.

Doch später liegen sie zusammen im Bett. Während Alvy sie lieben möchte, spricht Anny lieber über Alvys erste Frau Alison. In der nächsten Szene sehen wir, wie Alvy seinerzeit Alison kennenlernte, und zwar während einer Wahlkampfparty im Backstage-Bereich. Noch am gleichen Abend landeten sie zusammen im Bett und Alvy will Alison davon überzeugen, daß hinter dem Kennedy-Attentat eine Verschwörung stand. Er läßt sich von dieser Diskussion auch nicht abbringen, so daß Alison der Verdacht kommt, daß er mit dem Theater die Stimmung zerstören will, um nicht mit ihr schlafen zu müssen.

Alvy und Annie sind inzwischen in einem Strandhaus und kochen Hummer. Sie kämpfen mit den lebenden Tieren und lachen über ihre Ungeschicklichkeit. Dabei sind sie sich sehr nahe, es ist ein wirklich glücklicher Augenblick in ihrer Beziehung. Hinterher gehen die beiden am Strand spazieren. Nun ist Annie dran, Alvy von ihren früheren Beziehungen zu erzählen. Sie reisen durch die Zeit und sehen Annie dabei zu, wie sie mit anderen Männern zusammen ist.

Jetzt sehen wir Alvy mit seiner zweiten Frau Robin im Bett. Auch hier läuft das Sexualleben nicht besonders gut. Eine Polizeisirene zerstört die Stimmung. Nach dem Akt nimmt er eine Dusche und sie schluckt ein Beruhigungsmittel.

Woody Allen – Entweder man mag ihn oder man mag ihn nicht

Mit seinem Freund Rob lernte Alvy beim Tennisspielen Annie kennen und anfänglich sind die beiden so schüchtern und ihre Gespräche wirken gequält und hilflos. Schließlich schaffen es die zwei, irgendwie miteinander zu schlafen und sind hinterher total begeistert, was für einen guten Sex sie hatten. Allerdings stört Alvy, daß für Anni ein Joint zur Liebe gehört. Als er dann ihre Familie kennenlernt, vergleicht er sie unweigerlich mit seiner Familie und ist darüber enttäuscht, daß Annies Eltern nicht so orthox sind wie seine.

Annie besucht seit kurzem einen Psychoanalytiker und macht dabei größere Fortschritte als Alvy in seiner nunmehr fünfzehnjährigen Therapie gemacht hat. Und dann beendet Annie auch noch die Beziehung. Der empörte Alvy geht auf die Straße und macht eine Umfrage mit Passanten über die Vergänglichkeit der Liebe. Daraufhin läßt er sich von Rob, einem Haudegen, der nichts anbrennen läßt, zu einer anderen Frau überreden. Als er mit dieser im Bett liegt, ruft Annie an, und bittet ihn wegen einer Spinne um Hilfe. Er eilt sofort zu ihr. Nachdem er das »Monstrum« erledigt hat, versöhnen sie sich im Bett. Sie schwören, sich nie wieder zu trennen.

Das neurotische Pärchen rollt Alvys vergangenes Leben auf: Seine Zeit als Schüler, seine Beziehung zu seinen Eltern und seine ersten sexuellen Reinfälle. Abends singt Annie in einem Nachtclub und wird prompt von einem bekannten Plattenproduzenten entdeckt. Am nächsten Tag beklagen sie sich bei ihrem jeweiligen Therapeuten über ihre Beischlafgewohnheiten. Annie sagt, sie hätten viel zu wenig Sex, und Alvy meint, es sei zu viel.

Rob, Alvy und Annie sind in Los Angeles. Eigentlich müsste Alvy einen Fernsehpreis überreichen, aber er fühlt sich hundeelend. Erst als er absagt, geht es ihm wieder besser. Auf einer Party schlägt der bekannte Plattenproduzent Annie vor, mit ihr eine Aufnahme zu machen. Auf dem Rückflug nach New York trennen sich Annie und Alvy erneut.

Alvy lernt eine neue Frau kennen, mit der er – wie schon früher mit Annie – Hummer kocht. Doch mit ihr ist es nicht so lustig. Mit Annie hatte das Küchenspektakel eine ganz andere Qualität. Deprimiert fliegt er nach Los Angeles und macht Annie einen Heiratsantrag. Sie weist ihn ab. Daraufhin fährt er seinen Wagen absichtlich zu Bruch.

Wieder zurück in New York wird gerade sein erstes Bühnenstück geprobt. Der Bühnentext ist identisch mit dem letzten Treffen mit Annie, nur daß die Frau in seinem Stück dem Heiratsantrag zustimmt. Danach wendet sich Alvy wieder an uns, sein Publikum. Alvys Resümee: Liebesgeschichten sind total verrückt, aber dennoch lebenswichtig.

Woody Allen spielte nicht nur die Hauptrolle in dem Streifen, sondern er schrieb auch das Buch und führte Regie. In vielen seiner Filme ist dies übrigens der Fall. Das amerikanische Multitalent hat sich voll und ganz den Alltagsneurosen von Intellektuellen verschrieben. Er selbst ist Patient bei einem Psychoanalytiker und wenn man seine Filme sieht, kann man sich nicht des Eindrucks erwehren, daß er seine eigenen Ängste, Komplexe und Zwänge darin aufarbeitet. Meist sind seine Filme bittere, aber liebenswerte Komödien, die über die Schwierigkeiten der Liebe und über die Probleme, die in einer Großstadt entstehen, handeln. Auch »Der Stadtneurotiker« hat dieses Thema. Bevor der Film seinen endgültigen Titel erhielt, trug er den Arbeitstitel »Anhedonia«. In der Psychologie bezeichnet dieser Fachausdruck die Unfähigkeit, Freude zu empfinden. Dieser Titel eignete sich aber nicht für ein großes Publikum, da den Begriff die meisten Leute nicht kennen. Dennoch trifft er Alvys Problem im Kern. Gleich am Anfang des Films wissen wir, daß der Protagonist ein Mensch ist, der Trübsal bläst, einsam ist und ständig Kummer hat. Selbst wenn ihm das Leben einen glücklichen Moment beschert, fällt seinem Unterbewußtsein bestimmt etwas ein, um diesen doch noch zu zerstören. Annie dagegen überwindet ihre Angst vor dem Leben und blüht im Laufe der Handlung förmlich auf. Grund genug für Alvy, in eine schreckliche Krise zu stürzen.

Besondere Aufmerksamkeit verdient der Aufbau und die Form von »Der Stadtneurotiker«. Allen läßt seinen Protagonisten oft zum Publikum sprechen und eine Umfrage zum Thema »Dauerhaftigkeit der Liebe« machen. In einer anderen Szene arbeitet er den Unterschied zwischen dem, was Menschen sagen, und dem, was sie wirklich denken heraus, indem er die Gedanken als Untertitel einblendet. Darüber hinaus hält sich Woody Allen zumindest oberflächlich betrachtet an keine Chronologie. Er beobachtet seine Figuren scheinbar wahlweise in der Vergangenheit, in der Zukunft oder in der Gegenwart. Aber damit nicht genug, er läßt seine Figuren auch durch die Zeit reisen, damit sie aus der Gegenwartsperspektive ihre Vergangenheit noch einmal betrachten können. So eine Umsetzung ist völlig untypisch und wäre bei vielen anderen Regisseuren ein totaler Reinfall geworden. Doch bei Allen funktioniert es, und das Resultat daraus ist, daß in »Der Stadtneurotiker« das Innere der Figuren nach außen gekehrt wird. Dadurch kann der Film Dinge behandeln und ansprechen, bei denen ein herkömmlicher Stil unweigerlich versagen würde.

Woody Allens Filme sind keine Mainstream-Filme. Dennoch war »Der Stadtneurotiker« sehr erfolgreich. Er wurde mit vier Oscars ausgezeichnet. Aber anstatt bei der Verleihung persönlich zu erscheinen, schickte Woody Allen seinen Vater. Auch verbot er dem Verleih, mit den gewonnenen Oscars für den Film zu werben. Nur ein raffinierter PR-Gag? ...oder leidet Allen etwa auch an Anhedonia?

USA 1977, Originaltitel: Annie Hall, Produktionsfirma: United Artists, Regie: Woody Allen, Buch: Woody Allen, Marshall Brickman, Kamera: Gordon Willis, Musik: Carmen Lombardo, Isham Jones, Darsteller: Woody Allen (Alvy Singer), Diane Keaton (Annie Hall), Tony Roberts (Rob), Carol Kane (Allison), Paul Simon (Tony Lacey), Colleen Dewhurst (Mutter Hall), Janet Margolin (Robin), Shelley Duvall (Pam), Christopher Walken (Duane Hall), Sigourney Weaver (Alvys Verabredung), Beverly D'Angelo

T

Tanz der Teufel

Ein geistig etwas unterbelichteter Supermarktverkäufer (dargestellt von Bruce Campbell) wird in einem Wochenendhäuschen mit dem Grauen persönlich konfrontiert, in Gestalt von Dämonen, Geistern und anderen übernatürlichen Nettigkeiten.

Durch seine hervorragenden Effekte und seine offensichtliche Ironie erlangte dieser Film schnell Kultstatus und machte den Regisseur Sam Raimi weltbekannt.

Im dritten Teil der Serie, »Armee der Finsternis«, gleitet der Film vollends ins Ironische ab: hier landet Bruce Campbell im Mittelalter und setzt alles daran, möglichst schnell wieder heim in seinen »normalen« Supermarkt zu kommen.

USA, 1982, Originaltitel: The Evil Dead, Produktionsfirma: Renaissance, Regie: Sam Raimi, Buch: Sam Raimi, Kamera: Tim Philo, Josh Becker, Musik: Joseph LoDuca, Darsteller: Bruce Campbell (Ash), Ellen Sandweiss (Cheryl), Betsy Baker (Linda), Hal Delrich (Scott), Sarah York (Shelly)

Tarzan, der Affenmensch

Tarzan war nach dem Tode seines Vaters, Lord Greystoke, unter Affen im afrikanischen Dschungel aufgewachsen. Er entführt die junge Engländerin Jane, die mit ihrem Vater in den afrikanischen Dschungel gekommen ist. Nach dem ersten Schrecken freundet sich das Mädchen mit dem gutgebauten Naturmenschen an, der schließlich die englische Expedition aus tödlicher Gefahr rettet. Jane entschließt sich, bei ihm im Dschungel zu bleiben. Das erste »Tarzan«-Abenteuer der MGM-Studios mit Johnny Weissmüller folgt noch weitgehend der Romanvorlage und ist dank der phantasie- und ideenreichen Gestaltung besser als alle späteren Filme des Genres.

Der Romanheld des amerikanischen Schriftstellers Edgar Rice Burroughs (1875-1950), gehört zu den populärsten Serienfiguren der Trivial-Literatur und des Films. Burroughs' erste »Tarzan«-Geschichten erschienen 1912 in einem Magazinheftchen. Nur vier Jahre später folgte die erste Verfilmung (»Tarzan of the Apes«, 1918, mit Elmo Lincoln, Regie: Scott Sidney). Es schlossen sich zahlreiche Filmversionen und -Serien bis 1929 an. »Tarzan, der Affenmensch« von 1932 wurde schließlich zur berühmtesten Leinwand-Version. Johnny Weissmüller, Schwimm-Olympiasieger von 1924 und 1928 (mit insgesamt 5 Goldmedaillen) wurde mit diesem Film zum Prototyp der Tarzan-Figur. Nach seinem immensen Erfolg vertrauten ihm MGM und RKO bis 1948 die Titelrolle auch elf weiterer »Tarzan«-Produktionen an, meist an der Seite von Maureen O'Sullivan als Jane. Dazu zählten »Tarzans Vergeltung«, »Tarzans Rache«, »Tarzans Sohn« »Tarzans geheimer Schatz«, »Tarzans Abenteuer in New York«, »Tarzan und die Nazis« und »Tarzan wird gejagt«. Weitere Tarzan-Darsteller waren u.a. Hermann Brix (ab 1935), Lex Barker (ab 1949), Gordon Scott (ab 1955) und Ron Ely (ab 1965). Es entstanden Fernsehserien nach dem Motiv und 1984 eine untypische, realistische Adaption des Stoffes unter dem Titel »Greystoke – Die Legende von Tarzan, Herr der Affen« mit Christopher Lambert.

USA, 1932, Orignaltitel: Tarzan The Ape Man, Produktionsfirma: MGM, Regie: W.S. van Dyke, Buch: Cyril Hume, nach einem Roman von Edgar Rice Burroughs, Kamera: Harold Rosson, Clyde de Vinna, Darsteller: Johnny Weissmüller (Tarzan), Neil Hamilton (Harry Holt), Maureen O'Sullivan (Jane Parker), C. Aubrey Smith (James Parker), Doris Lloyd (Mrs. Cutten), 99 min.

Taxi Driver

Aus dem Vietnamkrieg traumatisiert heimgekehrt ins hektische New York, versucht der Soldat der Marines Travis Bickle als furchtloser Taxifahrer bei Nacht seine Schlaflosigkeit zu bewältigen. Ihm, der in Vietnam das Fürchten verlernt hat, macht so schnell nichts Angst, keine Fahrt in die Bronx scheint ihm Angst einzujagen, ihn regt nur das »Gesockse« auf, die Junkies, Huren und ihre Zuhälter, Homos, Transvestiten, Diebe, der ganze Abschaum der Straße. Doch außerhalb des Lebens in der Nacht, am hellichten Tag, sieht er Betsy, Angestellte im Wahlkampfbüro des Präsidentschaftskandidaten Palantine, der sich als Motto »We are the people« – »Wir sind das Volk« gewählt hat. Travis erklärt Betsy zu seinem Idol, verfolgt sie mit seiner Liebe und schließlich gelingt es ihm, Betsy zu einem Treffen zu überreden. Es folgt ein Date in der Mittagspause und eine Verabredung zu einem Kinobesuch. Doch von Anfang an ist klar, daß zwischen Travis und Betsy Welten liegen, und als der von Travis ausgewählte Film sich als Hardcore-Porno entpuppt, sucht Betsy das Weite.

Auf der Suche nach Ursachen für dieses Verlassenwerden durch Betsy flieht Travis in seine Welt, in der nur die Hölle der Nacht realistisch ist, und er gibt schließlich Palantine die Schuld an seiner Misere. Er besorgt sich Waffen, will den Politiker beseitigen, denn nur so glaubt er, sich aus seinem Elend befreien zu können. In der Vorbereitung auf seinen »persönlichen Befreiungsschlag« verwandelt sich Travis in ein Stadtmonster mit Irokesenfrisur und verinnerlichten Mordgefühlen. Doch da er sich wie ein tumber Tor den Geheimagenten anbietet, durchschauen diese seine Absichten und verhindern sein geplantes Attentat.

Doch die Tat ist das Ventil, das Travis geöffnet hat, um frei zu werden. Deshalb wählt er – nach fehlgeschlagenem Attentat und von der Polizei verfolgt – ein anderes Opfer, den Zuhälter Sport. Auf Sport kam er, als er bei einer seiner nächtlichen Fahrten die minderjährige Hure Iris kennengelernt hatte, wie sie von Sport an ihrer geplanten Flucht gehindert wurde. Travis fixiert sich schließlich auf die Rettung von Easy, wie sich Iris nennt, und läßt auch dann nicht von ihr ab, als sie ihm erklärt, daß alles, was sie treibe, freiwillig geschehe. Travis rast in die Absteige von Iris und richtet unter den Zuhältern ein furchtbares Blutbad an, wird selbst schwer verletzt und kommt ins Hospital. Die

Taxi Driver – Robert de Niro als traumatisierter Vietnam-Soldat

Zeitungen aber feiern ihn als Helden. Iris Eltern holen ihre Tochter nach Pittsburgh zurück und bedanken sich bei Travis mit einem rührenden Brief.

Der Film endet in einer Nacht in New York, Travis fährt weiter sein Taxi ...

»Taxi Driver« ist ein schmutziger Film über einen kranken Menschen, der in einer kaputten Gesellschaft einen fahlen Triumph feiert. Dieser Film zerstört das Märchen vom Land der unbegrenzten Möglichkeiten. Er zeigt Amerika von seiner dunklen Seite. Er zeigt die paranoide Verfassung eines Kriegsveteranen, wie es damals nach dem Vietnamkrieg viele gab. Er fristet sein Dasein als Taxifahrer, und sein Leben besteht zwar nicht mehr aus dem Grauen des Krieges, dafür aber aus Bildern

von dunklen Straßen und den düsteren Gestalten der Nacht. Einst kämpfte er einen Krieg, der nicht sein Krieg war, sondern der Krieg der Politik. Jetzt kann er damit nicht mehr aufhören, will weiter verändern, will weiter Aufmerksamkeit. Er ist vom Krieg heimgekehrt, aber statt ihn als Helden zu feiern, interessiert man sich nicht mehr für ihn, überläßt ihn sich selbst.

Das ist die Ausgangssituation von Scorseses Film. Hier setzt er sein Drama an. All das, was Travis nächtens sieht, all die Gewalt und Prostitution, verurteilt er innerlich. Aber er sieht auch, daß diese Menschen anscheinend ihr Leben irgendwie bewältigen, während er an ihm verzweifelt. Das ist der Nährboden für einen Amokläufer. Immer hat er zusehen müssen, nie hat er aufbegehrt, nur ständig in sich hineingefressen. Jetzt ist er am Ende, aber er ist auch zu aggressiv, um sich einfach nur selbst zu töten. Er will sich rächen, sucht Schuldige für seine Misere. Das Ungewöhnliche aber an dem Film ist nicht die detaillierte und psychologisch exakte Schilderung der Hintergründe einer wahnsinnigen Tat, sondern auch die Beschreibung einer Gesellschaft, die genauso wahnsinnig ist. Schließlich ist sie es, die ihn wegen seiner Tat feiert. Sie macht aus dem verzweifelten Antihelden einen strahlenden Helden, der gegen das Böse siegreich angetreten ist.

Völlig neu und revolutionär für das damalige Verständnis von schauspielerischer Darstellung ist Robert De Niros sensible Umsetzung des Psychopathen Travis. Er läßt seine Figur auf den ersten Blick gleichgültig und gelangweilt wirken, ein bißchen müde auch und zuweilen erschöpft. Ein unscheinbarer Zeitgenosse. Nichts deutet auf den Irrsinn, auf die kranken und schrecklichen Überlegungen hin, die sich in Travis Kopf abspielen. Nur in manchen Momenten, als er Betty ins Pornokino schleppt oder als er aggressiv seine Hand zur Faust ballt, erahnt man leise, daß sich viel mehr in ihm abspielt. Er versteckt seine Absichten, weil er sich dafür schämt. Erst gegen Ende des Films läßt De Niro der zerstörerischen Energie seiner Figur freien Lauf, als das Gefühl der Ausweglosigkeit für Travis nicht mehr zu ertragen ist.

»Taxi Driver« wurde zwar für den Oscar nominiert, aber leider bekam er letztendlich nicht die begehrte Trophäe. Dafür kam der Film aber in Europa zu verdienter Ehre. 1976 wurde er in Cannes mit der »Goldenen Palme« ausgezeichnet.

USA 1976; Originaltitel: »Taxi Driver«; Produktionsfirma: Columbia (Michael und Julia Phillips); Regie: Martin Scorsese; Drehbuch: Paul Schrader; Kamera: Michael Chapman; Musik: Bernad Herrmann; Darsteller: Robert De Niro, Cybill Sheperd, Jodie Forster, Harvey Keitel, Martin Scorsese, Peter Boyle, Diahnne Abbott, Frank Adu, Vic Argo, Gino Ardito, Harry Cohn, Copper Cunningham; (116) 114 Min.

Thelma & Louise

Die Kellnerin Louise und ihre Freundin Thelma lassen einen langweiligen Job und einen arroganten Mann sausen und fahren in die Berge. Unterwegs halten sie an einer Trucker-Kneipe, um einen drauf zu machen. Sie betrinken sich. Der Aufreißer Harlan macht sich an Thelma heran, sie scheint es zu genießen. Als ihr plötzlich schlecht wird, geht sie mit Harlan ins Freie. Auf einem Parkplatz wird er dann zudringlich. Als Thelma sich wehrt, schlägt er sie und wird noch zudringlicher. Louise kommt dazu und hält Harlan einen Revolver an den Kopf. Als dieser sie dann wild beschimpft, dreht Louise durch und schießt. Ohne daß sie den Ernst der Lage wirklich begreifen, hauen die beiden in ihrem Wagen ab. Louise redet Thelma aus, zur Polizei zu gehen, da man ihnen sowieso nicht glauben würde, außerdem würde man sie nicht verdächtigen. Dann fahren die beiden aus Angst vor der Polizei auf Nebenstraßen nach Oklahoma. Dort erwartet Louise eine Geldüberweisung von ihrem Freund Jimmy. Danach wollen sie weiter nach Mexiko. Unterwegs nehmen sie auf Drängen von Thelma den Anhalter J.D. mit.

Inzwischen sucht der Polizeibeamte Slocum nach den beiden Frauen. Er nimmt Kontakt zu Thelmas Mann auf, der einfach nicht glauben

Thelma und Louise

kann, daß seine Frau in so eine Geschichte verwickelt sein soll. Außerdem ermittelt Slocum, daß das Kaliber von Thelmas Revolver mit dem der Tatwaffe übereinstimmt. In Oklahoma treffen Thelma und Louise auf Jimmy, der ihnen persönlich das Geld überbringt. Sie nehmen sich zwei Motelzimmer. Nach einem Streit macht der eifersüchtige Jimmy Louise einen Heiratsantrag, während Thelma leidenschaftlich mit dem Anhalter J. D. schläft. Dieser gibt sich Louise als Räuber zu erkennen und erzählt ihr haargenau, wie er seine Überfälle durchführt. Nachdem sich Louise von Jimmy verabschiedet hat, bemerken die beiden, daß der Anhalter J.D. mit deren Geld durchgebrannt ist. Louise verliert daraufhin den Mut und Thelma übernimmt die Führung. Sie hält an einem Supermarkt und raubt Geld und Whiskey. Sie geht dabei genauso vor, wie J.D. ihr es gezeigt hat.

Inzwischen hat die Polizei auch Kontakt zu Jimmy aufgenommen und erfährt von dem Geld. Als ihnen dann J.D. ins Netz geht, wird auch dieser über die beiden Frauen befragt. Thelma ruft ihren Mann an und merkt an seinem Verhalten sofort, daß die Polizei das Telefon angezapft hat. Sie legt auf. Louise ruft aber nochmals an, um mit der Polizei zu sprechen. Von Slocum erfährt sie, daß die Polizei von ihrem Plan nach Mexiko zu fliehen, Bescheid weiß. Daraufhin streiten die beiden Frauen, weil Louise Thelma vorwirft, daß sie ihren Plan J. D. verraten haben muß. Nachts im Wagen wird Thelma klar, daß Louise schon einmal vergewaltigt wurde und versteht daraufhin Louises Reaktion auf dem Parkplatz besser. Am nächsten Tag werden sie von einem Streifenpolizisten zum Anhalten gezwungen, den sie kurzerhand mit dem Revolver entwaffnen und in den Kofferraum sperren. Dann telefoniert Louise mit Slocum, um ihn davon zu überzeugen, daß sie auf dem Parkplatz in Notwehr gehandelt habe. Slocum sagt, daß er ihr glaubt und rät ihnen eindringlich, sich zu stellen, wenn sie lebend aus der Sache rauskommen wollen. Louise will es sich überlegen und hängt ein.

Slocum, dem ernsthaft an dem Schicksal der beiden Frauen gelegen ist, kann diesmal den Anruf zurückverfolgen. Wieder auf der Straße werden sie durch obszöne Gesten von dem vorbeifahrenden Fahrer eines Tanklastzugs belästigt. Louise lockt ihn zum Anhalten und zieht den Revolver. Als der Lkw-Fahrer sich weigert und sie beschimpft, schießen die beiden Frauen auf den Tank, bis er explodiert. Mittlerweile ist ein riesiges Polizeiaufgebot hinter ihnen her. Als sie einem Polizeihubschrauber entkommen wollen, gelingt es ihnen gerade noch vor einem tiefen Abgrund zu bremsen. Doch die Polizei hat ihnen den Rückweg verbaut. Die Polizisten haben Gewehre auf sie gerichtet und fordern sie zum Aufgeben auf. Slocum will die Eskalation verhindern, doch die beiden Frauen entscheiden sich gegen eine Festnahme. Louise tritt das Gaspedal durch und fährt in den Abgrund.

Die Rockgruppe Die Ärzte singt, noch sympathisch: »Männer sind Schweine«. Thelma und Louise fahren da schon eine Spur härter. Bei ihnen könnte es heißen: »Männer können schon deswegen nicht an Rinderwahnsinn erkranken, weil sie Schweine sind.« Thelma und Louise ist ein Frauenfilm. Zwei weibliche Desperados, die die Ungerechtigkeit der Männergesellschaft satt haben. Und in der Tat erscheint der Film wie Wasser auf die Mühlen der weiblichen Emanzipationshysterie. Andersherum stellt sich die Frage: Warum nicht endlich ein Film, in dem zwei weibliche Protagonisten mit viel Getöse in den Märtyrertod stürzen, weil sie unverstanden bleiben? Wären die Hauptfiguren Männer und wäre die ganze Mann/Frau-Konstellation auf der Seite der Männer – wen würde es interessieren? Trotz Quote und Emanzipation müssen sich die Frauen in unserer Gesellschaft immer noch einiges mehr gefallen lassen. Genau das macht den Film so brisant. Und genau deshalb wurde der Film von vielen Kritikern so hart angegangen. Man denke nur an Vorwürfe wie: dieser Film propagiert die Gewalt gegen Männer oder der Film tue so, als wären Männer unsensible, schwanzgesteuerte Machos. Natürlich sind nicht alle Männer so wie Harlan, aber es gibt eben auch solche Männer und in diesem Film ist eben ein solcher der Anstoß für die Geschichte. Genauso wie in anderen Filmen vielleicht eine mörderische Femme Fatale der Anstoß sein kann. Nichts weiter steckt dahinter und doch wurde soviel Aufsehen darüber gemacht, was wiederum bestätigt, daß dieser Film notwendig war.

Nicht zuletzt deswegen wurde »Thelma & Louise« dann auch für viele Frauen zum Kult. Endlich ein Film bei dem man die Schürze auf den Küchenboden werfen kann, um sich mit zwei wildgewordenen Frauen zu identifizieren, die eine ganze Horde Polizisten an der Nase herumführen.

So provozierend Hauptfiguren und Thema des Films auch sein mögen, rein filmisch gesehen ist er nichts weiter als ein spannendes Roadmovie mit genreüblichen Zutaten. So ist es auch nicht verwunderlich, daß »Thelma & Louise« zwar für das Buch einen Oscar erhielt, ansonsten gegen seinen Konkurrenten »Das Schweigen der Lämmer« aber leer ausging.

USA 1991, Produktionsfirma: Percy Main Prod./Pathé Entertainment, Regie: Ridley Scott, Buch: Callie Khourie, Kamera: Adrian Biddle, David B. Nowell, Musik: Hans Zimmer, Darsteller: Susan Sarandon (Louise), Geena Davis (Thelma), Harvey Keitel (Hal), Michael Madsen (Jimmy), Christopher McDonald (Darryl), Stephen Tobolowsky (Max), Brad Pitt (J.D.)

Themroc

Michel Piccoli, der Charmeur des französischen Films, durfte sich in dem Streifen Themroc endlich einmal richtig austoben. Anarchie und Sauerei war angesagt. Der Filmkritiker Burkhart Bütow konnte sich nicht mehr bremsen, als er über diesen Super-Chaos-Film schreiben durfte: »Ein Pariser Anstreicher hat eines Tages die Schnauze restlos voll: Morgens mahnt ihn stumm und mürrisch seine Mutter zur Pünktlichkeit, während die Wasserspülung rauscht. Der Weg zur Arbeit in die Fabrik ist eine öde Gesichterwüste, im Umkleideraum ist latenter Krieg zwischen Außen- und Innen-Anstreichern, und dann schlägt ihm auch noch ein Boß, der gerade die Sekretärin befummelt, die Nase mit einem Kippfenster blutig!« Die Punk-Ära mit Kotze, Rotz und viel Ätz-Ekel war noch lange nicht angebrochen, da hatte Themroc eigentlich schon eine Vision, was da noch auf uns zukommt.

Wie sahen das die Filmkritiker damals. Naja, so: »Unser Anstreicher flippt aus, knurrt, maunzt, grunzt, röhrt, trottet nach Hause, mauert seine miese Mutter ein, schläft mit seiner Schwester, verwandelt die Wohnung mit der Axt in eine Höhle und ernährt sich fortan von gebratenen Polizisten. Obwohl Themroc arge Schwächen in Kameraführung und Montage aufweist, ist diese Anarcho-Parabel, dieses schwarze groteske Märchen vom Einzelkämpfer in der Industriegesellschaft der witzigste und originellste französische Film der letzen Jahre – Gott hab alle großen Fressen selig!« Also ganz schön leidenschaftlich. Dieser Film

Themroc

war aber so provokant, dass er bis heute nicht nur ein Kult-Film, sondern auch noch ein Obergeheimtip ist.

Frankreich 1972; Originaltitel: »Themroc«; Regie: Claude Farraldo; Drehbuch: Claude Farraldo; Kamera: Jean-Marc Ripert; Produzent: Hèlène Vager, Francois de Lannurien für Filmantrophe/ F.D.L.; Darsteller: Michael Piccoli, Bèatrice Romand, Marilù Tolo, Romana Goluzzi; 110 Min.

Titanic

»Es packt mich immer wieder aufs Neue, wenn sie wie ein Geisterschiff aus der Dunkelheit auftaucht. Wir sehen vor uns das traurige Wrack des großen Schiffes, das am 15. April 1912 um 2.30 Uhr morgens nach einem langen Fall aus der Welt über uns hier liegen geblieben ist.« »Du redest vielleicht eine Scheiße, Boß!«

Gefühle über Vergänglichkeit und Schicksal müssen wohl den Leiter einer Expedition zum Wrack der Titanic zu diesen nostalgischen Ausbrüchen gebracht haben. Dennoch ist er enttäuscht, denn in dem Safe, den die Truppe aus der Tiefe birgt, ist der gesuchte Diamant nicht zu finden. »Das Herz des Ozeans«, wegen dem die Tauchfahrt überhaupt erst zustande kam, scheint für immer unauffindbar. Doch in dem Safe ist etwas anderes, eine Zeichnung. Sie bildet eine schöne, nackte Frau ab, die eben diesen Diamanten an einer Kette um ihren Hals trägt. Als die Medien von dem Fund berichten, sitzt die über 100jährige Rose vor dem Fernseher. In dem alten, abgeklärten Gesicht zeichnet sich plötzlich Leben und Emotion ab. Ihre müden Augen funkeln vor Erinnerung. Ungeduldig steht sie auf und bittet ihre Tochter, sie möge sie doch zu dem Forscherschiff begleiten. Der mißtrauischen Besatzung offenbart sie, daß sie die Frau auf der Zeichnung sei, und dann fängt sie an, ihre Geschichte zu erzählen...

»Es ist über 84 Jahre her, und ich rieche immer noch die frische Farbe. Das Geschirr war noch vollkommen unbenutzt, noch nie hatte jemand in den Betten geschlafen. Die Titanic wurde auch das Schiff der Träume genannt, und das war sie auch, das war sie wirklich...« Der Monitor hinter der alten Rose zeigt das von Algen umschlungene Wrack der Titanic, und plötzlich verwandelt es sich in ein gigantisches, überirdisches Schiff, auf dem Tausende von Menschen wie Ameisen geschäftig umherirren. Und wir sehen die junge, bezaubernde Rose und ihren Ehemann, der sie mit seiner Besserwisserei nervt.

»Für alle anderen war es ein Traumschiff. Für mich war es ein Sklavenschiff, daß mich in Ketten nach Amerika zurückbringen sollte. Nach außen war ich das wohlerzogene Mädchen, das ich sein sollte, in meinem Inneren habe ich geschrien.«

Der Lebenskünstler Jack sitzt in einer Hafenkneipe und setzt beim Pokern alles auf eine Karte und gewinnt zwei Karten 3. Klasse für die Titanic. Gerade noch gelingt es ihm und seinem Freund auf das Schiff zu gelangen, bevor es nach Amerika aufbricht. Rose leidet währenddessen unter der zynischen Art ihres Verlobten. Doch ihre Mutter besteht auf der Heirat, da ihre Familie nur noch einen guten Namen, aber kein Geld mehr hat. Rose sieht keinen anderen Ausweg mehr, als sich in der Nacht von der Reling zu stürzen. Jack gelingt es mit viel Einfühlungsvermögen, Rose in letzter Sekunde vom Springen abzuhalten. Als ihr Verlobter dazukommt, stellen sie die Situation als Unfall dar. Jack habe seine Verlobte im letzten Moment retten können, als sie versehentlich über die Reling kippte. Aus Dank für die Tat lädt Rose Verlobter ihn halbherzig zum Abendessen ein.

Am nächsten Tag treffen sich Rose und Jack erneut. Jack macht keinen Hehl daraus, daß er erkannt hat, warum sie so verzweifelt ist. Er zeigt Rose Bilder, die er in London und in Paris gemalt hat. Rose ist von der Sensibilität und der Ausdruckstärke der Aktzeichnungen begeistert. Überhaupt scheint Jack keine Rolle zu spielen, sich nicht an irgendwelche Direktiven zu halten. Er verkörpert in seinem ganzen Verhalten die Form von Freiheit, die Rose in ihrem Leben vermisst. Beim Abendessen versuchen Roses Verlobter und ihre Mutter Jack bloßzustellen, was ihnen jedoch nicht gelingt. Später folgt Rose Jack in die dritte Klasse, wo im Gegensatz zu dem steifen und affektierten Gehabe in der 1. Klasse wahre Ausgelassenheit herrscht. Beim Tanzen kommen die beiden sich näher, werden dann aber durch das Auftauchen ihres Verlobten und seines Kammerdieners abrupt getrennt.

Fortan wird Rose von Jack ferngehalten. Ihre Mutter erpreßt sie, indem sie ihr vorwirft, daß sie mit ihrem Verhalten nicht nur ihre Verlobung, sondern auch das Glück der Familie aufs Spiel setze. Sie müsse wieder als Näherin arbeiten, wenn Rose nicht reich heiratet. Doch Jack paßt Rose ab. Sie gehen in die Kabine von Rose. Dort holt sie das »Herz des Ozeans« hervor, jenen Diamanten, der ihr von ihrem Verlobter vor kurzem geschenkt wurde, und bittet Jack darum, sie zu zeichnen, ohne Kleidung, nur mit dem Diamanten. Schüchtern, aber voller Erregung zeichnet Jack mit einem Stück Kohle das Bild der nackten Rose, das die Forscherexpedition gut 85 Jahre später im Tresor finden wird.

Als die beiden von Cal und seinem Kammerjäger überrascht werden, flüchten sie in den Rumpf des Schiffes. Sie laufen an den riesigen Maschinen vorbei, bis sie zu den geparkten Autos kommen, die nach Amerika überführt werden sollen. In einem der Wagen lieben sie sich. Inzwischen besteht der Kapitän des Schiffes trotz Eisbergwarnungen

Titanic – Drei Stunden Leonardo DiCaprio. Segen oder Alptraum?

weiter auf Höchstgeschwindigkeit. Angesteckt vom Ehrgeiz der »noblen Gesellschaft«, in Rekordgeschwindigkeit Amerika zu erreichen, rückt er trotz Warnungen seines Offiziers nicht davon ab. Jack und Rose sind mittlerweile wieder auf Deck. Während sie sich küssen, fängt die Titanic an zu beben. Sie hat einen Eisblock gerammt. Rose und Jack gehen unter Deck, um Roses Mutter und Cal zu warnen. Der Kammerdiener steckt Jack den Diamanten heimlich zu und Cal bezichtigt ihn des Diebstahls. Jack wird vom Schiffspersonal in einer Kabine als ein überführter Dieb an ein Rohr gekettet.

Inzwischen steht fest, daß die Titanic sinken wird. Das Orchester kommt an Deck, um die Panik unter den Passagieren zu mildern. Sie spielen den Hochzeitstanz. Inzwischen besteigen Frauen und Kinder der 1. Klasse bereits die Rettungsboote. Doch es wird nicht genügend Plätze für alle geben. Die dritte Klasse wird auf der Titanic bleiben müssen. Als Rose die zynischen Kommentare ihres Verlobten und ihrer Mutter darüber hört, wird ihr klar, daß Jack ihr Vertrauen nicht mißbraucht hat. Sie eilt unter Deck zurück, um ihn zu suchen. Er ist kurz vor dem Ertrinken, da inzwischen das Wasser bis zur Kabine vorgedrungen ist. Im letzten Augenblick kann sie ihn retten. Nun gilt es auf ein Rettungsboot zu kommen. Doch nur Rose bekommt einen Platz, sie will aber bei Jack bleiben. Inzwischen ist Cal zu ihnen gestoßen. Gemeinsam mit Jack überredet er Rose, doch in das Boot zu gehen. Schließlich gibt sie nach. Doch als das Boot hinabgelassen wird und die Liebenden sich mehr und mehr voneinander entfernen, hangelt sie sich wieder auf die Titanic zurück. Eifersüchtig zieht Cal einen Revolver und feuert damit wie ein Wahnsinniger auf die beiden. Doch sie können seinen Schüssen entkommen.

Die Titanic bricht in der Mitte auseinander. Die eine Hälfte taucht in das Meer, während die andere Hälfte des Schiffs sich senkrecht aufrichtet. Rose und Jack haben sich bis zum oberen Ende durchgerauft. Sie können sich an der Reling so positionieren, daß sie nicht wie viele andere Passagiere in die Tiefe fallen. Als auch die zweite Hälfte sinkt, gelingt es den beiden, nach oben zu schwimmen. Jack legt Rose auf ein im Wasser treibendes Holz. Er selber muß aber im Meer bleiben, da der Platz für beide nicht ausreicht. Sie hoffen, daß die Rettungsboote zurückkommen werden, doch die Hilfe bleibt aus. Erst am Morgen als die Schreie der Schwimmenden verstummt sind, kommt ein Boot zurück. Jack ist in dem kalten Wasser erfroren. Rose wacht auf und entreißt einer Leiche eine Trillerpfeife und macht damit das Boot auf sich aufmerksam.

Gebannt starrt die Forschergruppe auf die alte Dame. Ihre tragische

Geschichte hat jeden von ihnen bewegt. Noch nie zuvor hatte sie darüber gesprochen.

Die Produktionskosten von »Titanic« stiegen im Laufe der Dreharbeiten bis ins Unermeßliche. Regisseur James Cameron verzichtete sogar auf sein Regiehonorar, um die schier kollabierenden Studiobosse zu besänftigen. Twentieth Century Fox und Paramount Pictures wären vermutlich Bankrott, hätte der Film nicht diesen Erfolg gehabt. Der Film spielte weltweit knapp zwei Milliarden Dollar ein. Dies steht in keiner Relation zu seinen Kosten, die laut Produktionsfirma 285 Millionen Dollar betrugen. Cameron, der nach Beendigung des Films ebenfalls eine Kostenaufstellung machte, errechnete den Betrag von 200 Millionen Dollar.

Es ist die Mischung zwischen Lebensbedrohung und Liebe, die die Faszination des Films ausmacht. Und es ist die neue Selbsterfahrung, die die Helden angesichts der Katastrophe erleben. Die alte Rose sagt einmal, daß Jack sie in jeder Hinsicht gerettet habe. Damit meint sie auch, daß nach der tragischen Liebe ihr Leben ganz anders verlaufen ist. Sie wußte plötzlich was sie vom Leben wollte. Auch Jack erlebt sich durch Rose neu. Als die Titanic dann gesunken ist, geht seine Aufopferung für Rose so weit, daß er sein Leben für sie hingibt.

Auch bevor es soweit kommt, gewinnt die Beziehung zwischen den beiden Liebenden dadurch Dynamik, daß der Zuschauer ja von Anfang an weiß, daß die Titanic untergehen wird. Dazu James Cameron: »Bei

Titanic – Wohl der erfolgreichste Film aller Zeiten

jeder Szene, egal wie banal oder unschuldig, schwingt dieses heraufziehende Unglück mit. Daß Jack und Rose umhergehen und endlos über irgendwelche Nichtigkeiten reden, funktioniert zum Teil deshalb, weil wir wissen, möglicherweise wird einer von den beiden sterben, und sicher wird alles um sie herum zerstört. Es liegt also eine gewisse makabre Faszination darin, das Schiff und die ganze Ausstattung zu bestaunen und all die Leute zu sehen. Man denkt: Das ist ja toll... aber all das wird untergehen. Jede Szene unterliegt dieser seltsamen, kognitiven Dissonanz, und das erlaubt es dem Drehbuch, melodramatischer zu sein, als es den meisten Filmen heute guttut.«

Was die Wirkung des Films zweifellos steigert, ist seine Rahmenhandlung. Dadurch, daß die alte Rose einer jungen, neuen Generation ihre Geschichte erzählt, wird das Gefühl der »Vergänglichkeit« beim Zuschauer etabliert. Wir erfahren von ihr eine Geschichte, die zu dem Schiffswrack und zu den zertrümmerten Gegenständen, die vom Meeresgrund geborgen werden, gehört. Und so wird Rose Vergangenheit auch für uns lebendig.

Der Regisseur James Cameron drehte zuvor bereits sehr erfolgreiche Filme wie »Aliens – die Rückkehr« oder »Abyss«. Dennoch wurde er bis »Titanic« nie zu den großen Regisseuren gezählt. Die Kritik unterschätzte auch vielfach seine beiden Filme mit Arnold Schwarzenegger in der Hauptrolle. »Terminator« und »Terminator 2« galten als oberflächliche und gewöhnliche Actionstreifen. Tatsächlich waren sie aber ein Meilenstein für das Genre. Der genaue Betrachter konnte hier schon die Besessenheit und das Genie Camerons erahnen. Die Filme waren voller dramaturgischer Facetten mit extremer Spannung und unvermuteten Wendungen ausgestattet. Die Charaktere waren vielfältig und interessant und hoben sich so von den Figuren gewöhnlicher Actionfilme deutlich ab. Eines macht sich in all den Filmen schon bemerkbar: Camerons Liebe zur »ausgeklügelten Darstellung«. Die Actionszenen seiner Filme unterscheiden sich wesentlich von anderen Produktionen. Cameron ging es immer darum, Aktionen so wirklichkeitsgetreu und so genau wie nur möglich darzustellen. Gerade in »Titanic« erkennt der Zuschauer wie gut recherchiert und durchdacht die Untergangsszenarien sind.

USA 1997; Originaltitel: »Titanic«; Regie: James Cameron; Drehbuch: James Cameron; Kamera: Russel Carpenter; Produzenten: James Cameron und Jon Landau; Twentieh Century Fox und Pramount Pictures; Darsteller: Leonardo DiCaprio, Kate Winslet, Billy Zane, Kathy Bates, Frances Fisher, Bernard Hill, Jonathan Hyde, Danny Nucci, Gloria Stuart, David Warner, Viktor Garber und Bill Paxton; 188 Min.

Tootsie

Der ehrgeizige und talentierte Schauspieler Michael Dorsey wird bei sämtlichen Vorsprechterminen abgelehnt. Doch auch seiner Freundin Sandy geht es nicht anders. Als Michael ihr Schauspielunterricht gibt, wird ihm klar, daß er das weibliche Rollenfach besser beherrscht als sie. Prompt bewirbt er sich für die Rolle einer herzlichen Krankenschwester in einer TV-Soap-Opera. Er verkleidet sich als Frau und bekommt die Rolle sofort. Er vertauscht Vor- und Nachnamen und nennt sich Dorothy Michaels. Durch den Geschlechtstausch lernt er die Frauen in ihrer intimen Welt kennen, so wie sie sich den Männern nie zeigen würden. Auch Julie vertraut ihm ihre geheimsten Probleme und Sehnsüchte an. Was sie nicht weiß: Dorothy alias Michael ist in sie verliebt, kann sich aber nicht outen, da er dann sicherlich die Rolle verlieren würde. Die Fernsehserie wird immer erfolgreicher und Dorothy avanciert zum Star. Inzwischen sind Julie und Dorothy »Freundinnen«. Julie schläft mit ihm in einem Bett und erzählt ihm von den Problemen mit ihrem Freund Ron. Sie verehrt Dorothy und sucht seinen Rat. Als Julie dann aber Dorothy mit ihrem verwitweten Vater verkuppeln will, ist das Durcheinander perfekt. Um die desolate Situation zu entwirren und um endlich wieder er selber sein zu können, demaskiert er sich vor laufender Kamera. Julie fühlt sich hintergangen, doch schließlich kann Michael sie davon überzeugen, daß seine Liebe zu ihr aufrichtig ist.

Ein Mann verkleidet sich als Frau, weil er dadurch Vorteile erlangt. Ein Motiv, daß diverse Bauern- und Vorstadttheater schon in den verschiedensten Varianten erprobt haben. Meist waren diese Versuche dumpf und seicht. Eine Klamotte spezieller Art war »Charleys Tante«. Doch so anspruchslos ist Tootsie bei weitem nicht. Sowohl das Drehbuch, als auch die Regie und die schauspielerische Leistung von Dustin Hoffman gehen einen ganz anderen Weg. Bei »Tootsie« haben wir es mit einer Verwandlungskomödie zu tun, die niemals peinlich wirkt. Der Film büßt, obwohl er ungemein witzig ist, niemals seine Glaubwürdigkeit ein. Seine Figuren sind menschlich und differenziert. Michael steckt wegen seiner neuen Identität als Dorothy voller Konflikte. Ein Beispiel:

Als Michael seinen ersten Tag als Dorothy mit Bravour überstanden hat, will er seinem Zimmergenossen Jeff seine Gefühle über seine neue Identität anvertrauen:

Michael: »Ich wünschte nur, ich würde hübscher aussehen. Ich spüre, daß Dorothy eine äußerst weiche Person ist. Vielleicht sollte ich es mit einer weicheren Frisur versuchen...«

Das Telefon klingelt. Jeff greift zum Hörer.

Michael: »Geh nicht ran!«

Jeff: »Warum nicht?«

Michael: »Es könnte für Dorothy sein.«

Jeff: »Du hast ihnen diese Nummer gegeben?«

Michael: »Ich mußte! Die Produktion muß mich erreichen können, falls sie den Drehplan ändern.«

Jeff: »Ich geh ran, dann wissen wir's.«

Michael: »Nein! Ich möchte nicht, daß sie denken, Dorothy lebt mit einem Kerl zusammen. Das paßt nicht zu meinem Charakter.«

Jeff: »Und wenn es für mich ist? Es könnte was Wichtiges sein! Geh du als Dorothy ran.«

Michael: »Ich kann mich nicht als Dorothy melden! Was, wenn es Sandy ist?«

Jeff: »Was, wenn es Diane ist? Wie erkläre ich ihr, daß seine Frau hier ist?«

Das Telefon hört auf zu klingeln.

Michael: »Du hast recht, tut mir leid. Wir beauftragen einen Telefondienst.«

Jeff (steht auf und greift zum Mantel): »Das dauert drei Tage. Ich hab mich nicht beschwert, als du ein Florett direkt unter meinem Arm in die Couch gestochen hast, als du Cyrano warst. Oder als du Unterwäsche unter dein Hemd gestopft hast für einen Buckel, und hier herumgezetert hast, das hier wäre ein Glockenturm! Aber ich sehe nicht ein, daß ich hier herumsitzen und so tun soll, als sei ich nicht zu Hause, bloß weil du ›keines von diesen Mädchen‹ bist!«

Und damit verläßt Jeff die Wohnung.

Schon durch diesen kurzen Dialogabschnitt wird klar, daß es sich hier um eine interessante und keineswegs oberflächliche Auseinandersetzung eines Mannes handelt, der sich als Frau verkleidet, weil er sich davon Vorteile verspricht. In diesem Zusammenhang ist dann wohl auch die Aussage von Regisseur Sidney Pollack zu verstehen, der zu Tootsie erklärt: »Ich will eine Vollblutkomödie drehen, aber ich will auch die Geschichte eines Mannes erzählen, der lernt, ein besserer Mann zu werden, weil er eine Zeitlang eine Frau war.«

Hoffman bereitete sich – wie immer – sehr gründlich auf seine Rolle vor. Bereits vor Vertragsunterzeichnung warf er sich in sein »Tootsie-Kostüm« und testete die Wirkung. Er spielt die Frauenrolle so überzeugend, daß selbst enge Freunde ihn nicht erkannt haben. Deshalb ist für jeden, der den Film gesehen hat, absolut nachvollziehbar, daß niemand in dem Film daran zweifelt, daß es Dorothy eine Frau ist. Unverdienterweise ging Hoffman bei der Oscarverleihung leer aus. Jessica Lange hingegen erhielt die begehrte Trophäe für die beste weibliche Nebenrolle.

USA 1982, Produktionsfirma: Mirage/Punch, Regie: Sydney Pollack, Buch: Larry Gelbart, Murray Schisgal, Elaine May (ungenannt), nach einer Erzählung von Don McGuire und Larry Gelbart, Kamera: Owen Roizman, Musik: Dave Grusin, Schnitt: Fredric Steinkamp, William Steinkamp, Darsteller: Dustin Hoffman (Michael Dorsey/Dorothy), Jessica Lange (Julie), Teri Garr (Sandy), Sydney Pollack (George Fields), Dabney Coleman (Ron), Estelle Getty (Frau in mittleren Jahren), Charles Durning (Les), Bill Murray (Jeff), Geena Davis (April)

U

Uhrwerk Orange

Alex liebt klassische Musik und vor allem Beethovens Neunte. Mit seinen drei »Droogs« – Pete, Georgie und Dim – macht er aber noch ganz andere Sachen. Sie treffen sich in einer Milchbar und füllen ihre Becher mit einem anturnenden Getränk. Der Zapfhahn hat die Form eines nackten Frauenkörpers, die Flüssigkeit kommt aus der Brust. Überhaupt scheint sich in dieser künstlichen und subjektiven Welt alles um Sex und Gewalt zu drehen. Die Jungs denken darüber nach, was sie mit dem angebrochenen Abend noch so anstellen könnten. »Ultrabrutal« zu sein, genau darauf haben sie jetzt Bock. Zuerst prügeln sie einen Penner nieder. In ihren Augen hat so ein »dreckiger, stinkender Suffkopf« sowieso keine Existenzberechtigung. Dann prügeln sie sich mit einer anderen Gang herum, anschließend fahren sie aufs Land. Sie vergewaltigen eine Frau und schlagen ihren Mann zum Krüppel. Dabei singen sie »I'm singing in the rain«. Danach überfallen sie eine Bildhauerin, die sie »Cat-Lady« nennen. Sie wird von Alex mit einem Phallus aus Plastik, der in der Wohnung als Dekoration steht, erschlagen. Schließlich wird Alex aber von seinen eigenen Jungs zusammengeschlagen und liegen gelassen. Er fällt in die Hände der Polizei und wird zu 14 Jahren Gefängnis verurteilt. Doch hier bekommt er die Möglichkeit zur Rehabilitation. Durch eine Aversionstherapie will man seine gewalttätigen Triebe eliminieren und ihn dann entlassen. Doch nach der Therapie ist Alex eine ganz andere Persönlichkeit. Er wird auf freien Fuß gesetzt und begegnet seinen früheren Opfern, die sich alle an dem nun wehrlosen Ex-Gewalttäter rächen. Um sich zu schützen springt Alex aus einem Fenster und ist nach dem Aufprall wieder ganz der Alte.

Der Film scheint sich gegen Gewalt auszusprechen. Zumindest könnte man das meinen, wenn man sieht, was Alex in den zweieinviertel Stunden, die der Film dauert, so alles durchmacht. Andererseits stilisiert der Film die Gewalt dermaßen hoch, weil er den Zuschauer teilhaben läßt an dem Rausch, den Prügeleien und den Vergewaltigungen durch Alex und seine Jungs. Das Argument, der Film sei ein Appell gegen Gewalt, ist damit hinfällig. Da das Medium »Film« aber nicht ausschließlich einem moralischen Anspruch genügen muß, ist diese Auseinandersetzung sowieso überflüssig. Auf alle Fälle ist »Uhrwerk Orange« ein äußerst origineller Film, der eine Kunstwelt kreiert, in der die versteckten Abgründe unserer Gesellschaft nach außen gekehrt werden. Unter diesem Gesichtspunkt ist der Film ein wahrer Genuß. Es gibt übrigens auch Interpretationen dahingehend, daß man »Uhrwerk Orange« als einen Appell gegen politische Manipulationsversuche gegenüber dem Individuum verstanden wissen will. Doch das ist allenfalls überinterpretiert. Zwar erlebt man Alex als sehr hilflos nach der Aversionstherapie, doch läßt der Film keinen Zweifel aufkommen, daß Alex nach seinem Sturz aus dem Fenster wahrscheinlich mit dem Morden weitermachen wird. Das Gefängnis als einzig sinnvolle Alternative bleibt außen vor.

Uhrwerk Orange

»Uhrwerk Orange« wurde für vier Oscars nominiert, ging dann aber leer aus.

»Uhrwek Orange« (GB 1971); Originaltitel: »A Clockwork Orange«; Produktionsfirma: Polaris-Hawk Films (Stanley Kubrick); Regie: Stanley Kubrick; Drehbuch: Stanley Kubrick, Literarische Vorlage: Anthony Burgess; Kamera: John Alcott; Musik: Wendy Carlos, Ludwig von Beethoven, Henry Purcell, Gioacchino Rossini, Sir Edward Elgar, Terry Tucker, Erika Eigen, Arthur Freed, Nacio Herb Brown, Nikolai Rimski-Korssakow, James Yorkston; Darsteller: Malcolm McDowell, Patrick Magee, Adrienne Cori, Warren Clarke, James Marcus, Michael Tarn, Anthony Sharp, Sheila Raynor, Philipp Stone, Paul Farrel, Miriam Karlin, Michael Bates, Godfrey Quigley, Michael Gover, Carl Duering, Madge Ryan, Aubrey Morris, David Prowse, John Clive, Virginia Weatherell, Richard Connaught, Pauline Taylor; 137 Min.

Der unsichtbare Dritte

Der Film spielt in jenen Jahren, in denen der kalte Krieg tobt und die Agentenjagd in Ost und West das brisanteste Unternehmen überhaupt war.

Der amerikanische Werbemann Roger O. Thornhill, mit elegantem Büro in der Fifth-Avenue, selbst sehr gutaussehend und äußerst erfolgreich, ist schon zweimal geschieden.

Just in dem Augenblick, als er im teuren New Yorker Plaza Hotel wieder einmal ein Treffen mit einer Dame vereinbart hat, wird in gleichen Augenblick, in dem er die Lobby betritt, ein Mr. Kaplan ausgerufen. Wer aber ist Mr. Kaplan? Ein sogenannter »Red Herring«, also eine erfundene Figur des CIA, eine nichtexistente Größe, für den der Geheimdienst Hotelzimmer anmietet, ihn ausrufen läßt, nur um den gegnerischen Spionagering, der seinerseits immer auf der Lauer liegt, vom wirklichen Agenten abzulenken. In »Der unsichtbare Dritte« ist dieser geschulte Agent eine Frau, Eva Kendell.

Es kommt zur Verwechslung zwischen Kaplan und Thornhill, der – durch Alkohol außer Gefecht gesetzt – aus dem Plaza verschleppt wird und im Auto nördlich von N.Y. von der Küstenstraße ins Meer gestürzt wird. Er kommt dabei aber nicht ums Leben, sondern landet auf der Polizeistation. Die Polizei allerdings hegt erhebliche Zweifel an der Darstellung seiner abenteuerlichen Geschichte, an der Entführung aus dem Plaza und an dem, was darauf folgte. Doch Kaplan will seine Unschuld beweisen und ermittelt auf eigene Faust bei den Vereinten Nationen. Dort wird er Zeuge eines Mordes – er weiß, daß der Anschlag eigentlich ihm galt, wird dafür aber selbst der Täterschaft verdächtigt und flieht auf den Bahnhof in einen Zug nach Chicago, aus dem er als Dienstmann verkleidet und mit Hilfe der Agentin Eva Kendell wieder ent-

Der unsichtbare Dritte

kommt. Zuvor waren sich die beiden in Abteil und Speisewagen doch erheblich nahe gekommen, eine Liebe bahnt sich an.

Als Eva Kendell Mr. Thornhill schließlich mit dem Bus wegschickt, kommt es später zur spannenden Verfolgungsjagd. Allein im Mittleren Westen, flieht Thornhill vor einem Ungeziefer-Bekämpfungsflugzeug, wird in einem Maisfeld ausgeräuchert, rettet sich buchstäblich in letzter Sekunde vor einem Lastwagen. Der Lastwagen, Fahrer und Flugzeug gehen in Flammen auf, der Held entkommt, die Flucht ist dennoch nicht zu Ende. In einer Kunstauktion steigert Thornhill so lange um ein Kunstwerk bzw. »um sein Leben«, bis er von der Polizei abgeführt wird, doch die Folge ist, daß er in dem Agentenverwirrspiel weiter mitmacht.

Die letzte Verfolgungsjagd gilt nun dem Paar Thornhill und Eve Kendell und führt in die Schluchten des Rushmore-Mountains, dorthin, wo die Konterfeis der großen amerikanischen Präsidenten aus dem Fels herausgeschlagen wurden. Eve und Roger hängen über dem Abgrund, der Agent setzt in Siegespose seinen Fuß auf Rogers Hand – da fällt der erlösende Schuß, das Happy End beginnt. In der Schlußszene sitzen Eve und Roger wieder in dem Zug, in dem sie ihre Liebe entdeckten, diesmal in einem Schlafwagenabteil.

Neben dem fulminanten Showdown zwischen den Köpfen von Washington, Lincoln und anderen amerikanischen Staatsoberhäuptern, zählt eine weitere Sequenz zu den unvergessenen Highlights des Altmeisters Alfred Hitchcock. Als Roger in einer menschenverlassenen Feldlandschaft endlich das Phantom Kaplan, der Licht in seine ausweglose Situation bringen soll, zu treffen hofft, findet er sich stattdessen in einer Situation unerträglichen Wartens wieder. Schließlich wird ein Mann von einem Wagen abgesetzt, aber als Roger ihn anspricht, muß er feststellen, daß es sich nur um einen Passanten handelt. Der Bus fährt vor, der Passant steigt ein, niemand steigt aus. Roger ist wieder allein. Nur das Motorengeräusch eines Flugzeugs stört die Stille. Plötzlich aber nimmt die Maschine Kurs auf ihn. Kugelsalven schmettern auf ihn nieder. Roger flieht und findet gerade noch Deckung in einem Feld aus Mais. Er robbt sich zwischen den Pflanzen hindurch und hält sich versteckt. Das Schlimmste scheint überstanden, doch plötzlich sprüht das Flugzeug Insektengift auf das schützende Maisfeld. Roger flieht ins Freie, rennt auf die Straße, will einen vorbeifahrenden Tanklastzug zum Anhalten bewegen, doch dieser fährt an ihm vorbei. Das Flugzeug aber, das ihn im Tiefflug angreift, rauscht in den Tanker des Lkw und beide explodieren. Hitchcock beweist mit dieser berühmten Filmszene, daß Bedrohung und Schrecken auch am hellichten Tage existieren. Das ist neu, denn normalerweise wählt das Medium »Film« für die Darstellung derartiger Verfolgungs- und Angstszenarien dunkle und unheimliche Schauplätze. Die Szene verfehlt ihre Wirkung dennoch nicht, da der Altmeister des subtilen Grauens es nicht auf Schauermomente abgesehen hat. In dieser Sequenz gelingt es Hitchcock, in langen Einstellungen, die nur den wartenden Roger zeigen, beim Zuschauer schlimme Vorahnungen aufzubauen. Die Flugzeugattacke kommt schließlich trotzdem unvorbereitet und wirkt deswegen um so bedrohlicher, weil die Erwartungen des Zuschauers durch vorbeifahrende Autos und plötzlich auftauchende Passanten, die sich allesamt als unbeteiligt erwiesen, mittlerweile ihren Tiefpunkt erreicht haben.

»Der unsichtbare Dritte« ist ein Spionagefilm, der ganz in Hitchcockmanier vor überraschenden Wendungen strotzt. Das Verwirrspiel zwischen der geheimnisvollen und schönen Eva Kendell und Roger gehört zu den reizvollsten Liebesverwicklungen der Filmgeschichte.

»Der unsichtbare Dritte« (USA 1959); Originaltitel: »North by Northwest«; Regie: Alfred Hitchcock; Drehbuch: Ernest Lehman; Kamera: Robert Burks; Musik: Bernard Herrmann; Produzent: Alfred Hitchcock für MGM; Darsteller: Cary Grant, Eva Marie Saint, James Mason, Jessie Royce Landis, Leo G. Carroll, Philip Ober, Josephine Hutchinson, Martin Landau; 136 Min.

V

Vampirfilme

Es gibt mittlerweile so viele Vampirfilme, daß man sicherlich ein eigenes Lexikon darüber verfassen könnte. Der interessanteste und berühmteste Vampir aber ist zweifelsfrei Dracula. Diese Figur geht auf den walachischen Fürsten Vlad Tepes, genannt Dracul zurück. Er war ein militärisch geschickter und grausamer Stratege, der seine Feinde auf Pfähle spießte. Aber das ist nur die eine Seite dieser Figur. Die andere besteht in der Übersetzung des Wortes Dracula: Dracula heißt übersetzt der Geliebte. Und spätestens seit 1897, als Bram Stokers Buch »Dracula« erschien, bringt man beide Wesenszüge mit dieser Figur in Verbindung.

Im Mittelpunkt des Geschehens steht die monströse Figur des transsylvanischen Grafen Dracula, der seit vier Jahrhunderten als Untoter umherirrt und sich vom Blut der Menschen ernährt. Durch seinen Biß werden auch seine Opfer zu Untoten. Aber das Buch beschreibt auch einen Dracula, der durch seinen hypnotischen Blick die Frauen in seinen Bann zieht, und der immer noch unter dem ungerechten Tod seiner Gemahlin Elisabetha leidet. Deswegen hat er mit Gott gebrochen und ist zum Leben zwischen den Welten verdammt. Das London des 19. Jahrhunderts gibt ihm nun die Chance, mit seiner Vergangenheit endlich abzuschließen. Er begegnet Mina, die ihn auf verblüffende Weise an Elisabetha erinnert. Sie allein kann für seinen Frieden sorgen und ihn endlich aus der Schattenwelt befreien.

Im Kern ist Bram Stokers Vorlage äußerst interessant und bietet anspruchsvolle Inspiration. Die erste erwähnenswerte Verfilmung des Stoffes reicht denn auch bis in die Stummfilmzeit zurück. Friedrich Wilhelm Murnau verlagerte die Geschichte nach Deutschland, genauer nach Bremen. Dort kommt »Nosferatu« mit dem Schiff »Demeter« an. Er bringt den Tod über Tausende von Menschen, die von der Pest dahingerafft werden. Sein Ziel ist es, Nina (vermutlich sollte »Mina« hier eingedeutscht werden) zu sich zu holen. Diese opfert sich auch, und zwar

BRAM STOKER'S
Dracula
EIN FRANCIS FORD COPPOLA FILM
IM VERLEIH DER COLUMBIA TRISTAR

Dracula

KLAUS KINSKI
ISABELLE ADJANI
Ein Film von
WERNER HERZOG
Nosferatu
PHANTOM DER NACHT
IM WETTBEWERB DER 29. INTERNATIONALEN FILMFESTSPIELE BERLIN
AB OSTERN IM KINO
Mit
BRUNO GANZ
und
JACQUES DUFILHO
und ROLAND TOPOR und WALTER LADENGAST
Kamera: JÖRG SCHMIDT-REITWEIN
Musik POPOL VUH

Nosferatu

nicht nur, um weiteres Unheil zu verhindern, sondern auch, weil sie von dem Grafen telepathisch in seinen Bann gezogen wurde. In einer gemeinsamen Nacht vergißt Nosferatu sogar den nahenden Tag und zerfällt in Staub und Asche. In diesem Film wird Nosferatu alias Dracula als eine Gestalt gezeigt, die über die Jahrhunderte lebensmüde und traurig geworden ist, und erst wieder durch ihr Verlangen nach Nina zu neuer Stärke gelangt. Murnau leistete nicht nur mit seiner Filmsprache erhebliche Pionierarbeit, sondern er formte das Gesicht des gesamten Horrorgenres noch über Jahrzehnte hinaus.

65 Jahre später verfilmte Werner Herzog einen Draculafilm, der sich ganz streng an Murnaus Vorlage hielt. Herzog übernahm sogar ganze Sequenzen, ohne eine einzige Einstellung zu verändern. Durch die werkgetreue Wiedergabe des Murnaustreifens büßte dieser Film jedoch sein eigenes Gesicht ein. Weder die Darsteller noch das Team konnten sich großartig einbringen, sie durften ja nicht spontan sein. Deshalb geriet der Film sehr steif und verfehlte sein ursprüngliches Ziel.

Dann gab es eine Serie von Produktionen der Firma Hammer. Bei den Filmen, in denen Christopher Lee die Titelrolle spielte, achtete man nicht sonderlich auf die literarische Vorlage. Wichtig hierbei war lediglich, daß viel Blut fließt. Das wurde dann auch damals vom Publikum als schockierend empfunden, da man diese Filme bereits in den 50er Jahren in Farbe drehte und das rote Blut so eine ungewohnte Echtheitswirkung hatte.

Später dann gab es unter den zahlreichen Veralberungen des Vampirmythos noch die bahnbrechende Gruselkomödie von Roman Polanski »Tanz der Vampire«. Diese augenzwinkernde Farce war voll von Gags und ironischen Seitenhieben, daß das Publikum vor lauter Lachen kaum eine Atempause hatte. Die Handlung wurde geschickt variiert. Hier ist es der eigenartige Professor Abronsius von der Universität Königsberg, der zusammen mit seinem Schüler Alfred nach Transilvanien reist, um dort Vampire aufzustöbern. Kurz nach ihrer Ankunft wird die hübsche Wirtstochter Sarah, in die sich Alfred verguckt hat, von dem Vampirfürsten Krolock entführt. Kurzerhand machen sie die zwei Mutigen zum Schloß des Fürsten auf, um die Holde zu befreien. Dabei müssen sie sich nicht nur gegen einen schwulen Vampir behaupten. Sie müssen auch noch feststellen, daß Kruzifixe nicht bei jüdischen Vampiren wirken. Und gegen Schluß des Films erfahren sie, daß die ganze illustre Schloßgesellschaft bereits unter den Untoten weilt, weil im gefüllten Ballsaal nur die beiden drolligen Jäger im Spiegel zu sehen sind. Dennoch gelingt es ihnen, die Wirtstochter zu befreien. Die jedoch ist bereits eine Vampirin, und ohne daß es der ahnungslose Professor sieht, beißt sie Alfred. Die beiden werden wohl das Böse jetzt in der ganzen Welt verbreiten.

Bevor ich auf den meiner Meinung nach wichtigsten und interessantesten Draculafilm eingehe, möchte ich noch den 1979 entstandenen Film »Dracula« erwähnen. Der Regisseur John Badham bietet in seinem Film zwar einige gruselige Momente, zeigt seinen Dracula fast durchgehend gutaussehend, verführerisch und romantisch. Die Bisse des Vampirs stellen erotische Höhepunkte im Film dar.

War dies alles, was die Vorlage von Bram Stoker filmisch zu bieten hatte? Schließlich handelt das Buch von einer Figur, die Jahrhunderte als Untoter durchwandert, weil sie mit Gott gebrochen hat! In dessen Kopf noch immer der Schock von einer hinterhältigen Intrige sitzt, die seine geliebte Gemahlin sinnlos in den Freitod stürzte!

Es mußte erst 1992 werden und es mußte erst ein Regiefanatiker wie Coppola Gefallen an dem Stoff finden, um nicht nur einen der bedeutendsten Filme der Neuzeit zu kreieren, sondern auch um dem ganzen Vampirmythos eine andere, faszinierendere und tiefere Perspektive zu verleihen. Francis Ford Coppolla hält sich scheinbar streng an Bram Stoker, aber er macht durch seine geniale Erzählweise auch noch Zusammenhänge und Emotionen sichtbar, die selbst in der Romanvorlage nur schwerlich zu finden sind:

Während wir noch die Columbia Picture Statue sehen, beginnt die unheimliche, bedrohliche, aber auch kraftvolle Filmmusik. Dazu kommt dann die entschlossene, kompromißlose Erzählstimme, die uns – untermalt von in Rot getauchten, gewaltigen Bildern – vom aussichtslos scheinenden Kampf des Ritters Dracul gegen die türkische Übermacht erzählt. Angetrieben von der sicheren Erkenntnis, daß Leben und Tod seines Volkes und seiner großen Liebe Elisabetha allein von seinem Sieg abhängig sind, rennt Dracul mit der Energie einer wahnsinnig gewordenen Bestie durchs Schlachtfeld. Im Kampf erleben wir die Krieger nur als Schatten vor einer blutdürstigen Morgenröte, und so können wir die Grausamkeiten und die übermenschliche Kampfkraft nur erahnen, zu denen der adrenalingepuschte Dracul im Stande ist, um Elisabetha und Transsilvanien zu retten.

Siegreich nach Hause zurückgekehrt, stellt er fest, daß Elisabetha sich wegen einer »getürkten« Nachricht von Draculs Tod vom Schloßturm gestürzt hat und deswegen nach der Lehre der Kirche für immer verdammt ist.

... und jetzt setzen Coppola und Ballhaus die Voraussetzung für ein grausames, kraftvolles, abgründiges und faszinierendes Liebesmärchen, so wie es auf der Leinwand – meiner Meinung nach – nicht oft gezeigt wurde.

Dracul steigert seine Kraft nun endgültig über das Menschliche hinaus. Er tritt Gott entgegen, voller Haß und ohnmächtiger Wut, schreit sich von ihm und seinen Regeln los, um gegen ihn und gegen den Tod, der Elisabetha ereilt hat, als Untoter über die Jahrhunderte hinweg seinem Schicksal zu trotzen.

Coppola führt uns auf Ehre und Anstand bedachte Männer in noblen Kleidern vor, die sich steif in großen Salons bewegen, um dort ihrer zukünftigen Gattin zu begegnen. Die Örtlichkeiten sind protzig und sauber, und der »Knigge« macht aus Frauen Damen und aus Männern Gentlemen. Wie mädchenhaft und rein schwärmt Mina von ihrem Verlobten Jonathan und liest ihrer Freundin Lucy Briefe von ihm vor. Treuherzig und voller Vorfreude auf die Rückkehr ihres edlen Gatten beantwortet sie diese dann auch ganze Nachmittage lang.

Nur unterschwellig und ganz verhalten scheint es neben so viel Edelmut noch etwas anderes zu geben, etwas Leidenschaftliches, Triebhaftes: Beispielsweise wenn Lucy Mina ein Buch mit einer Zeichnung von einer ungewöhnlichen Liebesstellung zeigt oder wenn sie kokett ihre männlichen Verehrer mit sexuellen Anspielungen begrüßt und neckisch gegeneinander ausspielt.

Bevor Jonathan nach Transsilvanien aufbricht, nimmt er romantisch Abschied von seiner Verlobten Mina. Ein Pfauenrad dreht sich – Symbol für aufrichtige Liebe – und aus einem Pfauenauge entsteht dann durch eine Trickblende das – wie anfangs – in rot getauchte Transsilvanien. Dieser Übergang, der die beiden so gegensätzlichen Welten miteinander verknüpft, läßt schon vage erahnen, daß sich da so etwas wie eine Zusammenführung anbahnt.

Jonathan stößt nun auf einen alten, gereizten und über die Jahrhunderte müde gewordenen Dracula, dessen nicht mehr zeitgemäßes Äußeres (roter Umhang und toupiertes graues Haar) kitschig wirkt. Draculas Schatten, der sich an den kargen Wänden des deprimierenden Schlosses zeichnet, hat ein Eigenleben. In einer anderen Situation sieht man Draculas Hand, die Jonathan berührt. Jonathan schreckt auf. Im nächsten Moment die Raumtotale, wo Dracula einige Meter weg von Jonathan an der Tür steht. Dracula kommt dann auf Jonathan zu, aber er bewegt seine Beine nicht. Coppola zeigt ihn dabei halbnah und hat den Schauspieler vermutlich auf einen Wagen gestellt, der Richtung Jonathan gerollt wird. Durch solche – sagen wir mal – simple, aber originelle Effekte, gestaltet Coppola seinen Dracula auf wirkungsvolle Weise als unheimlich und bedrohlich.

Interessant ist auch die Szene, wo drei gespenstische Vampirfrauen über Jonathan herfallen. Hier muß vor allem gezeigt werden, warum der edelmütige, ja naive Jonathan sich nicht dagegen wehrt, sondern daß er dabei eine ihm bis dato unbekannte, irritierende Faszination am »Unreinen« erlebt. Coppola läßt ihn einer verführerischen Frauenstimme folgen, die ihn in einen verstaubten Raum lockt, der aber, sobald die Musik einsetzt, von einer Einstellung auf die andere plötzlich sauber und gepflegt ist. Zeitgleich erwächst aus dem Bett, auf das sich Jonathan gesetzt hat, zwischen seinen Beinen eine verführerische Frau. Dann erwächst die zweite Frau aus dem »Bettlakenmeer« und dann die dritte. Durch die Musik, durch das leidenschaftliche Stöhnen und durch die warme Bildausleuchtung des verführerischen Ambientes bekommt diese Szene schon einmal ihre erotische, leidenschaftliche Grundatmosphäre. Durch schnelle Schnitte und viele Groß- und Naheinstellungen, von denen jede einen erotischen Vorgang erzählt (das Reiben nackter Knie / leidenschaftliches Augenöffnen / der Biß in Jonathans Arm / die Zunge, die an Jonathans Brustwarze leckt / Die Vampirzähne, die den Frauen plötzlich erwachsen...) erzeugt Coppola beim Zuschauer einen Rauschzustand, der ihm Jonathans Erleben in diesem Moment nachempfinden läßt.

Als Dracula Minas Bild entdeckt, kommt die Geschichte in die Gänge. Die Londoner Szenen in der Parallelmontage London / Transsilvanien werden immer kürzer, was neben den verschiedenen verbindenden Trickblenden wieder auf eine Zusammenführung deutet. Die Leute in London werden auch immer umtriebiger. Da ist der inzwischen wahnsinnig gewordene Anwalt Remfield, der vor Jonathan nach Transsilvanien gereist ist. Er will immer größere Tiere verspeisen. Erwähnenswert hierbei ist Coppolas exakte Beschreibung einer vorfreudianischen Irrenanstalt. Die »Patienten« sind in Einzelhaft den Experimenten von verwirrten und hilflosen Ärzten ausgeliefert. Die Wärter haben Käfige über dem Kopf, um sich vor den Patienten in den Gemäuern zu schützen.

Mina spürt immer mehr, daß eine unheimliche, unbekannte Macht von ihr Besitz ergreift. Dargestellt wird dies, dadurch daß z.B. in einer dieser steifen Londoner Salonparties, Minas Off-Voice ihre heimlichen Gedanken mitteilt. Sie möchte auch so umgarnt werden wie die kokette Luci. Plötzlich ist ein romantisches, erotisch und verführerisch gehaltenes Flüstern zu hören, und der bewegte Schatten von Dracula ist an der Wand zu sehen. Da die Tonatmosphäre der Salonparty sich dabei nicht ändert, wissen wir, daß sich dies lediglich in Minas Kopf abspielt und die anderen nichts davon mitkriegen. Und Minas Freundin Luci gibt sich immer körperbewußter.

Als Dracula dann auf dem Schiff unterwegs nach London ist, haben die Wärter der Irrenanstalt alle Hände voll zu tun, weil die »Patienten« randalieren. Ein Wolf bricht aus dem Zoo aus. Der Arzt in der Irrenanstalt macht Selbstexperimente, um die Geisteswelt seiner Anvertrauten nachvollziehen zu können. Umso näher Dracula London kommt, desto hektischer springen die Szenen zwischen den Geschehnissen in London und auf dem Boot, wo Dracula in Gestalt eines Wolfes die Mannschaft meuchelt, hin und her.

Gekonnt entwickelt Coppola so ein Bild von einer übermenschlichen, bösen Macht, der sogar die Naturelemente unterworfen sind. Durch Schnitte, in denen Dracula einmal Mensch und einmal Tier ist oder durch die geschickte Aneinanderreihung der Ereignisse wird dem Zuschauer der grenzenlose Schrecken, aber auch die Faszination bewußt, die hinter dieser wandelbaren, alles beherrschenden und gierigen Figur steckt, die im Begriff ist, London einzunehmen.

Draculas Schiff erreicht London. Ein Unwetter kommt auf. Die Terrassentüren von Lucis Haus sind offen. Es ist Nacht und die ganze Szene ist nur in weißes Mondlicht getaucht. Der Wind weht den Vorhang hin- und her. Mina schreckt auf und bemerkt, daß Luci fort ist. Luci schlafwandelt durch den verschachtelten Heckengarten, der Wind weht ihr das rote Nachthemd lustvoll um den Körper. Hörig läßt sie Dracula in Gestalt eines Wolfsmenschen auf einer Gartenmauer über sich herfallen. Mina stößt dazu, doch sie darf diese rücksichtslose, animalische Seite von Dracula nicht kennen und er befiehlt ihr: »Du siehst mich nicht!« Dabei sehen wir, den Prolog ausgenommen, zum ersten Mal während eines Gewitterblitzes zwei oder drei Frames lang den jungen und romantisch-verführerischen Dracula, während dann der Wolfsmensch weiter seinem Trieb nachgeht und Mina Luci nur noch alleine auf der Gartenbank wälzen sieht.

Jetzt wissen wir es endgültig! Dieses Wesen hat auch Einfluß auf unsere Wahrnehmung der Wirklichkeit. In dieser wuchtigen Szene führt uns Coppola diese neue Dimension eindrucksvoll und erschreckend vor.

Luci liegt in ihrem Bett und wälzt sich. Ihre Verehrer, darunter der Arzt aus der »Irrenanstalt«, fragen sich, was denn mit ihr los sei. Doch Luci hat im wahrsten Sinne des Wortes Blut geleckt. Immer mehr verändert sie sich, und Dracula sucht sie auf Wegen heim, die vor ihren irdischen Beschützern unentdeckt bleiben. Die Qualität in Lucis Veränderung liegt aber darin, daß dem Zuschauer langsam erschreckende Zusammenhänge klar werden. Da ist die eigentlich triebhafte Luci, die sich in ihrer Umgebung nie richtig ausleben konnte, umgeben von einer steifen und edlen Verehrerschar. Und da kommt eine tierische, böse Macht daher, die in ihr Sehnsüchte weckt, und die ihr (zwischen Tod, Gier und Hörigkeit bis zur Selbstaufgabe) eine Erlebnisintensität, ja eine Erotik beschert, der sie sich nicht mehr entziehen kann. Genau dahin führt Coppola den Zuschauer durch die geschickte Inszenierung der Figur Luci. Er zeigt z.B., wie teuflisch sie ihre Beschützer austrickst, um Dracula den Weg zu ihr freizumachen. Oder wie sie auf der einen Seite das arme, kranke Mädchen ist, um sich im nächsten Moment lustvoll und sich selbst streichelnd im Bett zu bewegen.

Als Luci dem Tod schon sehr nahe ist und van Helsing und ihre Verehrer sich ernsthaft um sie sorgen, sieht man in dem Gesicht von Lucis Verlobten (für ihn hatte sie sich vor Draculas Ankunft entschieden) in manchen Momenten weniger Mitleid und Verzweiflung, eher Faszination und Stimulation durch Lucis Zustand. Mit so einer ambivalenten Schauspielerführung wird dem Zuschauer erneut spürbar gemacht, welche verführerische Komponente das Böse, der Tod und die Forderung nach kompromißloser Hingabe haben kann.

Van Helsing ist ein gesellschaftlicher Außenseiter. Er hat die exzentrischen Eigenarten eines Menschen, der schon sehr lange alleine lebt, aber er hat auch die Vorzüge eines Eigenbrötlers: Nur so konnte er sich zu einem Wissenschaftler entwickeln, der Zugang zu Ebenen findet, die seinen Kollegen vorenthalten bleiben. Der ergraute, kauzige und zynische Vampirjäger, der auf Lucis besorgte Freunde erst einmal einen entrückten, weltfremden Eindruck macht, sieht in der Jagd auf Dracula eine Lebensaufgabe, die er fanatisch und bis in die letzte Konsequenz hinein, verfolgen muß. Zigarrerauchend und zuweilen auch ausgelassen, aber dann doch autoritär und besonnen nimmt er dennoch nach und nach alle für sich ein, weil sich seine abwegigen Theorien immer mehr bestätigen.

Die Besetzung des »Hopkins« verleiht dieser Figur die Aura eines Besessenen. Er ist also eigentlich wie Dracula ein Gehetzter, ein Getriebener und diesem somit auch ein angemessener Gegner.

Dracula und Mina haben ein besonderes Verhältnis. »Ich bin nicht leblos – seelenlos – gehaßt und gefürchtet. Ich bin tot für die ganze Welt. Hör mich an! Ich bin das Monster, daß jeder lebendige Mann töten will. Ich bin Dracula.«

Die Wissenschaft hat wieder eine neue Errungenschaft gemacht: Den Kinematographen. Mit ihm kann man die Wirklichkeit eines Zeitraumes immer wieder abspielen. Mit der dazugehörigen Kamera kann man Wirklichkeit festhalten. Dies ist wieder ein Schritt weiter in eine nüchterne Welt, in der es für Gespenster keinen Platz mehr gibt. Und jetzt sind wir schon bei Minas Aufgabe in dieser Geschichte: Sie soll Dracula erlösen, indem sie ihn wieder lieben läßt und somit mit seinem Schicksal versöhnt.

Als hätte er über all die Jahrhunderte diesen Augenblick herbeigesehnt, reist Dracula nach London, um Mina zu begegnen. Er begegnet ihr anders, als den anderen Figuren. Er verführt sie als Märchen-Prinz Vlad. Er ist plötzlich jung und schön und voller romantischer Ausstrahlung, so als hätte Mina diese Kräfte in ihm freigesetzt. Und er lockt sie in eine Vorstellung mit dem Kinematographen, die voller staunender Besucher ist. Und als der aus dem Londoner Zoo ausgebrochene Wolf in die Vorstellung bricht, rennen die ängstlichen Besucher panisch davon. Der Wolf knurrt die vor Todesangst starre Mina an. Doch mit ruhigen, liebevollen Worten zähmt Prinz Vlad das Tier und bringt es dazu, sich wie ein Haushund vor Minas Füßen hinzulegen, um schließlich dann sogar zaghaft von ihr gestreichelt zu werden. Durch die Anspannung, die diese gefahrvolle Situation in Mina auslöst, und durch Prinz Vlads sichere Entschärfung der Situation erlebt Mina intensiv zwei extreme Gefühle, die Prinz Vlad einen Platz in ihrem Herzen sichern.

Noch intensiver wird ihre Beziehung, als sie zusammen die damals übliche Droge »Absinthe« einnehmen. Mina erahnt in diesem Rausch den Schmerz, den Prinz Vlad alias Dracula durch den Verlust von seiner Frau Elisabetha, hinnehmen mußte. Coppola zieht in dieser Szene alle Register. Manche mögen sie für kitschig und überzogen halten, meine Meinung ist aber, daß selten das Entstehen einer inneren, leidenschaftlichen und übernatürlichen Verbindung zwischen zwei Menschen so nachempfindbar gemacht wurde, wie in dieser märchenhaften Szene. Mit ruhigen Kamerabewegungen und weichen Einstellungsübergängen, unwirklichen Bildern und Schatten aus dem Transsilvanien des fünfzehnten Jahrhunderts im Hintergrund gelingt Coppola eine konzentrierte, spannende und gut getimte Verknüpfung zwischen den inneren Vorgängen in den Figuren und der tragischen Vergangenheit von Dracula, die sie zusammengeführt hat.

Doch Mina heiratet aus moralischen und gesellschaftlichen Gründen und wahrscheinlich auch aus Angst vor dem Unbekannten den ihr vertrauten Jonathan. Als Prinz Vlad dies erfährt, altert er in Sekundenschnelle. Wunderschön auch hier, wie Coppola durch die äußere Erscheinung von Dracula den inneren Gefühlszustand des Untoten darstellt.

Doch später dann baut er sich wieder auf und erobert Mina, in einer ähnlich angelegten Szene wie der obrigen, erneut. Selbst sein Geständnis, daß er Dracula ist, den alle suchen und der ihre Freundin Luci auf dem Gewissen hat, ändert an den Empfindungen Minas nichts mehr. Sie will sich selbst aufgeben, um bei ihm sein zu können. Doch der Druck von außen ist zu groß, zu viele jagen Dracula und sie haben dank van Helsing auch das notwendige Know-how. Im Showdown in Transsilvanien findet dann Minas Opferbereitschaft ihren Höhepunkt. Sie ist bereit, ihr Schicksal zu erfüllen. Sie enthauptet den sterbenden Dracula, um ihn als Mensch der Natur zurückzugeben.

»Bram Stoker's Dracula« (USA 1992); Originaltitel: »Bram Stoker's Dracula«, Regie: Francis Ford Coppola; Drehbuch: James V. Hart, nach dem Roman von Bram Stoker; Kamera: Michael Ballhaus; Musik: Wijciech Kilar; Produzent: Francis Ford Coppola, Fred Fuchs, Charles Mulvehill für Columbia TriStar Pictures; Darsteller: Gary Oldman, Winona Ryder, Anthony Hopkins, Keanu Reeves; 130 Min.

»Nosferatu. Eine Symphonie des Grauens« (Deutschland 1922); Originaltitel: »Nosferatu. Eine Symphonie des Grauens«; Regie: Friedrich Wilhelm Murnau; Drehbuch: Henrik Galeen, nach dem Roman von Bram Stoker; Kamera: F.A. Wagner, Gunther Krampf; Musik: Peter Schirmann, Hans Erdmann; Produzent: F.W. Murnau für Prana-Film; Darsteller: Max Schreck, Gustav von Wangenheim, Greta Schröder-Matray, Ruth Landshoff, Alexander Granach, Max Nemetz; SW 85 Min.

»Nosferatu, Phantom der Nacht« (BRD, Frankreich 1978); Originaltitel: »Nosferatu, Fantome de la Nuit«; Regie: Werner Herzog; Drehbuch: Werner Herzog, nach dem Roman von Bram Sroker und dem Film von F.W. Murnau; Kamera: Jörg Schmidt-Reitwein; Musik: Popol Vuh, Florian Fricke; Produzent: Werner Herzog-Filmproduktion / Gaumont S.A.; Darsteller: Klaus Kinski, Isabelle Adjani, Bruno Ganz, Jacques Dufilho, Roland Topor, Walter Ladengast; 107 Min.

Vertigo

Als Vorlage für diesen Film diente der Roman »D'entre les morts«. Der Film beginnt rasant mit einer Verbrecherjagd über die Dächer von San Francisco. Scottie, einer der beiden Verfolger stolpert, und hängt an einer Dachrinne, den Tod in der Häuserschlucht vor Augen. Sein Kollege will ihn retten, stürzt aber selbst ab. Die Konsequenz dieses Ereignisses ist, daß Scottie Ferguson – geplagt von Schuldgefühlen und Höhenangst – nicht länger Polizist bleiben will. Von seinen Komplexen kann ihn auch nicht seine Verlobte, die Modezeichnerin Midge erlösen.

Da taucht der mit einer reichen Reederin verheiratete Schulfreund Gavin Ester auf, um Scottie als Privatdetektiv für seine Frau Madelaine zu engagieren. Angeblich ist Madelaine von Todessehnsucht geplagt, und Scottie soll sie vor eventuellen Kurzschlüssen bewahren. In Wahrheit aber ist Madelaine schon lange ermordet worden, ein Double, die Geliebte des Reeders, schlüpft in ihre Rolle und täuscht Ferguson.

Als Madelaine führt sie ihren unsichtbaren Beschützer auf alte Friedhöfe, in menschenleere Museen, alte Häuser. Leise erspürt er das Geheimnis Madelaines, die ein todessüchtiges Doppelleben mit ihrer Vorfahrin Carlotte Valdes lebt. Als sich die inzwischen von Ferguson begehrte schöne und blonde Madelaine vor seinen Augen von der Golden Gate Bridge ins Wasser stürzt, rettet er sie, nimmt sie mit in sein Zimmer. Dort aber werden die beiden ein Paar und begeben sich gemeinsam auf die Suche nach der Vergangenheit. Er allerdings verschweigt ihr seinen Bewacherstatus. Doch die Reise in die Vergangenheit gerät aus den Gleisen, sie führt die beiden 100 Meilen weit aus San Francisco hinaus, in die südlich gelegene Klostersiedlung San Juan Baptista, um sich vor den Augen Scotties – der unfähig ist, einzugreifen – vom Turm des Klosters zu stürzen.

Wieder gerät Ferguson in den Strudel seiner Schuldgefühle, kommt in ein Sanatorium, kann aber nicht geheilt werden. Entlassen, sucht er die Tote überall dort, wo sie sich gemeinsam nahe gekommen waren. Jede blonde Frau verfolgt er, bis er Judy – das rothaarige Double von Madelaine – auf der Straße entdeckt. Doch Ferguson spürt, daß alle

Vertigo

Ähnlichkeit nur oberflächlich ist, Judy ist in Aufmachung und Wesen geradezu das glatte Gegenteil der schönen, edlen Madelaine.

Doch wie besessen verlangt Scottie auch die äußere Anpassung Judys an die Geliebte, denn er versucht verzweifelt in der heimtückischen Judy Madelaine lebendig wiederzufinden. Er zwingt sie, verbrecherische Todesszene auf dem Glockenturm nachzustellen, dabei stürzt Judy tatsächlich in den Tod – Ferguson wird im selben Moment von seiner Akrophobie geheilt, allerdings um den Preis der Liebe.

»Vertigo« gehört wie »Das Fenster zum Hof« oder »Der Mann, der zuviel wußte« zum Erbe von Alfred Hitchcock. Fünf Filme hat der Meister des Suspence zu seinen Lebzeiten eingezogen. Sie wurden ab diesem Zeitpunkt nirgendwo mehr gezeigt. Erst vier Jahre nach seinem Tode im Jahre 1984 kamen diese Filme wieder ins Kino. Mit dieser Aktion erinnerte der Altmeister sein Publikum noch einmal an die Einmaligkeit und Genialität seiner Werke. Hitchcock war der Begründer des modernen Thrillers. Ständig testete er dramaturgische Ideen, um seine Filme noch spannender und intensiver zu machen. In erster Linie ging es ihm hierbei um die Wirkung auf das Publikum. Dabei entdeckte er die unbegrenzten Möglichkeiten des »Suspence«.

»Suspence«, auf deutsch »Dramatische Ironie«, ist ein Stilmittel, daß dem Zuschauer mehr Information über die Geschichte gibt, als dem Helden. In »Vertigo« z.B. weiß Ferguson nicht, daß Judy in Wirklichkeit die Frau ist, die er als Madelaine kennengelernt hat. Aber das Publikum weiß dies, und der Gedanke daran, was wohl passieren wird, wenn Ferguson dies erfährt, versetzt es in ungeheure Spannung. Was wird der Privatdetektiv tun, wenn er entdeckt, daß die Madelaine in die er sich verliebt hat, in Wahrheit Judy war? Was wird er tun, wenn er herausfindet, daß Judy die Rolle der Madelaine gegen Bezahlung gespielt hat, damit ein Mord als Selbstmord getarnt werden konnte? Das Publikum wartet also auf den Moment der Aufklärung und sieht dabei dem orientierungslosen Helden gespannt zu, wie er – meilenweit von der unfaßbaren Wahrheit entfernt – versucht, Licht im Dunkeln zu finden.

»Vertigo« heißt im Englischen nichts anderes als Gleichgewichtsstörung. Der Titel spielt nicht nur auf die Höhenangst des Protagonisten an, sondern auf seine gesamte Verfassung. Bevor Ferguson nicht erfährt, daß er Opfer einer geschickten Inszenierung ist, die nur dazu diente, einen Mord zu vertuschen, denkt er, daß er den Tod der Frau, die er liebte, wegen seiner Höhenangst nicht verhindern konnte. Deswegen ist sein ganzes psychisches Gleichgewicht gestört.

Um die Angst des Helden auch für den Zuschauer erlebbar zu machen, erzeugte Hitchcock einen interessanten Effekt. Er montierte eine

Kamera an ein Modell, daß den verhängnisvollen Turm nachbildete. Während die Kamera nach oben gezogen wird, fährt der Zoom näher an den Boden heran. Durch diese gegensätzlichen Richtungen von Kamera und Objektiv simuliert Hitchcock Fergusons Erleben der Höhenangst. Das Publikum hat dadurch das Gefühl, als würde ihm der Boden unter den Füßen weggezogen werden. In den beiden Turmszenen, wo Ferguson gegen seine Höhenangst kämpft und weitergehen will, obwohl er es nicht kann, wird Fergusons Trauma verbildlicht.

»Vertigo« ist aber auch ein hocherotischer Film voll Voyeurismus. Die Kamera klebt an der geheimnisvollen Kim Novak, verfolgt ihr Spiel mit den Lippen, ihre leidenden Blicke. Aber nicht nur die Kamera ist der Voyeur, sondern auch Ferguson. Er lernt ohne ihr Wissen die intime Seiten der Frau kennen, die er für Madelaine hält. Er verfolgt sie, versucht hinter ihre Geschichte zu kommen, und wird dabei immer mehr in sie verwickelt. Madelaines Traurigkeit, ihre Todessehnsucht errinnern ihn schließlich an seine eigene Geschichte und wecken seine Phantasien, diese Frau vor ihrem Unheil zu bewahren, sie vor ihren Abgründen beschützen zu wollen.

»Vertigo. Aus dem Reich der Toten« (USA 1958); Originaltitel: »Vertigo«; Produktionsfirma: Paramount (Alfred Hitchcock); Regie: Alfred Hitchcock; Drehbuch: Alec Coppel, Samuel Tayler, Literarische Vorlage: Pierre Boileau, Thomas Narcejac; Kamera: Robert Burks; Musik: Bernad Herrmann; Spezialeffekte: John B. Fulton; Darsteller: James Stewart, Kim Nowak, Barbara Bel Geddes, Tom Helmore, Konstantin Shayne, Henry Jones, Raymond Bailey, Ellen Corby, Lee Patrick; 128 Min.

Viktor und Viktoria

Viktor Hempel ist ein auf jeden Pfennig angewiesener Varieté-Künstler, der sich jedoch für einen Tragöden hält. Auf einer Vorstadtbühne hat er ein bescheidenes Einkommen als Damen-Imitator »Viktoria«. Als er plötzlich stockheiser ist, springt, als Mann verkleidet, die mittellose Operetten-Sängerin Susanne für ihn ein. Sie gibt sich ebenfalls für einen jungen Mann aus, der Damen imitiert. Ihr Auftritt wird ein Riesenerfolg. Die Rolle auf der Bühne fällt ihr verständlicherweise leichter, als die des Mannes im Leben. Auf der Auslandstournee in London hat die Sängerin alle Mühe, ihre Männerrolle durchzustehen. Als ein gutaussehender Mann um ihre Freundschaft als Mann wirbt, verliebt sie sich und gibt ihr Inkognito auf.

Reinhold Schünzel inszenierte diese »Tonfilmoperette«, ein frühes Musical, mit Charme und Spielwitz als ein einfallsreiches, satirisch gefärbtes Spiel um Verhaltensnormen und stellte vorsichtig Klischees der Geschlechterrollen in Frage. Die Verwirrung gleichgeschlechtlicher Annäherung mußte 1933 jedoch äußerst dezent behandelt werden.

Den internationalen Erfolg des Films machten auch die Melodien von Franz Doelle und ein Ensemble exzellenter Komödianten aus.

Fünfzig Jahre später schuf Blake Edwards auf Grundlage dieses Stoffes ein modernes Musical mit allen Zutaten, die ein solcher Stoff braucht. Hier durfte der Freund der Heldin schon offen schwul sein, wobei Edwards jedoch auf den Witz aus der versehentlichen gleichgeschlechtlichen Annäherung verzichtete. Letztlich gelang ihm eine stilsichere, elegante und geistreiche Komödie um Verwirrungen der Liebe und sexuelle Identität. Die romantische Farce lebt auch hier von hervorragenden Darstellern, gelungenen Slapstick-Einlagen und einer perfekten Choreographie der Tanz- und Gesangsnummern. Für die Musik erhielt der Film einen Oscar.

Deutschland, 1933, Produktionsfirma: Universum, Regie: Reinhold Schünzel, Buch: Reinhold Schünzel, Kamera: Konstantin Irmen-Tschet, Musik: Franz Doelle, Darsteller: Hermann Thimig (Viktor Hempel), Renate Müller (Susanne Lohr), Adolf

Viktor und Viktoria

Wohlbrück (Robert), Hilde Hildebrand (Ellinor), Fritz Odemar (Douglas), Aribert Wäscher (F. A. Pinkerton), Friedel Pisetta (Lilian)

USA / England, 1982, Originaltitel: Victor/Victoria, Produktionsfirma: Ladbroke/ Peerford, Regie: Blake Edwards, Buch: Blake Edwards, nach dem Film »Viktor und Viktoria« von Reinhold Schünzel, Kamera: Dick Bush, Musik: Henry Mancini, Leslie Bricusse, Darsteller: Julie Andrews (Victor/Victoria), James Garner (Mr. King), Robert Preston (Toddy), Lesley Ann Warren (Norma), Alex Karras (Squash), John Rhys-Davies (Cassell), Graham Stark (Kellner)

Vom Winde verweht

Der Film erzählt vor dem Hintergrund der blutigen Kämpfe des amerikanischen Bürgerkrieges die Liebesgeschichte von Scarlett O'Hara, der stolzen Südstaatlerin und späteren Herrin von Tara, und Rhett Butler, einem Patrioten und geschäftstüchtigen Beau vivant, der sich als Gast auf einem Ball in die stolze junge Frau verliebt. Doch Scarlett begehrt den sanften und edlen Ashley Wilkes und ist zu Tode betrübt, als dieser sich für Melanie Hamilton entscheidet.

Scarletts ganzes Trachten gilt nur einem Ziel: Ashley zu besitzen. Jedes Mittel ist ihr dafür willkommen, und als erstes wählt sie Melanies Bruder Charles als ihren Gemahl. In dem folgenden Sezessionskrieg wird Charles Soldat und auch der Draufgänger Rhett Butler verläßt die Südstaaten. Die Frauen aber ziehen nach Atlanta, wo Melanies Kind zur Welt kommen. Als die Unionstruppen vor Atlanta stehen, ist es Rhett Butler, der die beiden Frauen und das Kind in Sicherheit bringt. Charles ist inzwischen an Masern gestorben.

Nach der Niederlage des Südens kehren Scarlett und Melanie nach Tara zurück, Scarlett übernimmt die Herrschaft über den Familienbesitz, denn ihre Mutter ist gestorben, ihr Vater flüchtete sich aufgrund der erschütternden Ereignisse in den Wahnsinn. Scarlett wird unter der Obhut ihrer schwarzen Amme zu einer zupackenden Frau, ernährt auch Ashley und ihre Rivalin Melanie. Rhett Butler aber will immer noch die schöne Scarlett erobern, doch diese kann sich ihre Liebe zu ihm nicht eingestehen, träumt ihrem Jugendschwarm Ashley weiterhin nach und heiratet ein zweites Mal, jedoch einzig und allein deshalb, um Tara vor dem Ruin zu retten. Auch ihr zweiter Gatte stirbt, er wird Opfer einen Vergeltungsaktion gegen Wegelagerer. Nun endlich willigt sie in eine Ehe mit Rhett ein.

Das Zusammenleben der beiden ist aber von gegenseitigem Mißtrauen gekennzeichnet, von leidenschaftlichem Lieben, gegenseitigem Sich-Zerstören und Sich-Wiederversöhnen. Erst als beider Tochter bei einem Reitunfall schwer verletzt wird und Rhett das Zimmer verbarri-

Vom Winde verweht

kadiert, in dem seine tote Tochter liegt, und er auch noch erfahren muß, daß sein zweites, noch ungeborenes Kind beim Sturz von der Prachttreppe verloren ging, ist es sicher: Die Liebe zwischen Rhett und Scarlett ist die Liebe ihres Lebens, auch dann wenn Rhett sie verläßt – die Schlußszene offenbart die Tiefe der Gefühle.

Der gleichnamige Roman von Margaret Mitchell gehört zu den am meisten verkauften Romanen der Welt. Nachdem Produzent David O. Selznik sich mit dem Erwerb der Filmrechte (er bezahlte die für damalige Verhältnisse gigantische Summe von 50.000 Dollar) mit einem unguten Gefühl im Bauch auf das extrem schwierige Vorhaben einließ, die Saga über Bürgerkrieg, Sklavenbefreiung und Liebe zu verfilmen, wußte er bestimmt noch nicht, was für ein Unternehmen ihm bevorstand. Dennoch war die Fertigstellung des Films ein gigantischer Befreiungsschlag, der alles bisherige in den Schatten stellte. Der Erfolg gibt ihn und seinen Entscheidungen im nachhinein recht (bisheriges Einspielergebnis: 200 Millionen Dollar. Man muß allerdings dabei berücksichtigen, daß 1939 der Kinobesuch weniger als ein Zehntel kostete als heute. So gesehen wäre diese Summe um ein vielfaches höher). Er tauschte vor und auch noch während der Dreharbeiten Autoren und Regisseure rücksichtslos aus, er erbettelte sich Clark Gable mit horrenden Summen und initiierte einen noch nie dagewesenen Studioaufwand. Die Besetzung der Hauptfigur Scarlett O'Hara erfolgte nach einer öffentlichen Ausschreibung, auf die sich fast 1.500 Schauspielerinnen bewarben (darunter sehr viele bekannte Schauspieler wie Lana Turner, Susan Hayward usw.).

Hartnäckigkeit und Zähigkeit war dann paradoxerweise nicht nur in der Person von Selznick der Grund für das Entstehen des Films, sondern auch die Hauptcharaktereigenschaft der Figur Scarlett O'Hara. Durch die schrecklichen Erlebnisse des Krieges lernt dieses verwöhnte und trotzige Mädchen das Überleben. Sie schafft Unmögliches, als sie das Anwesen ihrer Familie wieder aufbaut, Melanie und die Sklavin Prissy in Sicherheit bringt und die anderen vor Plünderern schützt. Scarlett: »Gott möge mein Zeuge sein. Ich laß mich nicht mehr unterkriegen. Ich will es überstehen und wenn es vorüber ist, dann will ich nie wieder hungern. Weder ich noch die Meinen! Und müßte ich auch stehlen, lügen oder sogar töten!«

Der bedeutendste Satz des Films ist: »Ich kann jetzt nicht darüber nachdenken. Verschieben wir's auf morgen.« Dieser Satz, den Scarlett sehr häufig verwendet, steht im krassen Gegensatz zu ihrer Leistung während des Krieges. Dort bekämpft sie die Gefahr, während sie in ihren Beziehungen alles unbequeme von sich wegschiebt. Die Erklä-

VOM
WINDE
VERWEHT
CLARK GABLE · VIVIEN LEIGH · LESLIE HOWARD · OLIVIA deHAVILLAND

rung, warum sie sich so in die unerfüllte Liebe zu Ashley hineinsteigert, ist auch genau darin zu finden. Sie flüchtet vor dem Leben, vor allem Unbequemen. Weil Ashley unerreichbar für sie ist, muß sie sich nicht mit den Schwierigkeiten, die in einer wirklichen Beziehung ganz automatisch entstehen würden, auseinandersetzen. Im Grunde will sie weiter Kind sein und nicht die Verantwortung auf sich nehmen, die eine erwachsene Frau zu tragen hat.

»Vom Winde verweht« (USA 1939); Originaltitel: »Gone With the Wind«, Prodzent: Selznick Internationale (David O. Selznick); Regie: Victor Fleming; Drehbuch: Sidny Howard, William Cameron Menzies, nach dem Roman von Margaret Mitchell; Kamera: Ernest Haller; Spezialeffekte: Jack Cosgrove; Musik: Max Steiner; Darsteller: Clark Gable, Vivien Leigh, Leslie Howard, Olivia De Havilland, Thomas Mitchell, Hattie McDaniel, Laura Hope, Marcella Martin, Rand Brooks, Yakima Canutt, Ward Bond, Butterfly McQueen, Alicia Rhett, Evelyn Keyes, Ann Rutherford, Fred Crane, George Reeves; (220) 219 Min.

W

Der weiße Hai

Ein junges Mädchen wird bei einem nächtlichen Bad im Meer von einem Hai in Stücke zerrissen. Ihr folgen weitere Opfer, die der Mörderfisch in immer dreisteren Aktionen mit Haut und Haaren frißt, allesamt Badegäste der Touristenstadt Amity. Deputy Brody leitet alle Vorsorgemaßnahmen ein, um dem Monster den menschlichen Nachschub zu verwehren. Doch als er absolutes Badeverbot erlassen möchte, schieben ihm die Stadtväter einen Riegel vor. Schließlich lebt Amity vom Tourismus und solch ein Erlaß würde dem guten Ruf der Stadt nachhaltig schaden. Sie ignorieren die Beweise und erfinden fragwürdige Begründungen für den Tod der Menschen. Nur der Meeresbiologe Hooper schlägt sich auf Brodys Seite. Zusammen mit dem rauhbeinigen Quint machen sie auf einem Kutter Jagd nach der Bestie. Nach vergeblicher Suche werden sie urplötzlich von dem Mörderfisch angegriffen. Das Boot bricht auseinander, Quint wird von dem Hai aufgefressen und nur in letzter Minute gelingt es Brody und Hooper das Monstrum zu erlegen.

Wer von uns war noch nicht am Meer? Die Vorstellung, daß man gemütlich vor sich hinschwimmt und plötzlich von unten durch einen Hai angegriffen wird, läßt wohl jedem das Blut in den Adern gefrieren. Besonderes Augenmerk richtete Spielberg dabei auf die Effekte, mit denen er sowohl den Hai, als auch das von ihm angerichtete Grauen sehr realistisch umsetzte. Dazu ließ er drei etwa acht Meter lange Haiattrappen anfertigen, deren Einsatz allerdings eines langen Reifungsprozeß bedurfte.

Dramaturgisch gesehen ist vor allem interessant, daß der Hai kurz vor seinem Auftauchen immer durch den Einsatz von Musik angekündigt wird. Dadurch stellt der Zuschauer eine unbewußte Verbindung von Musik und Monster her. Immer wenn die Musik einsetzt, ist das Publikum – ohne sich dessen bewußt zu sein – darauf gefaßt, daß auch der Hai jeden Moment erscheinen kann. Beim Showdown dann auf dem Kutter, mit dem der Meeresbiologe Hooper und der Seebär Quint zusammen mit Sheriff Brody den Hai jagen, wird dieses Stilmittel nicht verwendet. Der Hai taucht aus dem Wasser auf, ohne Vorwarnung durch die Musik. Das Resultat ist, daß der Zuschauer umso mehr erschrickt. Überhaupt arbeitet Spielberg intensiv mit Schockeffekten. Er führt die Zuschauer irre, weckt ihre Befürchtung, daß der Hai auftauchen könnte, konfrontiert sie dann aber unerwartet mit etwas anderem.

Der Film siedelt sein Monster zwischen lauter harmlosen Menschen an, die nichts anderes wollen, als ihren Badefreuden nachzugehen. Genau das macht den Film so spannend, weil er in dieser heilen Urlaubswelt, die wir alle kennen, den Schrecken etabliert. Dem Film folgten noch drei Fortsetzungen, die aber die Qualität des Originals bei weitem nicht erreichten.

Dieser Film etablierte den damals 27jährigen Steven Spielberg endgültig in Hollywood. Schon als 23jähriger machte er mit seinem Film »Das Duell« Furore. Heute zählt er nach Filmen wie »E.T.« und »Jurassic Park«, aber auch »Schindlers Liste« und »Der Soldat James Ryan« zu den vielfältigsten Talenten der Filmfabrik. Der Film, der sein Budget hoffnungslos überzog, scheiterte beinahe an der Verzweiflung der Produzenten. Als sie merkten, daß der Film mehr Geld verschlang als ursprünglich geplant, wollten sie das Projekt einstellen. Sie verloren das Vertrauen zu ihrem jungen Regisseur. Doch Spielberg überzeugte sie schließlich vom Gegenteil. Aus heutiger Sicht klingt das Ganze natürlich unverständlich. Vor allem wenn man bedenkt, daß »Der weiße Hai« mehr als 200 Millionen Dollar eingespielt hat.

»Der weiße Hai« (USA 1975); Originaltitel: »Jaws«; Regie: Steven Spielberg; Drehbuch: Peter Benchley, Carl Gottlieb, Howard Sackler, nach dem Roman von Benchley; Kamera: Bill Butler; Musik: John Williams; Produtent: Richard D. Zanuck, David Brown für Universal; Darsteller: Roy Scheider, Robert Shaw, Richard Dreyfuss, Lorraine Gary, Murray Hamilton, Carl Gottlieb, Jeffrey C. Kramer; 125 Min.

Das Wiegenlied vom Totschlag

Honus und Cresta sind die einzigen Überlebenden eines Überfalls der Cheyennes auf einen Goldtransport. Während Honus die Überführung als Rekrut dienstlich begleitete, sollte Cresta den Schutz der Kompanie genießen, um sicher zu ihrem Verlobten Lieutenant McNair zu gelangen. Früher war sie lange Zeit Gefangene der Cheyennes und Squaw des Häuptlings Spottes Wolf. Dieser ließ sie schließlich gehen, als ihm klar wurde, daß er ihre Liebe nicht erzwingen konnte. Die beiden Überlebenden schlagen sich durch die Prärie, und immer deutlicher werden die Unterschiede zwischen ihnen. Honus glaubt an die Unbesiegbarkeit der Armee. Er hält die Indianer für aggressive Barbaren, die die eigentlich friedlichen Weißen mit ihren Greueltaten zur Verteidigung zwingen. Cresta hingegen ist der Überzeugung, daß die Weißen die eigentlichen Barbaren sind. Ihren Lieutenant will sie auch nur wegen des Geldes heiraten, denn Liebe und Vertrauen hält sie für eine Illusion. Ihre desillusionierten Aussagen schockieren Honus, da er noch voller Hoffnung ist.

Nach Auseinandersetzungen mit einem Waffenschmuggler wird Honus verwundet. Als Cresta Honus in einer Höhle pflegt, verlieben sich die enttäuschte und verbitterte Frau und der blauäugige Idealist ineinander. Gemeinsam erreichen sie einen Stützpunkt der Armee. Dort wird gerade ein Überfall auf die Cheyenne vorbereitet. Cresta schleicht sich zu den Indianern und warnt ihren ehemaligen Mann Spotted Wolf. Der reitet mit einer weißen Fahne der Armee entgegen. Doch der besessene Colonel Iverson rückt nicht von seinem Plan ab und läßt das Indianerdorf niedermetzeln. Zum ersten Mal wird der rechtschaffene Honus mit dem Schmutz und der Brutalität des Krieges und der eigenen Armee konfrontiert. Seine Vorstellungen und sein Glaube brechen in sich zusammen. Er rebelliert, will noch in letzter Minute verhindern, was schon begonnen hat, doch sein Protest verpufft in der Hektik des Massakers. Nachdem die weißen Soldaten alles niedergemetzelt haben, wird Cresta als Verräterin zusammen mit den wenigen überlebenden Cheyenne abtransportiert.

»Das Wiegenlied vom Totschlag« ist einer der umstrittensten Filme, die es je gab. Der Verleih warb mit dem Slogan »Der härteste Film aller Zeiten«. Und tatsächlich zeigt der Film Grausamkeiten und Gewalt dermaßen drastisch, wie man sie bis dato noch nie im Kino gesehen hat. In Nah- und Großeinstellungen sehen wir die Details des Gemetzels: Frauen werden die Brüste abgeschnitten, Kinder werden abgeschlachtet und Dutzende von Gliedmaßen und Köpfen werden abgetrennt. Natürlich kommen ähnliche Dinge in den sogenannten → »Splatterfilmen« vor, doch diese Filme haben von vornherein eine unrealistische Basis. Bis auf wenige Ausnahmen sind hier Zombies und andere unrealistische Monster die Hauptfiguren. Das Thema von »Das Wiegenlied vom Totschlag« hingegen ist ein trauriges Kapitel der amerikanischen Geschichte.

Kritiker waren geteilter Auffassung. Manche lobten den Film u.a. wegen seiner schonungslosen und realistischen Darstellung von kriegerischen Auseinandersetzungen. Jetzt könne sich der »normale Bürger« endlich ein schockierendes Bild über den Wahnsinn und die Bar-

barei, die der Krieg bei den Soldaten freisetzt, machen. Andere wiederum sahen in den Gewaltszenen nur den Voyeurismus eines gewaltlüsternen Publikums befriedigt. Und als dann bekannt wurde, wie diese Szenen entstanden, sprachen viele von grenzenlosem Zynismus. Regisseur Ralph Nelson ließ hunderte von Prothesen anfertigen. Dann engagierte er Behinderte als Statisten und setzte mit Hilfe seiner fähigen Maskenbildner eben diese Prothesen an deren amputierte Stellen. So gelang es ihm, die blutige Abtrennung der Körperteile und die verbleibende Wunde realistisch zu simulieren.

Doch trotz allem bleibt »Das Wiegenlied vom Totschlag« ein Western, der mit dem zweifelhaften Patriotismus seiner Vorgänger aufräumt. In Honus Augen sind Indianer barbarisch und mordlüstern und die Weißen sind zivilisiert. Doch der Protagonist muß am Ende des Films erkennen, daß die Kriegsführung der Armee grausam, hinterhältig und ohne Mitleid ist. Ein Film also, der sich kritisch gegen das Vorgehen der US-Armee während der Indianerkriege stellt. Aber auch das Mann-Frau-Klischee wird in diesem Film gebrochen. Honus ist nicht der Held, dem sich die Frau nahezu bedingungslos unterordnet, sondern er ist derjenige, der durch die erfahrenere Cresta eine andere Sicht der Dinge bekommt. Durch sie und durch die abstoßende Bestätigung ihrer Ansichten wird der naive Träumer zum desillusionierten Erwachsenen.

Die Wirkung des erbarmungslosen Finale wird dadurch verstärkt, daß die Reise der beiden Überlebenden durch die Prärie sehr poetisch anmutet (wunderbar unterstützt von den exzellenten Naturaufnahmen von Kameramann Robert Hauser). Da sind ein unerfahrener Mann und eine attraktive, vom Leben enttäuschte Frau allein in einer schönen Landschaft, sie sind aufeinander angewiesen und sie ergänzen sich irgendwie. Cresta verliert in manchen Momenten ihre Verbitterung, weil die Zuversicht und die unbefangene Aufrichtigkeit von Honus sie hoffen läßt. Er entspricht ihrer unterdrückten Sehnsucht nach Frieden und Unverdorbenheit. Die Herzen des Publikums sind offen für diese romantische Liebesbeziehung. Doch der Film zerstört die Erwartungen durch das schonungslose Gemetzel und die gewaltsame Trennung des ungleichen Paares radikal.

Historischer Hintergrund des Westerns ist die Schlacht am Sand Creek in Colorado. 1864 ließ ein amerikanischer General namens Miles über 200 Indianerfamilien ausradieren, obwohl diese sich bereits ergeben hatten. Leider verstärkt der triviale deutsche Titel »Wiegenlied vom Totschlag« den Eindruck, daß es dem Film in erster Linie um effekthascherische Gewaltdarstellung geht. Der weitaus weniger spektakuläre amerikanische Originaltitel »Soldier Blue« läßt den Erwartungen der Zuschauer mehr Spielraum.

»Das Wiegenlied vom Totschlag« (USA 1970); Originaltitel: »Soldier Blue«; Regie: Ralph Nelson; Drehbuch: John Gay, nach dem Roman »Arrow in the Sun« von Theodore V. Olsen; Kamera: Robert Hauser, Arthur J. Ornitz; Musik: Roy Budd; Produzent: Gabriel Katzka, Harold Loeb für Avco Embassy Pictures; Darsteller: Candice Bergen, Peter Straiss, Donald Pleasence, John Anderson, Jorge Rivero, Dana Elcar, James Hampton; 116 Min.

XYZ

Zeugin der Anklage

Lornard Vole ist des Mordes angeklagt. Mit seinem Anwalt taucht er bei Sir Wilfried Robarts auf, der, eigentlich im Krankheitsstand, nur um eine Zigarre schnorrt, doch darüber hinaus an dem Fall Vole interessiert ist. Alle Indizien sprechen gegen Vole, der zusätzlich von seiner eigenen Ehefrau, der kühlen blonden, aus Deutschland stammenden Christine Schwert belastet wird.

Sir Wilfried zieht in diesem Prozeß alle Register anwaltlichen Könnens, es gelingt ihm gegen die scheinbar nicht zu erschütternden Indizien Vole freisprechen zu lassen. Wilfried kann dem Gericht plausibel erklären, daß ausschließlich die Ehefrau des Angeklagten ihren Mann verurteilt wissen will. Die spannende Verhandlung aber wird zusätzlich erhöht durch die Herzattacken, die Sir Wilfred immer wieder zu Unterbrechungen zwingen, und die Dialoge zwischen dem Star-Advokaten und seiner Krankenschwester Miss Plimsoll.

Vole kommt frei, doch die Wahrheit ist eine andere. Beide, Leonard Vole und seine Frau Christine, haben nur eine Komödie gespielt. In Wahrheit ist Vole ein Mörder, der seine Frau schon lange betrügt. Sie, die so kalt und berechenbar auftrat, liebt aber den Verbrecher noch immer und tötet ihn aus Eifersucht, verhilft so der Gerechtigkeit zum Recht. Sir Wilfried aber, der dies erkennt, verspricht ihr, sie vor Gericht zu verteidigen. Damit endet der Film.

Wer glaubt, Billy Wilder sei nur ein Komödienspezialist, der soll sich diesen Film ansehen. Mit »Zeugin der Anklage« schuf Billy Wilder einen packenden Gerichtsthriller, mit dem er sich selbst vor Hitchcock nicht zu verstecken braucht. Der Film ist voller überraschender Wendungen. Das liegt vor allem an dem intelligenten Aufbau des Klassikers. Ständig wird der Zuschauer auf falsche Fährten geführt, wird gewollt irritiert, um letztendlich die ganze Geschichte wieder in einem ganz neuen Licht zu sehen. Ein wahrer Genuß ist »Zeugin der Anklage« in der Inszenierung des zwischenmenschlichen Bereichs.

Die Beziehungen, die wir in dem Film sehen, sind schräg und kaputt zugleich. Daß der Mörder sein Opfer umgebracht hat, ist der einzige Punkt, indem er sich von den übrigen elenden Figuren unterscheidet. Diese sind wahrscheinlich nur noch nicht zu Mördern geworden, weil es ihnen an Mut fehlt. Sir Wilfried weiß dies und er macht es sich in seiner Verteidigung zunutze.

Mit Charles Laughton als gewitzten Anwalt hat Billy Wilder einen Besetzungscoup gelandet. Die Rolle des Sir Wilfried füllt der Mime mit ungeheurer Präsenz. Der großen Bandbreite seiner Figur wird er mehr als gerecht. Sei es als der dicke Mann, der verschwitzt durch sein Monokel seine Mitmenschen durchschaut, der ganz Anwalt ist, voller stürmischer Plädoyers und zynischer Schlagfertigkeiten. Oder sei es der untäuschbare Verteidiger, der voller Fassung ertragen muß, daß er hinters Licht geführt wurde. Für einen kurzen Augenblick zumindest, bis Christine ihren Mann Vole erschießt. Immer wieder muß die Verhandlung wegen Sir Wilfrieds Herzattacken unterbrochen werden. Laughton spielt dies so geschickt, daß der Zuschauer unmöglich wissen kann, ob diese überraschenden Anfälle nun ernsthafte gesundheitliche Probleme sind oder ob der Anwalt damit nur die Konzentration des Gerichts zermürben möchte, weil er sich Vorteile daraus verspricht. Dies wird wohl für immer das Geheimnis dieses Films bleiben.

Nominiert wurde der Film für fünf Oscars. Leider aber ging er bei der Verleihung leer aus.

»Zeugin der Anklage« (USA 1958); Originaltitel: »Witness for the Prosecution«, Produzent: Arthur Hornblow für Theme Pictures; Regie: Billy Wilder; Drehbuch: Billi Wilder, Harry Kurnitz, nach einem Roman von Agatha Christie; Kamera: Russel Harlan; Musik: Matty Malneck; Darsteller: Charles Laughton, Tyrone Power, Marlene Dietrich, Elsa Lanchester, Unna O'Connor, John Williams, Henry Daniel, Torin Thatcher, Philip Tonge, Ian Wolfe, Francis Compton, Norma Varden, Ruta Lee, Molly Roden, Ottola Nesmith; SW: 116 Min.

Zwei ritten nach Texas

Die zwei Freunde Stan und Ollie wollen der Tochter eines verstorbenen Freundes im Wilden Westen die Besitzurkunde einer Goldmine überbringen. Erst nach vielen Schwierigkeiten geraten sie bei einem Waisenmädchen, das bei einem geldgierigen und intriganten Boss in einem Saloon arbeiten muß, an die rechtmäßige Empfängerin.

In diesem Klassiker des Burlesk-Films reichen die laut Werbung »323

Zeugin der Anklage

durchschlagenden Witze« vom reinen Kintopp-Klamauk bis zur subtilen Form der Komödie. Es war einer der gelungensten Filme des Komiker-Duos Laurel & Hardy, die in Deutschland so dümmlich wie unzutreffend vielfach als »Dick & Doof« bezeichnet wurden. Sie drehten seit 1927 miteinander über 100 Filme, beginnend mit stummen Kurz-Grotesken, denen in der Tonfilmzeit bis 1951 viele lange Filme folgten. Der Gegensatz der beiden ungleichen Freunde, des schmalen, verzagten und ungeschickten Stan und des korpulenten, auftrumpfenden, aber ebenso unbedarften Ollie, riß die Zuschauer der ganzen Welt und jeglicher Herkunft zu Lachsalven hin.

Diese Westernparodie gibt Gelegenheit zu wilden Slapstickeinlagen, genialen running gags, köstlichen Dialogen und amüsanten Gesangs- und Tanzeinlagen. »Zwei ritten nach Texas« ist einer der wenigen Laurel & Hardy-Filme, die noch in den sechziger Jahren das Publikum in beiden deutschen Staaten in Scharen ins Kino zog. (andere Titel: »Ritter ohne Furcht und Tadel«, »Dick und Doof im Wilden Westen«, TV: »Im fernen Westen«)

USA, 1937, Originaltitel: Way Out West, Produktionsfirma: Hal Roach Prod./MGM, Regie: James W. Horne, Buch: Charles »Buddy« Rogers, Felix Adler, James Parrott, Kamera: Art Lloyd, Walter Lundin, Musik: Marvin Hatley, Darsteller: Stan Laurel (Stan), Oliver Hardy (Oliver), James Finlayson (Mickey Finn), Sharon Lynne (Lola Marcel), Stanley Fields (Sheriff), Rosina Lawrence, Vivien Oakland, 65 min.

2001 Odyssee im Weltraum

Über 100.000 Jahre vor unserer Zeitrechnung: Eine Gruppe von Menschenaffen trifft eines Morgens erschöpft auf einen Monolithen. Von nun an ändert sich ihr Leben. Sie entwickeln Waffen und lernen zu kämpfen. Eines Nachts wirft einer dieser Halbaffen einen Knochen in die Luft und als dieser in den Sternenhimmel hineinfliegt, verwandelt er sich plötzlich in ein Raumschiff. Es ist das Jahr Zweitausendeins und der amerikanische Wissenschaftler Floyd ist auf dem Weg zum Mond. Dort ist man in einem Krater auf einen Monolithen gestoßen. Während man versucht, das Gebilde zu erforschen, stößt es plötzlich ein Signal in Richtung Jupiter aus.Über ein Jahr später sind die Astronauten Bowman und Poole mit drei Wissenschaftlern auf dem Weg zum Jupiter, um dort nach außerirdischer Intelligenz zu suchen. An Bord haben sie einen alles koordinierenden Computer mit der Bezeichnung HAL 9000, der sogar sprechen kann. Bald tauchen erste Anzeichen auf, daß die Funktionsweise dieses Computers gestört ist. Als Poole eine Antenne an der Außenseite des Raumschiffs anbringen will, unterbricht der Computer die Sauerstoffleitung. Bowman kann seinen Kollegen nur tot bergen. HAL 9000 hat inzwischen auch die Wissenschaftler eliminiert und blockiert jetzt die Eintrittsschleuse, so daß es Boorman nur durch eine spektakuläre Aktion gelingt, wieder in das Innere des Raumschiffs zurückzukehren. Dort zerstört er den Computer, der im Todeskampf um Gnade fleht. Bowman hält weiter an der Mission fest und als er in die Nähe des Jupiters kommt, trifft er auf den Monolithen. Bowman setzt sich in eine Raumkapsel und verläßt das Raumschiff. Er jagt durch Raum und Zeit auf den Planeten Jupiter zu. Er verliert sein Bewußtsein und findet wieder in einem altertümlichen Schlafzimmer zu sich. Dort begegnet er sich selbst als alten Mann. Daraufhin verwandelt sich Bowman in eine noch ältere Version, die im Sterben liegt. Auch der schwarze Monolith ist in dem Raum und gibt unwirkliche Töne von sich. Der sterbende Bowman richtet sich auf und will nach dem Monolithen greifen. Durch das Weltall fliegt währenddessen der ungeborene Bowman in einer Fruchtblase in Richtung Erde.

Kubrick wollte mit »2001 – Odyssee im Weltraum« den ultimativen Science-Fiction-Film drehen. Dieses Vorhaben ist ihm gelungen. So ist die Gestaltung des Raumschiffes (Innenräume und Außenansicht) nicht wie in den bisherigen SF-Streifen einfach nur Phantasieprodukt von Filmarchitekten, sondern der Entwurf von Wissenschaftlern und NASA-Experten. Dadurch entstand, bezogen auf den damaligen Stand der Raumfahrtforschung, eine sehr realistische und authentische

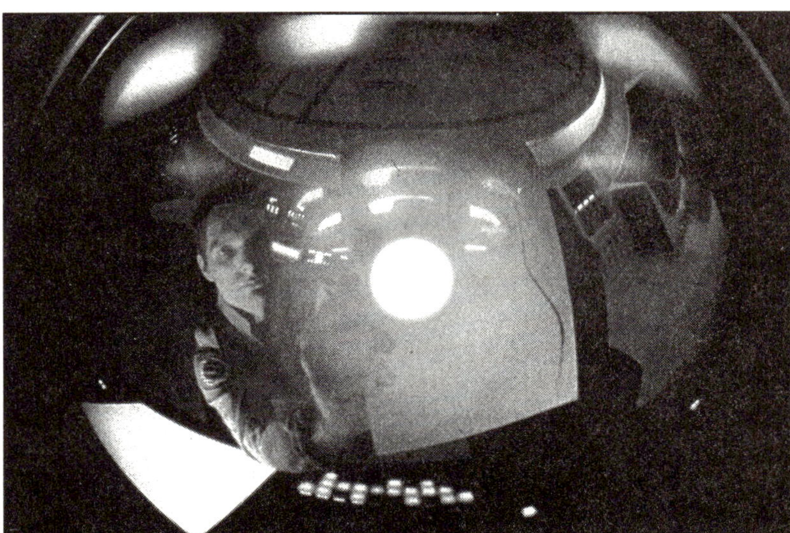

2001 – Odyssee im Weltraum

Kulisse. Auch die Erlebnisse, die an so ein Unternehmen geknüpft sind, wurden exakt ausgetüftelt und umgesetzt. So gehört beispielsweise die präzise und exakt simulierte Darstellung der Schwerelosigkeit zu den eindrucksvollsten Sequenzen des Films. In minutenlangen Einstellungen beobachtet Kubrick die schwebenden Astronauten.

Doch was die Geister verwirrte waren die Dinge, die sich in dem Film abspielten. Was sollten die Menschenaffen am Anfang? Was bedeutete der Monolith? Was hatte es mit dem merkwürdigen Ende auf sich? Zahlreiche Interpretationen entstanden. Und letztendlich konnte man sich nicht mehr gegen die Erkenntnis sperren, daß »2001 – Odyssee im Weltraum« eigentlich ein philosophischer Film ist, der den unerforschten Weltraum als einen Ort benutzt, in dem all die Antworten auf die ungelösten Fragen zur menschlichen Existenz ineinanderlaufen. In der Unendlichkeit löst sich Zeit und Raum auf. Dort werden wir mit unserem Ursprung und mit unserem Ende konfrontiert. Hier sind wir ein Element eines ewig währenden Kreislaufs. Deswegen beginnt der Film mit den Menschenaffen und endet mit einem sterbenden Astronauten im Weltraum, der sich zugleich wieder auf eine neue Geburt vorbereitet. Und immer ist der Monolith allgegenwärtig. In ihm laufen die Fäden menschlicher Existenz zusammen.

Zu Recht bekam »2001 – Odyssee im Weltraum« einen Oscar für seine visuellen Effekte. 1984 drehte Peter Hayms eine Fortsetzung mit dem Titel »2010-Das Jahr, in dem wir Kontakt aufnehmen«. Wie erwartet, gelang es dem Film nicht, qualitativ nur annähernd das Original zu erreichen.

»2001: Odyssee im Weltraum« (USA 1968); Originaltitel: »2001: A Space Odyssee«; Produktion: MGM (Stanly Kubrick); Regie: Stanly Kubrick; Drehbuch: Stanly Kubrick, Arthur C. Clarke, Literarische Vorlage: Arthur C: Clarke; Kamera: Geoffrey Unsworth, John Alcott; Spezialeffekte: Wally Veevers, Douglas Trumbull, Con Pederson, Tom Howard; Musik: Richard Strauss, Johann Strauß, György Ligeti, Aram Khachaturian; Darsteller: Keor Dullea, Gary Lockwood, William Sylvester, Leonard Rossiter, Robert Beatty, Frank Miller, Penny Brahms, Edwina Carroll, Daniel Richter, Margaret Tyzack, Sean Sullivan, Alan Gifford, John Ashley, Edward Bishop, Mike Lovell, Peter Delman, Danny Grover, Brian Hawley, Glenn Beck, Bill Weston, David Hines, Tony Jackson, John Hordan, Scott MacKee, Heather Downham, Jimmy Bell, David Charkham, Simon Davis, Jonathan Daw, Darry Paes, Joe Rafalo, Andy Wallace, Bob Willyman, Richard Wood, Laurence Marchant, Terry Dugan, David Fleetwood; 141 Min.

Zwölf Uhr mittags

Weil Kane, Marshal in der Frontierstadt Hadleyville, die Quäkerin Amy liebt, verspricht er ihr, auf den Gebrauch von Schußwaffen zu verzichten. Amys Vater und Bruder kamen im Kampf um eine gerechte Sache um, nie wieder will Amy etwas ähnliches erleben. Als Zeichen seiner Aufrichtigkeit quittiert er den Dienst und verläßt nach der Hochzeit die Stadt, obwohl ihn die Nachricht erreicht, daß um 12 Uhr Mittags, in nur eineinhalb Stunden, Miller in die Stadt zurückkehren wird. Diesen gefährlichen Verbrecher aber erwarten drei seiner Komplizen, die schon jetzt die Pferde satteln und hoch zu Roß durch Hadleyville reiten. Marshal Kane hatte Miller vor Jahren verhaftet, humane Gerichte aber haben ihn vom Tod am Galgen begnadigt. Jetzt treibt ihn die Rache.

Doch der Marshal hält sich an das seiner Frau gegebene Versprechen, bis kurz hinter der Stadt. Dort hält er den Planwagen an, kehrt um, obwohl ihn seine Frau zu verlassen droht. Wieder zurück in Hadleyville sucht er nach Verbündeten, doch niemand will sich ihm anschließen, außer Ramirez, die Saloonbetreiberin und ehemalige Geliebte.

12 Uhr mittags hält der Zug, und vier Ganoven verfolgen nur ein Ziel, Kane zu erledigen. Die Straßen sind menschenleer, zwei der Verbrecher kann er töten. Die beiden anderen aber wollen ihn ausräuchern, wäre da nicht seine Frau, die nach dem ersten gefallenen Schuß umkehrt, um ihrem Mann beizustehen. Sie selbst erschießt einen der Gegner aus dem Hinterhalt und hilft noch als Geisel, den letzten im Duell Mann gegen Mann zu töten.

Jetzt eilen die feigen Bürger herbei, doch nun wirft ihnen Marshal Kane den zunächst freiwillig abgegebenen Stern vor die Füße und verläßt die Stadt.

Fred Zinnemann wollte keinen traditionellen Western drehen. Und tatsächlich gibt es in »Zwölf Uhr mittags« keine opulenten Landschaftstotalen, Schießereien stehen nicht im Vordergrund und der Held strahlt nicht vor Siegesgewißheit. Dazu ist der Film auf hartem Schwarzweiß gedreht, obwohl 1952 der Farbfilm aufgrund seiner Neuartigkeit bei den Kinobesuchern hoch im Kurs stand. »Zwölf Uhr mittags« konzentriert sich auf das, worauf es dem Film ankommt: Auf die Psychologie. Fred Zinnemann drehte eine Parabel über Zivilcourage, Mut, Feigheit und Herdentrieb. Daß dieser Film im Westen spielt, ist wahrscheinlich darauf zurückzuführen, daß Zinnemann wegen früherer Filme mit dem Genre vertraut war. Aber der Film könnte ebenso in der Gegenwart oder im europäischen Mittelalter angesetzt sein. Im Mittelpunkt steht das Verhalten einer ganzen Stadt gegenüber einem Sheriff, der jahrelang den Kopf für sie hingehalten hat. Psychologisch exakt bis ins Detail hinein deckt der Film die Mechanismen des Verhaltens von Menschen auf, die letztendlich Gerechtigkeit und Freundschaft verraten und ihren Stolz aufgeben, nur weil sie Angst haben.

Der Film erzählt eine Geschichte, die sich vormittags von 10.30 bis 12.10 abspielt. Ursprünglich war geplant (und danach wurde der Film auch gedreht), daß der Film auch tatsächlich 100 Minuten dauert. In diesem Fall wären die Länge des Films und die Zeit des Handlungsablaufes identisch gewesen. »Zwölf Uhr mittags« wäre also in Echtzeit erzählt worden. Doch nach Testvorführungen entschied man sich, auf dieses Stilmittel zu verzichten. Stattdessen wurde der Film um rund 15 Minuten gekürzt, was ihm zweifellos guttat. Dadurch gewann er an Dichte und Spannung. Dennoch war »Zwölf Uhr mittags« ursprünglich noch aggressiver geplant. Aber Drehbuchautor Carl Foreman mußte die erste Fassung seines Buches umschreiben, weil es in den Augen von McCarthys-Organisation, des »American Activities Committee«, undemokratisches Gedankengut enthielt. 1952 war der Höhepunkt der McCarthy-Ära und alles was in dieser Zeit nur im entferntesten undemokratisch oder gar kommunistisch sein könnte, wurde aufs Schärfste bekämpft. Kein Wunder, daß da auch ein Film Schwierigkeiten bekam, der die demokratische Entscheidungsfähigkeit in Extremsituationen anzweifelte: In einer Kirche stimmen die Bewohner der Stadt darüber ab, ob sie Kane helfen wollen. Aus Feigheit lassen sie ihn im Stich, obwohl sie natürlich andere Begründungen vorschieben.

Cary Cooper war während der Dreharbeiten bereits an Krebs erkrankt. Dennoch war die Rolle des Sheriffs Will Kane in »High Noon« wohl seine größte Leistung. Zurecht erhielt er dafür einen Oscar. Fred Zinnemann und auch der Autor Carl Foreman gingen leer aus. Ob da wohl McCarthy seine Finger im Spiel hatte?

USA 1952, Originaltitel: High Noon, Produktionsfirma: Stanley Cramer Co., Regie: Fred Zinnemann, Buch: Carl Foreman, Kamera: Floyd Crosby, Musik: Dimitri Tiomkin, Darsteller: Gary Cooper (Will Kane), Grace Kelly (Amy Kane), Thomas Mitchell (Jonas Henderson), Lloyd Bridges (Harvey Pell), Katy Jurado (Helen Ramirez), Lon Chaney jr. (Martin Howe), Lee Van Cleef (Jack Colby)

12 Uhr mittags

LEXIKON IMPRINT VERLAG. **ALLES, WAS SIE WISSEN MÜSSEN.**

Deutschrock-Lexikon

Von Krautrock bis Punk - Music made in Germany: Ihre Kinder, Kraftwerk, Can, Einstürzende Neubauten, Udo Lindenberg, Tote Hosen, Die Ärzte, Tocotronic & Co.

Von Wolfgang Wilhelm

Lexikon Imprint Verlag

Hippie-Lexikon

Psychedelic, Peace & freie Liebe - Das ABC der Flower-Power-Ära

Von Michael G. Symolka

Lexikon Imprint Verlag

Punk-Lexikon!

Sex Pistols, The Clash, Joy Division & Co. »God save the Queen!«

Von General Seckler

Lexikon Imprint Verlag

Alien-Lexikon

E.T., die Gremlins, Alf, Spock & Co. Das große Buch der Außerirdischen

Lexikon Imprint Verlag

JEDER BAND CA. 352 SEITEN, BROSCHUR, MIT VIELEN ABBILDUNGEN, CA. DM 29,80.

SCHWARZKOPF & SCHWARZKOPF VERLAG

HALLO HIER SPRICHT EDGAR WALLACE
DIE GESCHICHTE DER DEUTSCHEN KRIMINALFILMSERIE
1959 1972.
Von Joachim Kramp. 320 Seiten, Großformat 22 x 28 cm, gebunden mit Schutzumschlag. Etwa 400 schwarzweiße und farbige Abbildungen. ISBN 3-89602-140-0. DM 49,80

HORST SCHIMANSKI
»TATORT« MIT GÖTZ GEORGE
DAS GROSSE BUCH FÜR FANS
Von Frank Goyke und Andreas Schmidt
Ca. 250 Abbildungen. 280 Seiten, gebunden mit Schutzumschlag. ISBN 3-89602-131-1. 49,80 DM

DIE OLSENBANDE
DAS GROSSE BUCH FÜR FANS
Von Frank Eberlein und F.-B. Habel
256 Seiten, Großformat 21 x 28 cm, gebunden mit Schutzumschlag. Mit etwa 250 Abbildungen.
ISBN 3-89602-056-0, DM 49,80

COLUMBO DAS GROSSE BUCH FÜR FANS
Von Armin Block & Stefan Fuchs
300 Seiten, Großformat 21 x 28 cm, gebunden mit Schutzumschlag. Mit etwa 250 Abbildungen.
ISBN 3-89602-167-2.
DM 49,80

BILDBÄNDE ZU KINO, FILM, FERNSEHEN, THEATER, MODE UND FOTOGRAFIE.

GODZILLA, GAMERA, GAPPA.
Die Geschichte der japanischen Monsterfilme.
Von Detlef Claus und Dr. Rolf Giesen
220 Seiten, Hardcover, mit ca. 350 farbigen und schwarzweiße n Abbildungen, ISBN 3-89602-165-6.
DM 38,00

FILM AB: HEINZ ERHARDT
Das große Buch für Fans.
Eine Gratulation zum 90. Geburtstag des beliebten Komikers.
Von Manfred Hobsch.
Ca. 25O S., mit vielen Abbildungen, Großformat 22 x 25 cm , gebunden. ISBN 3-896O2-182-6
DM 44,00

VERRÜCKT VOR BEGEHREN
Die Filmdiven aus der Stummfilmzeit
Ein leidenschaftlicher Blick zurück in die Zeit der ersten Stars von Frank-Burkhard Habel
Ca. 220 Seiten, Großformat 22 x 25 cm, gebunden .
Mit über 200 großformatigen Abbildunge n
ISBN 3-896O2-128-1. ca. DM 44,0 0

AL BUNDY:
»EINE SCHRECKLICH NETTE FAMILIE«
DAS GROSSE BUCH FÜR FANS
200 Seiten, Großformat, gebunden.
Mit ca. 180 großformatigen Abbildungen.
ISBN 3-89602-118-4.
38 DM

BILDBÄNDE ZU KINO, FILM, FERNSEHEN, THEATER, MODE UND FOTOGRAFIE.

SCHWARZKOPF & SCHWARZKOPF VERLAG

SCHATTEN IM PARADIES
VON DEN »LENINGRAD COWBOYS«
BIS »WOLKEN ZIEHEN VORÜBER«
DIE FILME VON AKI KAURISMÄKI
Herausgegeben von Beate Rusch.
220 Seiten, gebunden. 200 großformatige Abbildungen.
ISBN 3-89602-119-2, 38 DM

LIEBE, TANZ UND
1000 SCHLAGERFILME
Ein illustriertes Lexikon mit allen Kinohits des deutschen
Schlagerfilms, von 1930 bis heute. Von Manfred Hobsch
Ca. 300 Seiten, etwa 300 Abbildungen,
Gebunden, Großformat 22 x 24 cm,
ISBN 3-89602-166-4,
DM 49,80

»SIBYLLE«
MODEFOTOGRAFIE AUS DREI
JAHRZEHNTEN DDR
Herausgegeben von Dorothea Melis.
Mit Fotografien von Arno Fischer, Günter Rössler,
Roger Melis, Sibylle Bergemann, Ute Mahler u.a.
320 Seiten, ca. 300 Abbildungen, gebunden mit Schutzumschlag,
Großformat 22 x 24 cm, ISBN 3-89602-164-8; 49,80 DM

SEEWOLF & CO.
ALLES ÜBER DIE GROSSE TRADITION DER
ABENTEUER-VIERTEILER IM ZDF
Von Ulf Marek und Oliver Kellner
Ca. 300 Seiten, gebunden mit Schutzumschlag.
Mit etwa 250 Abb., DM 49,80
Erscheint im Herbst 1999

BILDBÄNDE ZU KINO, FILM, FERNSEHEN, THEATER, MODE UND FOTOGRAFIE.

KULTur für alle!
MAD
...vom Leben gezeichnet!
Sergio Aragonés
MAD Taschenbuch Nr. 2
Dino Comics
MAD
Spion & Spion
Antonio Prohias
MAD Taschenbuch Nr. 1
SCHLUSS MIT LUSTIG!
Die MAD-Taschenbücher sind da!
Dino Comics
www.dino-verlag.de

DER AUTOR

Rudi Steiner, geboren 1966, wohnt in München und arbeitet als Kameramann, Cutter, Regisseur und freier Autor für Film- und Fernsehproduktionen. »Kuck mal wer da liest« hieß ein Kinder-Vorlese-Projekt fürs Fernsehen, das Rudi Steiner konzipierte und produzierte. Sein erster Kurzfilm »Die Verbindung« ist auf verschiedenen Kurzfilm-Festivals mit mehreren Preisen ausgezeichnet worden. Er ist ein Filmnarr, der ständig versucht, die Gratwanderung zwischen Dokumentarfilm und Unterhaltungsfilm spannend, informativ und lustvoll zu gestalten. Auch als Drehbuchautor ist Steiner ein gesuchter Mann.

IMPRESSUM

Lexikon der Kultfilme. Klassiker, Kuriositäten, Katastrophen – Kino-Phänomene mit ewiger Faszination. ISBN 3-89602-216-4. Von Rudi Steiner. Mitarbeit F.-B. Habel. Herausgeber: Arno Löb. Lektorat: Dietmar Thom.
Die Texte zu folgenden Filmen verfaßte F.-B. Habel: Bahnhof für zwei, Blutige Erdbeeren, Dr. Jekyll und Mr. Hyde, Dr. Mabuse der Spieler, Der Dritte, Es war einmal in Amerika, Das fünfte Siegel, Der General, Große Freiheit Nr. 7, Harold und Maude, Der Hauptmann von Köpenick, Heißer Sommer, Der Himmel über Berlin, Ich war neunzehn, Kalina Krasnaja, Die Kraniche ziehen, La strada, Die Legende von Paul und Paula, Leuchte mein Stern leuchte, Mephisto, Metropolis, Moby Dick, Münchhausen, Die Olsenbande sieht rot, Panzerkreuzer Potemkin, Planet der Affen, Der Reserveheld, Die Reue, Sieben Jahre Pech, Sissi, Die Söhne der großen Bärin, Die Spessart-Filme, Spur der Steine, Tarzan der Affenmensch, Viktor und Viktoria, Zwei ritten nach Texas
Alla anderen Texte: Rudi Steiner, außer Drillinge an Bord, Große Freiheit Nr. 7, Müllers Büro, Heintje – Ein Herz geht auf Reisen: Manfred Hobsch sowie Godzilla: Rolf Giesen

KATALOG

LEXIKON DER KULTFILME, BAND 2

Nichts ist so subjektiv wie Kultfilme. Das wußten wir, als wir die Arbeit an diesem Buch begannen. Wenn Ihr Lieblingsfilm in diesem Buche fehlt, dann schreiben Sie uns: Welcher Film ist Ihr persönlicher Kultfilm und warum ist er es? Aus Ihren Lieblingsfilmen werden wir den Band 2 des Lexikon der Kultfilme erstellen, der im Herbst 2000 erscheint. Einsendeschluß ist der 31.12.1999.

Lexikon Imprint Verlag/Stichwort Lexikon der Kultfilme
Kastanienallee 32, 10435 Berlin.

Unter allen Einsendern verlosen wir 10 Exemplare des »Lexikon der Kultfilme, Band 2«. Die Gewinner werden schriftlich benachrichtigt. Der Rechtsweg ist ausgeschlossen.